KB127213

四柱命理學正解 **II**

간지의 생사체성 및 응용
(천간지지 · 육십갑자)

이 탁 감
이 민 지 편저

❀ ㈜이화문화출판사

머리글

젊은 시절 내 인생의 미래가 너무 궁금하였다. 나 자신은 물론 아내, 자식들의 미래 또한 절실히 알고 싶었다. 수많은 역학자들의 간명을 통해 얻은 결과는 의외였다. 내용이 각각 다르기도 하거니와 길흉이 서로 상반되기까지 해서 궁금증은 더욱 커졌다.

내 인생의 미래라는 화두(話頭)를 잡고 구도의 길을 나선 지 오랜 세월이 지나서야 어렴풋이 보이기 시작했고, 지나온 길 또한 어렵고 험난한 길이었음을 뒤늦게 깨달았다.

학문 자체가 어렵고 난해하기도 하지만 내용도 광범위한데다, 많은 부분이 책에 따라 학자들에 따라 견해가 다르고 논리적 설명이 부족해 이해가 어려웠다. 특히 미래의 길·흉을 정확히 예지(豫知)하여 삶의 방향을 안내하는 사명이 본 학문 수학자의 핵심목적이라고 볼 때, 운세 적용과 해석에 있어 정확한 방법과 해법을 제시한 안내서나 안내자를 찾기란 쉽지 않았다.

이러한 문제는 사주명리학에 입문한 많은 사람들의 공통과제이고, 본인 또한 겪었던 문제였음을 솔직히 고백하고 있는 것이다. 따라서 일정수준의 단계에 도달하기까지는 많은 시행착오와 노력의 허비가 수반되었음을 강조하고 싶다.

따라서, 본 학문을 공부하고자 하는 사람에게 '보다 시행착오를 줄이고 지름길로 안내할 수 있는 방법은 없을까?' 하는 관점에서 그간 공부하고 노력한 결과, 충분하지는 않지만 나름의 방법을 찾았고, 이를 바탕으로 다년간 강의를 통하여 후학양성에 참여하고 있는 중이다.

그런데 많은 후학들의 좋은 평가에 작지만 자신감도 생겼고, 또 이 학문에 입문하고자 하는 분들께 지름길을 안내하는 것도 선학자로서의 작은 임무라 판단되어 자료들을 정리하고 책을 집필하기 시작한 지 어언 7년이 지나서야 어느 정도 꼴을 갖추게 되었다.

그러므로 이 책은 사주명리학에 관한 심오한 이론서가 아니라 일정 수준의 실력에 빨리 도달할 수 있는, 쉽고 빠르게 내용을 습득할 수 있는 길을 안내하기 위한 학습서이자 안내서로 이해해 주기 바란다. 그렇다고 이론을 무시하고 논리성이 배제된 채 학습을 위한 요령만 나열했다는 것은 아니다.

탄탄한 이론을 기반으로 이론마다 실전을 가미하여 응용력이 제고되도록 편집되었고, 서로 다른 견해가 있는 많은 부분들은 논리적인 설명을 통하여 교통정리를 함으로써 수학자들의 고뇌와 시간을 덜어줄 수 있도록 노력했다.

특히 격국, 용신, 통변을 삼위일체로 공부함으로써 소기의 목적을 조기에 달성할 수 있도록 심혈을 기울였음을 강조하고 싶다. 통변은 본

학문의 핵심이다. 그러나 이 문제가 만만한 게 아니다. 일백만 개가 넘는 사주가 있는데, 하나 하나 어떻게 정통할 수 있겠는가? 유사한 사주들을 묶어 유형별로 나누고, 이의 특징을 효과적으로 익히는 방법이 유일한 지름길임을 입증하고자 했다.

그러나 천학비재(淺學菲才)한 본인이 무지의 소치(所致)로 많은 수학자들께 누를 끼치고 혼란을 드리지 않을까 심히 염려된다. 또한 많은 선학들과 제현(諸賢)들께 질정(叱正)을 바라마지 않는다.

모쪼록 이 책이 많은 수학자들에게 작은 도움이라도 될 수 있다면 더 이상 바랄 것이 없다. 이 학문을 공부하는 모든 분의 건투를 빈다.

그리고 이 책이 나오기까지 따뜻한 격려와 아낌없는 정성으로 이끌어 주신 (주)이화문화출판사의 이홍연 회장님, 박수인 사장님, 원일재 사장님과 엄명호 차장님께 진심으로 감사의 말씀을 드린다.

끝으로 평생을 사랑과 헌신적인 내조로 곁을 지켜주는 아내에게 깊은 고마움과 함께 이 책을 전한다.

이 **탁 감** 배상(拜上)

목 차

제 4 편 간지의 생사체성 및 응용(천간지지 · 육십갑자)

一. 천간 / 12

일러두기

1. 이 책은 한글로 기술함을 원칙으로 하였으나 사주명리학의 학문적 특성상 꼭 필요한 용어의 경우는 한자를 병기하였다.

   그러나 사주명리학은 우주변화의 원리를 인간의 길흉화복과 연결시켜 해법을 찾고자 하는 학문이니 우주변화의 원리를 형상화, 부호화하는 근간들인 목(木), 화(火), 토(土), 금(金), 수(水)의 오행(五行)과 하늘의 기운인 갑(甲), 을(乙), 병(丙), 정(丁), 무(戊), 기(己), 경(庚), 신(辛), 임(壬), 계(癸)의 천간(天干) 10자와 땅의 기운인 자(子), 축(丑), 인(寅), 묘(卯), 진(辰), 사(巳), 오(午), 미(未), 신(申), 유(酉), 술(戌), 해(亥)의 지지(地支) 12자를 한자로 기술하였다.

   따라서 독자들은 이 책을 읽기 전에 우선 오행 5자, 천간지지 22자는 한자를 반드시 익혀서 책을 읽고 공부하는 데 차질이 없도록 하여야 할 것이다.

   그럼으로써 글자가 함축하고 있는 내용과 의미도 같이 이해할 수 있을 것으로 사료된다.

2. 반면에 다음의 한자는 꼭 필요한 경우 이외에는 한글로 기술하였다. 乾(건), 坤(곤), 氣(기), 合(합), 冲(충), 生(생), 尅(극), 年(년), 月(월), 日(일), 時(시) 등이다. 그리고 숫자 一(일), 二(이), 三(삼), 四(사), 五(오), 六(육), 七(칠), 八(팔), 九(구), 十(십)은 가급적 아라

비아 숫자로 기술하였으나 꼭 필요한 경우 한자로 기술하였다.

3. 사주명리학을 제대로 이해하기 위해서는 올바른 이론과 원리를 제시하고 이 이론과 원리를 이해할 수 있도록 사주 예시를 들어 설명하는 것이 중요하다. 따라서 많은 사주 예시가 수록되어 있는데 다음과 같은 원칙하에 기록하였다.

●사주는 년 · 월 · 일 · 시를 우에서 좌로 기술하였다.

예를 들면 경자(庚子)년 정해(丁亥)월 갑인(甲寅)일 경오(庚午)시 생이면 庚甲丁庚
午寅亥子 로 표기하였다.

●그리고 평생의 운의 흐름인 대운도 1세 甲子, 11세 乙丑, 21세 丙寅, 31세 丁卯, 41세 戊辰, 51세 己巳, 61세 庚午의 운행이라면 역시 우에서 좌로

61세	51세	41세	31세	21세	11세	1세
庚	己	戊	丁	丙	乙	甲
午	巳	辰	卯	寅	丑	子

식으로 표기하였다.

●또 사주의 일간 즉 일주의 천간은 어떤 경우라도 ㊙과 같이 원(○)으로 표기하였다. 따라서 천간을 원(○)으로 표기한 것은 일간을 나타낸다.

4. 이 책은 총 6권으로 편집되어 있다.

Ⅰ권에는 사주명리학의 기본이론, 오행의 생극론, 육친론, 지지암장론, 합 · 충론, 십이운성법, 신살론이

Ⅱ권에는 간지의 생사체성 및 응용으로서 천간10기(氣)와 지지12

기론과 육십갑자의 내용이 기술되어 있다.

Ⅲ권에는 사주분석론으로서 일주강약구분, 오행 생극제화의 원리, 격국과 용신총론 등을 논리적으로 체계있게 논술하였고, 대운법의 계산원리를 예를 들어서 알기 쉽게 정리하였다.

Ⅳ권과 Ⅴ권에는 육친통변론으로 육친의 활용과 변화를 사주통변에 실제적으로 활용할 수 있도록 상세하게 정리 해설하였으며, 육친의 응용과 추리를 부부관계, 자손론, 선조관계, 부친관계, 모친관계, 형제·자매관계 등으로 세분하여 기술하였고, 직업관계, 건강과 질병, 재난관계 등에 대하여도 상세히 기술하였으므로 사주통변에 크게 기여할 수 있을 것으로 본다.

마지막으로 Ⅵ권에는 격국별로 격국의 특징과 용신, 그리고 통변의 실례를 삼위일체로 상세히 기술함으로써 격국, 용신, 통변을 유기적으로 이해함은 물론 사주통변에 절대적으로 도움이 될 수 있도록 하였다.

5. 사주명리학의 공부방법을 제1편 제1장 6항에 기술하였으니 이를 먼저 잘 숙독하여 주기 바란다.

6. 끝으로 이 책은 단원 이병렬(檀園 李炳烈) 선생님의『알기 쉬운 실증철학(實證哲學)』상·중·하 3권과 자강 이석영(自彊 李錫暎) 선생님의『사주첩경(四柱捷徑)』6권을 기초로 하여 일부 내용을 현재의 상황에 맞춰 수정 보완하여 재편집하였음을 밝혀 둔다.

제 4 편
간지의 생사체성 및 응용
(천간지지 · 육십갑자)

사주의 추명은 결국 천간 10자, 지지 12자의 특성과 상호작용의 현상을 응용하여 분석하는 것으로, 가장 기본이 천간과 지지의 특성을 잘 이해해야 되는 것이고, 이를 공부하는 것이 간지체성론이다. 따라서 지금까지 공부한 모든 것을 토대로 천간이 천간을 만났을 때와 천간이 지지를 만났을 때의 살고 죽는 것, 즉 생사(生死)관계를 확실하게 알고 있어야 비로소 정확한 사주 추명(推命)이 가능할 수 있으므로 천간과 지지의 생사관계와 본질 그리고 응용을 기술하고자 하니 열심히 공부하여 오판이 없도록 노력하기 바란다.

一. 천간

모든 사주의 구분은 기본적으로 천간 10개로 나뉜다. 그리고 일간(日干)을 기준으로 사주를 분석하기 때문에 주인공의 성격, 직업 등 기본적인 특성에 있어 근간이 될 뿐 아니라 타 간지와의 상호작용을 파악하는 데 있어 중요하니 잘 익히고 공부해야 함을 강조한다.
천간은 단지 열 종류로 구성되어 있으니 얼핏 보면 간단할 것 같다. 그러나 실제로는 복잡하다는 것이다. 서로 견제를 하기도 하고 결합을 하기도 한다. 실제로 이 열개의 천간 구조만 잘 이해한다면 지지에 대해서도 이미 절반은 얻은 것이나 다름없다. 그만큼 천간은 사주 분석의 기본이 될 뿐 아니라 아주 중요하다는 것이다.

그런데 천간을 이해하기 위해서는 자연적인 현상을 빌려서 설명할 수도 있고 인위적인 구조를 들어 설명할 수도 있겠는데 어떻게 대입하여 설명했더라도 그것이 전체를 다 설명한 것은 아니라는 점이다.

예를 들어 庚金을 바위라고만 이해를 하고 있어 다른 것으로 연결시킬 엄두를 내지 못하는 융통성 없는 경우를 보기 때문이다.

'甲=나무'라고만 인식을 하고 있다면 여기에 청춘이라든지 젊음, 또는 추진력 등으로의 사고방식은 좀 어렵게 느껴질지도 모른다.

따라서 천간을 공부함에 있어서는 상징적으로 빌려온 용어들에 대해 고정된 사고를 유연하게 한 다음에 폭넓은 시각을 갖도록 노력해야 할 것이다.

1. 甲木

가. 甲木총론(總論)

甲木은 천간의 시작으로 머리, 즉 머리 수(首)가 된다. 어디 가든지 두령이요, 우두머리로 남에게 지고는 못산다. 계절로는 봄, 봄 춘(春)에 해당하고 있어 목기(木氣)이고 만물(萬物) 생육(生育)에 주재(主宰)가 되므로 항시 시작을 좋아하고 두령(頭領)의 성격으로서 구속(拘束)받는 것을 싫어하며, 때로는 자신을 지나치게 노출시켜 공격의 대상이 되기도 한다.

형이상학적(形而上學的)으로는 우레(雨雷)요, 용(龍)이고 온난(溫暖) 목기(木氣)가 되어 甲木일에는 따뜻하고 비가 온다면 우레를 동반하며, 장(長)으로서 신장(身長)이 크다. 木은 장(長) ㅣ, 火는 ▽, 金은 각(角) □, 水는 타원형 ◯으로 예쁘다. 土는 둥글다 ◯, 金일주는 사각형 □

을 많이 넣어서 실내 인테리어를 했더라. 각진 것은 金이므로 비견접이 되어서 손해만 나고, 돈 못 벌고 망해서 나오며 각진 것이 많으니 손님과 자주 싸운다. 고로 火극金으로 분홍색 커튼을 치라고 했다. 木火일에는 따뜻하고 金水일에는 춥다. 겨울철의 甲申일에는 면도칼로 살을 짝짝 긋는 것처럼 매섭고 차가운 바람이다. 甲木일에는 따뜻하고 비가 온다면 우레를 동반하며, 장(長)으로서 신장이 크고, 얼굴의 형태는 甲이니 전자형(田字型)이면서도 턱이 조금은 뾰족한 편이다. ▽형상과 닮은 형이다. 壬水는 ◁壬▷형상이니 관골이 옆으로 퍼졌다. 金일주는 턱이 모가 나있다. 항시 턱 수술해 달라고 한다.

甲木은 무근지목(無根之木)으로 통용(通用)되고 있음은 甲木은 다 자란 나무로 동량지목이고 아름드리 나무로 더 이상 놓아두면 고목이 된다. 고로 庚金을 이용하여 金극木으로 잘라 놓는다. 나무를 잘라 놓으면 죽은 나무지만 진짜 죽은 게 아니다. 널판, 재목, 책상 등으로 다시 돌아온다. 잘라 놓았다 해서 죽은 걸로 해석하지 말라. 진짜 죽은 것은 보이지 않는다.

따라서 甲木은 그 뜻이 대단히 크고 강강(强剛)하며, 견고(堅固)하고 대(죽, 竹)쪽과 같아 본인의 몫을 다 한다고 볼 수 있으나 때로는 만나는 상대에 따라 얼마든지 변화할 수 있다는 것을 명심하여야 한다. 즉, 甲木도 허약하면 乙木만도 못하니 동량지재(棟樑之材)는 고사하고, 초근(草根)만도 못할 때가 있으며 또 그 강강하기가 도(度)를 지나치면 부러지기가 쉬운 것이 甲木이기도 하다. 예를 들면 ○甲庚○/○申申○ 의 경우는 강한 金기에 의해 金극木 당하니까 1년생 乙木만도 못하다. 반대로 ○甲○○/卯子卯卯 의 경우는 태강즉절(太剛則折)이다. 너무 강하면 부러진다. 음지(陰地)나무로 火가 없어 부러진다. 丙甲○○/寅子卯卯 의 경우는 丙이 있어서 부러지지가 않는다. 강하고 큰 나무도 불(火)을 대면 휘어진다.

甲木을 기준으로 희기(喜忌)를 요약하면, 壬水와 丙火를 좋아하고 庚金과 丁火를 싫어하며 甲己 합하고 甲庚 충한다. 壬水를 좋아하는 것은 나무를 잘라서 바닷물에 넣어두면 진액이 빠져서 천년 가도 끄떡없으니 좋아하고 丙火를 만나면 남산(南山) 나무가 되고, 양지(陽地)나무로 좋아하고, 庚金은 칠살(七殺)로 충(冲)되고, 丁火는 상관으로 나쁜 작용이 생긴다.

또 甲木의 천성은 인정(仁情)이요, 방위로는 동방(東方)이며, 수리(數理)로는 삼(三)이다. 乙木은 팔(八)이고, 청색(靑色)은 甲木이고, 녹색(綠色)은 乙木이다. 감각으로는 촉각(觸角)이다. 따라서 수덕(手德)있다. 복권 당첨이 잘 되고 심지뽑기 잘하며 오래된 물건도 닦아 놓으면 남들이 사간다.

그리고 늘 기쁨을 추구하고 정직(正直)하다. 그리고 덕(德)이 있다. 나쁘게 연결하면 경화(硬化)된다. 굳는 것이고 경직된다. 木이 많으면 굳게 되고 굳으면 간경화다. 또한 신경이 굳는다. 중풍맞는다. 또 곡직(曲直)성이 있다. 나무가 혼자 있으면 곡(曲)으로 굽어서 크고, 많이 있으면 직(直)으로 바르게 큰다. ○甲○○／寅寅寅○의 경우는 곧게 큰 나무이고, ○甲庚○／○○申○의 경우는 굽어서 큰다. 마음도 꼬부라졌다.

인체(人體)로는 간(肝), 담(膽)이다. 木은 담력있다. 배짱있다. 그래서 손이 크다. 오행으로 배짱과 담력은 木이고 육친으로는 상식이다. 상식은 모험이다. 상식이 없으면 모험 안 한다. 안전운행이다. 모험해야 돈 번다. 식신보다 상관이 더 강하다. 그리고 수족(手足), 신경(神經), 인후(咽喉), 모발(毛髮)이다. 목다(木多)하면 털보, 木이 없으면 민둥산이다.

○甲庚○／○○申○이면 키가 작다. 난쟁이과다. 남자도 150cm정도 밖에 안 된다. 가을에 서리내렸다. 흰머리가 많다. 金이 있어서 金극木하면 머리 자른다. 미장기술은 커트 기술 전문이다. 木이 火면 木에 불댔다. 지지고 볶고 하므로 파마 잘한다. 辛金일주가 미장원 하면 피부미용이다. 다음은 두뇌(頭腦)다. 甲木일주는 머리통이 크고 뇌가 많다고 응용해도 된다.

직종(職種)으로는 문교(文敎)다. 木은 인(仁)이다. 선생은 무조건 인자해야 한다. 인자하다는 것은 오래 산다. 화 잘 내면 자기수명 자기가 깎아 먹는다. 체신(遞信)이다. 木은 길다. 고로 유선이다. 火는 무선이다. 다음은 보사(保社)다. 의술을 인술(仁術)이라고 한다. 고로 木일주가 의사가 많다. 똑같은 의사라도 木은 신경과 의사, 火는 안과, 심장 전문의, 土는 중심이고 척추이므로 내과, 金은 치과, 정형외과 金은 칼이므로 외과의사, 수술과 집도의를 가리킨다. 水는 비뇨기과 의사, 마취과 의사다. 水는 어둠이므로 자야 하기 때문이다. 다음은 목재(木材), 문화(文化), 지물(紙物), 섬유다. 섬유 중에서도 자연섬유다. 예체능(藝體能)도 해당된다. 乙木일주는 음악감상 잘 한다. 乙木일주 여자 꼬시려면 음악감상실 데리고 가고 乙木일주 손님 오면 풍악 울려라.

다음 木 주위에 金이 많으면 삭감(削減)되고 절목(折木)되어 생명을 보존할 수 없다. 금다목절(金多木折)이다. ○㊙辛○／○申酉○의 경우, 나무 주위에 金이 많으니 삭감된다. 서리맞고 있다. 木은 바람, 金은 서리이므로 이런 팔자는 만고풍상(萬古風霜)이다. "당신은 만고풍상을 겪고 살라 했네요." 뿌리없는 나무다. 근거지가 없다. 부모도 모르고 성씨도 모른다. 그러니 만고풍상이다. 木은 간인데 金극木 받으니 간경이 뒤집힌다. 적으면 간질이고 크게 오면 똘아이, 미친 놈이 된다. 金극木이니 "아이구, 간 떨어지겠네."소리 잘 한다.

木주위에 火가 많으면 분소(焚燒)된다. ○㊙丙○／○午午○의 경우, 木이 불에 타고 있으니 간에 불이 붙었다. 간염(肝炎)이다. 이런 사람도 똘아이 되기 쉽다. 火가 잘되면 배우지 않아도 알고 또 영리한데, 木생火로 내가 생하는 것이 추리력, 응용력으로 영리한데, 木의 뿌리가 없어서 능력도 없는 것이 1등 하려 노력 많이 하더니 머리가 핑 돌아 버린다.

木주위에 土가 많으면 암석(岩石)과 같이 뿌리 할 수 없으며 토다목절(土多木折)된다. ○甲戊○/○戌戌○의 경우, 땅은 넓은데 10리 가다 나무 한 그루다. 戌은 조토니 나무가 뿌리를 내리지 못한다. 재가 많아 쓸데없는 욕심만 많다.

木이 水를 많이 만나면 부목(浮木), 표목(漂木) 되어 종내는 뿌리가 썩는다. ○甲壬○/○子子○의 경우, 나무가 떠내려간다. 부목 된다. 뗏목 신세이고 떠돌이 생활이고 음지나무다. 만경창파에 일엽편주다. 내가 설 땅이 어딘지 모른다. 떠돌이인데 누가 이렇게 만들었나? 인수 때문에 엄마 때문에 부모가 자식 버려놨다. "애미가 자식 버렸네요." "이 사주는 부모가 자식 버렸어요." 즉 甲木이 할일을 壬子水가 대신 모두 해주었다. 엄마가 대신 해주니 어디다 써먹겠나?

木이 木을 많이 만나면 경화(硬化)되어 작용할 수 없을 것이니 어찌 일방적인 논법으로 가부를 결론낼 수 있겠는가?

또 金木이 상전(相戰)하면 木이 죽으니 인정이 없고, 金이 너무 많으면 다자무자(多者無者)로 의리가 없다. 또한 두통(頭痛)이다. 甲은 머리인데 金극木으로 얻어 맞으니까 그렇다. 골통(骨痛), 근통(筋痛)도 온다. ○甲庚○/卯申申○의 경우, 木2:金3개로 金木상전(相戰)으로 일주가 당하고 있다. 만약 균형을 이루면 싸움 안 한다. 가령 丙甲辛戊/寅寅酉辰의 경우 木火4:土金4로 균형을 이루니 안 싸운다. 골통, 신경통, 근통으로 통(痛)자(字) 항렬로 놓아라. "당신은 매맞지 않고도 아픈 팔자요."한다.

또 水木이 응결(凝結)되면 저능아(低能兒)에 풍질(風疾)이요, 인색(吝嗇)하다. 丁甲壬○/卯子子亥의 경우, 수목이 응결됐다. 수목응결이란 水생木인데 水가 너무 많으니 木이 응결되어 이미 신경이 마비되어 신경이 굳어지는 저능아다. 木에 水가 많으면 火가 존재하지 못 한다. 火가 혀이므로 水극火로 혀가 짧아서 혀 짧은 소리한다. 저능아다. 아빠 엄마 소리도 제대로 못한다. 신경이 굳으면 선천적으로 소아마비가 되고, 저능아다. 풍질(風疾)은 바람 맞는 것인데 이것은 차후문제다. "이 아이 말 제대로 해요?" "3살인데 엄마 아빠 소리도 못 해요." 하더라.

다음 木火로 통명(通明)하면 자기를 불태워서 세상을 밝혀준다. 인정(仁情)이 많으며 박사에 인품이 좋으나 타인에 후중(厚重)함이 흠이다. 丙⑪癸〇의 경우, 통명이다. 밝음으로 통한다. 水가 있어도 寅木이 寅寅亥〇 있으니 응결되지 않는다. 세인(世人)의 등대요, 세인의 등불이요, 상록수(常綠樹)다. 木生火 잘하니 영리하며 박사. 木이 튼튼한데 10월의 나무로 꽃이 피었으니 인품이 좋다. 가족에게는 인색하고 남에게는 후중하다. 이유는 이렇다. 내가 생하는 것이 학생인데 丙은 양(陽)으로 큰 학생, 대학생인데 丙이 등록금을 못 내면 봉급 타서 등록금 내준다. 집에서는 미치고 팔짝 뛴다.

그리고 木土가 상전(相戰)하면 학교 공부는 뒤지나 취재(聚財) 즉 돈 버는 데는 일가견이 있다. 재(財)가 많으면 인수를 극(剋)하니 공부 못한다. 〇⑪癸〇의 경우, 土가 재인데 水는 인수이고 공부다. 土극水로 공 〇辰辰〇 부를 쫓아 버린다. 그러나 공부는 못하지만 돈 버는 데는 천재다. 水는 인수로 고향이요 부모다. 그런데 甲이 土인 재, 여자에 미치면 공부 못하고 고향 떠나며 부모도 눈에 안 들어 온다는 것이다. 또한 木이 많으면 담력(膽力)이 있어 배짱 하나는 두둑하고 손이 커서 적은 것에는 양(量)이 차지 않으나 수덕(手德)은 있고 지나치면 경화(硬化)되어 작용하지 못한다.

건강상으로는 간경화 또는 간암으로 고생을 하게 되는데, 간암이면 3, 8木으로 3개월이면 간다. 간(肝)은 해독작용하는 데 애간장이 타게 되면 간에 열이 받고 담즙이 모자라고 모자라면 황달이 온다. 황달이 흑달로 변하면 이것이 간암이다. 3개월이면 간다. 애간장 태우지 말고 마음을 비워라. 건강의 비결이다. 이것은 甲木에만 국한된 것이 아니니 무엇이든 지나치게 많으면 암이라는 것을 유념하여야 한다.

※참고자료

乙未일주는 고목(枯木)이다. 고장 위에 있으므로 늙어있는 나무이다. 木은 간이므로 간기능이 약하다. 戌土는 火는 불인데 戌土는 불을 가둔다. 입묘(入墓) 고장(庫藏)의 작용이다. 丙, 丁火일주가 丑이 있으면 丑은 겨울의 흙으로 동토(凍土)인데, 다른 사람은 못쓸 땅이라고 모두 버렸지만, 잘만 연결되면 금싸라기 땅이 된다. 미국에서 알래스카 땅을 산 것과 같다. 丙子, 庚子일주는 申, 子, 辰년에 삼합으로 변화가 온다. 어디를 가게 되고 합으로 동(動)하게 된다. 움직이게 된다는 것이다. 합되는 일진에는 움직이게 된다. 어딘가 가고 싶은 것이다. 입원, 퇴원하는 날도 삼합되는 날이다.

여자가 壬辰일주인데 子년을 만나면 子辰水국이 되어 土인 관(官)이 변하여 水인 비겁이 되었다. 남편이 변하여 친구가 되었다. 남편이 없어져버렸다. 즉 이혼수 걸렸다. 辛卯일주가 庚년이면 비겁년이다. 비밀이 탄로나는 것이 비겁년이다. 왜냐하면 애인 데리고 공원에 몰래 놀러갔는데 친구를 만나버렸다. 비겁년이므로 비밀이 탄로나 버렸다. 이 사람이 공직에 있었는데 세금 안 내려고 했던 것이 금년에 탄로나서 공직 사퇴했다. 비겁년은 모략, 고자질, 투서가 들어간다. 경거망동하지 말고 조심하라고 했는데 결국 못 비켜가더라.

癸丙己乙 여자의 경우다. 년주의 乙卯가 木생火 제대로 못한다. 멀리 있
巳子丑卯 고 젖어있는 나무라서 그렇다. 巳火 하나밖에 의지처가 없다. 동생, 친구, 형제 또는 나밖에 없다. 홀로서기해야 한다. 火는 2개, 남편인 水는 子丑, 癸로 많다. 水극火로 불끈다. 申, 子, 辰년에는 水국으로 水가 더 많아진다. 서방이 때린다. 본 남편과 해로 못한다. 金水가 많아서 근심걱정을 끼고 사는 팔자이다. 丑은 金의 고(庫)로서 집합이므로 많은 것이 되니 丑 하나만 있어도 金이 많다. 추운 겨울에 丙이니 水가 많아서 약골이다. 몸이 차니 냉(冷)이 심하다. 水가 많고 추우니 아들 낳기 힘들다.

나. 甲木각론(各論)

甲木에게 甲, 乙은 형제요, 丙을 제일 좋아하는데 양지이고 꽃이 피니까 그렇다. 丁, 戊 다음에 己와는 육합이고 庚과는 칠충(七冲)이고 辛을 지나 壬, 癸는 부모다. 나를 생하는 것에 해당한다. 바닷물이 들어가서 침전되어 나무진액이 빠지는 것이다. 壬癸인수로 부모님 오시자, 다음에 甲, 乙이 오더라. 비견겁으로 동서남북에서 형제가 온다. 다음이 丙, 丁으로 식상이니 여비 주느라 내 돈 나간다. 다음 戊己재가 다시 들어오니 살게 된다. 戊는 편재로서 장가갈 때가 가까워서 예행연습하다 己년 정재년에 장가간다. 장가가니까 庚辛으로 직장 가서 처자식 먹여 살린다. 직장에 오래 있으려면 인수 즉 공부해야 한다. 오래 있으면 사택도 주더라. 인수는 집이니까. 壬癸水 인수로서 부모가 귀신도 모르게 돈 주고 갔는데, 水는 밤이고 비밀이니까. 甲乙형제가 어떻게 알았는지 돈 좀 달랜다. 비견겁으로 내 것을 뺏어간다. 이런 식으로 돌려가면서 연결해서 응용해 보자.

● 甲木이 甲木을 만나면,

신약(身弱)에는 방조(幫助)로서 나를 도와주는 의지처(依支處)라 더할나위 없이 좋으나 신강(身强)에는 한신(閑神)으로 방해가 된다. 한신이란 기생충이다. 아무것도 하지 않으면서 내 것을 빼앗아 먹는 것으로 놀고 먹고 있는 것이다. 甲木이 혼자 있을 때 己년을 만나면 甲己합으로 혼자서 다 먹는다. 그러나 甲甲이 있으면 옆에 있는 甲이 같이 먹자고 한다. 즉, 내것을 빼앗기는 것이다. 다른 甲이 걸고 넘어진다. 고로 己土를 갈라 먹어야 한다. 또 쟁재(爭財)를 한다. 己土 하나를 놓고서 甲木 2개가 서로 자기 것이라고 다투는 것이다. 재산 가지고 싸우고, 마누라 가지고 싸운다. 또 군중심리(群衆心理)로 쓸데없는 火를 생하며, 木生火되니까, 인수모(母)의 水 즉 부모의 피를 말리는데, 火에 의해 水가 증발되니까 그렇다.

甲木하나가 木生火하는 것은 火가 하나 되는 것과 같고 甲甲甲 셋이서 木生火하면 火가 셋 되는 것과 같다. 火극金으로 金을 극하는데, 金은 관으로 파출소다. 군중심리로 甲木이 3, 8木으로 모여서 木生火로 화염병 만들어서 파출소를 습격하러 간다. 이것이 군중심리작용이다. 여자 셋이서 모이니 군중심리가 발동하여 서방도 안 무섭다. 위법행위다. 비견겁이 많으면 술친구는 될지언정 진정한 친구는 되기가 어렵다. 甲甲甲癸○○○○의 경우, 흉작용이 생긴다. 甲의 어머니는 癸인데, 木이 木生火하면 火가 많아서 水가 마른다. 癸의 자식인 甲이 친구와 어울려서 위법행위를 하고 다니니 癸인 어머니가 마른다.

비견겁이 많으면 길작용도 있기는 하다. 단체기합을 받으면 겁이 덜어지고 재미있는 경우도 있다. 또 한편으로는 庚金에게 甲庚충을 받게 되는데 혼자서 충 받으면 서럽고, 셋이서 함께 맞으면 가볍다고 하였던가. 또 己土 정재를 합거(合去)함은 ○甲己○○○○의 경우와 같이, 己土처가 친구 甲木과 배 맞아서 도망간다. 이런 팔자는 친구한테 애인 뺏기고, 마누라 뺏기고, 돈도 뺏긴다. 고로 의처증이 심한 팔자다. 비견겁으로 친구 잘못 만나면 재, 마누라가 없어진다는 것이다.

● 甲木이 乙木을 만나면,
비겁도 되지만 잘만 쓰면 비겁이 보좌관이 된다. 甲木이 乙木을 얼마만큼 용의주도하게 쓸 줄 아느냐에 따라서 달라진다. ○甲乙庚의 경우, 甲이 庚만나면 甲庚충, 金극木, 편관(偏官)이고, 편관은 군인과도 같다. 甲이 庚있는 군대에 입대해서 훈련소 생활로 힘들게 고생하던 중 조교가 누이동생 있는 사람들 손 들어 보란다. 乙이 여동생이니까 미인계가 통한다. 누이동생 있다고 하자 잠시 쉬면서 견학하란다. 甲木이 원님인데 庚金칠살로 중앙에서 감사가 나왔다. 충(冲)·극(剋)이니 큰일났다. 그간 저지른 죄가 많으니 대책없이 문책을 당하겠다. 이걸 극복하는 방법은 자태가 고운 乙木 기생을 庚에게 보내서 미인계로 사로잡아 乙庚합하니 甲은 그때다 하여 위기를 극복한다. 병법으로 연결하면 송(宋)나라가 금(金)나라에게 침략당했을 때, 송나라 왕의 누이동생 乙을 金에게 시집보내면 침략하지 않는다고 한다. 단 여자라면 깡패같은 庚金서방이라도 乙이 있으면 남편을 뺏기고 사는 것은 면할 길이 없다. 대가는 치러야 한다는 것이다. 甲의 누이인 乙木이 보니까 庚때문에 甲이 힘을 못쓰고 있더라. 고로 자기가 乙庚합으로 묶어 버리니 甲이 드디어 출세하기 시작한다. 甲이 乙木때문에 출세한다는 것이다. 즉 乙木이 희생한다는 것이다. 甲木일주가 庚년을 만나면 甲庚충인데 옆에 乙木이 있으면 乙庚합으로 충이 더 약해진다. 乙이 있는 것과 없는 것의 차이가 크다는 것이다. 가령 ○甲○○／○○卯○의 경우 庚년에 卯 누이동생이 乙庚합하니 매제로 庚이 변해서 甲木이 살아났다. 甲木이 乙木을 놓고 있을 때와 없을 때의 엄청난 차이가 있다는 것이다.

또 재다신약(財多身弱)에는 재를 다스리는 데 甲乙木이 필요하다. 가령 ○甲戊○／○戊戊未의 경우, 土가 넷이고 木은 하나니 일주는 약하다. 재다신약이다. 마누라, 처는 똑똑한데 나는 못났다. 돈은 천지에 많은데 관리 능력이 없다. 아버지가 너무 강해서 내가 머저리가 되어버렸다. 어버지 컴플렉스에 걸렸다. 아버지가 무섭다. 아버지와 같이 있기 싫어한다. 왜 아버지가 못살게 굴까? 土가 많으면 水인 인수가 힘을 못쓰니 공부 못한다고 아버지가 싫어한다. 이럴 경우 土를 다스리는 것은 甲乙木밖에 없다는 것이다.

甲에게 乙은 겹재로 연결되니 乙甲己乙의 경우, 己는 아버지, 돈, 마누라, 음식인데, 甲乙木이 己 가지려고 탈재(奪財), 분재(分財), 극재(剋財), 쟁재(爭財) 등으로 돈 가지고 서로 싸운다. 己土가 월에 있으니 부모유산 가지고 서로 싸운다. 신수를 볼 때 응용하는 법이다. 甲乙木일주가 甲乙년이면 돈 뺏기고, 서방 뺏기고, 마누라 뺏기고 결국은 이혼수도 걸렸고, 돈 자(字)에서 "ㄴ"만 빼버리면, 도적 만나는 해로 연결해도 잘못된 것은 아니다. 또 乙木 친구 하나 잘못 만나면 ○甲乙辛의 경우, 辛金 정관을 충거(冲去)하니 직장마저도 없어짐을 말해주고 있는 것이다. 여자는 남편이 없어진다.

● 甲木이 丙火를 만나면,

木生火로 본인을 불태워 세상을 밝혀주니 목화통명(木火通明)이라 세인(世人)의 등불이 되며, 또 나무에 꽃이 만개(滿開)하고 있는 형상(形象)으로 아직도 그 위용(威容)을 뽐낼 수 있어 좋다. 丙甲○○의 경우, 甲木에 꽃이 활짝 피었다. 내가 생하므로 음덕(陰德), 적선(積善), 희생이다. 참 좋다. 이런 대가가 나중에 庚이 충하러 올 때, 火극金으로 보호해준다. 庚년에 甲庚충으로 金극木 안 당한다. 火극金해주니까. 적선하고, 음덕 쌓고, 좋은 일한 인과응보로 재앙이 오지 않는다. 丙火를 불꽃, 해로 비유하면 내 몸을 불태워서 木生火로 해요 태양과 같이 세상을 밝혀주니 얼마나 좋은 심성인가? 살신성인(殺身成仁)의 이치이다. 목화통명(木火通明)이다. 꽃도 양화(陽火)이니 큰 꽃이고 겹꽃이다.

○甲丙庚의 경우, 庚金칠살(七殺)을 丙火가 火극金으로 제압하여 甲木을 보호함과 동시에 火생土로 재(財)를 생하니 수성(壽星)으로서 제 몫을 단단히 하므로 왈(曰) 희생이 갱생(更生)이요, 때로는 甲木이 없

어진다 하여도 丙火로서 존재하고 있기 때문에 그 생명은 영구할 수밖에 없고 또 木생火로 나의 주머니에서 지출이 된다 하여도 양(陽)으로 아들이라 나의 가문에 있으면서도 혈통을 계승하기에 좋으나 만약 甲木이 허약하고 있으면 존망(存亡)을 가늠할 수 없어 종내는 회비인멸(灰飛烟滅)로 본인의 지나친 희생으로 자멸하게 됨은 필연적이라 할 수 있다. 甲木에 丙火가 있으면 甲庚충을 못한다. 고로 식신을 수성(壽星)이라 하는 것이다. 음덕 쌓고 보시하는 것이 자기 목숨 구하는 길이다.

스님에게 신도가 와서 庚년에 무섭다고 한다. 내 집인데도 들어가기가 싫단다. 木생火로 火는 자식이니까 애기 울음소리 나는 신혼부부 데려다가 그냥 살라 해라. 그럼 재수있고 집이 좋아진다.

청주에 있는 어느 선생이 자꾸 재앙이 일어나서 죽겠다고 한다. 뒷동산에 고압 송전선이 지나가는 철탑을 세우고 난 뒤에 부모님 모두 교통사고가 나고 정신없어 한다. 산에 철탑을 세우면 土생金으로 산의 정기가 모두 죽는다. 일본인들이 명산(名山)에 쇠망치 박아놓은 이치와 같은 것이다. 일반 집에서 지하실에 녹슨 쇳덩어리를 두면 안된다. 두려면 깨끗이 닦아서 두어라.

집이 안 팔릴 때, 마당에다 무쇠 덩어리 묻어 놓으면 집이 잘 팔린다. 집이 팔린 다음에는 무쇠는 파내어야 한다. 안 그러면 그 집이 망한다. 土생金의 이치다. 金을 죽이는 것은 水이다. 水는 흙색이다. 고로 무조건 참숯을 구해다 철탑 주위에 묻어라. 그러면 조금 안정될 것이다. 상생상극(相生相剋)의 이치를 알면 답(答)은 나온다는 것이다.

甲이 여자라면, 丙은 양이니 아들이고, 丁은 음이니 딸이고 생은 내가 준다는 것이 되니 丙인 아들에게 주는 것은 억만금을 주어도 내 집에 있는데 丁은 딸로서 가지고 시집가버린다. 고로 딸은 예쁜 도적이다. 딸 셋만 출가시키면 기둥뿌리가 흔들린다. 여기서 얻을 수 있는 철학은 마음을 되도록 크게 가져라.

○甲丙壬의 경우, 丙壬충이 되어 丙의 소임이 작아지는 것은 당연하고, 丙이 강건하면 큰 문제가 없으나, 壬의 水生木에 문제가 있어 원류두절(原流杜絶)이 된다. ○甲丙辛의 경우, 辛金 정관의 작용을 막고, 丙火의 작용도 퇴색되니 식신과 정관이 합으로 묶여 어찌 좋다 하겠는가? 다만 丙辛 합화(合化) 水로 생木되니 불행 중 다행이라 하겠다.

丙甲丙○의 경우, 양쪽으로 木生火만 하면 분소되어 버리고 또한 7년 대한(大旱)에 비가 오지 않아서 바싹 말라있다. 따라서 음덕을 쌓는 것도 나보다 못한, 못사는 사람에게 도와줘야 한다는 것이다.

● 甲木이 丁火를 만나면,

○甲丁辛의 경우다. 丁火는 음火로 상관이다. 상관은 도기(盜氣)다. 丁火는 辛金을 火극金한다. 甲에게 辛金은 음으로 정관이다. 丁은 상관으로 정관을 상(傷)하므로 법을 무시한다. 종래는 석양의 무법자가 된다. 무서운 것이 없다. 따라서 상관을 도기라 하는데 나의 기운을 도적질해 가기 때문이다. 상관을 놓고 있으면 법과 경찰을 무서워하지 않는다.

甲이 丁火놓으면 상관으로 딸이다. ○甲丁壬의 경우, 丁壬합木이 되니 丁火 딸이 자기 서방 壬水보고 "나와 얘기 좀 합시다."하고 丁이 壬에게 소곤소곤하더니 木이 생긴다. 우리 친정 어머니 甲木이 돈 많다. 우리가 합심해서 뺏어 먹읍시다. 木은 비견겁으로 돈 뺏어간다. 또 丁壬합은 음란지합으로 "기똥찬 딸내미 하나 두었네요."하자 "그년이 그렇게 바람둥이랍니다."하고도 남을 것이다. 甲木이 丁火를 만나면, 甲木이 가장 좋아하는 壬水를 합거(合去)하고 癸水는 충거(沖去)하면서 木生火를 요구하고 있으니 원류(原流)가 완전 두절(杜絶)된다. ○甲丁壬의 경우와 ○甲丁癸의 경우다.

○甲丁辛과 같이 辛金이 火극金으로 피상(被傷)되고 상관 丁火가 편재 戊土를 火생土로 야기시켜 쓸데없는 허욕을 낳게 함으로써 항시 위험한 불씨를 안고 있는 것이 되어 초조하고 불안하며 종내는 불필요한 지모(智謀)와 부하 하나 잘못 만난 결과가 본인을 고립시켰고, 딸자식 하나 잘못 두면 미꾸라지 하나가 온 집안 쑥밭으로 만들어 버린다. 壬癸水인 인수 때리고 辛인 직업 없애고 戊인 편재를 만들어서 패가망신(敗家亡身)한다. 만약 눈에 보이지 않는 것으로 연결하면 본인 마음 하나 잘못 먹으면 나타나는 결과이다. 그러나 木이 왕하고 설기가 필요할 때는 상관인 丁도 좋은 작용을 하는데 가령 丁甲○○／○子○○의 경우, 꽁꽁 얼어있는 나무인데 丙이 없으면 丁이라도 있어야 하므로 상관이라도 길(吉)작용이다. 태왕자의설(太旺者宜泄)이다.

● 甲木이 戊土를 만나면,

○甲戊○와 같이 木극土 편재(偏財)로서 횡재, 큰돈, 애인, 부(父), 음식이니 편재날에는 음식 생기고, 돈 생기고, 애인 생긴다. 정재날에는 내가 받을 돈이 들어온다. 따라서 일단 승리라고는 할 수 있으나, 과다는 불가요, 토다목절(土多木折)되니 그렇다. 우로수(雨露水)인 癸水를 ○甲戊癸와같이 戊癸로 합거하여 甲木의 부패(腐敗)를 예방하는 것까지는 좋으나 壬水 편인을 ○甲戊壬과 같이 土극水로 극제(剋制)하여 원류가 두절되므로 희비가 엇갈리고, 또 木은 土를 떠나서는 살 수 없으니 외면상의 승리는 내적으로는 패배라, 따라서 승자도 패자도 없다.

戊甲己癸의 경우를 보자. 戊는 癸와 戊癸합한다. 癸는 어머니다. 즉 甲木의 어머니와 애인이 합이 들었다. 甲木의 마누라 己土가 癸인 시어머니에게 "어머니, 어머니, 이 사람 甲좀 혼내주세요. 요즘 바람났어요." 그러자 癸가 "내버려둬라. 사내자식이 그럴 수도 있지."한다. 즉 癸는 己가 이야기하기 전에 벌써 알았다는 것이다. 며느리인 己土 모르게 甲木의 애인 戊에게 戊癸합으로 잘해주고 있다는 것이 된다. 甲木에게 癸水는 우로수로 썩는다. 甲木은 잘라놓은 나무로 비 맞으면 썩는다는 것이다. 고로 癸水는 인수지만 좋지 않게 작용한다는 것이다. 즉 甲木이라는 다 큰 나무는 水생木 없이도 혼자서 잘 해 나갈 수 있지만 癸水인 엄마가 잘못 간섭해 들어오면 마마보이가 된다.

　甲木이 왕하면 많은 土라 하여도 충분하게 제압하고 다스릴 수 있으나, 허약하면 재생살(財生殺)이요, 土생金이 된다. 또 土극水로 괴인(壞印)시키니 이것이 바로 여자 하나 잘못 만나면 병신(病身)되고 완패(完敗)됨이 모두 이러한 이치다. 상세하게 보자. ○甲戊戊의 경우, 甲이 土를 木극土한다지만 극하여 뿌리 하고 있다. 甲木이 戊에게 木극土로 손찌검을 해놓고서 저녁에 집에 와서 뿌리 할 곳이 없으니 허전해서 "니 엄마 어디 갔니?"하고 찾는다. 甲이 戊에게 木극土하고 손찌검하자 戊가 성질났다. 고로 土생金으로 金이 생기더라. 甲이 당한다. 戊가 맞고나서 성질나니 "죽여"하고 밀어붙인다. 즉 金이 나왔다. 土金이 많아지니 甲이 밀린다. 즉 재(財)가 동하니 살(殺)이 생긴다. 즉 이것이 재생살이다. 재생살의 이치를 보자. 돈이 무섭고 여자가 무섭다. 그걸 알고서 세상의 남자들이여 살아가라. 살을 병으로 연결하면 재는 음식이니까 모든 병과 살은 먹은 음식에서 나온다. 큰돈을 시골 할머니에게 맡기고서 내일 찾으러 온다고 하면 할머니는 저녁 내내 무서워서 잠 못 잔다. 이것이 재생살이다. 남자가 남의 여자 즉 편재 건드리면 그것이 살(殺)이 되어서 종래는 감옥 간다.

　戊甲戊戊가 癸年을 만났다. 甲의 癸인 어머니가 "아이구 甲木아, 너 집에 있었구나. 나 지금 갈게."하더니 안 온다. 왜? 戊癸합 하느라고. 이

때 甲木은 水生木으로 올 줄 알고서 미리서 꿔다 먹었다. 甲木에게 戊土는 편재로 아버지요, 癸는 인수로 엄마인데 戊3:癸1=아버지3:어머니1로 어머니가 애인이 많았다. 즉 간통했다가 형무소 갔다 이제 나왔다. 자식 보고 싶어서 전화하는 것을 아버지가 들었다. 戊가 말하길, "네가 난 자식이지만 이제 법적으로는 네 자식 아니다. 水生木 못 한다."한다. 내가 극하는 재가 많으면 공부 못한다. 土인재가 많으면 土극水되어 水가 水생木을 못 한다. 이런 것을 괴인(壞印)이라고 한다. 壬水, 癸水 모두 괴멸된다. 따라서 아버지 재가 너무 엄한 가정은 자식이 공부 못한다.

● 甲木이 己土를 만나면,

○甲己○의 경우 일간과 합하는 것으로 합신(合身)이다. 甲己 합화 土로 변질되어 木이 아니라 土로서 작용되고, 또 己土 정재는 정관辛金을 생하여 명예를 얻게 하며, 때로는 ○甲己甲과 같이 甲木 한신(閑神)을 합거(合去)함은 비록 己土처는 희생된다 해도 甲木을 평안케 하여 주므로 본처의 부군(夫君)을 향한 애틋한 뜻은 가상타 할 수 있다. 己土 여자가 甲 남편 만났더니 큰 인물로 알았는데 그렇지 못하더라. 가만히 살펴보니 연상(年上)의 甲때문에 甲일주가 행세 못했다. 고로 己土가 甲己합으로 묶어버린다. 일주 甲이 출세하라고 己土여자가 희생한다는 것이다.

甲己합이므로 甲의 입장에서 보면 己土인 마누라를 위해서 세상을 산다. 甲木이라는 나를 버리고 오직 당신 己土만을 위해서 세상을 살아가겠다고 한다. 그러나 ○甲己甲의 경우는 연상(年上)의 甲과 己가 합거. 원래 己는 연상의 甲과 연애했는데 살기는 일주甲과 산다. 고로 일주甲은 남의 애인 뺏어다가 산다. 싸우면 꼭 연상의 甲木을 들먹거린다. "썩을 년아, 지금도 그 놈 생각하니?"한다.

재와 합신(合身)이면 서로 사이클이 잘 통한다. 가령 오늘 뭐가 먹고 싶어서 집에 전화했더니 마누라가 지금 만들고 있다 한다. 또한 무조건 연애결혼하고 돈이 항시 나를 따르고 여자가 항시 나를 따른다. ○甲己癸의 경우는 甲이 己에게 장가가면, 己가 癸를 土극水하므로 부모 슬하를 떠나서 자립해야 한다. 나쁘게 연결하면 癸水는 시어머니이다. "어머니, 이제까지는 어머니의 자식이었는지는 몰라도 이제부터는 나의 신랑이기도 하답니다. 어머니 이제 甲에 대해서는 더 이상 간섭하지 마세요."한다. 이런 것을 모처불합(母妻不合)이라고 하고 이는 자연의 이치이니 어찌 거역하겠는가.

● 甲木이 庚金을 만나면,

甲이 제일 무서워한다. 충(冲)을 받고, 극(剋)을 받는다. 두 가지 모두 써먹으니 이중으로 곤욕치른다. 못되게 연결하면 극받아서 다쳤는데 다시 가서 죽인다. 가을 만났으니 서리맞고 성장이 정지되고 낙엽지고 삭감된다. 나무는 고사(枯死)되고 과중한 열매 때문에 가지가 찢어져 당대를 넘기기 어려우니 이렇게 되면 약한 乙木만도 못한 것이다. 제살 깎아 먹기다. 그러나 예외적으로 甲이 강한 경우는 庚金을 만나면 편관으로 金극木되면서 깎이고 다듬어져 동량지재(棟梁之材)로서 그 위용(威容)을 자랑할 만하고 ○甲庚乙과 같이 乙木 비겁을 합거(合去)하면서 ○甲庚甲과 같이 甲木 한신(閑神)마저 충거하고, 또 甲木이 필요한 壬水를 金생水로 생하여 甲木을 살 수 있게 하며, 나무 木이 봄과 여름에 자라 金 가을로서 결실케 하고, 견고하여지며 金극木으로 잘려진다 하나 다시 재목으로서 살게 되니 이것이 바로 죽는다는 것은 죽는 것이 아니라 영원히 살게 되는 것이므로 이러한 것을 말하여 종이부종지리(終而不終之理)라 하고, 또 원수는 원수가 아니라 바로 없어서는 안될 은인(恩人)이 된다는 교훈이 이 속에 담겨져 있는 것이다.

예를 들어 좀 더 살펴보자. 甲이 庚만나 동량지목이 되는 경우가 있는데 이는 깎아서 물건 만드는 경우로 상당히 드물게 보이는 경우다. 丙甲庚○의 경우를 보면, 丙이 火극金하고 木이 많아서 金극木을 함부
寅寅辰酉
로 못하니 이런 경우만 해당한다. 辰월의 나무에 丙꽃이 활짝 피었고, 金으로 결실을 멋지게 하고 있으니 얼마나 좋은가. 신왕관왕(身旺官旺)의 사주로 상격사주다. 반면에 ○甲庚庚의 경우나 ○甲庚○와 같이
卯申申申
木 2개에 金 4개로 金이 너무 강하다. 충과 극이 강하게 나를 친다. 이럴 경우 칠살(七殺)작용이 귀(鬼), 병(病)이 된다. 귀(鬼)로 귀신들렸다. 卯申은 귀문관살로 귀신이므로 접신되기 쉽다. 신(神)이 들려도 庚申金은 군인으로 장군신이다. 그것도 金은 서양이고 장군이므로 맥아더 장군의 신이라고 한다. 나를 극해서 들어오는 것이 많으니 신들려서 아프다고 말해줘도 된다. 나무를 깎아서 망쳐버린다. 1년생 풀과 같이 보라. 서리가 내리니 고사(枯死)되어 버려진다.

이 사주의 경우, 제일 먼저 필요한 것이 무엇일까? 火가 제일 먼저 필요하다. 金극木하러 오니 火가 먼저 金의 손목을 火극金으로 비틀어 버려야 내가 살 수 있다. 이런 경우 水인 인수를 찾아 살려고 해봐야 늦다는 것이다. 金극木 당해서 쓰러진 다음에 엄마 찾고, 젖 먹여봐야 살아나기 어렵다. 이런 사주를 만고풍상(萬古風霜)사주라고 한다. 甲木이 金을 많이 만나고 있는데, 木은 풍(風)이요, 金은 서리 즉 상(霜)이라 온갖 풍파를 겪고 살아야 하는 팔자다. 낙락장송(落落長松)이다. 금목상전(金木相戰)으로 안 아픈 데가 없이 다 아프다. 金인 열매가 많으니 가지가 찢어지기 일보 직전이다. 똥가랭이가 찢어지도록 가난한 팔자이다. 팔다리, 수족(手足)이 파김치가 되도록 일을 해도 먹고 살기 어려운 팔자이다. 이런 사주가 庚년에 신수보러오면 금년 운수는

"제 살 깎아 먹기네요, 머리가 잘려나갔네요, 서리 맞았네요."라고 말해준다. 같은 말도 이렇게 여러 가지로 표현할 줄 알아야 한다. 극(剋)하는 관살을 많이 만나는 것은 일복을 많이 타고난 것이다. 관살은 일복이기 때문이다. 木일주가 金을 많이 만나는 경우와 같이 다른 일주도 같은 경우 똑같은 결과로 통변하면 된다.

예를 들면 火일주가 水관살을 많이 만나면 눈이 튀어나오도록, 또는 혀, 새빠지게 열심히 일해도 먹고 살기 어렵다라고 하면 된다. 土일주가 木관살을 많이 만나면 허리가 휘어지도록 열심히 일해도 먹고 살기 어렵다. 火는 눈이나 혀로, 土는 허리로 보기 때문이다. 水일주에 土를 많이 만나면 水는 배설물로 보니 오줌 누고 똥 눌 사이 없이 열심히 일해도 먹고 살기 어렵 다. 金일주가 火관살을 많이 만나면 金은 뼈이니, 뼛골이 쑤시도록 열심히 일해도 먹고 살기 힘든 팔자로 통변하면 된다는 것이다.

● 甲木이 辛金을 만나면,

甲에게 辛은 정관이다. 甲에게 乙은 겁재로서 내 돈을 뺏어가는 도둑놈이다. ○甲辛乙과 같이 가운데에 辛이 있으면 乙辛충, 金극木으로 乙이 없어진다. 내가 정관으로 마음을 바르게 먹으면 내 돈을 뺏으러 올 사람이 없다는 것이다. 즉 비겁을 없애 재를 보호한다. 乙木인 친정 언니가 손 벌린다면 辛인 남편에게 미루고 모른 척한다. 즉 시집간 여자가 친정형제가 돈 꾸러 오거든 서방 핑계대라는 것이다. 甲이 丙火를 많이 만나면 목분(木焚)되어 타버리는데, 辛이 丙을 묶어서 목분을 예방함과 동시에 丙辛합화水, 인수가 되니 부모님을 생각케 하면서 공부를 하게 되는 동시에 水생木으로 나를 생하게 하여 정관의 역할을 하게 된다. 나무가 타지 않게 된다는 것이다.

○甲辛丙
○寅卯寅 의 경우를 보자. 甲寅일주가 木인 비겁이 많으니 뺏기는 것이 많아서 못산다. 운도 나쁘고 무위도식 중인데 丙사위와 辛딸이 합화水, 인수로 변하여 즉 딸과 사위가 상의하여 水인수가 생기니 水생木으로 甲木을 도와주더라. 나이 먹어 역학공부하고 싶은데 따님이 학비 대줘서 공부하러 왔다고 한다.

甲木이 약(弱)한 곳에 辛金도 많으면 종내는 절목(折木)이 되므로 흠이라 어찌 연금(軟金)이라고 경시할 것인가. 이와 같이 환경에 의하여 행복이 좌우되고 있다는 것을 깨달아 처세(處世)를 잘하여야 될 것이다.

예를 보자. ○甲辛○
○申酉○ 의 경우, 酉월의 나무가 金극木이 많아서 甲이 부러지고 만다. 처음엔 辛이 적지만, 申酉방합이 되니 강한 甲木도 辛에게 꼼짝 못하게 된다. 甲木 하나면 아름드리 나무지만 辛酉가 더 잘났으니 甲木은 아무것도 아니다. 환경에 의해 희·비가 엇갈리는 경우다.

辛甲辛辛
○○○○ 의 경우다. 甲이 辛에게 꺾인다. 여자라면 정관 辛이 3개다. 남편이 셋이고, 여자 혼자서 시집을 세번 가는 것이니 어찌 좋다고 할 것인가? 여성이 남자가 많은 사주이면 남자에게 얻어맞고 사는 팔자이다. 나말고 다른 놈 생각한다고 매맞고 사는 팔자이다. 또한 어디 가든지 주위에 남자가 둘러쌓여서 있다. 고로 남자가 많은 곳에서 근무하게 된다. 힘들다는 것이다.

● 甲木이 壬水를 만나면,

水생木으로 들어오니까 한(限)없이 좋은데, 이는 편인이지만 壬水가 바닷물이니 나무를 바닷물에 침전시키면 아주 강한 나무가 되어서 나온다. ○甲壬丁의 경우를 보자. 여기서 丁火는 딸, 상식, 도기(盜氣)다. 丁火도기를 丁壬합木으로 합거하면서 나를 水생木으로 도와준다. 나를 도와준다는 것은 수입, 보호, 원류(原流)로서 균형을 이루게 되며, 또 丙火를 ○甲壬丙에서와 같이 丙壬충으로 충거하여 내가 목분(木焚)되는 것을 예방하고, 庚金 칠살(七殺)이 甲庚충으로 충극(沖剋)하여 오는 것을 金생水, 水생木으로 壬이 개입해서 충과 극을 해소시킨다. 庚은 칠살인데 壬인 인수가 있으면 金생水, 水생木으로 통관(通關)시킨다. 이것이 살인상생(殺印相生)이고 탐생망충(貪生忘冲)이라, 오히려 적(敵)을 나의 근원(根源)으로 만들고 있다. ○甲壬庚의 경우다. 인수는 덕(德)이다. 사주에 인수가 좋으면 덕을 갖추고 있는 사람이고, 그렇지 않으면 덕이 모자란다. 즉 덕을 알고 싶으면 인수를 가지고 논하라. 덕을 갖추고 있으면 金극木을 못하고 丁火가 내 것을 뺏아가지도 못하며 丙이 있다고 해도 丙壬충으로 나무가 타지 못한다. 덕을 쌓으면 재앙이 안 온다. 일거삼득(一擧三得)이다, 인수 하나가 庚, 丙, 丁을 눌러버린다. 변화란 적은 것이 변화하고 큰 것은 변화하지 않는다. 즉 1년은 변화하지 않고 춘하추동이 변화한다. 모든 것이 변화한다는 착각은 하지 말라.

반대로 壬水가 과다(過多)하면 丁壬합화木으로 견겁이 되어 극재(剋財)해 불리(不利)요, 또 대가는 치러야 함을 말해주고 있으며, 丙火식신을 충거하는 것은 도식(倒食)이 되고, 이는 종래는 지출 없는 수입이 되니 포만(飽滿) 자폭(自爆)하며, 金관은 수다금침(水多金沈)되어 쓸 수 없으니, 나무는 음지에 무화과(無花果)가 되어 패망(敗亡)이 되고 만다.

예를 들어 상세히 보자. 壬甲壬壬의 경우, 어머니가 셋이고 옷을 너무 많이 입혀놓았다. 물이 많으니 떠서 있다. 水는 밤으로 음지나무가 된다. 인수가 많다고 좋을 것인가? 아니라는 것이다. 여기에 壬甲壬庚과 같이 金을 넣어보자. 水가 많으니 수다금침이 된다. 甲에 金은 관(官)으로 직업·남편인데, 고로 공부 많이 한 여자는 시집가지 못하고 남자도 취직할 데가 없다. 丙이 있어도 丙壬충이고, 丁이 있어도 丁壬합으로 甲木에게 해(害)만 되는 것이다. 꽃도 없고 열매도 없다. 가령 丙甲壬壬이라면 水다(多)하여 겨울인데 火가 있어 조화를 이룬다. 또한 ○甲丁壬의 경우, 내 딸이지만 조화를 이루니 좋다. 나쁜 딸이 아니다. 만약 甲에게 壬丁壬壬이 딸이라면 딸내미의 서방이 동서남북에 많다. 딸내미가 못돼버렸다. 丁壬합木하여 비겁작용하니 사위와 짜고서 엄마것을 모두 뺏어먹자 한다. 丙甲壬壬의 경우, 丙이 지지에 木이 있어 살아 있으면 조화를 이룬 것이지만 지지에 金水가 왕하여 丙壬충으로 충거되었다면, 甲에 丙은 식신인데, 식신은 옷과 밥이다. 壬水는 편인으로 언젠가는 식신을 때리려고 만반의 준비를 하고 있다. 식신인 丙火를 때려 부셨다고 하여 도식(倒食)이라 한다. 밥그릇을 엎어놓은 격이다. 운에서 도식운이 오면 부도(不渡)나는 운이다.

만약 壬甲壬壬의 경우라면 꽃도 열매도 없는 팔자이다. 火와 金이 없으니 무화과(無花果)이다. 사람 구실, 사람 노릇을 못한다. "참 팔자가 이상하다. 이런 팔자는 처음 보겠네. 왜 이 팔자는 꽃도 없고 열매도 없나요?" 또한 물이 많으니까 떠돌이요, 음지나무니까 여자라면 소실이고 水가 많아서 어둠이므로 "왜 당신은 이렇게 비밀이 많나요?" 만약 壬, 癸년에 신수 보러 오면, "아무도 날 찾는 이 없는 외로운 산장(山莊)"이라고 써주면 된다.

● 甲木이 癸水를 만나면,

우로수(雨露水)가 되어, 무근지목(無根之木)이 필경 썩기 때문에 대단히 싫어하나 때로는 편재 戊土를 ○甲癸戊와 같이 戊癸로 합거하여 욕심을 버리게 하며, 상관 丁火를 ○甲癸丁과 같이 丁癸로 충거하여 지나친 재주와 방종 그리고 위법행위를 제거하고, ○甲癸辛의 경우,

辛金이 金극木하여 오는 것을 金생水, 水생木으로 탐생망극(貪生忘剋)케 하면서 정도(正道)를 걷게 하니 인수는 깨끗한 사람이고 착한 사람이다. 그러나 癸水가 인수이지만, 壬과는 정(正)과 편(偏)의 차이가 있으나 역시 태과(太過)하면 甲木을 썩게 하고, 음지의 나무에다 水극火로 나무에 꽃을 피지 못하게 하니 무화과가 됨은 당연하며 水가 많아서 木이 부목(浮木)되는 것도 피하지 못한다. 癸甲癸癸의 경우다. 따라서 만나는 오행의 정도에 따라 이해가 엇갈리며 또 잘나기도 하고 못나기도 하며 나아가서는 부귀빈천(富貴貧賤)이 이 속에 있으므로 수시변역(隨時變易)을 명심하여 일론(一論)으로만 고집해서는 안된다.

※참고

　　오래전 일이다. 甲丁癸己 辰卯酉丑의 남자가 상호 하나 지어달란다. 酉월 丁火가 酉丑金국에 卯辰방합木국이다. 酉丑金이 세다. 木火용신이다. 그때가 庚辰, 辛巳년이다. 丁이 金을 만나면, 특히 庚을 만나면 정재이므로 돈 안 경 쓰고서 세상을 본다. 모든 게 돈으로 보인다. 새로 사업 시작한단다.

　　庚辰년이면 辰酉합金으로, 辛巳년이면 巳酉丑金으로 각각 木이 약해지니 2년간은 기대난망이다. 한쪽으로 기운다. 사업 하면 반드시 손해 본다. 이럴 때 상호 지어달라 하면 이름 잘못지어서 손해봤다고 소문낸다. 그래서 거절하는 역학자도 있다. 선택은 자유다. 그러나 지어주려면 木火를 넣어서 상호를 지어주어서 도움이 되도록 해주고 영업전략도 상담해 줘라. 동(東), 상(相), 주(柱) 등 木이 들어있는 글자를 선택하는 것이 방법이다.

　　다음은 甲木을 지지(地支)에 대비하여 발생되는 각각의 상황과 변화는 어떠한가를 살펴보자.

●甲木이 子水를 만나면,

육친으로는 정인(正印)이고, 포태법으로는 목욕궁(沐浴宮)이고 상생
상극에서 연결하면 水생木이다. 그러나 결과는 동목(凍木)과 습목(濕
木)이 된다. 건강관계를 볼 때 쓰는 용어다. 또 부목(浮木), 표목(漂木)
이 된다. 떠돌이 생활이다. 그리고 음지(陰地)나무가 된다. 여자는 소
실이고 음지에서 살아야 된다. 子水는 수목응결(水木凝結)로 水생木
하면 응결이 된다. 신경이 굳는다. 심하면 저능아 된다. 말 못한다. 수
목응결로 냉풍(冷風)만 조장하여 북풍한설이 엄습(掩襲)해서 종내는
패지(敗地), 목욕궁(沐浴宮)으로서 조화를 이룰 수 없으니 인수라고 하
여 모두가 좋은 것은 아니므로 주의할 것이며, 木극土는 잘하나 木생
火는 어려운데 다만 왕(旺)한 火를 동반한다면 냉풍(冷風)은 훈풍(薰
風)으로 음지의 나무가 양지의 나무로 변화하면서 꽃을 피우게 되니
이러할 때는 火를 제일 좋아한다.

甲子일주

■특징 : 도화, 목욕, 정인, 패지, 효신, 장성, 부목, 동목, 음지목

甲은 동(東)이고 풍(風) 바람이다. 子는 북(北)이니 겨울은 차갑고 눈
이 내린다. 즉 북풍한설(北風寒雪)이라는 용어가 만들어진다. 甲子일
주, 어렸을 때 병(病)이 많았다. 인수인데 북풍한설이니 엄마가 좋은
역할 못하고 부모 덕이 없다. 여기서 甲木은 木극土는 잘하나 木생火
는 못한다. 물에 젖어 있는 나무니까. 다만 火를 동반한다면, 丙甲○○
寅子○○
의 경우와 같이 나무에 꽃이 피고 양지(陽地)나무가 되어서 훈풍으로
되니 꽃 피고 새가 운다. 寅木이 있으니 안 떠내려가서 좋다. 만약 子
년이나 丑년에 甲子일주가 신수 보러 와서 "선생님, 언제나 좋아지겠

어요?"하면 "당신은 寅年에 가서야 꽃피고, 내가 설 땅을 알게 되고 뿌리하겠네요."한다.

천간 甲木이 좌하(坐下) 子水에 생조(生助)받아 존재할 것 같으나 子水는 한랭지수(寒冷之水)이며 천수(川水)가 되기 때문에 오히려 만나지 않은 것만 못하고 패지(敗地), 목욕궁(沐浴宮)으로 부부궁은 부실하며 주색을 가까이 하기 쉽고, 부목(浮木), 동목(凍木), 음지나무가 되어 떠돌이 생활을 할까 염려되며, 木生火를 하기도 어려운데 만약 寅木을 만난다면 木生火는 물론 木극土도 잘 할 수 있을 것이다. 일지 인수도화로 옷맵시 좋고 신사다. 巳午未월 생이면 子水가 길(吉) 작용할 수 있으나 申子월이면 子水가 좋은 작용 못 한다. 나무는 辰土가 있으면 뿌리내려 좋다. 그러나 주변에 水가 많으면 부목(浮木)되는 것은 면치 못한다.

지지 효신(梟神)이 되어 유실자모(幼失慈母)가 아니면 모외유모(母外有母)요 편모슬하가 되기 쉽고 모처불합(母妻不合)은 면키 어려우나 내조(內助)의 공은 있다. 따라서 처의 신세를 톡톡히 져야 할 때가 있을 테니 처에게 잘해주어야 할 것이다. 일지 장성(將星)으로 아집이 강해 꺾을 자가 없고 천성이 인정이기에 남 주기를 좋아하며, 직업은 교육, 예능, 경찰 계통이 제격이고 사업을 한다면 섬유, 직조, 목재, 화원, 식품, 문화계통이 좋다.

재복(財福)은 있으나 거부(巨富) 되기는 어려운데 초년에 고생을 하였으면 말년에는 행복을 누리겠으며 아니면 반대가 될 것이고 중년에 공부를 다시 하는 것이 특징이다. 질병은 중풍, 위장, 시력, 간경화, 두통에 주의할 것이며 자손과의 인연은 희박하여 혹 불구 아니면 양처득자(兩妻得子)하기 쉽고 여명(女命)도 예외일 수는 없으니 자연유산에 산후풍(産後風)을 주의하고 수액(水厄)을 조심하여야 한다.

申, 子, 辰년에는 신상에 변동이 있어 해외, 이사, 전출입, 공부, 전근, 전직 등이 발생하고 午년에는 화재(火災)에 관재(官災)·송사가 있으며, 酉년에는 이성으로 인한 고민이 있겠고, 卯년에는 수술에 관재·송사와 사고·사건이 염려되니 조심하여야 한다.

●甲木이 丑土를 만나면,

丑土는 육친으로 정재다. 내 돈이요 내 마누라인데, 내 마누라 내 돈에 뿌리 못 한다. 동결되어 있으니 압류이다. 丑중 癸水가 水생木하고 또 丑土에 뿌리를 내려 힘이 될 것 같으나 丑월로 극한지수(極寒之水)요 金의 고장으로 철분이 과다하여 나무를 키울 수 없다. 丑土는 관고이니 남자는 자손의 한(恨)이고, 여자는 과부살로 연결하라. 남자는 자손의 무덤이고 여자는 남편의 무덤이다. 丑월의 나무이니 동목(凍木)이다. 동결되어서 꽁꽁 얼어있다. 따라서 난근(難根)이다. 뿌리 못한다. 내가 설 땅을 모르니 방황하고 있다. 무근지목(無根之木)이다. 얼어있는 흙으로 뿌리 못 한다. 음지(陰地)나무로 찾는 이가 없다.

丑土의 암장은 癸辛己인데 癸水가 水생木 못 한다. 얼어있는 섣달이므로 癸水를 물로 보지 말고 얼음으로 보라. 己土도 동토(凍土)이고 辛金이 있으니 철분이 많은 땅으로 보라. 철분이 많은 땅에서는 나무가 못 산다. 그러나 丑은 동토요, 광석(鑛石)과 같아 뿌리를 못 하여 기대할 수 없으나 丑중 己土와는 甲己로 암합(暗合)하며 관고로서 작용이 되므로 甲木이 왕하여 丑土만 소유할 수 있다면 금상첨화(錦上添花)가 된다.

甲木이 丑과 연애했다. 甲己 암합하고 겨울이니, 못살고 춥고 배고프다. 土니까 키가 작은 여자다. 甲木이 손해봤다. 그래서 甲己합으로 건드리고 그만 만나자고 하니까 丑 탕화작용이 나온다. 음독, 괴변이

나온다. 약 먹고 최후 발악을 한다. 네 집에 가서 약 먹고 죽겠다고 한다. 丑중 己土가 甲木보고 나 돈 많다고 하였는데 얼어있는 물이니까 아니더라. 또 진짜 처녀가 아니다. 丑중 辛金이 있어서 아무도 모르는 딸내미 데리고 있는 여자다. 만약 甲이 여자라면 丑이 관고이고 丑중의 辛이 남편이라면 남편 노릇을 못한다. 甲木이 벌어다 먹여 살려야 한다.

● 甲木이 寅木을 만나면,

비견이요 관궁(冠宮)으로 착근(着根)하고 뿌리 하여 튼튼해진다. 대들보에 아름드리 나무가 된다. 철이 들고 내가 설 땅을 알게 되니 정착을 하게 되고 내가 있는 곳을 알게 된다. 스스로 성장할 수 있고 꽃을 피우게 됨은 木生火의 이치이다. 寅중의 丙火가 있어서이다. 火는 남쪽이니 남산(南山)나무이다. 그리고 말라있는 나무이다. 튼튼한 나무이고 火가 유력하니 木극土도 잘 하고 강한 金이라 하여도 겁나지 않고 나의 벼슬 즉 관(官)으로 소용(所用)할 수 있음이 좋다. 水를 만나도 水生木, 木生火로 납수(納水)하여 어둠을 밝힘으로써 그 조화는 무궁무진할 수밖에 없다. 또 亥 장생지를 寅亥로 암합(暗合)·인합(引合)해서 동반하게 된다. 보이지 않는 亥 장생이 따라 들어온다. 부부합이므로 남편이 있는 곳에 저절로 마누라가 따라온다. 따라서 어찌 보이는 것만 가지고 판단할 수 있겠는가? 그러나 寅木도 너무 많으면 재관이 구몰(俱沒)하니 흉(凶)이 된다. 나무가 너무 크니 집안 망한다. 木의 재는 土인데 목다토붕(木多土崩)되고, 木의 관은 金인데 목다금결(木多金缺)되기 때문이다. 돈·음식·재가 없어지고 관·직업·벼슬이 없어져 버리니 혼자 살아야 한다.

甲寅일주

■특징 : 비견, 간여지동, 정록, 동량지재, 고란살, 지살, 탕화살, 남산지목, 일덕성

甲寅일주는 金이 와서 金극木해도 걱정없다. 튼튼한 나무고 寅중의 丙이 있어서 눈 하나 깜짝 안한다. 火는 2와 7이고, 丙은 양이니 7이다. 따라서 7개월짜리 아기와 같다. 서방이 金극木으로 때리려 하자 배만 내밀면 못 때린다. 사주 속에 물이 아무리 많아도 水생木으로 흡수하고, 水인 어둠을 밝음으로 바꾸어 놓는다.

甲寅은 고란살(孤鸞殺)이다. 외로울 고에 난조새 란이다. 새 중에서 제일로 금슬이 좋은 새이다. 잉꼬나 기러기다. 따라서 여자에게 더 잘 맞는다. 나는 시집 안 가고 혼자 산다고 한다. 문학소녀가 많다. 甲寅일주 여자에게 "어렸을 때 맨날 스님 된다고 하더니 어쩌다가 시집가셨어요?" 해보라. "그래서 내가 팔자가 이런가 봐요."할 것이다.

甲木이 좌하(坐下) 寅木으로 비견이요 간여지동(干與支同)이며, 정록(正祿)이요, 또한 관궁(冠宮)으로 득근(得根)하고 보니 동량지재(棟梁之材)에 남산지목(南山之木)으로 어떠한 강풍에도 흔들리지 않을 뿐만 아니라 능히 木생火하고 木극土도 할 수 있다. 寅중 丙火로서 왕자의설(旺者宜泄)에 설정영(泄精英)이 되니 자체 조화를 이룰 수 있고, 태강즉절을 면할 수 있는 것이 아름답다 하겠다. 인정이 많고 청백지명(淸白之命)으로서 부정과 타협을 모르는 것은 좋으나 고독을 자초할까 염려된다.

木火통명으로 두뇌가 명철하니 일독지십(一讀之十)에 박사학위로 득명(得名)하여 가문을 빛내겠고 일지지살로 동분서주에 간여지동으로 아집이 대단하다. 한번 결심하면 실행에 옮기고, 솔직과 정에는 약하며, 때때로 자기 일에만 도취되어 주위를 망각할까 염려되나 개방된 생

각은 남보다 앞서고 있다. 부모와는 뜻이 맞지를 않고, 형제도 많으나 본인은 장남이 되어 책임이 많으며, 건강은 좋으나 위산 과다에 신경성 위장병이 있고, 기관지가 약하며, 탕화로 화상의 흉터와 차액(車厄)에 주의해야 한다.

관(官)으로는 교육, 외교, 신방(新放), 연구기관에 입신(立身)하며, 사업으로는 문화, 기공(技工), 의약, 목재, 섬유, 전자에서 성공하나 청격(淸格)이니 사업을 하지 말고 두뇌만 제공하거나 인세만 받는 것이 유익할 것이다. 처궁은 약하여 잔질(殘疾)이 있거나 해로하기 힘들며, 의처증과 여난(女難)을 주의해야 되는데 주중(柱中)이 부실하면 화무십일홍(花無十日紅)이 분명하다. 자손은 남의 자손인 학생들에게 집념을 하다 보니 본인의 자손은 소홀할 수밖에 없다.

여명(女命)은 본인이 똑똑하여 독신녀가 제격인데 아니면 부군(夫君)이 작첩(作妾)하고, 시가(媤家)가 몰락하여 본인이 가구주 노릇을 해야만 한다. 寅, 午, 戌년에는 신상에 변화와 원행(遠行)을 하며, 이사, 전근이 있겠고 巳, 申년에는 관재, 수술, 교통사고, 화재 등의 재앙이 발생하며 卯년, 未년에는 이성 문제로 신경쓰이는 일이 생기겠다.

●甲木이 卯木을 만나면,

비겁이고 겁재이니 내 것을 뺏기고, 왕궁으로 전성기이므로 착근(着根)하니 그 힘이 지나칠까 염려된다. 그리고 卯木자체가 젖어 있는 나무로 습목(濕木)이고, 卯는 음이고 甲은 양으로 음양이 섞이니, 甲이 卯를 만나면 비겁으로 겁재가 되고, 음양이 섞여서 잡목이 된다. 卯를 많이 만나면 잡년 · 잡놈이다.

또, 卯는 木이고 바람 즉 풍(風)이다. 卯가 많으면 강풍(强風)이다. 초속 38m의 바람이다. 또 庚金칠살을 만난다 해도 ○甲乙庚의 경우와 같이 乙木이 庚金을 乙庚합으로 묶어 놓아 庚金의 세력을 약화시킴은 물론 내 누이동생 乙木이 庚金을 매제(妹弟)로서 내 편에 서게 하니 반위길(反爲吉)하고, 합살위귀(合殺爲貴)로서 아름다운데, 이를 매씨합살(妹氏合殺)이라 한다. 이는 본인 때문에 매씨(妹氏)가 희생됨은 필연적이라 어찌 희생 없는 대가가 있겠는가. 卯木도 많으면 습목이고 음지의 나무로서 木의 임무를 상실하게 되고, 너무 강하게 되면 부러진다. 이를 태강즉절(太剛則折)이라 한다. 단, 火가 없을 때만 부러진다. 큰 나무도 불을 대면 휘어져서 부러지지 않는다.

○⑨○○의 경우는 음지나무로 火가 없어서 잘 부러진다. 즉 진퇴(進卯子卯卯
退)를 할 줄 모른다. 자제능력이 없다는 것이다. 그러나 丙⑨○○의 경寅子卯卯
우는 아무리 강하지만 안 부러진다. 火가 있으니까 양지나무다. 자제능력이 있으며, 진퇴를 할 줄 안다는 것이다.

● 甲木이 辰土를 만나면,

辰월이니까 甲木이 뿌리 한다. 辰중에는 戊土, 乙木, 癸水가 있고, 辰 자체가 양력 4월이고 4월은 봄으로 따뜻하니 온난지토(溫暖之土)고 습토다. 乙木을 가지고 있으니 나무가 뿌리 하면서 살 수 있는 좋은 흙이고 癸水가 있어서 수분을 갖추니 수분 공급을 잘한다. 고로 나무의 성장요건이 모두 갖추어져 있다. 허나 만약에 ○⑨○○과 같이 戊土를 만戊辰戌○
나 辰戌충을 당하면 戊이 辰을 파헤쳐 버렸다. 辰이 날아가 버렸다. 뿌리 못 한다. 또, 辰은 土요, 土는 살이다. 따라서 살찐다. 포태법으로는 쇠궁(衰宮)이나 쇠궁만으로는 볼 수 없다. 酉金을 만나 辰酉합국이 되면 암석 위의 나무와 같이 필경 고사(枯死)하고 만다.

육친으로는 편재다. 甲木에 辰은 土요, 재요, 돈이다. 종교요 부처님이다. 종교·부처님이 돈으로 보이니 이것이 나쁘게 연결되면 매불(賣

佛)행위가 된다. 역학자도 매불행위 즉 부처님을 파는 경우가 많다. 辰은 인수의 고장이다. 어머니의 한(恨)이다. 종교·철학 공부가 참 재미있단다. 壬㉹辛癸 戌亥酉卯의 여자다. 戌은 부처님·종교철학이고, 戌亥는 천문성(天門星)이다. 戌은 재고다. 즉 부처님이 돈 벌어준다. 돈 창고다. "선생님 저 역학 배워도 되나요?" 팔자에 있으니 공부하고 싶다. 卯, 酉, 戌은 의사, 법관, 역학자이고, 亥卯木국으로 내가 생하니 인정 베풀어서 불쌍한 사람을 도와주는 것으로 복지학과이다. "아가씨는 돈 벌어도 그 돈 내가 안 쓰고 사회복지로 환원할 것이요."했더니 ○○대 복지학과 다닌단다.

甲辰일주

■특징 : 편재, 금여록, 나망살, 화개, 인수고, 쇠궁, 백호대살

甲辰일주는 辰酉합이 되면 눈에 보이지 않는 가운데 정관이 따라온다. 酉金을 역학에서는 금불상(金佛像)으로 보는데 부처님이다. 금불상 모시고 있다. 辰은 인수고다. 어머니가 둘이다. 인수고는 집합으로 어머니 모여라. 아버지가 횡사한다. 木극土로 아버지를 눌러서 그렇다. 甲辰은 백호대살로 횡액·급사·횡사·수술하다 죽는 것·총 맞아 죽는 것·교통사고로 죽는 것이 모두 백호대살의 작용이다. 총각이 甲辰일주면 딸내미 주지 마라. 앉은 자리에 편재를 깔고 있어서 여자를 달고 다니며, 재이므로 백호대살이 작용하면 내 딸이 약사발 들고 죽는다. 또한 어머니가 둘인데 여기서 둘이라는 것은 나를 낳아준 생모가 있는데, 저기 무당한테 나를 팔아서 어머니라고 한다. 또 이혼하거나 떨어져 살고 서방이 바람피면 어머니가 둘이다. 이럴 때는 좋은 친구 중에서 하나 골라 어머니 삼아주도록 하라.

甲木이 좌하(坐下) 辰土에 비록 쇠궁(衰宮)이라고는 하나 辰土는 대목지토(帶木之土)에 따뜻한 습土가 되어 능히 착근하고 木이 살찌게 되어 있어 木극土, 木생火를 할 수 있으니 육십갑자 중 쇠지(衰地)에 착근하는 것은 甲辰일 뿐이다. 따라서 자체 조화를 할 수 있기에 타(他)에 의지를 하지 않는다.

강직한 성격으로 타(他)에 굴복하지 않고 항상 우위에 있으나 타에 후중(厚重)하면 가정에 소홀히 할 것이다. 학문에는 열중하나 도중하차하고, 집에 금고가 따로 있으며 수집에도 일가견이 있고, 신장은 평균치를 넘으면서 장대함이 특징이다.

부모를 일찍 잃어버리지 않았으면 타가기식(他家寄食)하고, 자립심만은 타의 모범이 되겠으며, 취재(聚財)하는 데는 일등이나 주중(柱中)이 부실하면 돈만을 아는 사람이 되어 모두를 잃어버릴까 염려된다. 건강은 좋으나 간암, 간경화를 주의하고 풍(風)·습(濕)으로 고생하겠다.

관(官)으로는 재정 및 기술계가 좋고, 사업을 한다면 식품, 목재, 전자, 건축자재 등에서 성공을 하는데 취재의 방법은 부동산이 좋다. 처궁은 좋지 않아 재혼을 하기 쉬운데 혹 여자와 결별시 여자가 음독을 할 위험이 있으니 의약가 자녀와는 연애를 안 하는 것이 좋다. 미인들과의 인연은 금여록(金輿祿)의 탓이고, 자손은 딸 자손만 있기 쉽다.

여명은 불봉옹고(不奉翁姑)요 부존불명(夫尊不命)으로 여상상위시대를 주장하겠고, 직업을 갖고 돈을 벌다 보니 부군마저도 돈으로 계산할까 염려되며 산후풍을 주의해야 하고, 강렬한 성품을 수그릴 줄 아는 노력이 필요하다. 庚戌년에는 간충지충(干冲地冲)으로 상하(上下)가 모두 이탈하고, 관재·도난·협박·사고·이별·부도 등 걷잡을 수 없는 일이 연속적으로 발생한다.

● 甲木이 巳火를 만나면,

식신이고 木생火로 설기(泄氣)된다. 나의 기운이 설사가 됐다. 빠져나갔다. 일주가 생하는 식신, 상관운에 신수 보러 오면 "금년에 당신 설사만 하게 생겼네요." 하자 "돈만 설사했다오."하더라. 포태법으로 병사궁(病死宮)이니 병들고 죽는 운이다. 목분(木焚)되어 목기(木氣)가 없어진다. 나무가 불 만나니 타고 있다. "가뭄에 비 한 점 없는 운이요, 털어봤자 먼지밖에 없는 운이네요."한다.

● 甲木이 午火를 만나면,

상관이요 도기(盜氣)이고, 병사궁으로서 완전 몰(沒)하여 목분(木焚)되는데 좋게 작용하면 양지나무요, 꽃이 피는 것으로 된다. 또 午중 己土와는 암합(暗合)하고 있으므로 자연 홍색(紅色)을 발(發)하게 된다.

甲午일주

■특징 : 상관, 외양내음, 암합, 장성, 탕화살, 현침살, 사궁, 홍염살, 목분 비회(木焚飛灰)

甲木은 午火에 사궁(死宮)이고 뿌리 못 하고 나무에 불이 붙었다고 생각하라. 甲午일주는 午중의 己土와 암합(暗合)하니 바람둥이다. 午중의 己土는 火속의 土로서 火속에 들어 있으므로 火가 土를 감추고 있다고 봐야 한다. 木은 火를 생하므로 火는 한 단계 낮다. 고로 午중의 己土여자와 甲木이 같이 길을 가다가 친구 만나자 친구가 묻는다. "누구니?" 그러자 "응, 우리 회사 비서야!"한단다. 그리고 아무도 없으면 甲己합으로 여보, 당신의 연인사이가 된다. 나무가 불에 타니 목마르다. 술 잘 먹고, 목은 건조하다. 木은 간(肝)이므로 火가 많으면 간염이다.

단, 전염은 안 된다. 전염이 되는 경우는 甲이 庚金을 만나고 있을 때인데 庚金은 칠살(七殺)로 병(病)이고 귀(鬼)이므로 전염이 된다.

己일주 여자가 甲午년에 애인 하나 만났다. 쓸 만한가? 甲木이니 겉은 아름드리 나무로 쓸 만한 것 같은데 午중 己와 甲己합하니 헌총각이고 나무가 힘이 없다. 헛다리 짚었다.

甲午일주는 午중 己와 甲己합으로 암합이므로 정재라도 애인으로 보라. 바람둥이다. 홍염살(紅艶殺)이다. 애인이 항상 따라 다닌다. 木은 인정이고 火도 인정이므로 인정이 많으니 여자가 많이 따른다.

甲木이 좌하 午궁에 사지가 되어 무근(無根)이니 결국은 종아(從兒)가 분명하다. 木은 火로 인해 타서 없어졌으나 火로서 존재하고 있으니 희생이 갱생이며, 火로서 영생하고 있는 것이다. 木生火로 인정도 많은데 목분되었으니 다정(多情)도 병이 되었고, 상관으로 생을 하니 내 것을 내어 주고도 좋은 소리를 못 듣는다. 일에 선후경중(先後輕重)을 몰라 답답한 편이고, 참모는 좋으나 장(長)이 되기는 어렵다. 만사가 용두사미요 비밀 없이 행동하다 항상 손해를 보며, 인물은 준수한 편인데 볼수록 정이 안 가는 얼굴이다. 장성을 놓고 있어 고집이 세고, 뚝 성질이 있겠고, 탕화살로 인하여 항상 비판을 하게 된다. 마른 나무에 불 지핀 격이라 성격이 급하고 화를 잘내는 편이다. 조열해서 반드시 亥·子·丑이 있어야 좋다. 일지상관으로 지혜 비상하고 언변이 좋으며 재치가 있으나 직언·직설을 잘 한다. 또 午火도 역마이므로 항상 분주하고 바쁘며 남의 일에 잘 끼어든다.

관으로는 교육이 좋고, 사업을 한다면 의약, 섬유, 전자, 화공이 적합한데, 상관이므로 기술관련 사업도 좋고 가수, 통역사, 방송인, 건축, 중계업 등도 잘 맞는다.

건강으로는 간담에 병이 오면 안 되니 술을 삼가야 하고 화상의 흉터가 있겠으며 큰 재복을 주지 않았으니 욕심을 부리지 않는 것이 좋다. 처궁은 좋지 않아 해로하기 힘들고, 甲己 암합에 상관생재하니 도처에 여자가 있기 쉽다. 상관은 극관(剋官)을 하니 자손도 귀(貴)하기 어렵고, 타자양육(他子養育)이 염려된다.

여명은 일지상관에 홍염살이 되어 부궁(夫宮)에 수심이 많고, 부군의 작첩(作妾)에 내 것 주고도 배신당하며, 타자 양육에 이성득자(二姓得子)가 염려된다. 다산형이며, 비관도 하게 되고, 午중 己土가 정재이긴 하나 조토로 분산되니 재산을 모으기가 어렵다. 성격도 내 것 주고 좋은 소리 못 듣고 입바른 소리 잘 하고 상냥하나 비밀이 없다. 상관작용으로 화나면 남을 무시한다.

寅, 午, 戌년에는 여행 등의 변화가 있고, 子년에는 송사 · 관재 · 사고가 발생하니 주의해야 되며, 丑년에는 신경성 질환이 염려된다.

● 甲木이 未土를 만나면,

자기 고(庫)로서 스스로 입묘(入墓)하여야 되니, 고목(枯木)이라, 백발이 많은 이유가 여기에 있으며 또 본인도 모르게 늙어지니 애닯다 한다. 또 未중 乙木에 甲木이 착근한다고 하나 亥나 卯를 만나기 전에는 변형되기 어렵고 火土로만 보아야 하기 때문에 착근을 못 한다 하겠다. 난근(難根)이다. 조토라서 뿌리 못 한다. 육친으로는 정재다. 즉 내 돈, 내 여자다.

木의 고(庫)이므로 내 돈, 내 여자 때문에 왜 내가 죽겠는가? 자기 고장이고 비견겁의 고장이다. 따라서 "나 죽겠네"다. 누구 때문에? 재 때문에, 흙 때문에, 未방위 때문에, 양띠 때문이다. 즉 어떻게 물어오느냐에 따라서 답해라. 甲이 未는 자고이고, 자고란 본인이 병들고 죽는 것으로 백발이 많다. 木은 머리카락으로 늙은 머리카락이므로 흰머리다. 또한 비견겁의 고장이다. 비견겁이 집합했다는 것은 형제 합중국(合衆國)을 이루었다. 고로 가정에 배다른 형제가 있게 된다.

누구든지 고장을 놓고 있는 사람은 겉늙었다. 乙未, 丙戌, 壬辰, 辛丑 일주가 자기 고장을 일지에 놓고 있다. 년이나 월에 부성관(夫星官)이 자좌입묘(自坐入墓)면 혼전(婚前) 과부다. 즉 년이나 월에 남편 되는 글자가 앉은 자리에 묘를 놓고 있으면 결혼도 안 하고 과부 소리 듣는다. 즉 애인이 죽는다. 예를 들면 土일주 乙未년이나 乙未월생, 金일주 丙戌년이나 丙戌월생, 火일주 壬辰년이나 壬辰월생, 木일주 辛丑년이나 辛丑월생의 경우다.

시집 안 가고 과부 소리 듣는다. 상담할 때 자신 없으면 "아가씨, 하나 물어볼까? 내가 배우기로는 이 팔자는 혼전과부 되라고 했는데, 혹시 애인 하나 죽지 않았소?"하고 떠보라. 甲木일주라도 未년이면 몸에 병이 온다. "아이고, 금년에 좀 늙겠네요." 또한 같은 말이라도 실감나게 하려면 "그동안 늙지 않았던 것, 한 3~4년 것이 한꺼번에 폭삭 늙겠네요."해 버려라. 未년에 甲木이 고목(枯木)된다. 병든 나무로 힘 못 쓴다. 어디에 병 드나? 木은 간이므로 간기능이 약화되었다. 고로 木일주는 오뉴월에도 한번씩 감기 않고 지나간다.

● 甲木이 申金을 만나면,

추절지목(秋節之木)으로 낙엽지고 서리맞아 앙상한 가지만 남는다. 즉 헐벗고 옷도 입고 있지 않다. 고목(枯木)되고 절목(折木)되어 꺾여 버렸다. 절지(絶地)이나 절지로는 잘 안 써먹는다. 살지(殺地)이다. 따라서 성장은 정지되고 암장 속의 庚金에 충극받아 木의 값을 완전 상실하니 기대하기 어려운데, 申중 壬水가 水生木하여 주니 절처봉생(絶處逢生)으로 木이 살아난다고 할 수 있겠는가? 金속의 물이라 철분(鐵

分)이 과다한 물이고 오후 석양의 이슬에 불과하므로 水생木이 안 돼 木은 살 수 없다. 여기서 절처봉생이란 끝은 바로 시작으로 이어져 간다는 말이고, 극즉변(極則變)이고 변즉통(變則通)이다. 즉 궁극즉통(窮極則通), 궁하면 통한다는 말과 같다. 원서, 궁통보감(窮通寶鑑)이 어원이다.

또 육친으로는 편관이고 칠살(七殺)이다.

甲申일주

■특징 : 편관, 사목(死木), 현침살, 지살, 금목상전, 절지, 추절지목

甲申일주는 일지에 편관, 칠살을 깔아 목에 칼침 맞는다. 좌불안석이고 바늘방석이다. 어디 가든지 하루를 못 앉아 있는다. 여자라면 남자주의하라. 목에 칼침 맞는다. 왜? 자기 서방말고 편관인 애인 달고 다니므로. 甲은 천간이요 申은 지지니까 연하남자가 따른다. 또 甲木과 申金이 모두 현침살이다. 辛, 卯, 午, 未도 같다. 모두 글자가 뾰족한 바늘과 같다. 따라서 침술 배우면 침 잘 놓는다. 또 말(言)침도 잘 놓는다. 즉 상대방의 폐부를 찌르는 소리 잘 한다. 모아 두었다가 상대를 코너에 몰아 붙인다. 일반적 개념으로는 할 소리 다 하면서 산다.

甲木이 일지에 申金을 만나 절지요 추절지목(秋節之木)이 되어 낙엽지상(落葉之像)이니 분명 종살(從殺)인데 申중 壬水가 자체 장생으로 水생木하여 절처봉생이라고 생각하기 쉬우나 철분이 과다한 물이라서 水생木에는 도움이 되지 않는다. 申은 원숭이다. 따라서 남녀 모두 재주가 많다. 그러나 일지 편관으로 조심성이 많고 겁이 많다.

옆에 子, 辰이 있으면 부목(浮木), 부목(腐木)된다. 일 많고 분주하기

만 하고 실속 없다. 그러나 丙, 丁이 투출하면 귀격이 될 수 있다.

丙甲○○
寅申○○의 경우는 木火통명이 되고, 칠살이 있어도 전화위복된다. 寅시는 충맞아도 해는 뜨기 때문이다. 金木 상전(相戰)으로 인의(仁義)가 없고, 수시로 두통, 골통, 근육통이 있으며, 金을 깔고 앉아 좌불안석에 일한 만큼의 대가가 들어오지를 않는다. 천성은 인정이나 의리에 치중하다 보니 갈피를 못 잡겠고, 지살이 되어 변화가 너무 많으니 나무가 뿌리를 내리지 못한다.

타향살이에 이사 등이 번다하고 해외영주도 가능한데 반드시 申, 子, 辰년이라야 하며, 출장도 자주 가는 편이나 실속이 없다. 직장에서 꽃을 피워야 하는데 명주(命主)가 좋으면 해외기관에서 득명(得名)하고, 사업으로는 운수업이나 철재가 좋으며, 재주가 많아 무엇이든 보면 할 수는 있으나 지구력이 부족하여 용두사미인 것이 흠이다. 처궁은 부실하여 악처를 만나기 쉬워 해로가 어렵다. 차중(車中)연애에 혼담은 멀리서 성사되는데, 가정이 평안하려면 부인을 존중해주어야 할 것이다. 자손과도 불합하는데 각기 주장으로 가정이 잘 되기 어려우며, 항상 자손의 가출에 주의하여야 된다. 건강은 간담(肝膽)허약으로 심장까지 나쁘고, 비만체구는 되지 않겠다.

여명(女命)은 일지의 편관, 칠살, 귀(鬼)가 지아비 부(夫)가 되어 노랑(老郞)에다 강제 결혼을 당하기 쉬운데, 심하면 매 맞고 살게 되고, 또 본의 아닌 삼각관계가 이루어져 칼부림을 당하는 수가 있으니 항상 처신을 잘하여야 된다.

申, 子, 辰년에는 신상에 변화가 있고 寅, 巳년에는 차액(車厄), 사고, 관재, 수술 등을 각별히 주의하여야 한다. 중·말년이 생애에 있어서 최고의 악운이다.

●甲木이 酉金을 만나면,

비록 태궁(胎宮)이라고는 하나 그렇지 않고 절지라고 해야 맞다. 금왕절(金旺節)로서 金극木 받아, 木은 더욱 삭감(削減)되므로 착근(着根)할 수 없고, 낙엽지고 앙상한 가지만 남는다. 서리 맞는다. 정관이라고 하나 정관이라도 다 좋은 것은 아니다. 甲木이 酉년 만나도 작용하고, 酉월달에 태어나도 작용은 같다. 甲木일주가 申·酉년에 신수 보러 오면 "금년에 서리맞는 해요. 매사 조심하세요." 한다.

●甲木이 戌土를 만나면,

戌은 土라 뿌리를 내려 살 것 같으나 조토(燥土)요, 화지고장(火之庫藏)으로 火산과 같아 양궁(養宮)이라 하여도 뿌리 못 하고, 토다목절(土多木折)로 木은 죽게 되어 있으며 또 재고로 돈을 가지게 되나 내가 힘이 없으니 그림 속의 떡이요, 조토로서 분산되기 쉬우니 木 바람과 함께 사라질까 염려된다. 또 상식의 고장이니 자손들이 몰려오고, 자식끼고 산다. 여자는 자식이 잘도 들어서고, 남의 자식 키워주고 두 성의 자식 낳는다.

戌은 조토이고 戌월은 건조의 계절이다. 고로 가을 출생자는 건성피부다. 살결이 하얀 사람은 모두 건성피부로 보기는 좋은데 만져보면 뻣뻣하다. 金은 쇳덩어리이므로 그렇다. 흑인들과 같이 검은색 피부가 감촉 좋기로는 1등이다. 백납, 비듬이 많고 냄새가 많이 난다. 그래서 서양이 향수가 발달한 이유다. 황인종은 냄새가 좋다.

戌은 조토라서 木인 바람과 함께 사라진다. 戌이 돈이라면 모래성 쌓기다. 잘 살 만하면 재앙이 온다. 고로 목표를 100으로 치면 50으로 만족하라는 것이다.

戌은 火산이다. 뾰족뾰족한 산을 말한다. 관악산이 火산이다. 따라서 서울에는 큰 불이 많이 나서 이를 예방하기 위해 광화문에 해태 즉 바다사자 조형물을 놓았다. 일종의 부적이다. 火산에 시신을 매장할 때는 2자(尺)를 파고서 시신을 넣어야 그 산의 정기를 모두 받는다. 참고로 辰土는 水산이다. 물 나오고 예쁜 산이다. 깊이 파면 물 나오니 겉만 살짝 걷어내고서 매장한다. 丑土는 金산이다. 각이 져 있거나 바위가 많은 산이다. 4자를 파고 매장한다. 未土는 木산이다. 산이 길다. 3자를 파고 매장해라. 土산은 넓직한 고원이다. 5자를 파고 매장한다.

甲戌일주

■ 특징 : 편재, 철쇄개금, 천문성, 화개, 추절지목, 상식고, 재고, 양궁, 재관동림, 관식동림

戌土는 화개살에 동물로는 개다. 가만히 있어도 먹을 것 갖다주니까 가만히 있지 자기가 음식 해서 찾아 먹지 않는다. 개는 지키는 게 특성이다. 충성심이 대단하다. 비서직, 보좌관 잘 한다. 甲木이 일지에 戌土가 양궁이라서 근(根)을 잘 할 것 같으나 戌은 만추(晩秋)의 土로서 조열하고 또한 낙엽지목이기 때문에 戌土에 종(從)을 하게 된다.

능히 木극土할 것 같으나 토다목절(土多木折)이 되어 불능이다. 비록 종재라고는 하지만 습(濕)을 얻기 전에는 축적되기 어려우니 부(富)하기는 어렵겠고, 본심은 인정인데 신용으로 살아가야 하겠다. 근면하고 일에 열성인 것은 따를 자가 없고, 천문(天文)에 화개가 겸비하여 신앙에도 독실한데 辰년과 丑년에는 개종(改宗)이 염려된다. 예지력이 있고 두뇌회전이 빠르며 또한 꿈이 잘 맞기도 한다. 일지에 학마가 끼었으나 수리와 이재(理財)에는 밝으니 상경계가 좋고, 사업으로는

전자, 식품, 섬유, 부동산이 좋은데 욕심 많은 것이 흠이다.

일지 편재로 남의 돈이라 해도 항상 수중에 있으니, 취재(聚財)에는 금전 관리를 어떻게 하느냐에 달려있다 하겠다. 건강은 간·담·두통·시력·위장의 병에 주의해야 한다. 처궁은 부실하여 정부(情婦)와 동거요, 악처에 장모 봉양을 하겠고, 처의 신앙에 신경 꽤나 써야 되겠다. 재관동림(財官同臨)으로 총각득자 하기가 쉬운데 자식을 기르는 것도 애로가 많겠다.

여명은 부궁부실(夫宮不實)에 시어머니가 둘이요, 상식고로서 타자양육(他子養育)도 해당하며, 또한 관식동림(官食同臨)으로 처녀포태(處女胞胎)가 염려된다. 또 의약과 재정계가 인연이 있는데 부군의 신장이 작은 것이 흠이다. 일지를 극하고 있으니 여성상위시대를 주장하기 쉽다.

寅, 午, 戌년에는 신상의 변화와 원행(遠行)이 있겠고, 丑, 辰년에는 복통·수술·관재 등을 주의해야 되며, 卯년에는 이성이 따르나 양인(羊刃)이 되어 손재(損財)에 배신이 있을 것이다. 子년에는 송사가 있겠고, 일생을 통하여 庚辰년이 최악의 해가 될 것이다.

● 甲木이 亥水를 만나면,

亥水가 장생궁으로 水生木 받아 木의 임무를 다하게 되어 있고, 또 亥중에는 甲木이 있고, 寅 관궁을 寅亥로 인합하여 甲木을 도우니 십이지지 중 가장 좋아하므로 亥水가 편인이지만 子水 정인보다 더 좋은 점이 여기에 있는 것이다. 그러나 주중에 水가 많으면 음지나무요 부목(浮木) 되니 장생이라고 다 좋은 것은 아니다.

예를 들면 ○⑪○○／亥○亥○의 경우 甲이 亥를 보니 음지나무고, 물 위에 자란 나무이므로 수경재배라고 한다. 연약해서 손 닿으면 없어진다. ○⑪○○／子○亥○

의 경우 子가 정인이고 亥가 편인이다. 정인이든지 편인이든지 년·월에 먼저 있는 것이 생모(生母)이다. $\begin{smallmatrix}丙 乙 ○○\\戌 亥 ○○\end{smallmatrix}$의 경우, 乙木이 亥水 물 위에 떠있다. 바람에 휘청거려도 밑의 亥 중 甲木에 뿌리박고 있어서 떠내려가지 않는다. 그런데 丙戌火로 꽃이 피니 연꽃이다. 연꽃 피는 물에는 피부병 환자가 목욕하면 피부병이 없어진다. 그 물에는 철분이 많기 때문이다.

다. 甲木 희기(喜忌)론

甲木은 양목(養木)으로 대림(大林)과 같은데,

입춘절(立春節)은 한기(寒氣)가 있으니 火로써 보온함을 기뻐하며, 약간의 水는 뿌리가 윤습(潤濕)하며 水가 많으면 한동(寒凍)하므로 불길이요, 어린 싹이 金은 꺼리며 土는 목근(木根)을 배양한다. 우수 후로 춘분까지는 지지에 암장된 水는 기뻐하며 火가 왕성하면 목화통명으로 귀격이요, 청명(淸明) 후는 土가 많으면 木으로 소통(疏通)해야 길하며, 木이 많으면 金으로 작벌(斫伐)해야 재목이 되니 부귀(富貴)한다.

하절(夏節) 甲木은 조열하니 水로 해열함이 최길이요, 金으로 수원(水源)을 도우면 상격이다. 辰丑 등의 습土는 열기를 흡수하는 길신이요, 화왕(火旺)함은 꺼린다.

추절(秋節) 甲木은 입추에 노염(老炎)이 있으니 水土가 필요하고, 처서 후는 火를 기뻐하며 상강 후는 木이 왕성하면 金으로 작벌하고 土가 많으면 木으로 소통함이 길한 이치다.

동절 甲木은 가지와 잎이 무력하고 정신이 뿌리에 있으니 水가 많으면 꺼리고 火의 온기를 기뻐한다. 戊土는 제습(除濕)하고 丙火는 조후하니 천간에 나타나면 상격(上格)이요, 지지에 암장되면 중격(中格)이요, 丙戊 등이 전혀 없으면 하격(下格)이다.

2. 乙木

가. 乙木 총론

乙木은 甲木을 계승한다고 하나 양이 음으로 변화하고 있는 과정을 말하고 있으며, 따라서 만물은 음과 양이 즉 밤과 낮이 교차하는 가운데서 발육하고 성장하며 결실하는 것이다. 형이상학적(形而上學的)으로는 바람(풍, 風)이다. 이유는 살아있는 나무로 동화작용(同化作用)을 하고 있기 때문이다. 따라서 살아있는 나무에서는 저절로 바람이 일어난다. 눈에는 보이지 않으나 움직이고 있어 자연 바람이 일어나고 있으며, 활목(活木)이 많으면 많을수록 공기 중의 산소량은 그만큼 풍부하고, 좋은 산소를 마음껏 마심으로써 마음은 선(善)하게 되어 있으니 각박한 인심(人心)에서 벗어날 수 있다. 그래서 삼림(森林)이 울창한 시골 인심은 아직도 남아 있다. 나무에서 일어나는 바람은 산소이다. 따라서 산림욕(山林浴)을 하면 건강에 좋다. 참고로 토종 소나무는 잎이 두개다. 잎이 세개면 니기다 소나무인데 독성이 있어서 사람에게 해롭다. 술도 담그지 마라. 잣나무는 잎이 다섯개이다.

한편 물도 산소원이다. 한강도 그렇고 시냇물도 산소원이다. 강변이나 천변으로 산책하는 것은 건강에 좋다. 그러나 안 좋은 바람도 있다. 무우도 바람 들면 잘 안 삶아진다. 사람도 바람 들면 난감하다. 한편 木월과 木일에는 바람이 많아 생활에 지장을 주고 있기 때문에 일년중 바람이 강한 卯월에는 바람을 하나의 신앙으로서 승화시켜 바람신을 모시는 토속신앙이 있고, 또 木일주에 목다자(木多者)는 청·장년 시절에 바람을 많이 피운 대가로 노년에는 풍질(風疾)로 고생 고생하다가 귀천(歸泉)하게 되어 있으니 이를 두고 바람은 바람을 낳고, 바람은 바람으로 인하여 패망함이라 하였다. 어찌 우연이라고만 하겠는가.

다음 乙木은 수목(樹木)·지엽목(枝葉木)·번화지목(繁華之木)·습목·유목(柔木)·양류목(楊柳木)·초(草)·근(根)·음지목(陰地木) 등에 속하고 특히 활목(活木)·생목(生木)이다. 살아있는 나무다. 따라서 木극土는 잘하나 木생火에는 인색하다. 乙木의 특성이다. 수덕(手德)이 있고 촉각이 발달해 있다. 乙木일주는 음악 좋아한다. 음대에서 피아노 쳐라. 乙木이 제일 좋아하는 것이 丙火이다. 火를 제일 좋아한다. 주중에서 火를 만나지 못하면 종내는 음지의 나무가 되어 아무리 木이 강하다 하더라도 동량지재가 되기는 어렵다. 즉 큰 인물이 되지는 못한다는 것이다.

제일 싫어하는 것이 辛金이다. 살아있는 나무는 金을 제일 싫어한다. 庚金을 만나면 乙庚합하여 金이 되니 乙木이 없어져 버렸다. 乙木일주 여자는 庚金남자와 연애하지 말라. 왜? 자기만 손해보니까. 乙木이 시(時)나 월(月)에 庚이 있으면 乙庚합金으로 乙木인 자기는 없어지고 庚으로 변했으니 乙木이 남자에게 "나는 당신의 일부분인데, 당신한테 최선을 다했는데 당신은 나한테 해준 게 뭐야?"라고 불평한다. 乙木이 음지목, 즉 음지나무가 되면 매우 나쁘다. 음지나무가 되면 무화과(無花果)다. 여자는 소실이요, 남자는 이름 석자 못 내놓는다. 완전한 음지는 교도소 간다. 교도소 생활자는 햇빛이 중요한 줄 알것이다. ○乙○○ / 卯亥卯○ 의 경우, 亥卯木국으로 아름드리 나무로 보는데, 실은 음지나무로 부러지기 쉬우니, 대들보가 안 된다는 것이다.

인체로는 담(膽)·녹색(綠色)·팔수(八數)·동방(東方)·장(長)·인정·촉각·수족 등에 해당하여 약손에다 수덕(手德)이 있으며 음악을 좋아함은 역시 기(氣)가 있음이다. 乙과 卯는 약손이다. 卯·酉·戌은 의사이므로 木은 손이고, 고로 乙, 卯는 약손이다. 또 金 만나는 것을 가장 두려워 하는데, 이는 金은 가을이 되고 가을이 되면 낙엽지고 절목(折木)되고 삭감되고 성장이 정지되고 철사줄로 꽁꽁 묶였다.

천간으로는 乙庚합화金으로 木의 존재를 찾을 길 없으며, 辛金에는 충패(冲敗)요, 申酉에는 절지가 되기 때문이고, 水를 만나면 水生木 받는 것까지는 좋으나 이도 과다하면 음지나무로 부목(浮木)이요, 습목에 수목응결(水木凝結)로 집산(集散)이 불능에 강한 북풍으로 한기(寒氣)가 심하여 대기(大忌)하다. 또 寅·卯를 만나거나 寅亥합木국 亥卯未木국을 얻으면 甲木과 동등하고 뿌리 해서 착근하니 金을 만나도 겁날 것이 없기 때문에 연약한 乙木으로만 보아서는 안 되고 또 木으로서의 임무를 완수하게 되므로 모든 것이 상대적이라 하겠다.

○乙○○의 경우, 乙木은 寅亥합木하니 甲木과 같은 큰 나무로 보라.
○亥寅○
乙木이 巳·午火를 많이 만나면 목분(木焚)되어 타버린다. ○乙丙○의
경우, 나무는 하나인데 꽃이 많고 활짝 피었으니, 언뜻 보기에는 예쁜 ○巳午○
데 볼수록 밉다. 균형이 깨졌으니까 그렇다. 木生火가 많으니 얼굴이 흘렀다. 얼굴이 흘렀으니 볼수록 밉다. 木은 불만 닿으면 휘어지니까 체육선수도 좋다.

참고로 유실수(有實樹)는 자갈밭에서 잘 된다. 가지가 잘 뻗어서다. 좋은 토양에서는 과실수가 나무만 잘 자라지 가지가 안 뻗어서 잘 안 된다. 나무는 뿌리 뻗은 모양대로 가지가 자란다.

나. 乙木각론

● 乙木이 甲木을 만나면,

乙木 작은 나무가 甲木 큰 나무에 가리어 존재마저 위태로움이라. 이는 큰 나무 아래는 풀 한 포기마저도 살 수 없기 때문이고, 또 약자이므로 침식당하며, 큰 것 옆에 작은 것은 보이지 않기 때문이다. 乙+甲은 乙甲인데 乙甲은 甲이 된다. 큰 나무 밑의 작은 나무는 죽는다. 따

라서 똑같은 쟁재(爭財)라 하여도 자연히 많은 희생이 따르게 되어 있으니 대비하건대, 정재 戊土를 ○乙甲戊와 같이 甲극戊로 제거함과 동시에 편재 己土마저 ○乙甲己와 같이 甲己합거(合去)시키기 때문이다. 따라서 약자는 항시 강자를 회피하여야만 살 수 있는 길이 있는 것이다.

좀더 구체적인 예를 들어보자. ○乙甲○의 경우, 己년이 오면 편재이므로 일확천금의 큰돈이다. 고로 乙이 己를 만나면 나도 큰돈 한번 벌겠다고 己土를 내 것으로 만들려고 온갖 노력과 투자하여 열심히 했다. 마지막으로 己土를 가져가려고 하자, 甲木이 말하기를 "乙아, 乙아, 己는 내 것이다."하고 가져가 버린다. 甲에서 己는 정재이고 乙에서 己는 편재이다. 甲이 자기 마누라 자기가 데려가겠다고 코도 안 풀고 가져가 버린다. 아이고 억울하다. 이것이 정재다. 甲木에게 고스란히 뺏기고만다. 또한 乙에게 甲은 형인데 乙의 마누라가 말하기를 "해도 해도 너무해요." "형이라면 깜빡 죽어서 모든 것을 빼앗기고 산다."고 한다. 성격 형성도 보자. 乙이 甲을 옆에 놓고 있으면 乙木이 시험보면 1등인데, 1등을 안 준다. 항상 甲에게 1등이 간다. 고로 성격이 삐뚤어진다. "에이 썅! 언젠가는 저걸 갈아 마시겠다."고 한다. 따라서 비겁은 비겁 이상도 이하도 아니고 오직 비겁일 뿐이다. 내 것을 빼앗아간다는 것이다. 소실 팔자는 소실 이상도 이하도 아니다.

사람도 동물과 마찬가지로 귀소본능(歸巢本能)이 있다. 마음이 약해지면 본 마누라 곁으로 돌아온다. 그러나 ○乙甲○으로 연결되면 土가 여자이고 돈인데 戊土·己土를 모두 쫓아 버리고, 여자라면 庚金서방을 乙庚합을 못하게 ○乙甲庚과 같이 甲庚충으로 쫓아버리니 친구 하나 잘못 사귀어 놓으면 나중에는 거지가 된다. 乙이 甲을 만나고 인수를 연결하면 ○乙甲壬과 ○乙甲癸와 같이 인수마저 흡수하여 보급로(補給路)를 차단하므로 매사에 불리하다. 육친으로 보면 壬과 癸는 어머니로서 水생木을 甲과 乙이 요구하고 있다. 어머니 사랑을 놓고 경쟁 아닌 경쟁이 된다. 즉, 비견겁은 형제인데 둘째이므로 맨날 개밥의 도토리다. 맨날 형 것만 얻어 입는다. 그러나 신약에는 비견겁이 방조(幇助)로서 의지처(依持處)가 되어 가(可)하다고 볼 수 있으나 비겁은 어디까지나 비겁이니 마음을 놓아서는 안 된다.

● 乙木이 乙木을 만나면,

같은 지기(志氣)로서 신약에는 내 힘이 돼주니 좋다. 그러나 신강에는 닮은 꼴이 되어 ○乙乙○와 같이 매사에 방해요, 또 탈재(奪財) · 분재(分財) · 시기(猜忌) · 모략(謀略)은 물론 상대방으로 하여금 혼동을 하게 하고, ○乙乙庚과 같이 정관 庚金을 乙庚으로 합거하여 나의 벼슬을 빼앗기니 안 만나는 것만 못하다. 배는 하나인데 선장이 둘이다. 친구 하나 잘못 만나면 직장마저 잃어버리며, 여자의 경우는 귀중한 남편을 빼앗긴다. ○乙庚○의 경우는 乙이 庚하고 乙庚합으로 잘 살고 있는데 10년마다 乙년이 오면, 庚인 서방이 바람핀다. 乙木왈(曰), "너하고 안 살아."하자 庚이 "어쩌다 그럴 때가 있는 것이 남자니 이해해요."한다. 乙庚합으로 묶여져 있으니 서로 헤어질 생각은 없다는 것이다. 운에서 오는 것은 그 운이 지나면 해소되니 서로 양해가 될 수 있다. ○乙乙辛의 경우, 편관 辛金에게 같이 충을 받으니 짐을 덜게 되며, 또 같은 매라도 함께 맞으면 오히려 기분이 좋은 것을 말해주고 있으나, 이도 ○乙乙乙과 같이 태과(太過)하면 안좋다. 강풍(强風)으로 바람이 너무나 심하고 배는 하나인데 선장이 많으니 결국은 모두 죽는다. 풍질(風疾)로 고생을 면할 길 없을 뿐더러 하천인(下賤人)으로 전락하기 때문이다.

● 乙木이 丙火를 만나면,

乙木나무에 양(陽) 겹꽃이 만개지상(滿開之象)으로 乙木의 인기가 드높으며 또 양지의 나무로 전환하여 더욱 더 청청(靑靑)에 견고하여 가장 좋다. 여기서 丙火는 상관이고, 丁火는 식신이지만 丙火상관이 더욱 좋다. 丙꽃은 겹꽃이고 丁꽃은 홑꽃이다. 그러나 丙이라도 丙乙○○／子○○○의 경우는 丙이 죽어있으니 인기가 없다. 그러나 ○○乙丙○／○○寅○의 경우는 丙이 겹꽃이고 만개해서 인기도 좋다.

그런데 ○乙丙庚을 보자. 乙庚합화金을 하고자 하는데 丙이 庚을 火극金으로 방해하니 상관은 역시 상관이로구나. 이래서 상관이 나쁘다는 것이다. 丙이 있으면 乙庚합으로 시집가려 하자 丙아들이 안 된다 하더라. 乙庚합이 안 된다. 부부가 서로 떨어져서 자고 있다. 가운데서 아들이 자고 있다. 乙庚합하고 싶어서 가다가 丙을 건드렸다. 火는 잠귀가 밝고 눈뜨고 자고 불면증이 있다. 丙이 일어나서 "아빠 어디가?" "응, 나 화장실 간다."하더라. 乙庚합해야 부부합이 되는데 丙이 있어서 안 된다. 乙木이 丙이 있고 金이 없으면 시작의 명수이다.

그런데 ○乙丙辛과 같은 경우, 辛金을 丙辛합으로 합거하여 결실에 지장을 초래하니 매사를 시작하는 것으로 만족하여야 되겠고, 만약 乙木이 허약한 중에 庚辛金이 극木을 하여 두려울 때는 火극金으로 막아주며 丙辛합거로 나무를 보호하여 주니 무엇이든 1장(長) 1단(短)이 있기 마련이라 사용하기 나름이며, 상대적이라는 것을 잊어서는 안 된다. 또 丙은 아들이요 辛은 丙의 마누라인데 丙辛합水하여 인수가 생긴다. 아들과 며느리가 합심하여 나 공부시켜 주고 옷 사준다. 얼마나 좋은가?

그리고 ○乙丙○은 火생土로 편재 己土가 생기니 허욕이 생긴다. 한편 ○乙丙壬의 경우는 壬水정인을 충거하니 정도(正道)를 버릴까 염려된다.

● 乙木이 丁火를 만나면,

○乙丁○와 같이, 乙인 음나무에 丁火는 식신으로서 중화를 이룬다고는 보나 홑꽃으로 연결되니 도로가의 코스모스를 상상하라. 청빈(淸貧)할 수밖에 없다. 또 壬水 정인이 ○乙丁壬과 같이 오면, 丁火가 "乙木아 너 壬水만나면 아무리 정인이고 水생木된다 하지만 큰 물이라 떠내려 갈 텐데? 그렇단다. 그러면 내가 물리쳐 줄 테니 얼마 줄래?" 왜? 丁壬합木되면 비겁으로 손 벌린다는 것이다. 공짜는 없다. 좋은 물건이라도 선물 받으면 내세에서라도 갚아야 한다. 모든 것은 대가를 치러야 한다는 것이다.

그리고 ○乙丁辛의 경우, 辛金편관 칠살을 火극金으로 제거하여 충·극을 면하게 하여 줌은 이것이 곧 착한 일을 많이 하면 죄를 사할 수 있다는 것을 말해주고 있으며, 또 여자가 외출할 때 어린 딸이라도 동반하면 못된 辛金남자를 피할 수 있는 것이다.

다른 면으로 보자. 乙이 辛과 겨루고 싸우려 하는데 乙이 불안하다. 그래서 丁에게 도움을 요청한다. 丁에 대해서 비밀을 지켜야 하는데 발설하면 辛이 몰래 나를 치니 金극木당한다. 내가 하는 일 즉 丁火식신은 다시 말하면 음덕·보시는 아무도 모르게 해야 복(福)·덕(德)이 되는 것이다. 丙乙丁庚의 경우를 보자. 辛, 庚金의 잡탱이들이 가출해서 모여가지고 乙木인 여자를 기다리고 있다가, 乙이 丙인 아들을 데리고 같이 지나가자 그냥 보내더라. 여자들이 남자 물리치는 법은 조카라도 데리고 외출하면 방지가 된다는 것이다. 부부 싸움에도 즉 乙辛충함에도 자손이 있어야 빨리 화해할 수 있는 이치도 여기에 있다. 또 ○乙丁癸와 같이 乙에 癸는 편인이니 편법으로 세상을 살려고 한다. 그러나 丁癸충으로 癸를 없애니 세상을 정도(正道)로 산다. 또 ○乙丁○은 戊土정재를 생하니 허욕을 부리지 않고 정당한 대가만 추구한다. 고로 식신은 좋다는 것이다.

여기서 도(道)를 파자하면 首+辶 즉 머리가 가는 것이다. 다시 말하면 올바른 행동을 하는 것이 도이다.

● 乙木이 戊土를 만나면,

○乙戊癸와 같이 편인 癸水를 戊癸로 합거하여 정도(正道)를 걷게 하고, ○乙戊壬과 같이 정인 壬水를 土극水로 제거하여 부목(浮木)되는 것을 예방하며 ○乙戊庚과 같이 정관 庚金을 생하여 명예까지 주면서 戊癸합화 火로 어머니와 합심하여 乙木에게 꽃을 피게 하니 역시 정재 처는 버릴 것이 없어 옛말에 본처 박대하면 죄 받는다고 하였다. 乙木에 戊土는 정재로 큰 산이다. 따라서 돈 많다. 乙에게 己土는 편재지만 乙木으로 보면 戊보다 못하다는 것이다.

반대로 戊가 癸를 戊癸합으로 없애고, 壬을 土극水로 없애는 것은, 즉 여자에게 미쳐놓으면 인수인 부모도 몰라보고 공부도 못한다는 것이다. 그러니 戊土도 과다하면, 戊乙戊戊와 같이 토다목절(土多木折)된다. 戊土는 산(山)으로 土가 많으니 높은 산이고 깊은 골짜기이므로 심심(深深) 산골에 살고 있는 나무다. 음지 나무다. 인수인 癸水가 水생木 못한다. 土극水로 모두 쫓아 버리므로 그렇다. 그러나 중요한 것은 지지로 들어올 때는 水생木해줄 수가 있다. 지지는 비밀이므로 아무도 모르게 숨어서 갔다 온다는 것이다.

어떤 팔자든지 재가 많으면 공부 못한다. 재가 2개면 재수생, 3개면 삼수생이다. 재가 많은 사주는 재수생과 같고 공부보다 돈 버는 대로 머리가 돈다. 만약 재가 많은 팔자와 인수가 많은 팔자가 어떤 물건을 판다면 재가 많은 사주의 주인공이 금방 판다.

●乙木이 己土를 만나면,

편재로 욕심이 앞서 탁(濁)이 되므로 본래의 인정에 흠이 될까 염려된다. 탁이 되니 탁격(濁格)이라 할 수 있는데, 격은 그릇을 말한다. 따라서 탁격은 혼탁한 사주이고 더러운 사주를 말한다. 그러나 편재 하나 만났다고 탁격이라고는 할 수 없고 재가 과다하면 탁격이고, 형·충이 나쁜 작용을 하는 사주가 탁격이다. 己乙己戊의 경우, 재가 많아서 탁격이다. 동서남북 둘러보아도 여자밖에 없다. 절구통에 치마만 둘러놔도 좋단다.

한편으로는 甲木 비겁을 합거하여 乙木을 도우니, 때로는 쓸모없는 짚신도 긴요하게 사용될 때가 있는 것과 같다. ○乙己甲의 경우다. 따라서 이 세상에 존재하고 있는 것은 무엇이든 필요하기 때문이라는 것을 입증하고 있으며, 이를 보다 쉽게 예를 들면 乙木의 애인 己土가 乙木과 사귀는데 甲木에게 乙木 애인이 맨날 핀잔만 들었는데 己가 甲己합으로 甲을 묶어버리자 乙木은 己 때문에 기가 살아 잘 살게 되었다. 여기서 쓸모없는 것도 사용할 때가 있다는 철학이 성립되기는 하나, 쓸모없는 것을 집으로 가져가지는 말라는 것이다. 왜냐하면 꼭 쓸데가 생기기 때문이다. 쓸데없는 것이 쓸데가 생긴다는 것은 좋지 않은 일이 생긴다는 것이다. 공짜로 생긴 것도 집으로 가지고 가지 말라는 것이다. 가정의 패턴을 깬다. 누가 아파도 아프게 된다. 己土도 과다하면 편관 辛金을 생하여 재생살(財生殺)이 되므로 종내는 병이 될 뿐더러 넓은 땅에 한 그루 나무가 되어 외롭기 한이 없다. 己乙己己의 경우다.

재는 관을 생하기도 하고 살을 생하기도 한다. 관이 되면 강자고 정당한 돈이고 잘난 경우다. 살이 되면 약자고 부정한 돈이고 못난 경우다. 재생관이면 정당한 돈으로 명예가 생기고, 행복하다. 신왕사주는 뇌물 먹어도 재생관이 된다. 잘난 사람은 마누라가 승진도 시켜주고 참 좋다. 재생살이 되면 부정한 돈으로 결국은 살이 되어서 재앙이 일어난다. 신약사주는 재가 재앙이 된다. 못난이는 마누라가 무섭다. 살이 되니까 그렇다.

● 乙木이 庚金을 만나면,

정관이요, 또 乙庚합화 金으로 변화하는데, ○乙庚○의 경우다. 이는 乙木이 자기를 희생하면서까지 金관(官)부(夫)를 보호하는 결과라 본처의 내조가 얼마나 값진 것인가를 말하여 줌과 동시에 부부는 곧바로 동심일체(同心一體)라는 것을 증명하고 있는 것이다. 그러나 이면에는 겉으로는 乙庚합으로 잉꼬부부로 보이나 속으로는 치고받고 싸운다. 왜냐하면? 乙木여자가 서방이 싫단다. 서리맞으니까. 乙庚합신하여 부부로서 하나가 되어버렸다. 乙은 庚의 일부분이다.

乙木일주는 金용신이 어렵다. 乙木은 庚辛을 원칙적으로 싫어한다. 왜냐하면 乙木은 살아있는 나무로 가을 만나면 낙엽지니까 그렇다. 乙木은 결혼하거든 친구 많이 만나지 마라. 甲乙木이 많이 모이면 木생火가 자연히 되어서 남편을 쫓아내고 뺏긴다. 또 甲木비겁은 ○乙庚甲과 같이 庚을 甲庚충으로 충거하고 乙木비견은 ○乙庚乙과 같이 乙庚합으로 묶어 활동을 정지시킨 것은 형제의 만용은 바로 정관인 관청에 호소하여 다스려야 한다는 것과 또 정관을 따라 정도를 행함에 어찌 방해자 비견이 있겠으며, 乙庚합화(合化) 金이 水인수를 생하여 水생木으로 木을 보(補)하여 주고 관이 인수를 생함은 관·직장에서는 자연 공부·연수를 지속하여야 하는 이유도 여기에 있다. 또 이런 이치는 乙木은 관인 남편한테 배워야 한다는 것을 의미한다. 乙木이 戊·己년에 신수 보러 오면 庚년에 시집간다고 하라. 달도 庚辰

월에 간다.

● 乙木이 辛金을 만나면,

乙辛이 충패(冲敗)되고 金木상전이고 金극木이다. ○乙辛○의 경우다. 부부끼리 충이 연결되면 서로 사이클이 안 맞는다. 네 떡이 네 떡이고, 내 떡이 내 떡이다. 서방님에게 자꾸 거부반응이 일어난다. "어이구 닭살 돋네요." 乙木이 庚년이면 乙庚합으로 예뻐보이고, 辛년이면 乙辛충으로 싸운다. 합 다음엔 충이 온다. 또 ○乙辛丙과 같이 丙火꽃을 丙辛으로 합거하여 불리(不利)하나 신왕에는 자극제요, 충고가되며 잘되라는 매라 귀물이 되니, 이것이 바로 중환자에게는 극약(極藥)이라야 인간의 생명을 구출하는 이치와 같은 것이다.

● 乙木이 壬水를 만나면,

정인으로 귀인이요 보급로가 되어 좋은데, 水생木만 받으면 배 터져죽는다. 고로 丙乙壬○과 같이 丙火로 지출해야 산다. 水생木 받아 木생火로 설기함으로써 균형을 이루어 살 수 있다. 수입은 지출을 죽이고 들어온다. 다른 측면에서는 상관의 도기처를 丙壬으로 충거하여 수입과 지출의 균형을 이루게 한다고도 할 수 있다. 또 ○乙壬辛의 경우와 같이 辛金이 金극木으로 乙木이 수제(受制)되는 것을 金생水 水생木의 관인상생으로 피할 수 있게 하며, 원수를 은인(恩人)으로 바꾸어놓아 木을 구출하므로 정도(正道)는 이래서 좋은 것이다. 그러나 壬水도 과다하면 壬乙壬壬과 같이 표목(漂木)에 부목(浮木) 되고 水木응결되어 만사 집산(集散)이 불능이라 대흉이 된다. 수목응결되면 신경이 굳어졌고 자율신경이 마비됐다. 신경이 굳으면 자기의 자장이 방출이 안 되니 아무 것도 안 된다.

●乙木이 癸水를 만나면,

癸水는 편인이라 매사를 진행함에 있어 한꺼번에 도모할까 염려된다. 또 ○乙癸戌와 같이 戌土정재를 戌癸로 합거하는 것은 편모(偏母)는 역시 전실(前室)자손의 결혼마저 방해하고, ○乙癸丁과 같이 丁火식신을 丁癸충으로 피상(被傷)시키니 도식(倒食)이라 꽃이 피기도 전에 강한 비바람에 지는 형상과 같아 되는 일이 없고, 본래는 乙木이 활목(活木)으로 우로수(雨露水)를 희(喜)하나 이는 음생음의 이치로 음은 음을 좋아하기 때문인데, 癸水도 壬水와 같이 태왕하면 종래는 부목·표목·음지의 나무로 임무를 상실하고 만다. 癸乙癸癸와 같이 水생木으로 乙木을 먹여서 죽인다. 자꾸 먹여서 바보 멍청이 된다.

다음은 乙木을 지지로 대비하여 살펴보자.

乙木은 습목·유연목·작은 나무다. 30년은 키워야 아름드리 대들보로 쓴다. 끼가 있다. 음악 좋아한다. 여자는 버드나무처럼 자태가 곱다. 예쁘다. 끼가 있어서 남자가 잘 따른다. 木극土는 잘하지만, 木생火는 못한다.

●乙木이 子水를 만나면,

비록 생을 받는다고는 하나 뿌리를 내릴 수 없어 부목·표목에 수목응결로 집산이 불능함은 甲木과 같으며 또 완전한 음지의 나무로 木의 임무를 다 할 수 없으니 어찌 한 인간으로서의 도리를 이행할 수 있겠는가. 따라서 인수 어머니라고 하여 모두가 좋은 것만은 아니다. 여기서 수목응결이라 함은 乙木이 젖어 있는 습목인데 거기에 子水가 물을 부어 버리면 응결되어 얼어버린다는 것이다. 이렇게 되면 신경이 굳어버리고 간경화가 된다. 활동정지로 아무 것도 안 된다. 子시(時)의 나무는 음지나무이고, 한밤중이므로 날 찾는 이가 없다. 甲木·乙木일주가 子년에 신수 보러 왔다. "나 올해 승진되겠나요?" "어쩌나, 안 됩니다. 누락돼요." 왜? 날 찾는 이가 없고 원서 서류도 안 보인다. 북풍한설(北風寒雪)이다. 냉풍과 눈보라만 있는 대로 몰아친다. 부목으로 마음이 떴다. 표목으로 물결 치는 대로 바람 부는 대로 세상을 살아가는 사람이 됐다. 심호흡과 근신으로 위기를 극복해라. 심호흡은 기공법(氣功法)으로 자율신경이 원활해져서 건강에 크게 도움이 된다. 근신은 위험한 위기에서 나를 구해준다.

●乙木이 丑土를 만나면,

편재이고, 습목이며, 丑시는 한밤중이므로 음지나무이고 섣달이니 동목(凍木)이다. 여기서 동목에 주의할 필요가 있는데, 꽁꽁 얼어 있는 나무에서는 火기(氣)가 나온다는 것이다. 겨울의 얼어있는 나무는 불에 잘 탄다. 얼어 있다는 것은 물이 많다는 것이고, 물이 많다는 것은 바다와 같고, 바다 밑에서는 가스를 구할 수 있다. 해저개발, 해양권 등도 木생火니까 동해바다에서 가스가 더 잘 나올 것이다.

丑중의 癸水는 얼음물이고 辛金은 철분이다. 따라서 水생木 못 한다. ○乙○○의 사주가 있다. 癸水는 편인으로 계모·서모다. 水생木 많이
子丑子子
해줘서 바보·멍청이가 되란다. 저능아다. 신경이 굳었다. 火는 정신인데 火가 없다. 지능지수가 낮다. 火가 있어도 水극火로 죽여버린다. 火는 혀이므로 혀가 굳어서 말이 늦다. 7살이 됐는데도 아빠·엄마 소리도 못 하더라.

또 지장간의 己土, 辛金이 당권(當權)하고 있어 재살지(財殺地)가 된다. 따라서 乙木이 뿌리 못 한다. 종내는 고사(枯死)할 수밖에 없는데, 혹자는 丑중 癸水가 水생木하여 산다고 하나 위의 설명과 같이 水생木

이 안 돼서 甲木과 같이 죽고 만다.

丑은 탕화살이다. 이것을 응용해서 재미있는 통변을 해보자. 남자 庚일주가 乙丑년에 乙庚합으로 연애했단다. 乙木여자는 丑위에 있으니 뿌리 없고 음지로서 춥고 배고픈 여자이다. 乙木이 나에게 의지하려 한다. 庚이 냉정하게 따져보고서 그만 만나자고 하자, 丑인 탕화작용이 나온다. 탕화가 잘못 연결되면 순악질 여성이 걸린다. 자살하겠단다. 탕화는 음독자살이다. 丑은 탕화로 여자가 몸에 불에 덴 상처가 있어야만 인연이 된다. 직업으로는 탕화 놓은 자는 독극물 취급이다. 여의사도 같으니, 병원 입원해서 여의사와 작업하면 잘 성사된다. 인연이 닿으니까 그렇다.

乙丑일주

■특징 : 관고, 화개, 재살지, 편재, 탕화살, 재관동림(財官同臨)

丑은 소, 乙은 풀·나무, 의역을 하면 나무에 매인 소다. 따라서 고집이 세다. 황소고집이다. 乙木은 丑土에 뿌리 못 한다. 얼어 있다. 부부애정 못 느낀다. 丑월에 태어난 乙木일주면 반드시 丙·丁이 있어야 좋다. 丙火 없으면 답답하다. 丙火 있으면 목화통명으로 똑똑하다. 운도 木火로 가야 좋다. 丑土는 얼은 흙이고 입인데 丙·丁이 없으면 입이 얼어서 말이 없다. 또 동지섣달의 화초와 같아서 스스로 귀하다 생각해 일 안 하려 하고 뽐내려고 한다. 丙火가 있으면 아름답다. 申酉戌亥子丑월의 乙木은 丙火가 없으면 사주가 꽝이다. 寅卯辰巳午未월의 乙木은 癸水가 필요하다.

乙木이 좌하(坐下)에 재살지를 놓았고 또한 동(凍), 습土가 되니 착근이 어려워 종재(從財)가 되는데 丑은 巳·酉를 인합(引合)하고 금지고장(金之庫藏)이 되어 오히려 살의 작용이 강하게 나타난다. 丑중 癸水가 水生木을 하여 사중구생(死中救生)이 될 것 같으나 癸水는 한랭지수(寒冷之水)에 철분이 많은 물이 되어 水生木을 한다 하더라도 아무런 영향을 주지 못하며, 일지 탕화(湯火)로 유아시절에 화상의 흉터가 있고, 화재 및 가스 사고를 항상 주의해야 된다. 신앙에 독실하여 덕을 베풀 줄 알며, 성격이 근면하고 성실하나 내성적인 것이 흠이며 염세적인 경향이 있다.

관으로는 재정(財政)이 좋고, 독극물을 취급하며, 사업으로는 토산품·광산·식품이 좋고 관청과 연관된 사업이라면 더욱 좋다. 건강은 간담이 허약하고 풍질이 염려되니 항상 몸을 따뜻하게 하여야 한다. 편처동거(偏妻同居)에 처가 비관하기 쉽고, 총각 득자가 염려되며, 또한 형제와의 우의도 좋지는 못하나 재복은 있다.

여명은 재정직의 남자와 결혼하나 부군잔질(夫君殘疾)이 아니면 과부 될까 두렵고, 특징이 있다면 남자를 조종하는 데 명수고, 남녀를 불문하고 자손에 대한 근심은 떠나지 않는데 여명은 산후조리를 잘 하여야 한다. 巳·酉·丑년에 변화가 있고, 午 년에는 이성과의 만남이 있겠으나 오래가지를 못하며, 未·戌년에는 관재·송사·수술·복통이 있겠고 비밀이 노출되니 주의해야 한다.

● 乙木이 寅木을 만나면,

왕궁(旺宮)이고 비겁이다. 비겁이지만 가장 좋아한다. 뿌리가 튼튼함은 물론 寅중의 甲木과 丙火의 힘을 얻어 동량지재(棟梁之材)가 될 수 있는 여지가 있어 좋고 또 水木이 응결됨을 예방함과 동시에 남산의 송백(松柏)으로 꽃을 피울 수 있으니 한번 기대하여 볼 만하다. 寅이므로 형제의 도움이고 친구의 도움으로 내가 잘살게 된다. 乙은 작은데

寅은 큰 나무이니 좋은 친구 만났다. 또한 乙은 음이요, 寅은 양이니 큰 뿌리를 하고 있다. 남산의 나무고 아름드리 나무로 꽃필 수 있다. 乙木 일주가 子년에 신수 보러 왔다. "형이 나를 도와준다고 했는데 기대해도 되겠나요?" "걱정마시오, 寅년이 오면 도와줄 것이오."한다.

● 乙木이 卯木을 만나면,

비견이고 관궁(冠宮)으로 뿌리는 한다. 즉 착근(着根)은 한다. 따라서 장송(長松)이 되므로 능히 극土는 하는데 습목이 되어 木生火가 어렵다. 인색하다. 바람이 심하다. 음지나무다. 특히 水를 만나 水木이 응결되지 말아야 한다. 木生火를 하려면 乙卯木이 말라야 하므로 8개월을 기다려야 한다. ○乙○○ 子卯子○ 의 경우는 수목응결로 겨울의 나무라 얼었다. 자율신경이 말을 듣지 않는다. 비록 음목이라 하여 연약한 나무라 할 수 있으나 亥卯未로 득국하면 甲木과 같이 동량지목이 된다. ○乙○○ ○卯未亥 와 ○乙○○ ○卯亥未 중 어느 사주가 더 좋겠는가? 월·계절을 보라. 未월 팔자가 더 좋다.

그리고 卯木비견보다는 寅木비겁을 더 좋아하는 것이다. ○乙○○ ○卯寅○ 의 사주에서 일간 乙木은 寅과 卯중 어느 것을 따라가겠는가? 당연히 寅木을 따라간다고 한다. 寅木을 따라가면 양지가 되고 남산(南山)의 나무가 될 수 있으므로, 乙木이 여자라면 동생 卯보다 寅인 오빠 따라가서 사는 것이 백번 낫다.

乙卯일주와 같이 천간과 더불어 지지가 같은 오행으로 되어 있는 일주를 간여지동(干與支同)이라 하며, 60갑자 중 甲寅, 乙卯, 丙午, 丁巳, 戊辰, 戊戌, 己丑, 己未, 庚申, 辛酉, 壬子, 癸亥의 12개가 있고, 다음과 같은 특징이 있다. 형제 한 자락씩 깔고서 산다. 그리고 부부궁이 나쁘다. 밖에서 놀다가 일지인 내 방으로 가서 자고 나니 내 마누라, 내 서방이 아니었더라. 또한 형제 한 자락 깔고서 사니 마누라가 말하기를 "나보다 당신 형제가 더 좋아?"한다.

乙卯일주

■특징 : 비견, 관궁, 정록, 철쇄개금, 간여지동, 수목응결, 무화과, 음지목

乙木이 卯에 산다. 뿌리 하고 있다. 卯는 습목이니 陰地나무다. 火가 없으니 꽃이 없고 열매도 없다. 습목이니 木生火 못 한다. 고로 이 사람은 세상을 자기 위주로 산다. 남이야 죽든지 말든지, 옆에서 처자식이 굶든지 말든지다.

乙木은 풍(風)이니까 끼가 있다. 음악을 좋아한다. 乙木은 金을 제일 싫어한다. 乙庚합인데도 가을이니 싫어한다. "저 인간 만나면 나는 작살나는데~ "하면서도 들어가더라. 나중에 울면서 "나는 어떻게 해?" 하더라. 乙木은 火를 제일 좋아한다. 木生火한다고 어설프게 생각마라. 水가 많아도 乙卯로 뿌리 하고 있으니 부목(浮木)이 안 된다. 뿌리가 없어야 부목된다. 만약 마누라·재가 뿌리 없다면 결혼해도 나갈 궁리만 하고 돈이라면 부재(浮財)이니 뜬 구름 잡기다.

사주에서 모든 것이 뿌리가 없으면 이런 현상이 생긴다. 酉년이면 卯酉충으로 서리맞고 뿌리 없어지고, 근거지 말살되고 오갈 데가 없다. 金극木으로 쫓기고 있으니 얼마나 초조하고 불안한가? 단장의 미아리 고개다. 철사줄로 꽁꽁 묶인다. 1년 내내 金극木으로 세상 살아야 한다.

만약 ○乙○○인데 酉년 만나면? 卯酉충으로 뿌리 3개가 모두 나간다. ○卯卯卯

卯卯卯를 차(車)로 본다면 酉는 레일이다. 하나라고 얕보지 마라. 운(運)은 원명(元命)의 천간과 지지를 죽이고 살릴 수 있는 권한을 가지고 있다. 원명의 천간지지는 운에 의해서 생사가 좌우된다. 이럴 때 나

타나는 현상은 나도 죽겠는데 큰형도 죽겠다 하고, 작은형도 죽겠다고 하고 형제간이 모두 죽겠다고 만세 부른다.

卯월의 냉풍·찬바람이나 乙卯는 뿌리가 강해서 연약한듯 해도 안 죽는다. 이상이 높고 욕망이 크다. 인품 수려하고 강직하며 매사 자기 위주로 언변이 능하고 자긍심이 강하다.

乙木이 좌하 卯木에 정록이요, 관궁으로 분명하게 신왕은 하나 습목이요 수목응결에 음지나무이며 또한 무화과이니 木극土는 잘 하는데 木생火는 못 하면서 火만은 절대적으로 필요하고 金은 대기(大忌)하다. 인물은 준수하나 지나치게 강직하며 농담도 잘 하나 매사에 자기 위주로 생활을 한다. 똑똑하면서도 타인에게 인정받기 어렵고, 木은 인정으로 인정이 많을 것 같으나 인색한 편이며, 열심히 공부는 하지만 빛을 보기 어렵고, 의심마저 많은데 표현력도 부족하다. 부선망(父先亡)의 팔자에 형제가 많으며, 본인이 출생한 후 모친이 잔질을 얻게 되었으니 효도를 해야 할 것이다. 건강하기는 하지만 습진·풍질·위산과다·신경통이 있으니 과음은 금물이며 보온에 힘을 써야 한다.

관으로는 교육·행정에 좋고, 사업으로는 의약·목재·조림·약초 등이 좋은데 죽어가는 나무도 본인의 손만 대면 살아나는 특징이 있으며 또한 꼼꼼하여 기예·악기 등에도 소질이 있으나 큰 재복은 주지 않았다. 처궁은 약하여 두번 결혼에 작첩을 하나 처덕은 있으며, 자손궁도 미약하니 기대하기는 어렵다.

여명은 매력이 넘치는 여성인데 본인 위주의 생활을 하니 정부(情夫)를 두겠고, 소실·재취요 형제의 근심은 떠날 사이가 없는데 딸아이 역시 어미를 닮아 속을 썩이겠다. 亥·卯·未년에는 원행·이사 등 신상의 변화가 있겠고 酉년에는 관재·사고·재앙이 발생하며, 子년에는 수술수가 있고, 申년에는 신경쇠약이나 심하면 정신질환으로 고생한다.

● 乙木이 辰土를 만나면,

乙木이 정재인 辰에 뿌리를 하므로, 심리적으로 乙木일주는 마누라만 없어졌다 하면 팔짝팔짝 뛴다. 내 뿌리가 없어졌으니까 그렇다. 또 토다(土多)는 목절(木折)되므로 불가(不可)며, 辰이 酉金을 동반한다면 辰酉합金으로 착근하지 못하고 또는 戌을 만나서 辰戌충으로 되면, 辰이 허물어져 버리니 착근하지 못한다.

그러나 寅卯와 함께 있으면 木국의 일원(一員)으로 변화하니 乙木의 힘은 배가(倍加)될 수밖에 없다. 辰月의 乙木은 습목이지만 뿌리를 하는데, 辰중에 乙과 癸가 있고, 辰월에는 나무를 뿌려만 두어도 뿌리를 할 수 있다. 그리고 辰은 乙木의 인수고장이다. 어머니의 집합이고, 어머니가 늙고 병골이다. 공부도 옛공부다. 따라서 철학, 한문, 역사 등을 전공한다.

● 乙木이 巳火를 만나면,

乙木이 비록 습목이라고는 하나 巳火는 용광로 불이 되어 乙木은 목분(木焚)되어 나무가 불에 타고 있으니 힘을 못 쓴다. 따라서 종내는 병이 되는데 육친으로도 상관이요, 木생火로 도기(盜氣)되어 불리(不利)요, 한편으로는 巳 중에 戊土, 庚金이 乙木에 정재·정관이라, 재관 2덕을 얻었다 하여 기쁘다고 하겠으나 본기가 丙火상관이고 보니 종내는 무용(無用)이요, 따라서 乙庚합의 아름다운 사랑도 이룰 수 없음이 서운하다 하겠다.

乙木은 뿌리 못 한다. 불에 타고 있다. 고란살이지만 혼자는 못 산다. 巳 중庚과 乙庚합이니까. 그것도 巳 중丙火인 아들 때문에 생긴 남자다. 巳 중庚이 암장으로 있으니 정관이지만 애인으로 보라. 이럴 때는 서방님이 의처증으로 의심한다. 庚일주가 乙巳년에 여자 만났다. 어땠

을까? 乙庚합으로 첫눈에 반했다. 乙木 버드나무가 巳火로 아래에 꽃 피었으니 예쁘다. 천간은 저고리요, 지지는 치마다. 그러니 연녹색 저고리에 분홍치마다. 乙木 버드나무가 자태가 하늘거리고 참 맵시가 좋다. 거기에 乙庚합으로 새끼 손가락 입에 물고서 火로서 방긋 웃으면서 애교부리는 걸 상상해 보라.

乙巳일주

■특징 : 상관, 지살, 병궁, 금여록, 고란살, 암관합, 관귀학관, 재관동림, 관식동림, 외음내양

乙巳일주는 고란살로 고독하다. 멋쟁이로 예쁘다. 乙巳일주 여자는 의심받고 산다. 巳중庚이 애인인데 연하(年下)다. 巳중의 庚과 乙庚합으로 비밀스럽게 암합된다. 고로 연애 박사다.

애인을 항시 달고서 다닌다. 丙은 내 자식이다. 고로 이 애인은 자식 때문에 생기므로 자모회 회장 시키면 담임과 바람난다. 또는 자식이 엄마 시집보내주더라. 관식동림이다. 관과 상식이 같이 있다. 丙과 庚이 같이 있다. 부정으로 잉태한다. 과부가 애 배고 처녀 때 임신하고 유부녀가 남의 애 배고, 또 뻑하면 애가 잘 배는 팔자가 이것이다. 남자와 하룻밤만 자도 이상하다고 한다. "아줌마는 애기 낳는 기계요? 왜, 남자 콧김만 쐬도 애가 잘 생겨요?"하고 능청스럽게 한 마디 하고 넘어간다.

乙巳는 고란살이다. 고란살이므로 혼자 사는데 巳중庚 때문에 혼자서 못 산다. 고독하다. 고로 문학소녀가 많다.

乙木은 나무요 巳火는 꽃이므로 나무에 꽃이 피었다. 고로 예쁘다. 乙木은 木이니 인정이고 巳火는 상식이니 인정이다. 따라서 인정이 너무 많다. 인정도 쓸 데다 써야지 제 몸을 퍼주면 되겠는가? 巳 중의 戊

는 정재인데, 내 돈이다. 그러나 말라있는 흙으로 모래성 쌓이고 바람과 함께 사라진다. 일지인 속으로 꽃이 피었으니 속살이 예쁘다. 木은 머리카락이고 머리카락 밑에 불이 붙었으니 곱슬머리이고 미용기술로는 파마전문이다.

庚乙庚○
○巳○○ 의 여자라면, 庚이 2개요, 巳중에 庚도 있다. "날라리 따님이네요." 남자를 양팔 베개하고 있는데 밑으로 남자가 또 하나 있는 것과 같은 형상이다.

乙木이 일지에 巳火 용광로 불을 만나 목분비회(木焚飛灰)가 되어 종아(從兒)인데 木은 비록 비회되었으나 火로서 살고 있으니 따라서 火를 희(喜)하고 金水를 기(忌)하며 巳중에 정재·정관 2덕이 있다고는 하지만 상관 속에 있으니 작용을 못함이 서운하다 하겠다. 인정과 예의가 있고 명랑한 성격인데 그 정도가 지나쳐 다정이 병이 되어 버렸고, 고란살이 있어 고독을 자초하며, 지구력과 인내심이 부족하다.

火는 산(散)이니 매사가 용두사미요, 대담하기는 하지만 일지 상관이 되어 결과를 기대하기 어려운 것이 흠이 되고 있다. 영리는 하나 지구력이 부족함이 흠이고, 모선망(母先亡)에 형제도 고독하다. 건강은 간담이 허약하고, 두통 또는 심하면 정신분열이 염려된다.

관으로는 교육·예체능이 좋고, 사업을 한다면 육영·문화·전기가 적합한데 재성이 조토(燥土)가 되어 거부(巨富)가 되기는 어렵다.

미모의 처와 생활하나 암장의 재에 상관이 생하니 작첩을 면하기는 어렵고 재관동림으로 총각득자하며, 재식이 동림으로 장모봉양도 해보는데 여자에게는 약한 편이다.

여명은 고란살로 인해 처녀 시절에는 독신을 주장하나 결혼 후에는 사방에 정부(情夫)를 두게 되고, 부정포태(不正胞胎)와 차중(車中)연애도 해보며 정통 도주도 서슴지 않겠다. 자손으로 인하여 애인이 생기고,

연하의 남자와도 인연이 있다. 다산형이 되어 양성득자(兩姓得子)에 타자 양육하고, 자손과도 거리감이 있어 말년마저 좋지 못한데, 이러한 모든 것이 친가로 조모가 두 분인 데서 오는 인과응보인 것이다.

●乙木이 午火를 만나면,

비록 장생이라고는 하나 이는 나무가 누월을 맞아 크고 무성하게 성장하는 데서 비유한 것이고, 실은 甲木과 같이 木生火로 도기(盜氣)요 목분돼서 사지(死地)로서 죽게 되는 것이다. 乙木에 午火는 식신인데 식신은 설기(泄氣)로 보고, 상관은 도기로 보나 午火는 강력한 화기로 상관작용이 나온다고 보는 것이다.

따라서 목분된다는 것인데 물이 모자라서 乙木이 타버린다는 것이고, 사주에 물이 모자란 팔자는 술을 잘 먹는다. 짊어지고는 못 가도 배에다 넣고는 간다.

●乙木이 未土를 만나면,

편재이고 조토다. 따라서 卯나 亥를 만나기 전에는 착근할 수 없다. 또 甲木과 같이 고장으로 입묘된다. 자기 무덤이고 비견겁의 고장이니 고목(枯木)으로 늙은 나무다. 고로 잔병치레 많이 한다. 그리고 甲은 未에 입묘하고 乙은 戌에 입묘하는데 甲乙 모두 未에서 입묘하는 것으로 풀이한다.

乙未일주

■특징 : 편재, 화개, 자기고장, 고목, 백호대살

乙未일주는 말라있어서 동서남북으로 흩어진다. 늙은 나무로 고목이다. 또한 가장 무서운 것은 백호대살에 해당한다. 백호는 호식(虎食)으로 호랑이 밥이 되는 것이고 횡사요, 未는 편재로 아버지 또는 마누라에 해당한다. 어떤 경우든 乙未일주 남자한테는 딸내미 주지 마라. 여자가 재혼하고 싶어 왔다. 한 남자는 상처했고 한 남자는 생이별했다 한다. 조건은 똑같은데 어느 남자에게 시집가야 하나? 상처한 사람은 두번 하지 말라는 법이 없다. 또는 누구든지 죽을 때는 정을 주고 간다. 답은 여기서 나왔다. 생이별한 기간도 물어보라. 3년 이내면 가도 된다. 5년이 넘으면 남자가 살림을 알므로 피곤하다. 애들이 몇인가도 생각해 보라.

乙未일주는 인수가 반드시 필요하다. 천간으로 壬·癸水, 지지로 亥·子水가 필요하다. 그러나 水도 너무 많으면 부목되어 나쁘다. 천간, 지지가 음으로 구성되어 통이 좁고 온순하다. 의복·음식 등이 대단히 까다롭다. 미각도 까다롭다. 水가 없으면 꽃은 꽃인데 선인장이다.

일지 편재니 욕심이 많고 투기를 좋아한다. 한탕주의다. 강원랜드 가는 것을 좋아한다. 백호살이다. 결혼 전에는 아버지, 결혼 후에는 처의 횡액이 두렵다. 일지에 未중 乙木이 있어 근(根)을 한다고 생각할 수도 있으나 조토이고 자기입묘로 고목이 되므로 亥나 卯를 만나기 전에는 결국 병이 되기에 木으로서의 임무를 기대하기 어렵다. 따라서 자체적으로는 종재(從財)가 되나 조토가 되어 큰 재복은 없다.

인정이 많고, 두뇌가 명석하여 일독지십(一讀知十)이며, 학문과 예능에도 뛰어난 재질이 있는데 음악에는 약한 편이다. 성격이 까다로워 상대하기가 힘들며, 심술이 있고, 근면·성실하나 지구력이 약할까 염려된다. 부모님의 횡액을 면키 어려우며, 아니면 숙모·고모 중에 있으며, 타가기식(他家寄食)에 자수성가하고, 이복형제가 염려되며, 버는 것보다 금전 관리를 잘 해야 할 것이다.

직업은 교육이나 재정·체신 공무원에 많이 보고 있으나 한 직장에 오래 있지 못함이 흠이다. 건강은 흰 머리카락이 있고, 어려서 잔질로 인한 부모님의 걱정이 많겠고, 조로(早老)의 경향이 있으며, 간담과 신경성 위장병에 주의해야 한다. 처궁은 좋지 않아 첫 결혼은 실패가 쉽고, 처의 산달이 임박하면 즉시 병원으로 가야 하며, 처첩의 음독·괴변이 있으니 절대로 의약계 자녀와 연애하면 안 된다. 자손궁도 부실하여 귀자(貴子)를 두기 어려우며, 공주가 많고 아들낳기는 힘들다.

여명은 부궁부실(夫宮不實)에 첫 결혼의 실패가 쉬우며, 두 시어머니 모시게 되고, 시어머니와의 사이도 원만하기가 힘들다. 본성은 착하나 부부간에는 정반대이며, 자식에 대한 사랑은 강하다. 亥·卯·未년에는 신상에 변화가 있고, 子년에는 이성이 따르며 丑·戌년에는 사고·복통·개종(改宗) 등이 있고, 寅년에는 신경성 질환이 있겠다.

● 乙木이 申金을 만나면,

추절지목(秋節之木)으로 낙엽되고 또 金극木으로 수제(受制)되어 근(根)을 못 하니 종래는 절목(折木)된다. 그러나 申중 庚金과는 乙庚으로 암합한다. 乙木에 申金은 정관이지만 암합하니 정부(情夫)이다. 그러나 종래에는 金극木당한다. 申은 역마지살로, 딸 乙木이 申에게 시집간다고 하더라. 말렸다. "金극木으로 너는 배신당한다." 말 안 듣더라. 乙庚합으로 제가 하고 싶어서 했으니까, 나중에 金극木으로 배신당해도 할 말이 없을 것이다. 가을의 나무니 서리맞고 절목되어 부러진다. 申중의 壬水는 철분이 많고 이슬에 불과해 나무 키우는 물이 아니다. 고로 乙木이 뿌리 못 한다.

●乙木이 酉金을 만나면,

편관이고 칠살(七殺)이다. 포태법으로는 절지(絶地)이지만 절로 안써먹고, 살지(殺地)로 써먹는다. 죽는 곳이다. 바늘방석이다. 金기가 태왕하여 木기가 존재하지 못하며 또 酉중 辛金에 乙辛으로 충패 당하므로 완전하게 절목된다. 가을나무로 잎새 떨어진다.

乙酉일주는 일지에 살지다. 소실 팔자다. 서방이 퇴근시간, 酉시에 왔다 간다. 소실은 첩(妾)을 말한다. 첩(妾)은 설 립(立) 밑에 여(女)자다. 발이 달렸다. 언제 도망갈지 모른다. 서서 서방이 언제 왔다 가는지 기다리는 게 첩이다. 여자가 乙일주라면, 庚년이 왔다. 乙庚합이 되는데, 애인이 생기나? 시집가나? 아니면 남편 만나나? 남편의 승진이냐? 어느 것인가? 사주원국을 잘 살펴서 구분하면 된다. 정숙한 팔자냐? 날라리냐?

乙酉일주

■특징 : 편관, 장성, 절지, 추절지목, 철쇄개금, 사목, 도화

乙酉일주는 뿌리 없는 부목(浮木)이고 서리 맞았다. 연약한 듯 해도 지지칠살로 속은 강하다. 천간의 乙木은 온순하나 모사에 뛰어나고 기술 있고 참모격에 1등이다. 전지를 잘해줘서 미모의 인물이 많다. 일지에 칼을 차고 있어 겉으로는 다정이나 속으로는 날카롭고 끈질긴 면도 있다. 酉중 辛金이 은장도다. 辛金은 백색이다. 격도 귀하다. 은장도 갖고 있을 정도면 귀한집 규수다. 활인업(活人業)할 팔자인데, 배우자나 자식도 같다. 약사·의사 등 활인업하면 액을 면한다. 몸에 칼자국있다. 많이 베풀어야 액을 면한다.

乙木이 일지에 酉金을 만나 절지로서 종살(從殺)이며, 인정은 변화

하여 의리가 되었고, 그 의리는 팔월지금(八月之金)으로 청백하며 사리가 분명하니 모든 이에게 존경을 받을 것이다. 무엇이든 한번 결심하면 옆도 보지 않고 매진하며, 남의 일을 내 일처럼 도와주고, 용모가 수려하여 주위에서 많은 칭찬을 받을 것이다.

관(官)으로는 법관·무관·관의(官医) 등에서 입신하는데, 직장이 천직이니 가급적이면 사업을 하지 않는 것이 좋다. 건강은 금목상전(金木相戰)이 되어 두통·골통은 면할 길이 없고, 간담이 항시 약하며, 간경화에 시력도 약하여 고생하게 된다. 처덕은 좋으나, 일지도화가 되어 뜻하지 않은 여난(女難)에 주의하고, 자손은 딸만 있기가 쉽다.

여명은 부군(夫君)에 순종하고, 매사에 성실하며, 부군의 일에는 헌신적인 내조를 하나 중·말년을 잘 넘겨야 한다. 자손궁은 좋지를 않아 아들이 없고, 돈보다는 명예를 우선할 것이다. 巳·酉·丑년에는 원행(遠行)·전근·이사 등의 변화가 있고, 卯년에는 관재·사고와 부부궁이 흔들리며, 친우 또는 경쟁자의 방해로 일이 잘 안 풀리고, 손재(損財)에 도실(盜失)이 있으니 주의해야 한다. 子년에는 신경성 질환으로 신경쇠약이 염려된다.

● 乙木이 戌土를 만나면,

정재이나 상식의 고장이다. 자손의 집합이고, 남의 자식 키워주고, 쓸데없는 정에 손해가 많다. 재고이기도 하나 조토라서 기대난망이다. 乙木에 戌土는 소생(所生)할 수 있는 아무런 근거가 없어 무력하여지니 토다목절(土多木折)은 이를 두고 한 말이며, 머지 않아 亥水를 만나 살게 되니 하는 수 없이 기다려야 하므로 시간이 약(藥)이다.

만약, 사주에서 戌이 길(吉) 작용시에는 이런 통변을 참고 응용할 수 있다. 절에만 갔다 오면 돈 들어온다. 戌은 화개로 절이나 스님이고 재고이니 그렇다. 어느 절인가? 戌亥방(方)이다. 즉 건(乾)방이다. 북서쪽이다. 양(陽)土이니 남자 스님이 있는 곳이다. 5, 10土이니 5km, 10km 거리이다. "내 말 잘 들으시오, 지금 집에서 북서쪽으로 5~10km 가다 보면 틀림없이 남자 스님 만날 테니까, 그 분을 붙들고서 도움을 청하시오. 그러면 일이 해결될 수 있을 것이오."라고 한다.

● 乙木이 亥水를 만나면,

정인이다. 포태법으로는 사궁이라 하나 甲木과 같이 亥에 장생되고 또 水生木받아 삶을 영위하는 것은 사실이나, 습목·음지 나무는 면할 길이 없다. 또 부목(浮木)도 되나 떠내려가지는 않는다. 亥중의 甲木이 있어서 연꽃과 같으므로 그렇다.

이와 같이 음양을 모두 대조하여 보니 십이운성보다는 생극제화 원리가 앞서고 있다는 것을 알았으리라고 보며 다시 한번 강조하지만 천간의 생·사를 구분할 때의 포태법은 음양을 모두 양으로 기준하여 통용하고 있다는 것을 명심하기 바란다.

乙亥일주

■ 특징 : 정인, 장생, 천문성, 외음내양, 효신살, 수목응결, 음지목, 부목

乙亥일주는 효신살이 특징이다. 어머니와 인연이 없거나 어머니가 둘이다. 양모(兩母)다. 효신살의 효는 올빼미 효(梟)다. 올빼미는 어미 잡아 먹는다. 거미는 수컷을 잡아 먹는다. 그래서 독부(毒婦)라고 한다. 집안에 올빼미에 해당하는 것을 갖다 놓지 마라. 어머니 몸이 아프다. 부엉이·뻐꾸기도 해당한다. 부엉이표가 자회사(子會社)이면 언젠가는 모회사(母會社)를 잡아 먹는다. 오래전에 부엉이 벽시계가 유

행이었는데 이런 이유로 안 좋다는 것이다. 일지에 인수 놓은 자는 자의(自意)든지, 타의(他意)든지 부모님 모시고 산다. 만약 장남이 인수가 없고, 차남이 일지에 인수 있으면, 만날 "우리 부모님"하고 생각한다. 큰 놈보다 작은 놈이 더욱 부모님 생각 많이 한다는 것이다. 여자가 일지에 인수 있으면 항상 부모님 생각하고 일지에 재 있으면 시어머니 모셔야 한다.

성격은 외유내강이다. 학문도 끈기있게 한다. 인내심도 많고 풍류도 있고 영감도 좋다. 온유한 기질이고 성공할 때까지 도전성도 강하다. 亥水가 천문성이므로 하늘의 문인데, 인수이니 지혜가 비상하고 사상 건전하고 인품이 고상하다. 또 亥水가 역마이므로 활동성이 강하고 객지생활이 많아 분주다망하다.

乙木이 일지에 亥水를 놓아 음포태로는 사궁이 되나 세력론으로는 甲木과 같이 장생이 되므로 능히 木극土를 할 수 있으나 습목에 응결(凝結)이 되어 木생火를 못 하니 여기에도 일장일단은 있는 것이다. 천문성이 있어 영리하나 석독두용(石讀斗用)이 될까 염려되며, 감수성이 예민하고 예감이 빠르다. 강직한 성격에 타개를 잘 하나 음지의 나무가 되어 큰 인물이 되기는 어려운 것이 흠이다. 음악에 소질이 있어 무척 좋아하며, 인정이 본성이고, 신장은 평균치를 넘게 되며 해외와도 인연이 있어 중·말년에 해외 이민수가 있을 것이다.

부선망(父先亡)이 아니면 모외유모(母外有母)요, 이복형제가 있다 하나 의는 좋으니 염려할 것은 없고, 야간이라도 공부는 마치겠으며, 항상 분주하고 이사도 많이 하겠다.

관으로는 정치외교나 문교·행정이 좋고, 재복은 주지 않았으니 사업은 좋지 못하나 문화·조경·농장 등이 적합하다. 건강은 水木이 응결로 풍질에 비위(脾胃)가 약하고, 과식은 금물이며, 무조건 몸을 따뜻하게 하는 것이 어느 보약보다도 좋을 것이다. 처덕은 있어 똑똑한 여자와 결혼하겠고, 혼인 후에 좋아지는데 모처불합(母妻不合)에 키가 작은 것이 흠이다. 자손과도 화합이 잘되어 좋다.

여명은 공부를 많이 하여 너무나 똑똑하니 자연 결혼이 늦으며 친모 봉양에 타향살이하게 된다. 자손은 친정에 가서 출산을 하지 않는 것이 좋고, 산후조리 잘 해야 되는데 처녀 시절의 병까지 완쾌되어질 것이고, 주택은 양옥이 제격이다. 亥・卯・未년에는 환경에 변화가 있고, 이사・전직 등이 발생하는데 未년에는 이혼이 염려된다. 巳년에는 관재・수술・차액(車厄) 등 재앙이 발생하니 주의해야 되며, 子년에는 이성이 따르겠다.

다. 乙木희기론

춘절(春節) 乙木은 지란(芝蘭)과 같으니 丙火로 온난(溫暖)하고, 癸水로 윤근(潤根)하면 평화롭다.

하절(夏節) 중에 5월 乙木은 화가(禾稼)에 한지(旱地)니 망종절(芒種節)은 癸水의 우로(雨露)가 길하고 壬水의 강하(江河)는 꺼린다. 대서(大暑)후에 金水가 태왕하면 삼복(三伏) 생한(生寒)으로 丙火의 온기를 기뻐한다.

추절(秋節) 중에 8월 乙木은 계화(桂花)와 같아서 백로절(白露節)은 꽃이 미발(未發)하니 癸水가 길신이요, 추분(秋分)후는 꽃이 만발하니 丙火의 향양(向陽)을 기뻐하며 癸水로 윤근(潤根)함이 길하다.

동절(冬節)의 乙木은 분초(盆草)와 같으니 丙火로 보온하고 갑비(甲比)로 조력(助力)하면 뿌리가 완실(完實)하다. 丙火는 없고 丁火만 있으면 고초인등(枯草引燈)이라 상격(上格)이 못 된다.

3. 丙火

가. 丙火총론

丙火는 음인 乙木이 변화하여 양이 된 순서이며, 또 甲乙木 봄이 여름으로, 아침이 낮으로 따뜻한 것이 더운 것으로, 양중의 음이 순(純)양으로 변화하고 있음을 말하고 있으니 丙火는 중천(中天)에서 맑고, 밝게 그리고 넓게 골고루 천하를 비추고 있는 것이다.

甲乙丙丁을 통틀어서 양(陽)이라 하고, 그 중에서 丙이 양중양이다. 형이상학으로는 태양, 광선, 순양(純陽), 뇌전(雷電), 정신, 초능력, 투시력, 자외선, 적외선, 방사선, 적기(赤氣), 난서(暖暑) 등에 해당한다. 여기서 태양은 해를 말한다. 해는 모든 만물을 골고루 비춰준다. 임금이고 대통령이다. 광선(光線)은 빠르다. 고로 火가 많으면 민첩하고 가볍고 빠르다. 火가 많은 사람이 권투 하면 번개펀치다. 언제 왔다 갔는지 모른다. 庚乙○○ / 辰未午午 는 권투선수 사주다. 번개펀치다.

순양은 양중의 양을 말한다. 번갯불이다. 그리고 항시 그 마음이 넓어 상하·부귀빈천을 가리지 않고 사심 없이 대하여주며 또 모든 사물을 꽃피우게 하고, 견고하게 하여 주는데, 중화를 실도(失道)하면 조급하고 말이 앞서며 펼쳐만 놓았지 수습을 못 하는 것이 흠이며, 입만 가지고 사는 사람이다.

형이하학적으로는 강렬지화(强烈之火), 사화(死火), 왕화(旺火)로서 이 불은 나무가 죽어서 발(發)하는 숯불과 같아 완금장철(頑金丈鐵)이라도 충분하게 녹여서 하나의 기명(器皿)을 만들 수 있는 힘을 가지고 있다. 여기서 사화란 숯불을 가리킨다. 습목을 만나도 화식(火熄)되지 않으며, 壬癸水의 극도 겁나지 않고, 능히 火생土하여 조화를 이룰 수 있으나 허화(虛火)가 되면 약한 丁火만도 못하니 완금장철은 고사하고 연약한 금·은·주옥마저도 녹일 수 없는 것이다.

丙火는 乙·卯木을 만나도 말리면서 태우니까 안 꺼진다. 그러나 ○⑰庚○ 卯子申酉 의 경우는 丙火가 약해서 丁火만도 못하다. 申월의 꽃인데 金이 많으니 가을에 서리내린 격이다. 많은 쇠를 녹이지 못한다. 금다화식 (金多火熄)이다. 동선은 굵은데 전류는 약하다. 여자라면 "못다 핀 꽃이 서리 맞았네요." 남자라면 "못된 송아지 엉덩이에 뿔났네요."한다.

丙火의 특징은 이마가 넓어 상대방으로 하여금 시원하게 보이고, 바른 말을 잘하나 뒤는 없으며 직언 잘하고 할 소리 다한다. 성질나면 말이 따발총이다. 단, 돌아서면 그만이다. 말이 씨가 된다. 참 무섭다. 火 일주의 말은 씨가 되므로 조심해야 된다. 배우지 않고서도 안다. 아는 척 많이 한다. 동네 시어머니이고 변호사이며 박사다. 그리고 丙은 빛이다. 만인에게 빛과 광명을 주므로 해결사다. "나는 당신만 보면 기분이 좋아요."라고 한다. 사람 판단이 정확하다. 단, 운이 나쁠 때는 안맞는다. 말이 많아 항시 구설이 따르니 주의해라. 음성이 높아 오해 받기 쉽고, 두 눈에는 정기가 서려 항시 빛나고 있으며 노랑머리에 눈이 맑다.

丙火는 주역괘상으로 ☲모양이고 이허중(離虛中)이라 한다. 이는 상하가 양이고 가운데 속이 음으로 구성되어 있다. 따라서 외양내음(外陽內陰)으로서 丙火는 겉이 양이지 속까지 양이 될 수 없으므로, 명랑하다고 하는 것은 내면의 수심을 타인에게 보이기 싫은 하나의 방편이기도 하며 별명이 박사에 다소 산만하고 싫증을 빨리 느끼며 시각이 발달하여 때로는 환상을 잘 보기도 한다.

성격으로는 예의, 적색, 남방, 심장, 소장(小腸), 시력, 칠수(七數), 꽃, ▽형, 낮, 여름, 양지, 달변, 설득력, 명랑 등으로 통용된다. 예의가 특성이나, 단 火가 너무 많으면 예의가 없다. 비겁하기까지 하다. 또 싫증을 빨리 느낀다. 고로 火일주 여자는 빨리 대쉬해서 내 것 만들어라.

辛金과는 丙辛으로 합한다. 丙辛합은 6합, 부부합이고, 위제지합(威制之合)이고 합화水가 된다. 壬水와는 丙壬으로 상충이요, 甲木을 제일 좋아하고 己土를 제일 싫어한다. 丙을 포태법으로 연결하면 丙은 낮이요 태양이니 寅에서 나서 午에서 왕(旺)하다 戌에서 죽는다. 寅에서 장생하여 巳午에 관왕하였다가 申酉에 병사요 戌에 완전 입묘하며 亥子에 절(絶)한다.

나. 丙火각론

● 丙火가 甲木을 만나면,

가장 기뻐하는데, 이는 양생양의 이치요, 또 木生火받아 보급로가 튼튼하여 천지를 모두 밝히고도 남음이 있는데, ○丙甲○와 같이 甲이 丙을 생하므로 젖줄이 되고 원류가 되기 때문이고, 丙이 己를 싫어하는 것은 ○丙甲己와 같이 가장 필요로 하는 甲을 甲己합으로 잡아가기 때문이다. 여기서 丙이 甲을 만나서 木生火가 잘 되는 경우는 甲寅에 한해서이다. 甲申은 안 된다. 丙寅은 숯불이다. 丙이 寅을 만나니 동이 터온다. 木生火로 공부하는 사람이다. 寅은 인수로 어머니 끼고 있다. 丙午는 기름불이다. 午시가 되면 얼마 안 있으면 해가 넘어간다. 공부 안 하는 사람이다. 비겁이므로 형제 끼고 산다.

신수 볼 때 丙일주가 甲寅년이면 木生火 잘 받는다. 甲申년이면 木生火 못 받는다. 또 壬水가 있을 때는 ○丙甲壬과 같이 水生木, 木生火로 살인상생(殺印相生)으로 통관시켜, 丙壬 상충을 해소시켜 주며, 丙火의 상관이자 도기처인 己土를 ○丙甲己와 같이 甲己로 합거하고, 戊土를 ○丙甲戊와 같이 木극土로 제거하여 중화를 얻으니 한없이 기쁜데, 만약 丙火가 왕할 때는 도식(倒食)으로 병을 이루니 기쁨 속에는 항상 슬픔이 따르기 마련이요, 또 庚金은 편재로 丙이 일확천금을 즉 떼돈을 벌려고 하는데 ○丙甲庚과 같이 甲庚충으로 庚을 없애면서 양심적으로 유도하고, 목화통명으로 공부를 한 선비는 횡재라는 것은 있을 수 없음을 말하여 주며, 편모는 내가 유산을 받는 것마저 허용하지 않는 것을 증명하고 있다.

● 丙火가 乙木을 만나면,

정인인데, 정인이라고 모두 좋은 것은 아니다. 丙은 甲을 좋아한다. 乙木은 습목으로 木生火가 시원치 않다. 그러나 丙火에 乙木이 스스로 건조되어 木生火가 되나 다소간의 지연은 면할 길이 없으니 서두르면 실패한다. 습목이라서 연기가 나니 눈에 눈물이 난다. 고로 기다릴 줄 알아야 한다는 것이다. ○丙乙○의 경우는 ○丙甲○보다는 못하다는 것이다. 丙일주가 세상을 살다 보면 甲 다음에 乙년이 온다. 그러나 甲년에 비해서는 50%만 받아 먹을 수 있다는 것이다. 甲년에 비해서 축소되는 것이다. 따라서 당초의 계획을 축소함이 살 수 있는 길이다.

또 庚金 편재를 ○丙乙庚과 같이 乙庚으로 합거함은 욕심을 없애는 것이다. 丙에 庚은 편재로 큰 돈뭉치인데 乙庚합으로 묶어버린다. 정인의 올바름에서 욕심을 없애버린다. 정인의 작용이다. 편재는 丙입장에서 보면 소실·애인인데 엄마와 합이 들었다. 엄마가 제 아들의 애인을 감싸고 돈다. 乙庚합은 乙이 庚만나서 乙庚합으로 가버렸는데 乙庚합金으로 다시 돌아온다. 따라서 횡재수도 있다는 것이다. 또 乙木 어머니 입장에서 보면 丙 자식이 자꾸 돈만 생각하니 乙庚합으로 묶어 두었다가 나중에 준다고 한다.

그리고 辛金정재를 ○丙乙辛과 같이 乙辛으로 충거한다. 乙木정인으로 열심히 공부하면 어찌 여자가 따르겠는가? 사람이 너무 올바르고 깨끗하면 여자가 안 따르는 것과 같다. 또 己土상관을 ○丙乙己와 같이 木극土로 제거함은 사행적인 것을 예방함이라, 상관은 편되게 가고, 사행성으로 도박이나 밀수 등에 초점을 맞추고 사는데 정인 乙木이 있으면 이것을 극복한다. 정인 어머니는 이래서 좋은데, 정인을 공부로 연결하면 배운 사람과 배우지 않은 사람과의 차이가 여기서 나타난다고도 할 수 있다.

● 丙火가 丙火를 만나면,

한 하늘 아래에 태양이 둘이라 주인이 많아 배는 산으로 오르게 되어 있고, 또 상대방으로 하여금 번민을 자아내게 하며, 낮과 밤의 구별이 없으니 백야(白夜)다. 어찌 매사가 결실할 수 있으며, 불면증은 물론 조그마한 일에도 신경이 곤두서고, 서로가 시기하며 방해하고 모략으로 자폭하게 된다. ○丙丙○와 같이 한 하늘에 나와 같은 이가 둘이니 혼자 벌어서 둘이 먹어야 하고, 혼자 벌어서 두 집 살림해야 한다. 그만큼 힘들다. 아무리 잘 해도 1등은 못 한다. 다른 丙에게 절반은 뺏겨야 하고, 고로 의심이 많아진다. 비견겁이 많으면 의심이 많다는 것이다. 丙일주가 丙년이 오면 친구·형제 만나고, 이산가족 만나게 되고, 또한 동업수 생긴다. 동업수는 둘이 나눠먹어야 한다. 혼자서는 못 먹는다. 아주 나쁘게 연결되면 도둑 맞는다. 그동안 돈 벌었던 것도 많이 써야 한다.

甲丙丙丁
午午午未 의 사주를 보자. 사주에 火가 많으면 백야다. 金과 水가 없어서 낮만 있고 밤이 없으니 열매가 없다. 김포가도에는 밤에도 수은등을 낮과 같이 켜놓으니 벼가 익지 않는다. 농사짓는 곳은 지자체에서 물어준다. 러시아의 절반은 백야의 상태라서 농사가 안 된다. 땅은 넓어도 식량이 부족해서 미국으로부터 수입해서 먹는다. 또 무슨 일을

맡겨도 시작만 했지 마무리가 없다. 이런 팔자는 산만하고, 의심 많고, 입만 살아있다. 火가 많은 팔자는 불면증이고, 번민이 많고 눈뜨고 잔다. 신경이 곤두선다. 시기·방해·모략으로 자폭하게 된다. 이런 팔자는 마누라도 아버지도 자식도 달달 볶는다.

또한 정재 辛金을 ○丙丙辛과 같이 丙辛합거하므로 불가(不可)한데, ○丙丙庚과 같이 庚金편재마저 火극金으로 제거라 사람 하나 잘못 만나면 부(父)·처(妻)·금전(金錢)할 것 없이 모두 잃어버리니, 이름하여 돈 떨어져 신발 떨어져 애인마저 떨어진다고 하지 않던가? 월의 丙이 丙辛합으로 辛을 먼저 가져가 버린다. 고로 丙일주야, 친구에게 마누라 소개해주지 마라. 언젠가는 가져가 버린다. 역학자 말 안 듣고 건방떨더니 아내 뺏겼다. 또 ○丙丙壬과 같이 壬水칠살을 丙壬충으로 막아 주는 것까지는 좋다. 나를 극하고 오는 매나 무거운 짐을 대신 막아주니 대가를 치러야 한다. 돈 줘야 한다. 辛金재를 빼앗겨야 된다. 공짜는 없다. 이것이 바로 어떠한 일에든 대가는 지불되어야 함을 말해주고 있는 것이다.

●丙火가 丁火를 만나면,

태양과 태음이 공존이라, 낮에는 해가, 밤에는 달이 있어 세상을 밝혀 주는 것처럼 어디를 가나 광명이요, 丙이나 丁을 만나는 경우는 오십보백보다. 또 ○丙丁壬과 같이 칠살 壬水를 합거하면서 丁壬합화木으로 木생火하여 나를 도와주니 길하다. 항시 丙을 위기에서 구출하고, 丙의 보좌관으로서 빛을 발하고 있다. 丙壬충인데 壬水칠살을 가운데서 丁火가 합하여 탐합망충(貪合忘冲)을 하게 되는 것이고, 丁이 壬을 丁壬합으로 묶는다는 것이다. 또 ○丙丁癸와 같이 정관 癸水를 충거함으로 편도가 바뀌어 정도가 상하게 된다.

丁⑥丁丁과 같이 丁火가 왕하면, 못된 친구가 되어 인(人)의 장막에 가리우기 쉽고, 丙을 만나려면 丁을 통해야만 만날 수 있다. 또 지나치게 밝으면 오히려 보이지 않는 법, 즉 다자무자이다. 따라서 매사에 허둥대며, 시력에 이상이 생기고, 金은 기관지·폐인데 火극金 받으니 나쁘다. 또한 火가 너무 많아서 심장병 환자다. 火가 많으면 심장확장증으로 심장이 운동을 잘 하지 않는다. 火가 적으면 협심증이다. 위도 확장되면 위 무력으로 활동을 안 한다. 비견겁이 많으면 남·녀 모두 친구나 형제 때문에 근심·걱정이 많다.

●丙火가 戊土를 만나면,

식신으로 火생土 설기되나, 丙火가 戊土를 키우는 이유는, 壬水칠살을 土극水로 막아 주라는 것이고, ○⑥戊壬과 같은 경우다. 이는 희생이 갱생이요, 노력의 대가라, 또 좋은 일 많이 하면 귀신도 무섭지 않음을 입증하여 주고 있는 것이다. 또 ○⑥戊癸와 같이 癸水 정관을 戊癸로 합거함은 불리한데 본래가 명예보다는 희생을 근본으로 생활의 목적을 삼고 있기 때문에 개의치 않고, 명예도 버리면서까지 본인을 희생하고 있으니 항상 마음은 평안하여 심광체반(心廣體胖)에 후중(厚重)하다. 나를 극하는 칠살이 귀신에 해당한다. 고로 사주에 내가 생하는 것이 많은 사주는 남의 귀신 쫓는 것을 제일 좋아한다. 신(神)들린 것을 잘 떨어지게 하는 사람이 식신이 많은 사람이고, 똥배짱하나는 좋다. 사주에 火土가 많은 사주는 다이어트할 생각 마라. 土는 비육으로 근육이자 살이다. 火생土 했으니 살찐다. 또 정재 辛金이 土생金으로 생기니 큰 부자는 못 되어도 삶에 구애는 받지 않는다.

그러나 戊土가 다봉(多逢)하면, 戊⑥戊戊와 같이 종래는 병을 이루니, 이는 본인의 역량도 모르고 과다하게 지출되기 때문임과 동시에 토다화식(土多火熄)으로 회기(晦氣)되어 丙火가 꺼진다. 따라서 언제든지 자기의 분수를 망각하면서까지 지나친 희생은 복을 받는 것이 아니라, 오히려 화를 자초한다는 것을 잊어서는 안 된다. 좀더 자세하게 설명하면, 戊土가 식신이기는 하나 戊는 산(山)으로 丙이 戊를 만나니 음지사주다. 산이 너무 높아서 햇빛이 안 들어온다는 것이다. 따라서 火일주에서도 음지사주는 나온다.

戊가 과다하면서 木이 없으니 수입은 없는데 자꾸 남만 도와주다보니 나의 능력도 모르면서 남만 도와주다가 저만 골병들고 만다. 火가 회기되는데, 즉 그믐 회다. 가물가물 꺼져간다. 고로 망한 줄 모르게 망하고 병든 줄 모르게 깊은 병이 들었다. "내가 먼저 살고서 남을 살려주시오. 멍청한 짓은 그만하시오."라고 말해줘라. 火일주는 土가 지배하는 운에는 회기가 된다. 특히 辰이나 丑의 해에는 더 그렇다. 이런 해에 신수를 보러 오면, "올해는 망한 줄 모르게 망하고, 내 것 주고 뺨 맞고 배신당한다."고 통변한다. 여자라면 내가 낳은 자식에게도 배신당한다. 사장이라면 종업원이 들고 일어나서 사장 쫓아낸다고 통변해준다.

●丙火가 己土를 만나면,

○丙己甲과 같이 甲木 편인을 甲己로 합거, 보급로를 차단함과 동시에 합화土로 또 다시 火生土로 도기(盜氣)시키니 보이지 않는 지출처만 늘어가는데, 한편으로는 정관 癸水마저 ○丙己癸와 같이 土극水하여 위법행위도 서슴지 않아 화(禍)를 자초함으로써 반드시 큰 곤욕을 치르게 되어있으니 이는 바로 상관으로 못된 생각은 본인이 먼저 해를 면치 못함과 동시에 부하 하나 잘못 만나면 종말이 어떻다는 것을 실증하여 주고 있는 것이다. 상관이라는 것은 관을 상한다는 것이다.

고로 명예를 상하고 부(夫) · 지아비를 상하고, 직장을 상하고, 도기로서 나의 기운을 도적질해 간다는 것이다.

따라서 사주에 상관이 많으면 남편, 직장, 명예도 없다는 것이다. 고로 상관운에는 직장 그만두고, 이혼수 걸리고, 남편이 보기 싫어지는 해이다. 다른 면에서 보면, 정관은 법이고, 상관은 위법행위를 서슴지 않게 하게 된다. 고로 상관이 많은 팔자는 석양의 무법자이다. 남자는 전과자 된다. 여기서 중요한 것은 상관이 많냐, 적냐하는 것인데, 일주가 약하면 하나도 많게 보는 것이고 일주가 강하면 상관이 2~3개여도 많다고 할 수가 없다. 즉 사주의 구성여건에 따라서 다르다. 여기서 상관을 마음으로 연결하면, 내가 사기를 치려 하면 먼저 내 마음속부터 속여야 한다. 자기 마음 자체가 사기로 충만하면, 그 사람의 마음에는 사기라는 자장이 방출된다. 고로 사람마다 그 풍기는 기운이 있는 것이다. 또 己⑯己己와 같이 己인 상관이 많아서 나쁘게 작용하면, 여자라면 식상이 자궁인데 남자의 정충 · 水만 들어가면 土극水하여 모두 잡아먹고 안 내놓는다. 남편도 떨어진다. 癸水가 직장인데 직장 떨어지고 명예 떨어진다.

● 丙火가 庚金을 만나면,

편인 甲木을 ○丙庚甲과 같이 충거하고, 정인 乙木은 ○丙庚乙과 같이 乙庚으로 합거하여 인수를 모두 없애버리니 즉 괴인(壞印)이라, 공부는 뒷전이고 목전의 취재(聚財)는 일등이라 편재의 위력을 알 만도 한데, 반대로 여자를 너무나 가까이 하면 부모와의 인연은 물론 고향마저도 등지게 되어 있으며 때로는 무지라야 돈을 벌 수 있다는 철학이 여기에 있고, 또 火일주가 金을 만나면 십중구는 부자라는 이유는 金은 바로 금전이요, 결실로서 견고하기 때문이다.

丙이 庚을 만나면「병경성(丙庚星)」이라는 특징이 있다. 음성이 백만 불짜리다. 음성이 웅아하다는 것이다. 요즘 같으면 폰팅 제의가 들어온다. 그리고 법관에 많다. 庚은 무쇠인데 丙 용광로를 만나니 종(鐘)을 만들었다. 생각해보라. 얼마나 음성이 좋겠는가? 일성백리(一聲百里)다. 한번 소리 내면 백리까지 울린다. 요즈음은 일성세계(一聲世界)로 울린다. 모두 중계해 주니까 시대에 따라 변화시켜라. 보신각 종소리는 세계에 전달이 된다.

돈 버는 것은 무지(無知)라야 즉 겁이 없어야 돈을 번다. 옛날엔 진짜 재벌은 삼무(三無)에 있다. 이름 석자 모르고, 일자무식하고, 자기 재산이 얼만지 모르고, 마누라가 몇 명인지 모른다. 그러나 만약 庚丙庚庚과 같이 火기가 허약하고, 金기가 왕하면 적은 불로 큰 쇠를 녹이다가 불이 꺼지는 것은 물론 왕한 金은 金생水가 자연발생되니, 즉 가을이 깊으면 겨울이 오니 재생살(財生殺)이라 火는 金을 쫓다 종내는 패가망신(敗家亡身)하는 이치가 여기에 있다. 예를 들어보자.

○丙庚戊
卯子申申 사주의 경우, 金이 많고 火가 부족하여 丙이 꺼져버린다. 丙이 庚있으면 부자라지만 이 경우는 아니다. 결국 돈의 노예가 되고, 마누라에게 잡혀 살게 된다. 처자식에게도 따돌림 당한다. 火극金으로 金마누라를 치니까, 金마누라가 악다구리를 썼다. 金생水로 水가 나왔다. 水극火하니 火가 잘못했다고 金에게 빌더라. ○丙庚○의 경우, 丙庚이 만나면 편재니 큰부자라는 것은 이해가 된다. 그러나 만약 ○丙庚○ 이런 경우라면 지지가 모두 불바다다. 편재 庚이 녹아버린다.
○午午未
뿌리 못 하고 떠서 있으니 부재(浮財)가 된다. 즉 뜬 구름 잡는 것이다. 고로 이 사람은 항시 뜬 구름 잡고 살고, 또 火가 많아서 신왕사주가 되니 큰 소리도 잘 친다. 한 마디 해라. "쥐뿔도 없는 게 큰 소리는 더럽게 치네요.""맨날 뜬 구름만 잡고 사네요.""아이구, 무지개 쫓기를 하고 있네요.""아니, 어떻게 된 것이 이 놈의 손에 돈이 들어가면 녹아버리고 안 나오네요." 돈 꿔주면 받을 생각 마라. 편재는 여자이므로 여자는 도망가고 해로 못 한다. 자연으로 비유하면 火가 많으니 꽃이 만발하고 여름에 열매가 달렸으니 곪아서 떨어져 버린다. 죽 쒀서 개 준다. 끝 마무리 못 한다.

편재라 해서 무조건 큰돈 버는 것은 아니라는 것이다. ○癸丁辛의 경우도 있다. 癸의 처는 丁인데 丁癸충이 걸렸고, 지지에 酉丑金으로 丁이 의지할 데가 없다. "못 살겠다, 갈아보자."다. 왜냐고? 서방이 무시해서 못 살겠단다. 癸는 金생水 받아서 다섯인데 丁은 하나도 안 되므로 癸水눈에는 丁火 마누라가 아프든지 곪든지 눈에 안 들어온다. 뭐라고 하면 "니 까짓 게 뭔데? 바보·멍청이·곰탱이"하며 무시한다. 또한 인수가 국을 이루니 丁은 안 보이고 만날 어머니 방에 가 있더라. 약올라서 못 살겠다고 한다. 운명이란 게 이런 것이다. 오래전에 왔던 손님이다. 살고 안 살고는 당신이 결정하시오. 역학자는 충고만 해주고, 살라 살지 말라는 소리는 하지 마라. 월권행위는 하면 안된다.

● 丙火가 辛金을 만나면,

정재로 丙辛합까지는 좋으나 ○丙辛○과 같이 종내는 합화水의 水극火로 丙火가 꼼짝 못하니 이는 처음은 남자가 여자를 다스리나 결국은 여자가 남자를 좌우한다는 것을 말해주고 있으며, 또 丙火군주도 辛金여자 앞에는 무릎을 꿇게 되어 있으니 영원한 강자는 없고, 일면으로는 丙辛합화水로 밤으로 치달으므로 이름하여 역사는 밤에 이루어지는가. 또 ○丙辛乙과 같이 정인 乙木을 乙辛충으로 충거함은 누구든 한 곳에 미치면 주위를 망각한다는 교훈과 모처가 불합하고 한 여자에 미쳐 놓으면 보이는 것이 없고, 부모까지도 몰라보는 이유가 여기에 있다.

○⓷辛○을 다른 측면에서 보자. 일주와 합하니 합신(合身)이다. 丙
남자와 辛여자가 서로 사이클이 잘 통하니 연애결혼하고 돈도 저절로
따라온다. 丙辛합水하니 자식 2세에 초점 맞추어서 산다.

그러나 만약 ○⓷辛○/○午巳午 라면 丙辛합은 확실한데 火에 辛이 녹아버렸다.
저녁내 丙火는 辛이 마누라인 줄 알고서 껴안고 잤더니 아침에 일어나
보니 베개 안고 잤더라. 헛것을 보았다. 즉 辛이 녹아서 없어져 버렸으
니 세상 사는데 이 사람은 헛꿈만 꾸고 살고, 뜬 구름 잡고 무지개 쫓
기하는 팔자이다.

○⓷辛○의 경우, 丙辛합水하니 丙辛부부는 자식들 때문에 산다. 돈
번다고 하는 것도 자식 출세시키기 위해서 돈 번다. 서로의 사이클이
자식과 연결해서는 기똥차게 맞아들어간다. 고로 "역시 우리는 천생부
부인가 봐요, 당신도 딸내미 생각했어요? 나도 딸내미 생각했는데…."
한다더라. 합화과정을 이런 식으로 이해하라. 또는 水는 丙의 직장이
다. 고로 丙辛으로 여자 얻으니 직장인 水가 생기고 직장이 생겨야 먹
고 살 것 아닌가?

나쁜 것으로 연결하면, 丙이 여자에게 너무 집착하면 水 즉 밤으로써
눈이 어두워 버린다. 丙이 辛을 만나서 丙辛합하니 水가 생기므로 水
극火하니 여자의 눈물 앞에서는 丙도 꼼짝 못한다. 남자 丙火일주가
辛년에 정재로서 연애수가 들어왔다. 10대는 사춘기, 20대는 연애수,
20대 말은 결혼수, 30대에는 애인 만드는 운, 이혼남이면 본마누라가
그렇게 보고 싶어진다. 궁금해서 죽겠다. 丙火일주가 辛丑년에 신수
보러 왔더라. "20년만에 옛애인 만났다오."만약 辛⓷辛○이면, 여자
가 둘이니 양팔베개다. 월이 마누라고 시는 애인인데 월과 합이니 이
혼은 안 한다. "당신은 앞뒤로 여자 거느리고 다니네요." 한 마디 하라.

丙이 辛 만나면, ○丙辛乙과 같이 乙辛충으로 모와 처가 불합한다.

● 丙火가 壬水를 만나면,

편관이고 칠살이 된다. 충이면서 극까지 당하여 이중(二重)으로 괴롭다. 자연으로 비유하면 시꺼먼 구름 즉 흑운(黑雲)이 몰려오는 것으로 본다. 따라서 귀(鬼)가 되고 병(病)이 된다. 그러나 丙火가 왕하면 충이 아니라 자극제가 되어 丙火를 분발케 하므로 없어서는 안될 존재이니 어찌 충·극이라고만 고집할 수 있겠는가.

○丙甲丙／○○午寅의 경우는 寅午火국에 신강하니 칠년대한(七年大旱)이다. 물한 점 없으니 백야에 해당하고 낮만 있고 밤이 없으니 꽃만 무성하다. 그런데 壬丙甲丙／辰申午寅으로 되면 봉감우(逢甘雨)다. 칠년대한도 申辰水국으로 강우량이 많으니 균형을 이루어 丙壬충이 아니다. 丙이 壬을 만나니 산다. 고로 충불충(沖不冲)이다. 충이 아니다. 나를 극한다 하나 자극제가 되고 사랑의 매가 된다. 만약 丙이 申辰水국, 壬을 안 만나면 만용으로 죽는다. 이 세상에 자기가 제일인 줄 안다. 임자를 만나야 산다는 것이다. 적이 적이 아니라 나를 도와주는 은인이 된다. 원수 갚으려 하다 보니 부자가 됐더라. 이 사주를 가진 사람이 나타는 곳에는 항상 가뭄에 단비가 오는 것처럼 환영 받고 절대적인 영향을 미치는 사람이다. 또 ○丙壬丁과 같이 비겁 丁火를 丁壬으로 합거함과 동시에 丁壬 합화木으로 나의 근원을 만들어주어 힘이 되게 하므로 좋다.

만약 壬丙壬壬과 같이 허(虛)火에 水기가 왕하면 꺼져가는 불이요, 밤중의 달빛은 고사하고 별빛보다도 못하니 항상 어둠을 헤매는 세상을 살게되는 것이다. 양쪽에서 水극火해오니 샌드위치요 왕따 당한다. 丙은 낮인데 壬인 시꺼먼 구름이 몰려오는 것과 같아서 낮에도 불 켜야 하고 못되게 연결하면 귀신이 따라붙는다. 물귀신이다. 또는 丙이 해인데 캄캄한 壬에 가려지니 일식이 되었다. 火여름에는 水는 비가 되니 긴 장마가 와서 모든 것이 부패되었으니 이 팔자는 썩은 사주이다.

따라서 丙火가 왕하고 필요한 水기가 잘 균형되어 있으면 수화기제(水火既濟)라 하여 길명(吉命)으로 하고 이와 반대가 되면 화수미제(火水未濟)라 하여 흉명(凶命)으로 하고 있는 것이다.

●丙火가 癸水를 만나면,

정관이다. 정관은 올바른 직장이다. 마음 착하고 법 없이도 살고 책임을 완수하고 여자가 정관이면 한번 남편은 영원한 남편으로 죽어도 역시 그 남편밖에 없다고 생각한다. 편관을 놓은 자는 "썩을 놈의 것, 여자 팔자는 뒤웅박팔자라는데 또 바꿔보지."한다. 남자도 정관이면 너무나 정확해서 그것이 오히려 흠이 된다. 출퇴근 시간도 정확하니 여자가 시집살이하기가 귀찮을 정도다. 그리고 비겁丁火를 ○丙癸丁과 같이 丁癸로 충거함은 여자가 시집가면 친구도 떨어진다는 것을 말해주며, 戊土식신을 ○丙癸戊와 같이 합거하나 다시 합화火로 丙火의 힘이 되어 주고, 또 정인 乙木을 ○丙癸乙과 같이 水生木으로 생하여 항시 올바른 길로 인도하는데, 癸丙癸癸와 같이 癸水가 왕하면 허화(虛火)에 구름에 가리운 태양과 같아 음지의 생활만 계속 되니 어찌 약한 음수라 하여 경시할 수 있겠는가? 만약 癸丙癸癸가 여자라면 소실 팔자다. 음지니까 그렇다. 세번 시집가는 팔자다. 丙火라도 음지가 된다. 丙에 癸가 구름이니 구름만 끼고 비가 안 오니 항상 찡그리고, 찡그리니 이마에 천(川)자가 생긴다. "아이고, 이 사주는 왜 이마에 천자가 많나요?""어째서 저녁 굶은 시어머니상을 하고 있어요?"해보라. 金水는 근심 · 걱정 · 눈물이다.

다음은 丙火를 지지로 대비하여 살펴보자.

● 丙火가 子水를 만나면,

정관으로 水극火 받고, 또 子시에는 丙火태양을 볼 수 없으며, 포태법으로는 절지요 몰광(沒光)으로 빛이 죽었다. 火 여름은 子 동지에 꼼짝 못하는 것과 같이, 丙火는 火로서 행세할 수 없으므로 火극金은커녕 한 줌의 흙도 생할 능력이 없다.

丙子일주

■ 특징 : 정관, 장성, 태궁(절궁), 외양내음, 양차살, 화식(火熄), 병자(病者), 도화

여자는 소실이 많다. 밤에만 왔다 가는 손님이다. 子·午·卯·酉는 도화로 바람둥이에 바람둥이 서방이다. 子는 정관으로 직업이고 도화가 되니 바람핀다. 이걸 엮으면 바람피는 게 직업이다. 고로 기생이다. 子가 서방인데 水는 항시 제자리에 있지 않고 흘러가므로 오면은 가버리고 오면은 가버리고 하여 잘 바꾸어지더라. 水는 밤이요 火는 꽃이니 丙子는 밤에만 피는 꽃으로 야생화(夜生花)다. 고로 소실이요, 기생이다. 꽃과 밤이니 꽃뱀이다. 丙子는 소리 그대로 병자(病者)이다. 고로 항시 아프다. 여자 사주가 ○癸丙／○○子○라면 丙이 서방인데 丙이 子위에 있어서 죽어있는 불이므로 서방은 있으나마나이다.

子·午·卯·酉일지는 현실적인 경향이 있다. 목적을 위해서는 수단과 방법 안 가리고 발전적·진취적이다. 능력보다 포부가 크다.

여자의 경우는 관이 子다. 연하의 남자다. 도화라서 인물이 좋다. 또 보석이나 장식하기를 좋아한다. 작은 일에 인색하고 큰 일에 소비가

크다. 신약의 경우는 직업 변동이 많고, 이상이 높고 창의력이 좋다. 丙火는 자존심이 강하고 예의 있고 명랑하나 丙子는 외양내음이다. 따라서 수줍음이 있고 수심과 근심이 있다. 이마는 대머리가 많고 시원하게 보이나 작은 일에 전전긍긍한다. 눈치는 9단이다. 그러나 남한테 속는 경향도 있고 고집도 세다. 丙火는 태양, 子는 맑은 물이다. 따라서 의관이 단정하고 이상이 높다. 매사 반듯하고 체면을 중요시한다. 남녀불문 평탄무난하나 대부대귀는 어렵다.

丙火가 일지에 子水를 만나 실지(失地)로 종살(從殺)이 분명하나 子水는 천수(川水)로 움직이는 물이 되기에 좋은 명주(命主)가 되기는 어렵다. 비록 예의바르고 명랑하다고는 하나 외양내음이 되어 수심이 떠날 새가 없으며, 이마는 넓어 시원하게 보이나 소견이 좁은 것이 흠이다. 약삭빠르면서도 잘도 속아 넘어가고, 만인에 평등은 좋으나 그 중에 해를 끼치는 자가 있을까 염려되며, 일지 장성으로 그의 고집을 꺾을 자가 없다. 시작은 좋으나 결실이 어렵고, 부모덕도 없음이 흠이다.

사업은 세금 생각을 먼저 할 정도로 융통성이 부족하여 힘드니 직장생활이 제일 좋고, 이사·전근 등 신상의 변화가 많다. 건강은 원래 체질이 약하여 피로가 쉽게 오며, 시력과 심장이 약하다. 동상에도 쉽게 걸리며, 신기(腎氣)가 허하여 조루가 되기 쉬우니 부부생활이 원만하지 못한 것이 흠이다. 처궁은 남의 도화를 놓아서 타의로 인하여 잠시나마 풍류가 있겠고, 처가 가정적이지 못하여 악처 아닌 악처로서 해로마저 힘들다. 자손 또한 도화병을 면키 어려우니 자손 농사가 어렵겠다.

여명은 부궁(夫宮)이 좋지 않아 노랑(老郞)·유랑(幼郞)·소실이 되기 쉽고, 유랑생활에 가시밭길 천리이나 말년에는 행복할 것이니 급히 서두르지 말고 때를 기다리는 것이 좋겠다.

申・子・辰년에는 신상의 변화와 해외 출입・이사가 있겠고, 午년에는 관재・화재 등에 주의할 것이며, 卯년에는 화류병(花柳病)에 수술수가 있고, 酉년에는 이성으로 고민하며 전염병에도 주의하여야 한다.

● 丙火가 丑土를 만나면,

상관에 양궁(養宮)이요, 삼양지기(三陽之氣)를 향하여 진기(進氣)하고 있다 하여 보이지 않는 힘을 얻는다고 보아서는 안 되는데, 이유는 아직 삼동(三冬) 겨울이 끝나지 않았을 뿐더러 년중 최고의 추위요, 또 丑시로 밤중이며 습土・동토로 회기(晦氣)되기 때문이다. 여기서 삼양을 향한다 함은 子에서 일양, 丑에서 이양, 寅에서 삼양, 卯에서 사양, 辰에서 오양, 巳에서 육양이 됨을 말함이니 참고해주기 바란다.

또 만약 丙火가 왕하여 丑土를 소유할 수만 있다면 재고가 되니 주중에 재국(財局)이 없어도 부자가 되며 또 배설구로 설정영(泄精英)이라 丙火를 살려주니 이를 두고 금상첨화라 할 수 있다. 丙火에 丑土는 재고이니 돈창고다. 또 丙辛암합이 된다. 고장이니까 늙은 여자와 연애한다. 그러나 재고니까 그 여자에게서 돈 벌었다. 돈 많은 여자이다. 손해볼 것은 없다. 재고는 재국과 동일한 효력을 갖는다. 재고 하나가 재국과 같으니 부자가 될 수 있다. 돈으로는 좋으나 처궁으로는 나쁘다. 심하면 여자 집합이요, 마누라가 난치병・고질병이요, 묵은 돈, 늙은 여자, 연상의 여인과 인연 있다고 연결하라.

○丙○○의 사주를 보자. 신왕사주다. 신왕하면 재고・돈창고가 내 것
丑辰午寅
이 된다. 丑辰은 土로서 땅덩어리다. 부동산이다. 丑辰파(破)이니 여기저기에 조금씩 사놨다. 그러면 언제나 여러 군데의 땅을 한 곳으로 모으겠나? 酉가 들어가면 酉丑에 辰酉합이 되니 申년이나 酉년에 신수 보러 오면 "여기저기에 있는 땅을 모두 팔아서 한 군데로 모아 큰 덩어

리로 만드시오."하고 이야기 해줘라. 타이밍이고 기회다.

●丙火가 寅木을 만나면,

편인이요, 장생궁이며 또 조목(燥木)이 되어 木生火를 잘 받으니 십이지 중 가장 기뻐하고, 입춘으로 삼양지기요, 인시에는 어둠이 퇴(退)하고 낮이 살아나 화기로서 임무를 완수할 수 있으므로 능히 火극金하고 생土하며 칠살 壬水마저도 두려워하지 않는데 이는 水生木, 木生火로 관인상생이 되기 때문이다. 丙火가 寅木의 생을 받으면 천지를 밝히고도 남는다. 따라서 寅시에 태어난 사람은 시평생(時平生)을 제일 잘 타고 태어났다. 寅은 세상에 빛과 광명을 주는 시간이므로 寅시에 태어난 사람은 좋은 일을 많이 해야 한다.

丙寅일주

■특징 : 문곡귀인, 학당귀인, 탕화살, 효신살, 홍염살, 편인, 장생, 지살, 역마

숯불이고 효신살이다. 여자라면 너무 억세고 똑똑해서 남편궁이 나쁘다. 水를 두려워 않고, 金을 두려워 않는다. 예의바르고, 거짓말 안하고 직언 잘 하고 상하 모두 대인관계가 좋다.

모든 불이 속은 검다. 겉으로는 명랑하나 내적으로는 숨은 근심이 있다. 두뇌 명석하고 천재적이다. 공부도 잘하고 학교도 좋은 데 다닌다. 암기력도 좋고 재주 많고 어학도 잘한다. 지모가 뛰어나고 두령 기질이나 성질이 급하고 저돌적인 측면이 있다. 따라서 무슨 일 하면 실수하기 쉽다. 육친의 덕은 부족하고 자수성가해야 된다. 木火가 강하면 끝을 맺지 못하고 실패하는 경우가 많다. 丙火가 일지에 寅木을 놓아

득장생(得長生)하여 그 빛이 밝게 빛나고 있으니 온세상을 밝히고도 남음이 있으므로 능히 火극金하며 火生土를 할 수 있다.

성격은 예의가 있으며, 설단생금(舌端生金)하고, 거짓을 모르며, 직언도 잘 하는 편이고, 비교적 평탄한 삶을 살아가겠다. 대인관계는 상하·빈부귀천을 구분하지 않고 잘 대하나 흠이 있다면 비밀을 지키기가 어렵고, 인내심이 부족한 편이다. 겉으로는 명랑하나 내적으로는 항상 수심이 따르고, 준수한 용모로 주위에서 멋쟁이라는 별칭을 받을 것이다.

부모궁은 유실자모(幼失慈母)가 아니면 두 어머니 섬겨 보고, 두뇌가 명석하여 일독지십(一讀知十)에 최고학부를 나와 박사이니 교단에도 서보게 된다. 문학·예능에도 재질이 있고, 어학이 뛰어나며, 해외에도 기거해보는데 분주한 생활에 남의 하소연 들어주는 것을 면할 길이 없다.

관으로는 문교·체신·동자부·정치외교에 좋고, 사업으로는 전자·화학·문화 사업이 적합한데 금전보다는 명예와 평안함을 우선으로 한다. 건강은 기관지·변비·치질에 주의하여야 한다. 처덕은 있으나 모처불합이 되지 않게 노력을 해야 될 것이다.

여명은 비록 박학수재(博學秀才)라고는 하나 부궁(夫宮)은 부실한데 여자가 지나치게 똑똑하기 때문이며, 자손궁 또한 좋지 못하다. 남녀를 불문하고 박력있고 정신은 대단히 강하나 탕화살로 인하여 시시로 염세·비관을 할까 염려된다. 화상의 흉터가 있으면 화마(火魔)는 면했다고 볼 수 있으나 주의는 하여야 된다.

寅·午·戌년에는 신상의 변화와 원행을 하며 이사·전근이 있겠고, 巳·申년에는 교통사고·관재·수술·화재 등의 재앙이 발생하며, 卯년에는 이성이 따르겠다.

●丙火가 卯木을 만나면,

습목이라 木生火를 받는 데 지장이 있다고는 하나 왕화(旺火)가 되어 자체로서 건조시켜 木生火를 받으니 乙木과 같다. 木生火로 생을 받지만 습목이므로 말라야 하니 시간을 필요로 한다. 노력파인데도 효과가 적다. 정인으로 파고들기는 해도 젖어있어서 결과가 미흡하여 중간 정도 한다. 寅木편인은 번갯불에 콩 구워 먹는다. 그런데도 1등 한다. 젖어있는 나무로 마르는 시간을 요한다. 서두르면 망한다는 것이다. 또 패지요 목욕궁으로 남녀 모두 바람나기 쉽다. 조심해야 한다. 한편으로는 정인이 되어 틀림없이 부모덕을 바라볼 수 있으면서도 부모덕이 없으니 어찌 정인이라고 모두 좋다고만 할 수 있겠는가. 습목으로 인수가 되어서 그렇다. 未월 庚金일주나 子월 甲木일주도 월에 모두 정인이지만 부모덕은 없다. 未土는 조토라서 土生金 못 한다. 子水도 水생木하지만 꽁꽁 얼게 한다. 己丙己乙 丑辰卯丑 을 보자. 스님인데, 공부는 열심히 하는데 빛을 못 보더라. 요즘은 丙火가 화면발 잘 받고, 실물보다 화면이 더 잘 나오고 한다. 즉 火가 많은 사람이 방송 및 출연신청이 많이 들어온다. 火가 사주에 없는 사람은 방송출연을 포기하라. 신문광고를 내도 전화가 안 온다. 金水가 많아서 가려버리니 전화도 안 온다.

●丙火가 辰土를 만나면,

식신이고, 습토가 되어 회기(晦氣)되므로 가물가물 꺼져가니 자신도 모르게 약화되는 것은 사실이나 추동월의 辰시는 완전하게 화식(火熄)되나, 춘하월의 辰시는 회기로 볼 수 없으니 항시 때와 장소를 망각하지 말아야 한다. 丙은 해요, 태양인데 辰시로 연결한다면 여름과 겨울의 辰시는 하늘과 땅 차이다. 겨울의 辰시는 캄캄하다. 동짓달의 해 뜨는 시간은 7시 48분이고 6월 여름의 辰시는 해가 중천에 와 있다.

○丙○○는 전자의 경우고 ○丙○○는 후자다. 子월의 戌시는 이미 한잠
辰○子○
잘 수 있는 시간이고, 午월의 戌시는 아직도 한나절 해가 남아 있다. 辰
월의 丙火는 내일 모레가 입하절기라 여름이 오므로 펄펄 살아있는 불
이다. 또 辰 중에는 정관癸水, 정인乙木이 장축(藏蓄)되어 있다고는 하
나 그 자체만 가지고는 인수·정관이라고 써먹을 수 없다. 寅辰木국이
나 子辰水국하게 되면 써먹을 수 있다.

丙辰일주

■ 특징 : 식신, 화개, 대궁(帶宮), 일덕(日德), 회기, 관고, 관식동림

丙火가 辰土에 회기로 가물가물 꺼져가고 火土식신이므로 비만체구
는 분명한데, 불이 꺼져가는 비만에 연결되므로 참살이 아니라 부(浮)
살이다. 누르면 푹 꺼진다. 또 丙辰일주는 관고(官庫)이다. 여자는 남
편이 병들고, 남편이 무능력이고, 남편이 열중쉬어다. 고로 내가 벌어
서 먹고 산다. 남자는 자식이므로 자식에 대한 근심·걱정이 떠날 사
이 없이 끼고 산다. 못되게 연결하면 여자는 서방 잡아먹는 팔자이다.
즉 관고란 여자는 서방의 한(恨)으로 남편 농사 안 되고, 남자는 자식
의 한으로 자식 농사 안 된다. 일지화개·식신으로 예체능이 좋고, 지
혜 총명하며 다정다감하다. 수단이 좋고 베풀기 좋아하며 강자한테 강
하고 약자한테 약하다. 수완이 뛰어나고 선견지명이 있다.

丙火가 지지 辰濕土에 회기되고 있는데, 도와주는 것이 없으니 태양
또는 군주지화(君主之火)라 할지라도 결국에는 辰土에 종(從)을 하게
되어 있다. 辰중 乙木이 木생火를 하니 득근할 수 있다고 생각할 수도
있으나 辰중 乙木은 흙 속에서 아직 발아도 채 되지 않은 씨앗의 형상
이기 때문에 乙木을 쓸 수가 없는 것이다. 몸과 마음이 넓고, 설단생금

(舌端生金)하며, 대머리에 위타진력(爲他盡力)이요, 정통신앙에 추리력이 좋다고는 하나 인수가 약해 지구력이 부족하다. 사두무서(事頭無緖)요, 배짱 하나는 좋고, 대식가에 해당하며, 재주는 있다. 모선망(母先亡)에 모외유모(母外有母)요, 형제는 고독하고, 머리는 좋은데 노력이 부족하다.

건강은 혈압·시력·당뇨·습진으로 고생하나 동방(東方)으로 약을 쓰면 효력이 좋고, 채식을 위주로 하는 것이 건강에 좋을 것이다.

관으로는 교육·재정에 적합하며, 사업으로는 식품·육림(育林)·종교·토산품·기공업(技工業)에 좋으나 항상 수입보다는 지출이 많으니 관리를 잘해야 한다. 애처(愛妻)를 하면서도 식신이 있어 여난(女難)이 있겠고, 조루증이 염려요, 관고가 되어 자손을 앞세우기 쉽다.

여명은 내것 주고 배신당하며, 상부(喪夫)팔자인데 아니면 불구남편 모셔야 하고, 부정포태(不正胞胎)와 타자양육(他子養育)도 해보며, 건강도 나빠 자연유산에 자궁외 임신이 두려우니 심신의 안정을 찾으려면 신앙에 의지하는 것이 좋겠다. 책 속에 길이 있으니 공부를 열심히 해야 하며, 丑·戌년에는 자손에게마저 배신을 당하는 수가 있으니 매사에 조심을 해야 한다.

● 丙火가 巳火를 만나면,

초하(初夏)에 비견이요, 관궁으로 제자리를 찾아 행세할 수 있으므로 능히 극金으로 제련할 수 있고, 火생土할 수 있으며, 왕한 水도 겁나지 않는다고 할 수 있으나 태과하면 산(散)이라 불가하다. 巳월에 丙火는 왕화(旺火)다. 그러나 기름불은 면할 수가 없다. 꽃이 만발했다. 火극金하고 火생土도 하지만, 火생土한다면 불속에서 나온 흙이라서 말라있는 흙이 되니 분산되기 쉽고 바람과 함께 사라진다. 또한 사주에 水가 아무리 왕해도 꺼진 불로 보지 않는다.

그러나 ○○丙○○ (巳午巳巳)라면 신왕이지만, 꽃으로만 살다가고 열매가 없다. 분산(分散)되고 만다. 엄마가 왔다면 "자식은 참으로 똑똑한데 왜 이렇게 산만해요?" 방에만 들어가면 어지럽다. 火가 많은 사주는 정리할 줄 모른다. 여자면 선머슴이다. 비겁이 많아서 金재, 水관이 들어가지 못한다. 木인수도 타버린다. 즉 재관인이 못들어 온다. 재·관·인은 세상 사는 데 필요한 3대 요소이다. 재는 돈과 마누라요, 관은 직장·직업이요, 인수는 집·부모·덕·공부다. 고로 소년 가장·소녀 가장이다. 부모를 꺾어 버린다. "어허, 이 집안이 어찌 되려고 이 놈이 태어났나?"

●丙火가 午火를 만나면,

비겁·왕궁이고 중하(仲夏)·한여름이고 정오로 한낮이니, 화기가 극에 달하므로 왕화(旺火)요 기름불로서 자만할까 염려되는데, 丙火 태양이 午시를 지나면 쇠·병·사로 일몰(日沒)로 향하기 때문에 머지않아 약자가 될 터인 즉 왕자일 때 항시 겸손할 줄 알아야 후일에 화를 면할 수 있고 또 丙火가 午火를 만날 때 가장 왕성할 것 같으나 寅木을 만날 때 더욱 값진 火가 되는데 이는 寅이 새벽으로 아직도 火의 존재 가치가 午火보다는 배가 길고, 木生火를 받기 때문이다.

丙火가 午火를 만나는 것은 巳를 만나는 것보다 더 나쁘다. 巳중에는 庚이라도 있지만 午중에는 己丁만 있고, 양인살로서 흉하다. 양인은 무기로서 허약한 사람은 길로 작용하고 힘있는 이는 흉기로 작용한다. 丙에 午는 겁재다. 재는 아버지·처·돈인데 가장 중요한 재를 패대기치는 것이 이 겁재이다. 火일주는 기분파다. 기분대로 산다. 누가 ○丁○○ (酉未申○)의 사주 가지고 애인삼아도 되냐고 봐달란다. "기분대로 살고 기분에 죽는다."“당신은 이 사람 기분 맞추기 힘들 거요, 기분파는 내일 삼수갑산을 갈 망정 기분 맞춰줘야 한다. 아예 포기하시오." 했다.

丙午일주

■ 특징 : 비겁, 일인(日刃), 장성, 양차살, 외양내음, 간여지동, 탕화살, 왕궁, 기름불

丙午일주는 탕화살을 가지고 있어서 못되게 연결하면 순악질여사다. 간여지동으로 부부궁이 나쁘다. 기름불도 되고, 얼마 안 있으면 정오에서 한시 방향으로 기울어진다. 기분파다. 불꽃같은 성격이다. 높은 자리에 있을 때 잘 봐주라. 조금 있으면 너도 해 넘어간다. 적토마(赤土馬)다. 구성학(九星學)에서는 丙이 칠백(七白)에 해당하니 일본에서는 백마(白馬)라고 한다. 총과 칼을 차고 있다. 양인으로 무기를 가지고 있다. 만약 子시라면 子午충으로 무기를 충해서 무기가 없어졌다. "무기여 잘 있거라."다. 이상이 높고 저돌성이 있으며 독선이 대단하고 남에게 지기 싫어한다. 丙火가 일지에 午火 비겁이요, 양인·간여지동으로 火기가 충천·득왕(得旺)하고 보니 천지만국이 火로 木火를 희(喜)하고 金水를 기(忌)한다.

인상은 둥글 넓적하고 이마가 조금은 벗겨졌으며, 예의가 있고, 빈부귀천 가리지 않고 누구에게나 평등하게 대해주며, 달변으로 조급한 성격이기는 하나 뒤끝은 없다. 상사에게도 직언을 잘 하여 하극상의 기질이 있는데 다소 산만한 편이며, 인내심이 부족하고, 거짓이 없는 대신 타인의 비밀을 지켜줄 줄 모른다. 타인을 멸시하는 경향이 있고 영리하기는 하지만 자만에 빠져 그르치기 쉬우며, 매사에 자신은 좋으나 결실이 부족하다. 조달남아인 것은 부모를 꺾은 결과이며, 장남으로

탈재와 형제로 인한 고심이 많고, 인덕이 없음은 자신의 아집으로 인한 것이다.

건강은 좋으나 폐·비뇨기·안과 질환이 많겠다. 관으로는 교육·무관으로 입신이며, 사업으로는 섬유·전자 등이 좋으나 실물(失物)을 주의해야 하는데 거부(巨富) 되기는 어렵다. 처궁은 양인살로 극처(剋妻)하니 초혼이 이루어지기가 어렵고, 의처증이 있으며, 처의 잔질도 있는데 이 모두가 火生土를 못 하고 자기위주로 생활을 하는 데서 오는 것이다. 자손궁도 부실하여 자손덕을 기대하기는 어렵다.

여명도 지나치게 강하여 차라리 독신녀가 제격인데 결혼을 하면서부터 부군(夫君)은 일이 안 풀리고, 시가(媤家)형제 역시 마찬가지이다. 이복형제가 있겠고, 친가의 형제가 떠날 사이가 없으니 탈재는 물론 부군과도 결별되기 쉬우며, 자손 역시 귀자를 두기 어렵다. 항상 말조심을 해야 하며, 비관·음독·친구로 인한 피해를 주의해야 한다.

● 丙火가 未土를 만나면,

상관이요, 火生土 설기(泄氣)로서 쇠(衰)하여진다고는 하나 未중에는 丁火와 乙木이 있고 또 7월로 염천지절(炎天之節)이요, 정오에서 1시 방향으로 다소의 각도는 기울어져 있다고는 하나 아직은 태양의 열기가 식지 않고 있기 때문에 丙火는 뿌리를 하여 힘이 될 수 있다.

未는 불 아닌 불이다. 未월이나 未시의 丙·丁火일주는 종(從)이 없다. 펄펄 살아있는 불이다. 火기가 왕하다. 火일주 즉 丙·丁火일주가 未월이나 未시에 출생하면 상관이지만 펄펄 살아있는 불로 보라. ○丙○○의 丙火는 죽은 불이 아니다. 살아있는 불이다. 火일주에 土가
未戌未丑
많으면 비만체구이다. 5·10土이니까 오천평이다. 丙이 火生土로 계속 辰을 도와주었다. 물어오기를 "계속 辰을 도와줘야 하나요?" "寅년,

卯년이 오면 이 사람이 寅辰木국, 卯未, 卯辰木국으로 모두 당신을 도
와줄 것이오. 木生火로 말이오. 그러니 계속 도와주도록 하시오."한다.
또 未는火의 인수고장이다. 그러니 어머니의 한이고 옛공부다.

● 丙火가 申金을 만나면,
  편재요, 석양이고 일몰(日沒)시작이다. 포태법으로는 병궁이지만
병사지로 안 쓰고 재살지로 쓴다. 申 중 壬水살(殺)이 있어 극火하니
이름하여 재살지(財殺地)라 불리다. 火일주 남자가 허약해 있으면
모두 조루다. 남자 구실 못 한다. 성질이 급해서도 그렇다. 火는 조류
로써 교미시간이 0.03초이다. 궁합 볼 때 써먹어라. 여자가 ○○丙○癸
                                                            卯申子丑
의 남자사주 가지고 와서 신랑감이라고 궁합을 물어온다. "궁합 안 맞
아요." 했다. 남의 아들 조루라고 얘기하기는 그렇고 궁합 안 맞는다
고 핑계댔다.

丙申일주

  ■ 특징 : 편재, 역마, 지살, 병궁, 재살지, 문창귀인, 관귀학관, 낙정관살,
       재관동림, 병신(病身)

  丙申일주는 재살지다. 여자 주의하라. 丙火일주 남자들이여, 길 가
는 여자 함부로 건드리지 마라. 丙申은 병신(病身)으로 연결해 보고 서
리맞는 걸로 연결해도 된다. 丙火가 일지 申金에 병궁(病宮)이 되어 의
지할 곳이 없으니 종재(從財)가 되는데 申궁에는 壬水·관살이 장축되
어 있고, 또한 水의 장생으로 재는 변하여 살이 되니 재살지라 한다.
  이마가 넓어 상대로 하여금 시원한 인상을 주게 되고, 병원 출생에
일찍 고향을 떠나게 되고, 남의 것을 모방하는 데는 일가견이 있다. 학

문도 탁월하고 다재다능하며, 관귀학관이 있어 승진도 빠르나 수재(水災)와 수액(水厄)이 염려되니 물가에는 가지 않는 것이 좋다. 양식 등의 외식을 즐겨찾으며, 형제는 고독하고 부선망(父先亡)하겠다.

관으로는 재정·법정·무관·외국상사에도 근무하고 외화 획득에도 능숙하니 만약 은행으로 입신한다면 외환은행, 외환부, 해외지점에 근무하는 것이 좋겠다. 사업을 한다면 식품·철재·운송 및 기사식당에서 성공하며, 일지 편재로 재복은 좋다. 처덕은 좋으나 편처의 입김이 셀까 염려되고, 총각 득자에 자손이 해외 출입을 하게 되며, 자손이 귀하게 되어 가문을 빛낼 것이다. 건강은 심장과 시력이 약하여 안경을 써야 하겠다.

여명은 시어머니가 둘이기 쉽고, 재취혼이 좋으며, 소실로도 간혹 있는데 명주(命主)가 잘못되어 있으면 내 것 주고도 오히려 배반을 당한다. 시어머니로 인하여 하루도 편할 날이 없고, 타가기식(他家寄食)에 잔질이 아니면 건강에 이상이 있어 불구가 되기 쉬우며, 항상 언행에 주의해야 한다.

申·子·辰년에는 신상에 변화가 있고 寅·巳년에는 차액·관재·수술·사고 등이 발생하며, 酉년에는 이성이 따르겠고, 午년에는 송사가 있겠는데 비겁이 되어 친우로 인해 어려움을 당한다.

●丙火가 酉金을 만나면,

정재이기는 하나 꺼져가는 죽은 불이므로 사화(死火)요, 사지(死地)이므로 일몰 되며, 석양이고 서리맞는다. 또 酉월 중추에는 극성스러웠던 더위도 무릎을 꿇기 때문에 퇴기(退氣)라 화기(火氣)는 스스로 없어지며, 酉 중 辛金과 丙辛으로 합하는 것까지는 좋으나 합화水가 극火라 종내는 화식되므로 역시 火는 존재하기 어렵다. 丙·丁火일주가

申酉金만나면 비록 정재이기는 하나 해 넘어간다. 사지로 죽는다. 丙火꽃이 서리 맞는다.

●丙火가 戌土를 만나면,

식신이고 火생土로 회기된다고는 하나 戌중 丁火로 명맥만은 유지하고 있는데, 주중에서 寅 또는 午火를 만나면 火국으로 변신하게 되고, 丙이 戌을 동반하고 있으면 水가 왕해도 겁나지 않고 안 꺼진다. 戌중 戊土가 土극水하므로 水극火를 못 하기 때문이고, 丙火는 戌土에 입묘되어 자기 고장이다. 형제고장으로 형제의 한을 가지고 산다. 같은 고장이라도 木의 고장은 극하고, 火의 고장은 생하며, 金의 고장은 생을 받고, 水의 고장은 극을 당하는 것이 각기 다르다는 것을 한 번 더 기억하기 바란다.

丙戌일주

■특징 : 식신, 화개, 묘궁, 천문성, 백호대살, 나망살, 화토식신, 화토중탁, 철쇄개금

丙戌은 살아있는 불이다. 火土 공존으로 살고 있다. 뭉치면 살고 흩어지면 죽는다. 丙辛합이 있다.

백호대살로 남자라면 사위 삼지 마라. 戌중 辛인 여자가 녹아서 없어진다. 백호대살이므로 확률이 높다. 잘 아프다. 앉은 자리에 자고(自庫)를 놓았으니 몸이 아프거나 큰 수술 받아본다. 신체 중에 어디가 고장이 붙어도 붙어야 한다. 불구 아닌 불구다. 만약 년주에 서방 되는 글자로 丙戌이 있더라도 서방이 간다. 하늘에 뜬 태양인데 戌이 개라서 책임감이 강하다. 황구이고 똥개다. 활발하고 명랑하며 의협심이 강하다.

丙火가 일지에 戌土를 놓아 비록 입묘라 하나 戌중 丁火가 있고 또한 火土공존으로 착근을 하고 있는데 火로서의 임무를 충실히 못함이 서운하다. 火土식신으로 몸과 마음이 넓으며, 인정이 많고, 도량이 넓으며, 처세도 원만한데 조급함이 흠이다. 매사에 박력이 있고, 두뇌가 명철하여 배우지 않고도 알게 되어 있으니 만인의 존경을 받을 것이며, 戌土가 고장이라서 어떤 일이든 속전속결을 해야만 유익할 것이다. 이마는 조금 벗겨졌으나 넓어서 보는 이로 하여금 시원함을 느끼게 하고, 키는 작으나 알뜰함은 그 누구도 따라가지 못할 것이다.

어학에 소질이 있어 웅변에 달변이며, 발명가의 인소가 있어 개발하는 데 역량을 발휘하겠고, 신앙에도 독실하여 덕을 베풀게 된다.

관으로는 교육·의약·법정 등이 제일 좋고, 사업으로는 기술·육영사업이 적합한데 때로는 철학과도 인연이 있어 연구에 몰두하겠다. 재복은 있으나 탈재(奪財)가 번다하며, 건강은 혈압·중풍이 염려되니 과음은 하지 않는 것이 좋고, 당뇨와 시력 이상에 주의해야 한다. 부모궁은 부선망에 형제의 흉액이 염려되고, 애처가이기는 하나 그의 처가 잘 받아들이지 못하며, 자손덕이 별로 없어 자손에 의한 수심이 있겠는데 아니면 일자불구(一子不具)가 염려된다.

여명은 부군에 순종한다고는 하나 결국은 헤어지기가 쉽고, 타자 양육에 이복형제가 있으며, 남을 위해 힘쓰고, 인정에는 약하나 배짱 하나는 좋다.

寅·午·戌년에는 원행·전근·이사 등의 변화가 있겠고, 丑·辰년에는 관재·송사·배신·사고·수술·복통 등을 주의해야 한다. 巳년에는 신경질환, 卯년에는 이성이 따르겠는데 卯戌합으로 그 정(情)이 오래가겠다.

●丙火가 亥水를 만나면,

편관에 절지(絶地)요, 亥중 壬水에 충극받아 영영 화식(火熄)되고 만다. 밤을 만났으니 몰광(沒光)이다. 빛을 잃어버렸다. 눈 감고 사는 세상이다. 일몰이다. 갈길은 먼데 해는 서산에 기우니까 사람이 실수하게 되고 성질이 급해진다. 亥중 甲木이 언젠가는 木生火 해주기를 바라고 있다. 亥水가 木국으로 변신하고 있으면 극중생이요, 탐합망극이라 丙火는 회화재염(晦火再炎)이 되나, 亥중 甲木 단독으로는 木生火를 못 하니 절처봉생이 될 수 없는데, 다만 인수·모(母)가 시기가 맞지 않아 내가 낳은 자손을 눈 앞에 두고서도 부르지 못하고 애만 태우고 있을 뿐이다. 이럴 때 亥중 甲木이 상담하러 왔다. "내가 木生火로 낳아논 丙火 자식이 있는데, 언제나 내가 그 앞에 나서게 되나요?" 그러면 "寅년을 가다리시오." 寅亥합木으로 충분히 木生火하고도 남으니 "그때 나서면 됩니다."하고 말해준다. 寅년이나 未년이다. 그렇지 않으면 내가 너의 생모라 해도 丙은 믿지 않는다. 이것이 바로 타이밍이니, 그 타이밍을 맞춰라.

다. 丙火희기론

丙火는 태양과 같아 5양 중에 가장 강하다. 壬水를 만나지 못하면 독양(獨陽)이 보좌(輔佐)가 없으므로 광채를 나타내지 못하며 木이 없으면 화력이 장구(長久)하지 못하고 土가 많으면 화광(火光)을 흐린다.

춘절(春節) 丙火는 火가 왕성하면 기후가 건조하니 水로 윤습(潤濕)하면 길이요, 金이 수원(水源)을 도우면 중화된다.

하절(夏節) 丙火는 火土가 태왕하면 강산(江山)이 고갈하니 金水로 해열하면 만물이 성장이요, 木은 火를 생하므로 꺼린다.

추절(秋節) 丙火는 강한 金을 단련하기 어려우니, 木으로 火기를 도우면 부귀격이요, 壬水를 만나면 광선이 영롱해진다.

동절(冬節) 丙火는 水가 많음을 꺼리며, 土로 방수(防水)하든지, 木으로 설수생화(洩水生火)면 또한 귀격이다.

4. 丁火

가. 丁火총론

丁火는 丙火의 뒤를 이어 계승하니 양이 변하여 음으로 되는 순서요, 또 음이라고는 하나 양중의 음을 말함이며, 丁火는 음이 위에 있고, 양이 아래에 있으며, 외음내양(外陰內陽)이라 한다. 木火를 통털어서 양이라 하고 金水를 음이라고 한다. 고로 丁火는 양중의 음이 되는 것이다. 金水가 사주에 많으면 음이 강하므로 성격도 근심ㆍ걱정 끼고산다.

火는 만물지정(萬物之精)으로 문명지상(文明之象)이다. 丙ㆍ丁 모두 다 문명이니 글을 좋아해서 밝아진다. 火일주 선생은 아는 것은 많은데 자기자랑하다 시간 다 지나간다. 한 소리 하고 또 하고 가문자랑 등등. 金일주 선생은 마지막 정리하러 오는 곳이다. 또 하늘로는 태음(太陰)이라 달ㆍ별 등에 속하나 땅으로는 등화(燈火)ㆍ촉화(燭火)ㆍ활화(活火)ㆍ생화(生火)ㆍ유화(柔火)로서 음화(陰火)인 것이다.

그리고 丁火가 비록 겉으로는 약하다 하나, 내적으로는 강하여 실속을 차리는 데는 일가견이 있다. ○丁丙○의 경우 丁과 丙이 싸우면 처음에는 丙이 이기나 나중에는 丁이 이긴다. 왜냐하면 丁火가 실속 차리는 데는 1등이니까. 오래전에 할머니 한 분이 오셨는데 丁丁戊戊 未未午午 의 사주였다. 일찍이 혼자 되어 아들 5형제 키우느라 고생 많이 했다. 자식들은 모두 잘 됐다. 막내가 속썩이는데, 막내며느리가 어머니와 자기 둘 중 하나 택하란다. 집에 오지도 않는단다. 火土가 많아서 스님들에 대해서 잘 안다. 환갑이 넘어 역학공부 열심히 해서 늦게까지 잘 써먹었다.

또 무(無)에서 유(有)를 창조하는 힘이 있으므로 자수성가(自手成家)요, 타인의 모방보다는 새로운 것에 힘쓰며, 다소 시끄러운 반면 인정은 많고, 목소리 톤이 높고, 말 잘 하고 설득력이 좋고 노력파다. 이마는 넓으면서도 목자형(目字型)에 가까우며, 신장은 土가 많으면 비만에 작고, 木이 많으면 木生火 받으니까 크다. 金水가 많을 때는 水극火 받으니까 평균치를 넘지 못한다. 수리로는 2요, 색으로는 홍색(紅色)이며, 인체로는 심장이다. 심장은 눈이다. 심장이 약하면 눈이 크다. 눈이 작으면 겁이 없다.

丁火는 조목(燥木)은 희(喜)하나 습목(濕木)은 기(忌)하는데, 이는 화식(火熄)되기 때문이며, 토다(土多)하면 가물가물 꺼져간다. 즉 회기(晦氣)된다. 금다(金多)하면 불이 꺼진다. 즉 화식(火熄)된다. 水에는 충패(沖敗)라 수다(水多)하면 몰광(沒光)으로 완전히 꺼진다. 壬水를 만나 丁壬합화木으로 회두생(回頭生)을 받는다고는 하나 음란지합이고 지지에 金水가 없고 쟁합(爭合)이나 투합(妬合)이 되지 말아야 하며 癸水와는 충을 한다. 여기서 쟁합은 ○丁壬壬의 경우로 남자 둘에 여자 하나이고, 투합은 ○丁丁壬의 경우로 여자 둘에 남자 하나이다. 또 丁火는 조목(燥木)이고 인수인 甲寅木을 제일 좋아하고 乙卯木은 싫어한다. 습목이고 편모·계모이기 때문이다.

丁火도 득국하면 강렬지화(强烈之火)인 丙火와 다름없으니, 이러한 때에는 능히 극金하고 생土하며 또 왕한 水도 겁나지 않고, 火로서의 임무를 충실하게 이행할 수 있으므로 필시 꽃 피어 결실하게 된다.

○丁○○의 경우, 丁火가 신왕해서 丙처럼 강렬지화가 됐다. 지지가 火
○未午巳
국으로 한여름이므로 丙처럼 강한 불이 되었다. ○丁○○의 사주는 꽃
酉未午巳
이 피어 결실했다. 만약 金이 없으면 열매가 없다. 酉金의 시원한 바람
이 앞에서 불어오고 있다. 酉는 재요 돈이다. 고로 돈하고 연애하는 팔
자이다.

나. 丁火각론

● 丁火가 甲木을 만나면,

정인으로 木생火는 잘 되니 생아(生我)는 가(可)하나 庚金정재를
○丁甲庚과 같이 甲庚으로 충거하여 돈·재물을 쫓고, 己土 식신을
○丁甲己와 같이 甲己로 합거하여 식록(食祿)을 빼앗아가니, 학문이
지나치면 빈한한 선비가 되어 먹을 것이 없어지는 이유가 여기에 있다.

○丁甲○의 경우, 인수가 많으니 책만 가까이 하고 있다. 월에 인수이
寅卯寅○
니 양반집 가문이다. 조선시대 선비와 같이 책만 보고 있다. 마누라가
다 해야 한다. 인수木에 가리워서 土와 金이 안 보인다. 쇠가 부러지고
土가 흩어진다. 또 水관살이 있을 때는 水생木, 木생火로 신왕할 때에
는 관인상생(官印相生), 신약할 때에는 살인상생(殺印相生)으로 丁火
를 구출하여 주는 데 혼신을 다하나 습목은 불가요, 또 범법자라 하여
도 열심히 공부하여 수양을 쌓아 회개만 한다면 용서받을 수 있는 이
치가 여기에 있는 것이다. 예를 들어보자.

○丁甲壬의 경우, 壬은 관이요, 甲은 인수이니 水생木생火로 관인
이 상생하는 사주다. 이와같이 관인상생된 팔자는 공무원 하고 금의환
향하고 옛날 같으면 암행어사 하는 팔자다.

요즘은 국립·공립학교와 인연 있고, 국비장학생이고, 직장에서 관
에서 공부시켜주는 팔자이다. 관은 나라요, 인수는 집이니, 나라에서

집 장만해주고 관인상생된 팔자는 요즘 아파트 당첨이 잘 된다. 나라에서 지은 집은 모두 내 것이다. ○丁甲癸의 경우 癸水칠살을 인수로 통관시키는 것이다. ○丙壬壬 ○寅子申의 사주가 있다. 현실과 연결해서 사주를 풀어보자. 북방의 적들 즉 칠살들이 수도까지 침략해왔다. 임금은 丙으로 火니까 남한산성으로 피신해 있다. 모두 기죽어 있는데 寅木인 인수 즉 선비가 나선다. 丙에 甲은 설필(舌筆)로 적을 물리친다. 설필이 총칼을 죽인다. 설필은 총칼이 침범 못 한다. 寅木이 水가 있는 곳에 가서 호통친다. 너희들은 국법도 없느냐고 한다. 水는 칠살이지만 寅을 죽이지 못하고 감탄하여 물러간다. 水생木으로 水인 적은 寅木 때문에 물러가는데 이것이 살인상생의 이치다. 무조건 감옥 가거든 공부해라. 여기서 감옥은 칠살이고 공부는 인수이다. 살인상생의 이치다. 형도 감형되고 가석방도 빨리 온다. 단, 심지(心志)가 약한 사람은 인수가 부모로, 집으로, 고향으로 둔갑해 보인다. 부모 보고 싶고, 집에 가고 싶어 미친다.

● 丁火가 乙木을 만나면,

편인이요, 습목이라 화식되나 지지에 寅 또는 卯未·亥未木국을 만나면 득국하여 木생火를 받을 수 있다. 그러나 亥卯木국은 습목으로 木생火 못 한다. 그리고 庚金정재를 ○丁乙庚과 같이 乙庚합金으로 합거하나 다시 화금으로 되니 庚金정재는 정도(正道)로서 편도(偏道) 乙木을 다스려 나에게 유익하게 하고 있음이요, 따라서 정도는 항시 사도(邪道)를 배제하고 있는 것이다. ○丁乙庚은 乙木편인으로 항시 편법으로 세상을 산다. 그러나 丁의 마누라는 庚인데 庚에게 장가가고 나니 乙庚합으로 묶여버린다. 그래서 다시 金이 되니까 丁火가 장가가고 나니 사람이 하루 아침에 달라진다.

○丁乙○의 경우, 丁은 등잔불이다. 乙은 계모로 습목이다. 木生火를
○卯卯卯
너무 많이 한다. 즉 밥을 너무 많이 주니 丁은 괴롭다. 木이 많으니 강
풍(强風)이다. 강풍에 등잔불이 꺼져 버린다. 또 辛金편재를 ○丁乙
辛과 같이 乙辛으로 충거함은 유산은커녕 굶겨 죽이지만 않아도 다행
한 일이겠고 또 겉으로는 생이나 속으로는 화식시키고 있으니 주고 싶
어서 주는 것이 아니라 丁火를 상(傷)하게 하는 데 목적이 있으므로 편
모는 역시 제 몫을 한다는 말인가.

● 丁火가 丙火를 만나면,

달이 태양과 같이 함께 있는 형상이 되어, 丁火의 존재는 보존키 어
려우나 丁火가 허약할 때는 큰 불에 힘입어 火의 행세를 하고 있으니
이는 형님이 출세하면 아울러 동생도 영향을 받아 성공한다는 것과 같
아 좋은데 만약 壬水정관을 ○丁丙壬과 같이 충파하면 군중심리에 의
하여 위법행위를 할까 염려된다. ○丁丙○의 경우를 보자. 丁이 살 길은
○○午○
丙에 의지해야 산다. 丙형님한테 가서 일해야 한다. 丙한테 왕따 당하
고 산다. ○丁丙○의 경우가 되면, 酉丑金국으로 재가 있다. 이럴 때는
丑酉午○
丁이 더욱 잘산다. 이때는 丙이 속썩인다. 형 하나 있는 것이 그렇게
속썩인다.

○丁丙壬의 경우를 육친으로 풀어보자. 丁火가 丁壬합으로 연애하
고 있는 것을 가운데 들어간 丙火오빠가 쫓았다. "오빠, 오빠, 나 애인
하나 생겼다오." 오빠가 말하기를 "나에게 먼저 보여줘." 오빠에게 인
사시키자, 丙壬충으로 원수가 만났다. 보니까 저를 때린 놈이다. 丙壬
충으로 "저 놈만은 안된다."하고 반대하더라. ○丁壬○의 경우 丁壬
합으로 서로 깨가 쏟아지도록 살다가 10년마다 丙년이 오면 그 좋은
금슬도 갈라지고 이혼수가 들어왔다. ○丁丙辛과 같이 되면 丙辛합水

하여 나를 水극火하니 내 편재까지 빼앗아간다.

● 丁火가 丁火를 만나면,

정관 壬水를 ○丁丁壬과 같이 丁壬으로 합거하나, 편관 癸水를 ○丁丁癸와 같이 丁癸로 충거하니 일장일단(一長一短)이요, 火가 왕하면 한신(閑神)으로 방해가 되는데 약할 때는 은우(恩友)로서 외롭지 않다. 여기서 한신이란 놀고 먹으면서 손만 벌리는 것을 말하는데 비견겁이 한신이다. ○丁丁丁의 경우다. 丁火일주가 년·월에 丁·丁이 있어 한신이다. 딸부잣집이다. 丁이 벌어서 丁丁을 먹여 살려주고 있다. 그런데 壬년이 왔다. 丁丁이 丁壬합을 한다. 시집 안 간 큰언니·작은언니가 한꺼번에 모두 시집 가버린다. "금년 신수 어때요?" "앓던 이 빠진 것처럼 시원한 게 좋겠소."했다. 두 언니가 시집가버리니까 얼마나 시원하겠나.

● 丁火가 戊土를 만나면,

癸水 편관을 ○丁戊癸와 같이 戊癸로 합거함은 좋으나 壬水정관을 ○丁戊壬과 같이 극제(剋制)하니 역시 상관은 어디까지나 상관이요, 또 여자가 자손을 잉태하면 관의 재앙도 피할 수 있음을 말해주고 있으나 중화를 실도(失道)하면 석양의 무법자가 될까 염려된다.

○丁戊○을 보자. 火일주가 土가 많으면 중화가 깨져서 "석양의 무법자"이다. 상관이 많아서 "어쩌다 이렇게 기똥찬 아들을 낳았소?" "아들 때문에 큰일났네." 사주에 土인 상관이 많으니 金이 생기는데 金은 돈·여자가 된다. 돈을 벌고 돈을 따라가면 일주가 더욱 약해지니 돈도 못 번다. 土가 많으니 土가 더 잘사는데, 내가 도와준다고 하니 되겠는가? 여자는 내가 낳은 자식이 나를 배신한다. "서방덕 없는 년은 자식

복도 없다더라." 석양의 무법자 팔자는 간첩교육 시키면 좋다. 인질극을 벌일 때 투입하면 사람을 구해온다. 木일주에 화다(火多)한 팔자도 석양의 무법자다. 金은 총알인데 火극金으로 총알을 맞지 않는다. 고로 인질극에 가서 인질을 구해온다. 또 辛金편재를 생하니 허욕에 여자관계가 번다(煩多)하다.

● 丁火가 己土를 만나면,

정인 甲木을 ○丁己甲과 같이 甲己합土로 합거, 보급로를 차단하므로 불가(不可)나 다시 화토(化土)하여 식신으로 보하니 좋은데, 신왕에는 길하고 신약에는 흉하며, 癸水편관을 ○丁己癸와 같이 土극水로 丁火를 도와주고 또 土생金으로 생재하여 식록(食祿)을 있게 하여주니 수원(壽元)이요, 희생이 갱생이 된다.

丁에게 己는 식신인데 丁火가 己土에게 火생土하는 이유는 癸水가 올 때를 대비해서이다. 내가 생하는 희생은 제가 살려고 희생한다는 이치이다. "己土야 내가 火생土해줄 테니, 나중에 癸가 와서 나를 괴롭힐 때 네가 옆에서 기침만이라도 해주라." 丁癸충인데, 己가 옆에 있으면 癸가 마음대로 못 들어온다.

● 丁火가 庚金을 만나면,

○丁庚○과 같이 丁은 음이고 庚은 양이니, 적은 남자가 庚인 큰 여자에게 장가를 가려고 하는 것이니 욕심이 지나치다. 관리 능력이 모자라니까 그렇다. 또 정인 甲木을 ○丁庚甲과 같이 甲庚충으로 충거하고, 乙木편인 마저 ○丁庚乙과 같이 乙庚으로 합거하니 丁火에게 木은 공부인데, 金이 있어서 金극木하니까 金인 돈을 알게 되면 木인 공부를 못하게 되어 있음이 여기에 있고, 또 火극金이라고 하여 어찌

승리라고 자처하겠는가.

　이는 丁火가 庚金을 잡으러 갔다가 되잡혀 화식(火熄)되고마니 이름하여 주객이 전도요, 객반위주(客反爲主)라 남자가 여자에 약하게 됨을 말해주고 있는 것이다.

　● 丁火가 辛金을 만나면,

　乙木편인을 ○丁辛乙과 같이 乙辛으로 충거하고, 丙火비겁을 ○丁辛丙과 같이 丙辛으로 합거하여 주위의 방해를 깨끗하게 정리하고, 편재로서 횡재를 얻게 하니, 아마도 편처·소실의 덕을 톡톡히 보는 것은 丁火밖에 없다고 할 수 있다. 丁火가 辛金을 만나면 금은주옥으로 예쁜데 편재로 丁火도 적은 불이고 辛도 적은 金이니 충분히 관리할 수 있다. 그러나 辛金도 태왕하면 丁火불이 화식되고 관리 능력이 없다.

　남자 丁火일주가 辛년이라면 연애하는 해이다. 예쁜 여자이다. 그러나 辛巳년이라면 辛이 임자있는 여자다. 巳중 丙과 이미 丙辛합을 하고 있다. 잘못하면 큰일난다.

　● 丁火가 壬水를 만나면,

　일주와 합하니 합신(合身)이다. 丁壬합화木하여 木生火가 되니, 서방인 壬을 잘 만나면 집도 생기고, 명예도 생기고, 옷도 생기고 좋다. 여자가 정관과 합하면 100% 연애결혼이다. 가령 ○丁壬○／○○午○의 경우라면, 壬이 午위에 있으니 헌신랑이다. 午 중 己土로 딸내미도 하나 있다. 부모는 느낌으로 안다. "야, 이 년아 그 놈 뒷조사 좀 해봐라." 그러나 합이 들었으니 좋다고 말 안 듣다가 나중에야 후회하게 된다. 또 壬水를 만나면 ○丁壬丙과 같이 丁이 丙을 만나면 겁재로 뺏기는데 壬이 비겁 丙火를 충거하여 丙火를 쫓아준다. 또 ○丁壬丁과 같이 비견 丁火

는 丁壬으로 합거하여 丁火를 보호하며, 또 丁火 자신과 丁壬합이 되어도 다시 합화木하여 생火라, 그래서 부군(夫君)은 다시 없는 울타리요, 의지처가 되며, 사랑이 되는데 壬水도 많으면 壬丁壬○과 같이 丁壬합이 많아서 음란지합으로 정이 많아서 다정지합이 되니 본분을 망각하기 쉬워 다정도 병이 되고 음란에 날라리에 천하의 바람둥이가 됨은 이를 두고 한 말이다.

● 丁火가 癸水를 만나면,

○丁癸○와 같이 丁癸충이 된다. 편관으로 편부(偏夫)이고 애인이다. 충이란 금이 있다. 벽이 있다. 틈이 벌어진다. 고로 편부는 편부일 뿐이다. 또 丁癸충이라 상신(傷身)될까 염려되므로 대적하고자 하거든 우선 자신을 보호함이 원칙이니 木이 필요라 어찌 약자는 부모를 멀리 하겠는가. 癸년이 되면 편관이 되고 충이 되는 해로, 칠살작용하는 해에는 몸을 다치고, 관재 일어나고, 병원 가야 되고, 입원하는 해이다. 교통사고 · 수술이 일어난다.

금년이 庚子년이라면, 甲木일주는 편관 · 칠살이므로 "금년에 몸을 다친다. 건강 조심해라." 金극木 당하고 충까지 당하니 2중 3중으로 당한다. 머리를 충맞으니 머리 아프다. 기억력이 감퇴되어 실수한다. 세상 사는 것이 무섭다. 모두 나를 잡아먹으려는 것처럼 보인다. 여자라면 서방과 충이니 이혼수 걸렸다.

또 戊土상관을 ○丁癸戊와 같이 戊癸합거함은 가(可)하나 다시 합화火하여 보이지 않는 비겁이 생기니 이 세상에 공짜는 없다. 즉 戊인 상관으로 火생土하는 것은 癸가 戊癸합으로 쫓아준다. 합화火하니 癸가 말하기를 "丁火야, 戊를 만나면 네 것을 뺏긴다며? 내가 쫓아줄테니 얼마나 줄래?"한다. 火로서 비겁이 되므로 공짜는 없다는 것이다.

다음은 丁火를 지지로 대비하여 살펴보자

● 丁火가 子水를 만나면,

水극火당한다. 칠살이다. 子 중 癸水에 丁癸로 충패되어 몰광(沒光)이 된다. 완전히 불이 꺼져버린다. 음포태로 안 써먹고 양포태로 절궁(絶宮)이다. 水극火로 써먹는다. 장마권에 꽃이 떨어진다. 빛이 꺼지니 앞이 캄캄하고 안 보인다.

● 丁火가 丑土를 만나면,

식신으로 火생土 되는데, 습土라 음지가 되고 회기(晦氣)되어 불이 꺼져 간다. 더욱이 丑 중 癸水에게 丁癸로 충극을 당하여 완전하게 몰(沒)하나 丁火가 왕하면 재고로서 더할 수 없는 귀물(貴物)이 된다.

○○丁甲○
○○丑寅○ 의 남자다. 연상의 여인과 산다. 庚申년이 되어 丁에 庚申은 재이므로 나도 돈 좀 벌어야겠다고 복덕방 차렸는데 근처 유흥업소의 여자들이 진을 치고 몰려들었다. 여자들과 노닥거리고 놀다보니 직원들이 다 해먹고 날라버렸다. 甲寅木이 인수로 집이니 3·8木으로 3채다. 집 3채가 甲庚충, 寅申충으로 날아가 버렸다. 오갈 데가 없어져 버렸다. 甲寅으로 간지가 모두 인수니까 빌딩으로 보라.

丁丑일주

■ 특징 : 화개, 식신, 양궁, 재고, 음착살, 탕화살, 백호대살, 관식동림, 재관동림, 종재

丁丑일주는 백호대살이다. 남자가 丁丑일주라면 丑중 辛金이 백호에 걸린다. 마누라가 음독자살에 걸리니 각별히 주의하라. 앉은 자리

에 丑인 돈창고 금고(金庫)를 놓고 있으니 좋은데 일지의 재고는 세상에 태어나서 돈 냄새가 풀풀 나도록 원없이 돈 한번 써본다. 연상의 여인이고 처가 고질병이다. 바람둥이다. 고장이니 여자의 집합이다. 몇 여자가 거쳐갔는지 모른다.

丁火가 일지에 丑土를 만나 회기되어 종아격으로 보아야 마땅하나 丑은 金의 고장이며 巳와 酉를 인합(引合)하기 때문에 작용에 있어서는 종재격으로 보아야 할 것이다.

火土식신이라 몸과 마음이 넓고 후중하며 예의가 있다. 말로써 돈을 벌어들이는 데 재고가 작용을 하면 한없이 욕심을 부리며, 돈 한번 원없이 써 볼 것이다.

영리하고 임기응변에도 능하며 화개에 재고이니 신앙을 상대로 취재하겠고, 또한 종교에서 하는 일이라면 인색하지 않을 것이다. 근면하면서도 탕화로 인해 때때로 비관을 하겠다. 부친이나 숙·백부의 횡사는 백호대살이 원인이고, 외가가 망함은 음착살의 영향이며, 화상이나 화재를 당해보는 것은 탕화살의 작용이다.

관으로는 법정·재정·교육계가 좋고, 사업을 한다면 식품·금속·토건업이 좋은데 땅을 사놓으면 금싸라기로 변화하며, 재고를 놓았으니 대출을 쉽게 받고, 재복이 좋아 거부의 팔자이다. 처덕은 있으나 처궁이 좋지를 않아 결혼을 몇 번 해보고 처가 잔질이 있으며, 연상의 여인과 인연이 있다. 여자의 심리를 여자보다 잘 아는 것이 특징이고, 식·재가 동림하여 장모 봉양을 해보며, 재·관이 동림으로 총각 득자하기 쉽다. 건강으로는 시력 이상과 풍질·냉습·당뇨 등에 주의해야 한다.

여명은 시가 형제가 망하고 부군작첩이 아니면 수전노의 기질이 있어 돈 많은 과부이기 쉽다. 육영사업이 아니면 타자양육을 하는데 음식 솜씨 하나는 자랑할 만하고, 건강은 풍질과 대장에 병이 오며, 비관·음독에 주의하여야 한다.

● 丁火가 寅木을 만나면,

사궁(死宮)으로 火가 몰(沒)하는 것이 아니라 반대로 丙火와 같이 木생火 잘 받고 장생지고 펄펄 살아 있는 불이다. 丁火가 가장 좋아하면서 12지중에서 제일 좋아한다.

丁火가 살기에 평안하고, 또 오래도록 火기가 지속될 수 있으니 정인 어머니의 사랑이 어떠한 것인가를 알 수 있으며, 또 寅木은 아무리 많아도 화식되지 않음은 조목이요 寅중에 丙火가 있어 도화지기(導火之氣)가 되기 때문이다.

● 丁火가 卯木을 만나면,

편인이 되어 木생火를 받는다고 하나 습목이니 종내는 화식되어 만나지 않은 것만 못하고, 또 등촉화(燈燭火)가 거센 卯木 강풍에 꺼진다는 것을 말해주며, 丁火가 乙卯木을 많이 만나고 있을 때는 목다화식이 된다.

丁卯일주

■ 특징 : 효신살, 문곡귀인, 장성, 편인, 도화살, 패지, 화식

丁火가 일지에 인수로 효신살이다. 어머니가 둘이고 어머니와 인연이 없다. 풍파다. 연기 나니까 눈물이 난다. 용두사미(龍頭蛇尾)이다. 당사주에서는 천파살(天破殺)로 살림 엎는 것이 되어 나쁘게 본다. 丁火가 일지에 卯木을 얻어 木생火로 火기가 왕성할 것 같으나 卯木은 습

목이 되어 잘 태우지를 못하니 목다화식(木多火熄)이란 이를 두고 한 말일 것이다. 寅木이나 未土를 만나기 전에는 조화를 이룰 수 없으니 틀림없이 타인에 의존함이 강하게 나타나고 있으며, 명랑할 것 같으면서도 수심이 많고, 강하면서도 약하니 용두사미의 성격이다.

일찍 모친을 잃어버릴까 염려되고, 문곡귀인이 있어 영리하고 공부를 잘할 것 같은데 木生火를 시원하게 받지를 못 하니 석독두용(石讀斗用)이다. 패지(敗地)와 도화의 작용으로 옷걸이가 좋아 어떠한 옷을 입어도 잘 어울리는데 유랑천리에 유기장 출입을 하게 되어 있으니 그것은 부모님의 사랑이 부족하였던 점도 있을 것이다. 건강은 풍질에 심장이 약하고, 시력에 이상이 있어 안경을 쓰기 쉽다. 직업은 교육·의약·연예 방면이 좋고, 사업으로는 조림·화원·목재·약초·직물과 다방·술집 등 여자종업원을 거느리는 것에도 해당한다.

처궁은 부실하여 초혼에 실패하기 쉽고, 작첩동거(作妾同居)에 귀자를 두기는 어려운데 재복 또한 크게는 주지 않았다. 여명도 부군의 풍류가 대단한데 아니면 본인이 정부를 두게 되어 해로하기 힘들며, 음악에도 소질이 있고, 친모로 인한 걱정은 평생을 두고 떠날 사이 없으며, 특히 산후조리와 건강에 신경을 써야 한다. 인수로서의 작용이 시원하게 이루어지지를 않으니 항상 공부를 해야 한다. 亥·卯·未년에는 신상에 변화가 있고 子년과 酉년에는 재앙을 주의해야 할 것이다.

● 丁火가 辰土를 만나면,

火生土로 도기(盜氣)이다. 상관이고 辰은 습土니까 회기되어 가물가물 꺼져간다. 그러나 卯辰, 寅辰으로 木국이 되면 木生火를 받는다. 辰土는 관고다. 여자가 관고 있으면 과부살 작용이 되고, 남자는 자식때문에 속썩는다. 또 관고이므로 법을 지켜야 되는데 상관이므로 법을 어기는 것과 동시에 법을 지키게 되어 있는데 생극제화가 우선이라서 상관성이 강하니 법을 어기는 위법자가 되므로 준법자와 위법자의 차이는 백지 한 장의 차이라는 것이다. 또 여자 관고는 남자 요리하는 데 1등으로 일가견이 있다. 마음 먹으면 어떤 남자든지 자기 앞에 무릎을 꿇리지 않으면 직성이 풀리지 않는다. 남자는 재고가 있으면 여자 요리하는 데 일가견이 있다. 마음먹으면 어떤 여자든지 자기 앞에 무릎을 꿇려야 직성이 풀리고 여자 위에 군림한다. 庚戌일주 여자는 일지관고다. 어떤 남자든지 자기 앞에 무릎을 꿇리지 않으면 직성이 풀리지 않는다. 선생님을 꼬시려다 마음대로 안 되니까 악담하고 다니더라. 이것이 관고다.

● 丁火가 巳火를 만나면,

비겁이요, 왕궁으로 강한 불이 되니 힘을 얻으나 丑이나 酉를 만나지 않아야 하며 丁巳일주는 간여지동(干與支同)이고, 고란살이다. 고란살은 독신주의다. 금남, 금녀의 집에 살거나 독신 아파트에 사는 사람이 많다. $\substack{○庚○丁\\○申○巳}$는 고 박정희 대통령 사주다. 년주에 丁巳 고란살이다. 딸이니 박근혜다. 시집 못 간다. 박대통령의 팔자에 딸이 시집 못 가는게 있다. 부모 되는 글자가 고란살이면 "아이구, 부모님이 혼자 사시네요."한다. $\substack{○丁○○\\酉巳○○}$의 경우, 巳酉金국이니 巳火가 내 편이 아니고 金편이다. 丁과 酉가 싸움이 붙었다. 火극金으로 丁火가 酉金을 이길 줄 알고서 송사를 했는데, 시간이 갈수록 해는 서산에 기우니 급하게 됐다. 그래서 丁이 巳인 친구에게 도움을 청했다. 酉의 비밀을 빼달라고 밥 사주고, 술 사주고, 돈 주었더니 巳酉金으로 酉에게 가버렸다. 오히려 丁의 비밀까지 酉에게 다 가르쳐서 배반했다. 이것이 통변이고 합국의 변화이다. $\substack{○丁○○\\午酉○○}$의 경우, 巳년이 오면 巳酉합과 巳午합 중 어느 것으로 가겠나? 巳酉합이 더 잘 된다. 삼합이 방합보다 더 잘 된다.

丁火는 巳午火국으로 나를 도와주겠지 하고 착각했다.

丁巳일주

■ 특징 : 비겁, 왕궁, 지살, 역마, 홍염살, 고란살, 나망살, 간여지동, 강렬 지화, 외음내양

丁火가 일지 巳火에 왕궁이 되었고, 또한 간여지동으로 화기가 왕성 하니 온 천지가 火로서 겉으로는 약해보이나 실은 강왕하니 무슨 일이 든 갈수록 열을 올려 매진하겠다.

보이지 않는 巳중 庚金을 잡기 위하여 꾸준히 노력하며, 명랑하고, 예의바르며, 거짓을 모르고, 직언을 잘 하는 것까지는 좋으나 말이 씨 가 되고, 음성이 높으며, 남의 비밀을 지킬 줄 모르는 것이 흠이다. 어 학이 발달하였고, 일지 지살이니 국제적으로 활동을 하는 것이 좋겠는 데 관으로는 설단생금(舌端生金)하는 교육이나 재정·법정이 좋은데 영리하여 모든 이에게 존경을 받겠고, 사업으로는 전자·화공·유류 ·섬유 등에 성공하며, 비겁이 돈을 벌어다 주는 것은 60갑자 중 丁巳 밖에 없으니 교우관계가 성공을 좌우할 것이다.

건강은 염려 없으나 수분과 타액(唾液)이 부족하여 변비와 치질이 염 려된다. 처덕은 좋은데 처가가 멀고, 巳중에 庚金이 있어 친구로 인하 여 애인이 생기거나 국제연애 해보게 된다. 자손은 절지가 되어 귀자 를 두기는 어렵다.

여명은 간여지동에 고란살이고, 일지 부궁(夫宮)에 水관이 절지로서 증발되니 부군이 작첩에 독수공방하며, 타자양육과 이성득자(二姓得 子)하기 쉽다.

巳, 酉, 丑년에는 해외 출입, 이사 등의 변화가 있고, 寅, 申, 亥년에

는 역마 · 지살의 형 · 충으로 관재 · 차액 · 수술 · 사고 · 가정불안 등이 있으며, 午년에는 이성 교제가 있겠으나 비견이 되어 탈재요, 노출되고, 戌년에는 입묘에 귀문관살 · 원진살이 되니 신경쇠약에 잔질이 있겠는데 본의 아니게 원망을 들을까 염려된다.

● 丁火가 午火를 만나면,

비견이요, 관궁(冠宮)으로 왕화(旺火)다. 그러나 기름불이다. 한낮을 만나니 강하다. 午월이고 자기 세상 만났다. 쌍두마차(雙頭馬車)처럼 아름답다. 이는 양은 양으로서 시작되어야 하고, 음은 음을 바탕으로 삶을 유지하여야 된다는 것을 일깨워주고 있는데, 午중 丁火를 두고 한 말이다. 午중에 丁이 있고 丁일주니까 쌍두(雙頭)이고 午는 말이니까 마차(馬車)가 되어 쌍두마차가 된다.

● 丁火가 未土를 만나면,

火생土로 식신이다. 따라서 회기될 것 같으나 살아있는 불이다. 未중 丁火있고 未월절로 여름 삼복더위라 미약하나마 착근하니 힘이 될 수 있다. 또 인수고에 해당한다. 어머니의 한을 안고서 산다. "왜 어머니 가슴에 못박고 있느냐?" 사주가 못쓰게 되었으면 한 마디 하라. 丁未일주는 남녀 모두 바람둥이다. 힘이 있어야 바람둥이가 된다는 것이다. 기분파다. 샘이 많다. 눈이 동그랗다. 丁未일주 꼬시려면 가짜애인 만들어서 옆에서 자극 주면 금방 넘어온다. 샘이 많으니 뺏기고는 못 살겠단다. 인수고이므로 어머니가 둘이다. "모든 사람은 어머니가 하나인데 당신은 어찌하여 어머니가 둘인가?" 하고 넉살 한 번 부려봐라. 丁⑪丁丁의 사주를 보자. 자손인 未土식신은 있으나 壬水서방이 없
未未未未
다. 고로 내 자식이 아니라 남의 자식이다. 하늘을 봐야 별을 따지. 두

부부가 자식 낳지 못해서 남의 자식을 키우고 있더라.

丁未일주

■특징 : 식신, 화개, 음착살, 암록, 음인, 현침살, 홍염살, 천역성

丁火가 일지 未土에 火生土로 설기되어 약해질 것 같으나 未土는 未월지기요, 未중 丁火乙木이 있고 또한 午未합으로 정록을 인합(引合)하여 근(根)을 하기 때문에 능히 火극金을 할 수가 있어서 좋다.

도량이 넓고 위타진력(爲他盡力)에 희생의 정신이 강하여 만인에 공덕을 쌓으나 음성이 높아 타인에게 오해를 받기 쉽다. 명랑한 성격에 달변이고, 사리판단이 정확하여 모범이 되며 즐거움을 가지고 다니니 환대를 받으나 그의 고집을 꺾을 자가 없으며, 또한 자기의 몫은 어떠한 투쟁을 해서라도 꼭 차지하고야 마는 성격이다.

모친의 잔질에 외가가 몰락하며, 부선망의 팔자요, 몸에 흉터가 있어야 하는데 아니면 수술을 받아 보아야 한다. 물과는 담을 쌓고 생활하기 쉬운데 심하면 세수전에 식사가 비일비재하다. 건강은 기관지·간담·혈압에 주의해야 한다. 관으로는 교육·군인이 아니면 직업적인 종교인이 좋고, 사업으로는 육영·식품·전자·가공업이 좋으나 큰 재복은 없으니 욕심을 내서는 안된다. 처궁이 부실하여 본처 해로하기가 어려운데 성욕이 강하여 여러 여자를 만나게 될 것이다. 자손궁도 부실하여 타자양육하게 된다.

여명 또한 본부 해로하기 힘들며, 중·말년에 혼자가 되고, 시가 형제가 몰락하며, 부군이 작첩을 하고, 타자양육을 하여본다. 亥, 卯, 未년에는 변화가 있고, 丑, 戌년에는 관재, 사고, 복통 등과 함께 본인의 자손에게도 사고가 일어나니 주의해야 한다.

● 丁火가 申金을 만나면,

火극金되고 정재다. 丙火와 같이 병궁(病宮)되어 화식된다. 오후로서 불이 꺼진다. 꽃이 서리맞는다. 허나 申궁 壬水와는 丁壬암합이다. 戊丁壬○ 申巳申○ 의 사주가 있다. 丁壬합은 음란지합인데 여관 종업원의 사주다. 申은 역마로 객지이고 나그네다. 나그네로 들어서는 남자, 즉 申 중 壬水로 여관에 오는 남자는 모두 제 서방이다.

● 丁火가 酉金을 만나면,

장생이라고는 하나 丙火와 같이 사궁(死宮)으로 봐야 하고, 편재이며 일몰(日沒)로 꺼져가는 불이다. 丁酉일주는 丁에게 酉는 마누라이므로 예쁜 마누라와 인연 있고, 여자라면 미인이고, 남자라면 귀공자다. 일주가 강하면 멋진 사나이다. 丁己일생은 재관격이라 하여서 판검사에 변호사 등 법관 팔자이다. 丁은 혀로서 말만 가지고 먹고사는 것이 되므로 그렇다. 만약 ○丁○○ 丑酉午寅 의 경우, 丁火꽃이 寅午로 만발하고, 酉丑金으로 결실이 좋다. 똑소리나는 팔자이다. 법무부장관, 대법원장, 헌법재판소 소장 정도의 직위는 한다.

丁酉일주

■ 특징 : 편재, 장성, 사궁, 천을귀인, 학당귀인, 철쇄개금, 도화

丁火가 일지에 酉金으로 사궁(死宮)이 되고 火능극금(能剋金)이나 금다화식으로 종재가 분명하니 土, 金, 水를 좋아하고 木, 火는 대기(大忌)한다. 음포태로는 丁火가 酉에 장생이니 신왕재왕이라고 생각하기 쉬우나 세력론에서는 음양을 구분하지 않고 양화(陽火)와 같이 보기에 장생은 성립되지 않는다. 준수한 얼굴에 설단생금(舌端生金)하겠

고, 간사하지 않으며, 학문에 열중하는데 천을귀인이 있고, 남을 위한 덕으로 사지에서도 구생된다. 그러나 모선망의 팔자요, 형제고독은 면키 어렵다.

건강은 심장과 간·담이 허약하여 안경을 써야 하겠다. 관으로는 법조계·상경계가 제일 좋고, 사업을 한다면 의약·금은세공·양은기물·비철금속 등에서 성공하고, 재복이 좋아 중·말년에 큰돈을 벌어보겠다. 처덕은 좋아 미인과 혼인하나 첩이 기승을 부리니 처궁은 부실하다. 申, 子, 辰년에는 이성이 따를 것이며, 자손은 있으나 명주가 지나치게 깨끗하여 크게 되기가 어렵다.

여명은 결혼하면서 시가가 일어서며, 욕심이 많아 돈과 연애하다보니 부군의 풍류는 면할 길이 없는데, 잘못하면 얼굴이 예쁜 탓으로 이성으로 인한 고민이 많을 것이니 흑백을 분명히 해야 한다. 자손은 많지 않으나 귀자(貴子)가 틀림없다.

巳, 酉, 丑년에 변화가 있는데 결과는 좋고, 또한 원근여행에 분주다사하며, 혼인 등의 경사에 재수 또한 좋으니 마음 먹은 대로 될 것이고, 卯년에는 관재·송사·사고 등과 모처불합·손재가 있으니 주의하여야 한다.

● 丁火가 戌土를 만나면,

상관이고 도기(盜氣)로 회기되고마니 양火와 음火의 다른 점이 여기에 있고, 丁火가 戌土에 입묘되니 자고이고, 여명은 상식고이다. 따라서 여명은 자식 때문에 고장으로 들어간다는 것이다. 묘궁이니 해가 넘어간다. "어이구, 나는 자식 때문에 내 명대로 못 살겠다."고 한다.

● 丁火가 亥水를 만나면,

水극火 당하고 절멸(絶滅)되어 몰광(沒光)되고 화식된다. 불이 꺼진다. 丁火가 왕하면 亥中 壬水는 정관, 甲木은 정인으로 관인 즉 2덕을 얻게 되니, 이를 두고 일거양득이라고 한다.

丁亥일주

■특징 : 정관, 지살, 역마, 절지, 천을귀인, 천문성, 나망살, 외음내양, 정관암합

丁亥일주 여자는 남자 주의하라. 남자가 졸졸 따라 다닌다. 丁壬암합으로 여자는 연애 박사고, 亥水이므로 수영장에서 썸씽 있고, 배 타다가 썸씽 생긴다. 亥水에 丁火가 죽는다. 水극火 받아서 그렇다. 고로 丁은 火生土도 못 하고 火극金도 못 한다. 壬은 정관이지만, 본 남편이 아니라 암합이므로 애인이나 정부로 본다. 일지는 중말년이므로 40대에 가면 亥中의 壬남자가 "어디 갔다 이제 왔니? 40년간이나 너를 기다렸다."하면서 丁壬합한다. 이 여자는 항상 의심받는다. 고로 남편이 하지 말라는 것은 하지 않는 것이 상책이다.

천간으로 오는 壬년에는 항상 끼가 발동한다. 10년에 한번씩 壬년이 오므로 한번씩 일이 생긴다. 辰년에는 辰亥원진으로 세상을 원망하랴, 내 아내를 원망하랴다. 세상이 싫다고 한다. 귀문으로 하는 것마다 똘아이짓만 한다. 되지 않는 일만 골라가면서 한다. 고로 남들이 미쳤다고 한다. 여자라면 辰은 상관이니 아들이므로 아들 때문에 미쳐 돌아간다. 火生土로 내 것 주면서도 미친 년, 미친 놈 소리를 듣는다. 이때 寅木이 들어가면 辰亥가 해소되면서 木生火를 잘 받는다. 호랑이 마스코트를 가져라.

丁火가 일지 亥水에 절지요, 살지가 되어 종살이 분명한데 장간의 壬

水와 丁壬합하니 유정지합이며 주의할 것은 정관으로 만족해야지 甲木까지 욕심을 낸다면 木生火하여 종(從)에 방해가 되므로 패망을 자초할 것이다. 외유내강에 지혜는 있으나 지구력이 부족한 것이 흠이니 잘못하면 변덕이 심하여 싫증을 빨리 느끼고, 때로는 처세가 너무 좋아 오해를 받기 쉽다. 해외 영주에 분주다사 · 이거번다(移居煩多)하며, 극언을 잘하는 편이다. 예감은 빨라 생활에 도움이 되겠고, 꿈도 잘 맞으며, 신앙생활도 해본다. 사업보다는 관직이 적격인데 외교 · 법정 · 해외상사 등이 좋고, 사업으로는 수산 · 해운 · 식품 · 관광 등과 인연은 있으나 성공이 어렵다. 건강은 심장 · 시력 · 비뇨기 · 동상 등에 주의해야 한다. 현처귀자(賢妻貴子)로 가정이 화평하며, 자손 중에 의사나 법관으로 입신하겠다.

여명은 외출을 삼가하는 것이 좋은데 잘못하면 의처증이 심한 남편에게 누명을 쓰기 쉬우며, 차중 연애와도 인연이 있고, 해외 결혼이 아니면 국제 연애까지도 가능하다. 애교가 만점으로 총애를 받는 것까지는 좋으나 도가 지나치면 소실 생활에 이성 교제가 번다하여 정부를 둘까 염려된다. 식복은 있으나 큰 재복이 없으며, 자손으로 인한 고심이 떠날 사이가 없다. 亥, 卯, 未년에는 신상에 변화가 있고, 巳년에는 차액 · 관재 · 사고 · 도실 · 배신 · 부부 이별수가 발생하며, 辰년에는 신경과민에 지출이 심하겠다.

다. 丁火희기론

丁火는 등화(燈火)와 같이 유성(柔性)이 조명(昭明)하니 木의 생조함을 기뻐하며 甲庚을 만나면 庚金이 甲木을 쪼개어 火기가 명랑하여 귀격이다. 비록 약하나 근심치 않으며 태약하면 종격이 된다.

춘절 丁火는 庚金을 기뻐하며 水木이 병림(並臨)하면 길하고, 水가 왕성하면 土로 제수(除水)함이 길신이다.

하절 丁火는 水가 가장 길신이요, 金이 희신이다. 만약 火土가 많고 종격이 안 되면 승도류(僧道類)가 많으며 처궁도 부족하다.

추절 丁火는 甲木을 기뻐하며 甲庚이 있으면 상격이요, 水가 많으면 戊土가 필요하다. 金왕하면 乙木이 길신이요, 丙火가 희신이 된다.

동절 丁火는 한동(寒凍)이 태심(太甚)하니 丙火로 조력하고 木으로 생火하면 길이요, 金水는 꺼린다. 만약 甲木이 길신이면 己土가 해로 우니 甲木을 합하는 연고이다.

5. 戊土

가. 戊土총론

戊土는 木火양 하늘과 金水음 땅이 양분된 중간에서 후재만물(厚載萬物)하고, 중앙에 자리하고 있다. 형이상학적으로 하늘로는 戊土는 중앙으로 음과 양을 조절하는 조절신이다. 조절신은 중성자다. 양은 이승이고 음은 저승인데, 이승과 저승의 징검다리 중간 역할을 하고 있는 것이 종교요, 스님이다. 또 과도기·무(霧)·몽우(濛雨)·황기(黃氣)·황사현상·무성(茂盛)·제(際)·자력·구심점·중화 등에 해당하고 있기 때문에 분쟁이 있는 곳에 나타나면 해소되고, 또 戊일에는 안개가 심하고 비가 온다 하여도 이슬비로서 강우량은 많지 않다. 있으라고 이슬비, 가라고 가랑비다. 매년 辰·巳월에는 황사 현상이 일어나는데, 황사 현상으로 사람에게 해를 주고, 중심의 자리가 되어 주위 사람이 너무나 많이 모여들며 매체가 되어 중간 역할을 잘 하고 또 타인으로부터 결정적인 자문에 많이 응하게 된다. 형이하학적으로는

지(地), 땅으로 산·안(岸) 언덕·제방·흙 등에 해당한다. 흙은 산(山)이고 여기서는 석(石)이 나오고 山+石=岩(암)이다.

　고로 암(岩)은 암(癌)이니 흙이 많으면 암 주의하고, 종양·결석 주의하라. 흙이 있는 곳에는 십리밖의 수분도 흡수되어 들어온다. 고로 습진 때문에 고생 한번씩 한다. 흙은 가색(稼穡)의 공을 바라고 있으나 주중에 木이 많으면 木극土 받아 붕괴되고, 火가 많으면 조토로서 만물을 자생(滋生)할 수 없으나 때로는 순수한 火국이나 巳火를 다봉(多逢)하면 오히려 그 성(性)은 강맹하여 함부로 다루기가 어렵고, 잘 구워진 그릇과 같아 두들기면 쇳소리가 나며 항시 존대받고 귀중한 자리를 차지하는데 이는 청자나 백자와 같기 때문이다. 여기서 가색이라 함은 농사짓는 것을 말하고, 씨앗을 심어 거두어들이는 것이다.

　○戊乙○／○寅卯○의 경우가 있다. 본래 戊土는 土인데, 木다(多)하여 허물어진다. 이것을 비유하면 土는 신용이요, 木은 인정이다. 그러니 인정이 너무 많아서 신용이 허물어졌다. 또한 토질이 산성화되었으니 농사가 안된다. 흙은 적고 나무가 많으니 음지나무이고 木이 나쁘게 작용하니 가시밭길이다. 세상 사는 것이 지형천리(枳荊千里)로 가시밭길 천리 팔자이다.

　또 巳중에는 庚金이 있기에 자연 견고하면서도 쇳소리가 난다. 丁·午火는 2천도, 丙巳火는 7천도다. 따라서 戊土와 丙火가 생사를 같이하고, 양생양의 이치가 여기에 있는 것이다. ○戊○○／○午午午를 보자. 戊가 午를 많이 만나서 달달 볶아진 흙이다. 흙이 불 속에 들어가서 구워지니 그릇이 된다. 2천도로 구웠으니 질그릇이다. ○戊○○／巳○巳巳의 경우는 그릇 중에서도 7천도로 구웠으니 자기(瓷器)가 된다. 巳중에 庚이 있으니, 잘 구워진 그릇은 두드리면 쇳소리가 난다. 흙을 잘 구워놓으면 어설픈 쇠보다도 단단하다.

戊土는 丙을 제일 좋아하고 辛을 제일 싫어한다. 戊土는 충이 없고 戊癸합만 있다. 戊癸합은 무정지합으로 합화火가 된다. 火土 공존이다. 戊土가 金을 많이 만나면, 허토(虛土)가 되는데, 이는 아생자(我生者) 자손에 진기(眞氣)가 모두 빠졌기 때문이고, 또 철분이 과다하여 농사를 지을 수 없을 뿐더러 성장하기도 전에 결실부터 하나, 반대로 土왕에 봉금(逢金)은 광산(鑛山)이요 설기처(泄氣處)로서 제 몫을 다 하는데, 구분한다면 庚申金은 철광이요 辛酉金은 보석광산이다.

예를 들어보자. ○戊辛癸 巳申酉丑 의 경우는 금다토변으로 흙은 변색이 된다. 흙에 철분이 많으면 그 흙은 색이 변한다. 지질학자는 흙의 색을 보고서 금 매장량을 알아낸다. 지층이 얇다. 음지전답이다. 철분이 과다하여 농사짓기 힘들다. 농사지어 놓으면 1m 자랄 것이 50cm 자라다 꽃핀다. 못된 송아지 엉덩이에 뿔 나는 게 이런 팔자다. 辛戊○○ 酉辰巳巳 의 경우는 戊라는 산에 辛酉로 보석광산이 된다. 辰酉합, 巳酉합으로 金이 모두 통하니 노천광산이다. 아무데서나 퍼서 실으면 된다. 세상 살기가 편하다는 것이다. 이런 경우에는 상관이 오히려 값이 더 나간다. 庚戊○○ 申辰巳巳 의 경우는 무쇠로 철광산이다. 巳申형이다. 辛戊○○ 酉午午午 는 보석광산이 안 된다. 火생土 받기는 하는데 말라있는 흙이다. 조토는 土생金 못 한다. 戊土가 좋은 광산이 되려면 辰이나 丑의 습土가 가세되어야 비로소 개발의 여지가 있게 된다.

戊에 水가 많으면 제방이 무너질까 염려되고, 또 하나의 섬으로 완전 고립된 형상이라 火土를 희(喜)하나 조토라야 한다. 壬戊壬壬 子戌子申 의 경우, 물은 많고 土는 적으니 제방이 무너지고 토류(土流)된다. 즉, 물이 많으면 흙이 씻겨간다. 태평양 같은 물을 허리를 잘라서 물을 막으려 하고 있다. 어디 가도 밥 먹으면서도 고기 중에 가운데 토막은 자기 거란다. 水는 생선류요, 戊戌은 土로 중간이니까 그렇다. 결국 이런 팔자는 나중에 물에 의해서 죽는다. 깊은 물에 들어가지 말라. 제방이 무너진다. 세상 사는 것이 외줄 타는 것과 같이 초조하고 불안하다. "내가 네놈 때문에 못 살겠다." 이 많은 물이 터지면 다른 것까지 쓸어버린다. 즉 옆사람까지 모두 피해 입힌다. "이 썩을 놈아, 죽으려면 너 혼자나 죽을 것이지, 왜 옆사람까지 모두 끌고 들어가서 죽였냐?" "왜 모두 망하게 하느냐?" 한다. 동짓달에 눈이 왔는데 처마까지 쌓였다. 土도 戌과 未만 좋아하고 火가 절실히 필요한 사주이다.

土가 왕하면, 산림이 웅대(雄大)하여 일국(一國)의 보고로서 환대받을 수 있으니 국가에서 필요로 하는 인물이 틀림없으며, 火土가 많으면 화토중탁(火土重濁)이라 하여 가는 길은 종교·철학이 안성맞춤이다.

甲戊○○(寅辰巳辰)의 경우, 辰은 습土로 좋으니까, 산에 甲寅의 아름드리 나무가 있다. 이 산은 국립공원으로 지정되니 나라에서 공부시키고 써 먹는다. 국가관리로 들어간다는 것이다.

甲戊己癸(寅辰巳酉)의 경우를 보자. 산 앞으로는 寅辰木으로 아름드리 나무가 울창한 산림을 이루고 있고 뒤에는 癸酉로 폭포수가 있다. 戊 큰 산에 己 작은 산이 서로가 공존하고 있다. 음양으로 작은 것과 큰 것, 수컷 산과 암컷 산이 조화를 이루고 있다. 巳火도 있어서 양지바른 산이니 얼마나 좋은가? 서울 근교에 폭포수가 없으니 인공 폭포수 만들어 놓고 호텔 하나 지어놓으면 따봉이다. 또 土가 水를 잘만 막아 준다면, 호수로서 다목적으로 이용되니 버릴 것이 없는 사람이며, 명산(名山)에 거대한 폭포가 장관을 이룬 것과 같아 천하에 없는 아름다운 경치를 자랑하고도 남을 것이다. 국립공원 팔자다.

己戊壬壬(未戌子申)의 경우, 土가 水를 잘 막아주고 있다. 따라서 다목적으로 이용할 수 있다. 이 사주 어때요? 똥도 버리기 아깝네요. 버릴 것이 없는 사람이다.

인체로는 위장·요(腰) 허리·기육(肌肉)·협(脇) 옆구리·구(口) 입·미각·습 등에 해당한다. 土일주는 입술이 조금은 두텁다. 土일주는 미각이 발달해 있다. 맛을 안다. 土의 음식은 水·재이므로 水는 짜다. 고로 土일주는 음식을 짜게 먹는다. 반찬 많이 먹는다. 수리로는 5이고, 색은 황색이고 중앙이다. 얼굴은 둥글넓적하고, 원자형(圓字型)이 많다. 金일주는 전자형(田字型), 木일주는 목자형(目字型), 水일주는 타원형이다. 木일주는 길고, 인정이니 돈 꾸려거든 얼굴이 긴 사람을 찾아라. 신장은 비만에 평균치를 넘기 어렵고 비만 체구가 많다. 土일주는 뚱뚱한 사람이 많다.

土일주는 火가 없으면 음지전담이다. 평생 그늘 속에서 살게 된다. 그리고 중매업자, 뚜쟁이가 많다. 건강은 항시 당뇨·결석·요통·위암·습진 등에 주의하여야 된다. 소변을 오래 참으면 결석이 된다. 항아리에 오줌 받아 놓으면 여기에 오줌찌꺼기가 붙어서 유리알처럼 굳은 것이 바로 결석이다.

성격은 신용을 위주로 살아가지만 묵은 소리를 잘하고, 후중하며 주체는 강하나 허하게 되면, 己土만도 못하여 같은 신앙이라도 맹종하기 쉽고, 신용은 없으며, 주체가 약하고, 부실하며 안정되지 않아 주위가 산만하고 여기에 火기까지 부족하면 음지의 전담이라 평생을 그늘 속에서 삶을 살게 된다. 신약사주는 귀가 엷어서 맹종하고 남의 말 잘 듣고 남의 꼬임에 잘 빠진다. 신약이니까 군중심리에 좌우되고 사리판단 못 한다. 또 이승에서 저승으로 가는 징검다리의 역할도 하여야 되고, 매개체로서 다섯쌍 이상의 중매도 하여야 되며, 부동산 중개에 사채놀이 또는 은행·금고로서의 역할도 빼어놓을 수 없는 직종의 하나이다. 土의 재는 水요, 水는 흘러가야 되니 돈놀이다. 水를 눈(雪)으로 본다면, 이자가 이자를 불려서 들어오는 것이 눈사람을 굴리는 것처럼 불어난다. 그러나 햇빛 나면 녹아서 없어져 버린다. 돈놀이의 끝이다. 돈놀이하면 자식이 잘 안 된다.

또 土의 특징은 십리 밖의 수분도 저절로 흡수되어 들어온다. 또 火가 많으면 나무는 고사하고 풀 한 포기도 살 수 없으니 어찌 농사를 지을 수 있으며, 水가 많으면 반죽이 너무나 묽어 土 자체가 허물어지고, 金이 많으면 지층이 얇어 박토(薄土)로 버려진 땅이라, 중화를 이루기란 이렇게 힘이 드는 것이다.

土일주에 土가 많으면 능구렁이다. $\frac{己戊○○}{未戊巳○}$의 사주가 스님인데 土가 많으니 능구렁이다. 土는 십리 밖의 수분도 흡수하므로 보살들이 절에 오면 떠나지 않는다. 스님방에 가서 일하다 썸씽이 있었다. 나중에 보살이 욕해도 눈 하나 깜짝 않고 있더라. 그만큼 능구렁이다. 土가 火가 많으면 달달 볶아져 버린다. $\frac{○戊○○}{午午午午}$의 경우, 바싹 말라있어서 풀 한 포기도 살 수 없다. 남편, 서방, 자식, 마누라 농사도 안 된다. 독신주의가 제격이다.

나. 戊土각론

● 戊土가 甲木을 만나면,

편관인데, 己土비겁을 ○戊甲己와 같이 甲己합으로 묶어둔다. 편관은 애인이고 정부(情夫)이니 "戊야 너 己 만나면 네 것을 뺏기지? 그러니 내가 막아줄게."한다. 그러나 甲己합土이므로 결국은 비견겁이 되어 나가게 된다. 음으로 뺏기고, 양으로 뺏기고 편관은 편관일 뿐이다. 즉 제 본 남편은 아니라는 것이다. 믿을 것을 믿고 살아라. 또 나무의 뿌리로 자체 土를 보호하면서 좋은 산에 동량지목이 삼림을 이루고 있는 형상으로 금상첨화라 할 수 있으나 甲戊甲甲과 같이 허토(虛土)에 목다(木多)면 음지의 전답으로 土의 효용을 상실하여 빵꾸난 흙이다.

여기 가도 木극土, 저기 가도 木극土로 동네북이고 왕따 당하고 사는 지형천리(枳荊千里)팔자이다. 또 ○戊甲庚과 같이 庚金식신을 甲庚 충으로 충거함은 역시 편도인가 보다. 甲午일주가 유치원 다니는 아기 인데, 庚子년이면 간충 지충으로 왕따 당하는 해이다. 유치원 보내지 말고 자기가 하고 싶은 일을 하라고 했다. 부모는 밖에서 왕따 당하는 걸 모른다. 밖에 나가면 이 놈이 쥐어박고, 저 놈이 쥐어박는다. 庚子 년이 그런 해이다. 고로 강아지 한 마리 사주라 했다. 움직이는 부적이 고 정서 안정에 좋다.

● 戊土가 乙木을 만나면,
○戊乙○과 같이 정관이요, 산에 나무가 있게 된 것은 제격이나 적 은 나무가 되어 항시 희망과 여지를 두고 살아가야지 급변은 금물이다. 戊土의 서방은 乙木인데, 큰 산에 작은 나무이니 서방이 戊보다 못났 다. 戊산에 乙木인 적은 나무를 심어 놓으니 금방 큰 나무가 되지 않는 다. 몇십 년은 커야 하니 앞으로의 희망을 가지고서 한발 한발씩 나가 야 한다. 식신 庚金을 ○戊乙庚과 같이 乙庚으로 합거하거나 다시 합 화金하여 金을 생하니 원위치로 다시 되돌아오기에 서두를 것은 없다. 戊의 아들 庚이 乙庚합으로 자기 마누라와 애인과 합해서 도망가 버렸 다. 그러나 "걱정마시오. 乙庚합金으로 다시 제 위치로 돌아오니까." 이렇게 설명해 주면 된다.
또 辛金상관을 ○戊乙辛과 같이 乙辛으로 충거함은 어찌 정도 앞에 편도가 있겠는가? 허토(虛土)에 乙木도 태과하면 종내는 병이 되는 법 이니, 부군과의 거리가 너무나 커서 모시기 어렵다. ○○戊乙○/○○卯亥의 경우, 亥 卯木국에 서방은 셋인데, 戊土마누라는 하나다. 마누라와 남편의 거리 가 멀다. 서방은 똑똑하고 마누라는 못나서 거리감이 생기니 모시기 힘들다는 것이다. 만약 戊寅일주면 寅卯木국하나 더 한다. 목다하여 극土하니 위장이 빵꾸났다. 木은 산이므로 위산 과다요, 신경성으로 보면 신경성 위장병이다. 신경성 위염이다. 신경만 쓰면 "아이구 배야." 한다.

● 戊土가 丙火를 만나면,

생아자(生我者)인수로 힘이 되어 좋은데, 조토가 될까 염려되나, 때로는 ○㉮丙甲과 같이 편관 甲木을 木생火, 火생土로 나에게 접목시키니 좋다. 타의 힘을 내 힘으로 이용케 하고 또 적을 나의 편에 서게 하는 지혜를 배우며, 甲木은 편관인데 丙이 개입하여 통관시키니 오히려 내 편이 된다. 즉 인수로 배워야 한다는 것이다.

또 辛金상관을 ○㉮丙辛과 같이 丙辛으로 합거하거나 다시 합화水하여 재를 있게하니 과연 편인 조부님의 가르치심이 무엇인가를 알겠다. 편인은 조부 즉 할아버지인데 辛과 합해서 水 즉 재·여자·돈이 생긴다. 할아버지와 할머니가 상의해서 戊土손자를 장가보낸다. 우리 손자에게 유산 물려주려고 한다. 따라서 돈이 생긴다. 그러나 庚金 식신을 ○㉮丙庚과 같이 火극金으로 배제하여 도식(倒食)되고, 壬水편재를 ○㉮丙壬과 같이 丙壬으로 충거하여 만물을 자양할 수 있는 근거를 말살하니 역시 편인의 단점은 어쩔 수 없는가보다.

또 丙이 많으면 丙㉮丙丙과 같이 壬이 와도 없어지고 癸가 와도 없어지고 농사 못 짓는다. 丙도 너무 많으면 안 된다는 것이다. 火가 많으면 백야(白夜)로써 밤이 없으니 결실이 없다. 인수가 많으면 어머니가 극성이고 어머니가 많으니까 戊土는 어머니의 인(人)의 장막에 가려서 장가도 못 간다. 이런 사주는 "어머니가 간섭하는 한 장가 못 간다."하라. 예를 들면 己㉮癸癸 ○○亥亥의 사주가 있다. 인수 癸는 4개요, 己土는 하나다. "야! 이 놈아 너는 연애도 못 하냐?"하니 甲木이 己土를 데리고 와서 인사시키자, 엄마가 외면해 버린다. 그러면서 말하기를 "야, 이 썩을 놈아, 네 눈에는 명태 껍질 붙였느냐? 그런 여자가 우리 집에 들어와서 며느리가 되겠냐? 다른 여자 골라라." 한다. 어머니가 항상 반대한다. 己는 항상 癸인 시어머니한테 쫓겨나게 될 것이라고 생각한다. 왜? 亥중에 甲木이 있어서 亥인 시어머니한테 바람피다 들켰다는 것이다. 쫓겨날 짓을 했더라. 기구한 운명이다. 어쩌다 며느리 바람나는 것을 시어머니가 목격했을까?

　○戊丙壬의 경우, 戊의 마누라는 壬인데 丙壬충이 걸려서 어머니가 항시 아들과 며느리를 떼어놓으려고 한다. 이혼하라고 한다. 그러나 ○戊壬丙의 경우로 丙과 壬의 위치가 바뀌면, 마누라가 어머니를 쫓아낸다. 丙壬충이지만 월에 있는 것이 나와 가까워서 이긴다. ○戊○○ ○子申午의 남자가 있다. 子는 마누라, 申은 장모, 午는 어머니다. 子午충에 申子합하니 어머니는 년지의 할머니 방으로 밀려나 있고, 마누라와 장모가 안방 차지하고 있다. 이럴 때 역학자가 얼굴 한번 쳐다보고, 팔 한번 걷어붙이고서 말하기를 "야! 이 놈아, 네 어미 쫓아내고, 장모와 마누라와 살고 있으니 기분 좋으냐? 당장 나가! 재수 없으니까…."한다. 역학자는 이런 배짱도 가지고 있어야 한다. 일지와 합은 내 안방과 같다.

● 戊土가 丁火를 만나면,

火生土 받고 양지의 땅으로 연약한 불이니 만물을 양육할 수 있으며, 편재 壬水를 ○戊丁壬과 같이 丁壬으로 합거하고, 상관 辛金을 ○戊丁辛과 같이 火극金으로 제거함은 정도로 공부하는 자 금전에 현혹되지 않고, 사도(邪道)를 버린다는 것을 말해주고, 또 정인 모(母) 丁火가 편재 부(父) 壬水와 丁壬합화木이 됨은 木관이 되니 부모님이 합심

하여 나를 취직시켜 주시는 사랑을 확인할 수 있으며, 여자라면 결혼시켜주니 정인의 좋은 점이 된다. 또 여기서 정인을 진정한 유산으로 보면 유산은 평생직장이 된다. 만약 좋은 정인인 丁火도 너무 많으면 丁㊀丁丁과 같이 인수가 많으니 나쁜 팔자이다. 세 여자가 戊를 빙 둘러싸고서, 서로 자기가 낳은 친엄마라고 우기니 戊는 돌아버릴 것만 같다. 인수가 많으면 책은 많은데 공부는 안 하고, 공부해라 하면 "다 알아요."하면서 시험 보면 빵점이다. 인수가 많으면 집을 짓는 목수인데 목수치고 제 집 하나 있는 놈 없다. 인수 있으면 옷장사 한다.

●戊土가 戊土를 만나면,

○㊀戊○와 같이, 비견으로 후중하고 신용이 있는 것까지는 좋으나, 비견이 되므로 비견이 많으면 의심이 많다. 戊土가 戊가 많으면 왜 의심이 많다고 하는가? 戊는 중국으로 의심이 많은데, 또 戊를 만나니 의심이 더욱 많다는 것이다. 제 눈으로 확인 하지 않고는 안 된다. 고로 戊일주는 잠잘 때도 창문 잠그는 것을 확인하고 잠잔다. 가령 戊일주 총각이 土가 많으면 의처증이 심하다. 고로 궁합 볼 것 없이 "궁합 안 맞아요."하라. "의처증이 심해서 여자가 못살아요."하라. 또한 재다(財多)하면 의처증 심하다. 재가 왕하면 마누라가 똑똑하니 의처증 생긴다. 저는 못났고 마누라는 똑똑하므로 마누라 컴플렉스인데, 그걸 이기는 법은 마누라를 코너로 몰아붙이는 것뿐이다. 미친다.

또 土가 왕하면 ○㊀戊癸와 같이 정재 癸水를 합거하고 편재 壬水마저 ○㊀戊壬과 같이 土극水하니 형제나 친구는 반드시 나의 것이라도 나누어 가져야 한다는 것이다. 혼자 먹으면 안 된다는 것이다. 만약 戊辰일주라면 앉은 자리에 재고다. 내 것은 내 것이고 형제 것도 내 것이다. 비견겁이 많은 사주는 독식은 안 된다. 나눠 먹어라.

● 戊土가 己土를 만나면,

비겁으로 불리(不利)하다. ○戊己○와 같이 戊에 己는 비겁인데 월에 있으면 누나고 시에 있으면 누이동생이다. 戊가 甲을 만나면 ○戊己甲과 같이 甲은 편관이므로 戊에게 甲은 무거운 짐인데, 己土 누나가 甲己합으로 묶어둔다. 동생의 짐을 덜어주는 아름다운 마음 씨다. 또 戊에게 甲은 적장으로 甲에게 지는데 내 보좌관 己土는 甲 木을 잡아먹더라. 甲己합화土로 내 편을 만들더라. 이것이 바로 戊 土와 다른 점이라 하겠다. 또 癸水 정재를 己戊己癸와 같이 戊土가 戊癸합으로 결혼하려고 하는데 己土들이 土극水해서 戊癸합이 안 된 다. 癸水가 戊土보고 당신은 좋은데 형제들이 보기 싫다 하면서 시 집 안 온다고 한다.

● 戊土가 庚金을 만나면,

戊에 庚은 식신으로 식신은 음덕, 적선, 보시를 말하니 甲木편관을 ○戊庚甲과 같이 甲庚충으로 충거하고, 乙木정관을 ○戊庚乙과 같이 乙庚합으로 합거하니 칠살재앙을 없애고, 좋은 일 많이 한 사람이 시 에서 주는 훈장을 던져버리는 경우와 같다. 따라서 관(官)은 멀어질 수 밖에 없고, 식신을 따라 사회사업에 뜻을 두는데 金생水로 자연 재(財) 는 생겨 오니 좋은 일 하고서도 재를 얻음이라 이를 두고 일거양득(一 擧兩得)이라 한다.

土생金하면 金자식이 金생水로 水를 가져온다. 고로 자식은 저 먹을 것 제가 가지고 태어난다. 식신은 사회사업과도 같으니 土생金해서 좋 다. 그러나 金이 많으면 庚戊庚○과 같이 허토에 박토(薄土)가 되어 뜻만 있지 실행에 옮길 수 없으며, 매사가 용두사미에 불과하다. 신약 이므로 못난이이고, 못난이니까 남의 집에 가서 일해 주어야 한다.

$^{庚㊍丙甲}_{戊寅寅辰}$의 사주가 상담하러 왔다. 사업을 하고 있는데 사업이 안 된단
다. "당신은 인정만 많고 결단력이 없으니 사업 하면 안 된다." 水인 사
장은 하나요, 寅辰木국으로 부하는 많고, 사장은 약하니 직원들에게 휘
둘린다. 결단력을 가지고 자기 주관대로 해야지 그렇지 않으면 돈 못
번다.

$^{○㊍○○}_{○午丑○}$는 최근에 상담한 사주다. 庚金일주가 丑월에 났으니 火가 필
요하다. 금년이 庚子년이면 비견년이니 내 것을 뺏긴다. 되는 일이 없
다. "울고 싶어라."이다. 집을 팔려고 한단다. 집 팔려는 데 비겁년이
작용하면 바람 들어간다. 오행으로는 木이 바람이요, 육친으로는 비겁
이 바람이다. 집 팔려는 데 바람이 들어가는 경우란 집 사러 온 사람이
꼭 약점만 잡는다. 운 나쁘면 비겁은 뺏기는 것이므로 집 사러 온 사람
들이 똥값으로만 살려고 한다. 庚子년이면 戊寅, 己卯월에는 土가 인
수다. 고로 양력 2, 3월에 매매수가 있었는데 왜 그 기회를 놓쳤어요?
"똥값 주려고 해서 놓쳤다."고 한다. 그럼 언제 팔리나? 未월이나 戌월
밖에 없다. 土인 인수가 지배하는 월에 팔릴 것이다.

● 戊土가 辛金을 만나면,

상관이다. 乙木 정관을 ○戊辛乙과 같이 乙辛으로 충거하여 패대기
치니 직장을 잃게 한다. 따라서 상관운에 사직(辭職)하고, 辛金부하로
인하여 내가 곤욕을 치르게 된다. 무조건 남자는 상관운이면 직장 그
만둔다. 또 편인 丙火를 ○戊辛丙과 같이 丙辛으로 합거하여 보급로
를 차단함과 동시에 합화水로 水인 재물이 생기는데 상관으로 인해서
이루어진 것이므로 상관은 부정이므로 부정으로 번 돈이다. 또 水는
여자다. 따라서 여자가 따르는 이유가 여기에 있는 것이다. 금년이 庚
子년이면 己土일주는 상관운이다. 직장 다닌다면 윗상사가 괴롭히고,

본인이 사장이라면 아랫사람이 속 썩인다. 고로 내가 직접 현장 확인 하라. 여자라면 서방 꼴도 보기 싫어진다. 말이 함부로 나오다가 결국 은 이혼까지 당한다. 신혼부부라면 권태기다.

그러나 辛金이 필요한 戊土라면 辛戊己己(酉辰巳巳)의 경우와 같이 辛金이 상관 이지만 보석광산에 부하로 인하여 쉽게 취재(聚財)도 한다. 일제시대 에 대한민국에서 제일 가는 거부로 최창학씨가 있었다. 노다지로 돈 번 사람이다. 평북 삭주에서 금이 나온다기에 갔다. 금광에서 나온 폐 석으로 돌담을 쌓아 놓은 것을 보고 대신 담 쌓아주고서 폐석을 가졌 다. 모든 것이 주인이 따로 있다는 것이다.

● 戊土가 壬水를 만나면,

정인 丁火를 ○戊壬丁과 같이 丁壬으로 합거, 욕심을 배가한다고 보 나 丁壬 합화木하여 다시 木극土를 하니 본인도 모르게 몸을 상하며, 丙 火 편인마저 ○戊壬丙과 같이 丙壬으로 충거, 음지를 조장하므로 견 고할 수도 없을뿐더러 만물을 자생(滋生)할 수도 없는 것이다.

그러나 戊土가 丙火로서 왕할 때는 丙戊壬丙과 같이 水극火, 丙壬 충거로 조토를 습土로 바꾸어 土에 뭉치는 힘을 주어 좋고, 丙戊壬○ 의 경우, 균형을 이루어서 좋다. 또 丁火와는 丙戊壬丁과 같이 합화木 으로 관(官)·명예를 얻는데, 土가 약하면 재생살로 기(忌)하며, 때로 는 뭉쳐지기는커녕, 풀어지고 마는 법이니 남자의 용맹도 여자 앞에서 는 무디어짐이라 이와 같은 모든 것은 만남과 사용에 따라 필요악이 얼 마든지 있는 것이다.

壬戊壬壬의 경우 水가 많고 土가 적으니 戊가 壬인 여자 앞에서는 풀어지고 만다. 죽이 되고 만다. 수다토류(水多土流)로 물이 많으니 물 로 인해서 죽기 쉽고, 완전히 음지전담이므로 壬인 돈이 없다. 관리 능력이 없으니 결국은 돈 없는 팔자가 된다. 癸戊壬○의 경우, 월에 먼저 있는 것이 편재지만 본처다. 나중에 癸를 만났는데, 戊癸합으로 사이클이 잘 맞는다. 과연 나는 壬을 버리고 癸와 도망갈 것인가? 아니면 戊癸합만 하고 말 것인가? 결론은 신강이면 주관이 강하여 도망 안 가고, 신약이면 주관이 없어서 도망간다.

● 戊土가 癸水를 만나면,

정재가 戊癸로 합신하여 아름다운데, 가만 있어도 여자가 따라오고, 돈이 따라오니 얼마나 좋은가? 또한 癸는 애교 많고 예쁜 여자인데 戊土는 메줏덩어리처럼 미남이 아니다. 또 정인 丁火를 ○戊癸丁과 같이 丁癸로 충거하니 시댁을 때리는 것으로 결혼 후는 분가함이 원칙이요, 모처불합이 여기에 있는데, 다시 戊癸 합화火로 火가 생기니 시집가면 시댁의 가풍을 따르게 되는 것이고, 인수 모(母)가 발생하니 종내는 어머니의 승리이나 한편으로는 처이면서도 어머니 같은 마음으로 본인의 실수를 이해하여 주기 바라는 것이 이러한 이치이기 때문이다.

戊가 조(燥)하고 있을 때는 십리 밖의 水기가 土에 따라 들어옴은 부부이기에 어디에 있든 마음만은 통하고 있는데, 癸水도 태과하면 반드시 토류되고 마는 법이다. 癸戊癸癸의 경우 癸도 많이 만나면 戊가 떠내려간다. 癸戊癸癸亥戊亥亥의 남자다. 물이 많다. 섬이다. 6·25때 부산으로 피난을 잘했다. 火는 남쪽이니 남쪽으로 잘 간 것이다. 그런데 9·28 수복 때 북상했다. 북쪽이니까 水를 따라서 왔다. 조치원까지 오다가 민가집으로 물(水) 얻어먹으러 갔더니 검둥이(水)가 나오더라. 여자 건드리고 나오던 검둥이가 총으로 쏴서 죽였다 한다. 여자, 물, 검둥이,

북상 모두 水다. 水 때문에 세상을 마친 팔자다. 물이 많은 팔자는 물 때문에 죽는다.

다음은 戊土를 지지로 대비하여 살펴보자.

● 戊土가 子水를 만나면,

흐르는 물에 동지(冬至)요, 한밤중이라 토류되고, 동토에 음지가 되어 만물을 양육할 수 없으므로 종내는 土로서의 임무를 상실하며 아무짝에도 못 써먹는다. 또 정재로 子중 癸水와 戊癸합으로 결혼했는데 子인 마누라한테 꼼짝 못하더라. 戊癸합은 했으나 土가 상하니 어찌 土극水라 하여 승리라고만 하겠는가.

戊子일주

■ 특징 : 정재, 장성, 태궁, 외양내음, 야반음식, 무자(無子), 암합, 동토, 토류, 도화

戊子일주 남자는 여자가 끊임없이 따라 붙는다. 발음대로 무자(無子)와 같다. 본래 자식이 없는 팔자가 자식을 낳으면 그 대가를 치러야 하니, 자식 때문에 속 썩어야 한다. 본래 무자 팔자가 자식 낳으면 저능아 등이 된다. 戊가 子 만나면 음지전답, 음지에서 살아야 하니 소실이 많고 매간득재(賣姦得財)이다. 子는 재로서 돈인데, 子午卯酉는 도화로 바람피우는 것이다. 바람나서 돈 버는 것이 된다. 웃음을 팔아서 돈 버는 것이 매간득재인 것이다.

천간은 土요 지지는 水이다. 천간의 戊가 土극水 못 하고 반대로 흙이 떠내려간다. 토류(土流)된다. 겨울의 흙이니 동토(凍土)다. 子중 癸

와 戊癸합이 비밀합이니 남자면 바람 좀 많이 핀다. 여자를 달고 다니는데 암합이므로 비밀연애로 귀신도 모르게 여자 많이 울린다. 연애박사다. 水는 흘러가므로 오면은 가고 오면은 가니 여자를 바꿔치기 잘한다.

水가 재이므로 돈이 내 주머니에서 나가면 다시는 내 주머니에 들어오기 힘들다. 土일주는 그러므로 돈을 앉아서 주고 서서 받는다. 건강면에서 보면, 土는 위장이므로 위가 항시 차가우니 소화가 잘 안 된다. 土는 허리이므로 허리도 약하고, 위장 약하면, 허리가 약하고, 허리 아프면 배도 아프다.

戊土가 일지에 子중 癸水와 戊癸로 합하면서 종재(從財)가 되는데 사정지국(四正之局)에 해당하고, 정재가 되며, 원류인 상식의 불견(不見)으로 거부가 되기는 어렵다. 그러나 항상 타인으로부터 돈이 있는 것으로 보이며, 재성인 水가 유하지성(流下之性)으로 돈놀이를 하게 되는데 결과는 배신당하니 주의해야 한다.

무엇인가 태동은 되었으나 그 형체는 보이지 않으니 속마음을 잘 열어 놓지를 않으며, 장성이 자리하고 있어 아집은 있다 하나 외양내음이 되어서 타협이 쉽다. 또한 생활 자체도 겉으로는 화려하나 속으로는 비어 있으니 겉다르고 속다르다 하겠다. 처의 말을 잘 들어주는 편인데 주변에 여자가 많고, 잘못하면 소실이 정처 노릇하는 팔자가 된다. 모선망(母先亡)에 형제는 있으나 고독하고 탐재(貪財)가 자주 일어나며, 의리보다는 지혜에 편중하다가 손해를 본다.

건강은 수시로 잘 놀라는 편이고, 비위(脾胃)와 허리의 병이 오며, 시력도 약하기 쉬운데, 북방으로 홍(洪) · 하(河)씨의 약을 쓰면 효과가 좋을 것이다. 자손은 水생木을 잘 하지 못하므로 귀자를 두기 어렵다.

여명은 노랑에 소실 노릇도 해보며, 타자 양육에 자손의 터울이 늦고, 신앙을 가지게 되나 오래가지는 못하며, 재복은 좋아 적은 돈이나마 항상 수중에 있게 된다.

申, 子, 辰년에는 일지삼합과 동시에 재국이 되어 이성이 따르며, 해외 출입해보고, 백년가약에 금전에도 유리하다. 午년에는 수옥살이 되니 관재, 탕화살이 되어 화재를 주의하고, 酉년에는 이성으로 인하여 고심이 따르겠다. 卯년에는 형살의 작용으로 수술이 염려되며, 戊子는 무자(無子)와 발음이 같아 무자이기가 쉬운데, 자손이 있으면 부군을 모시기 힘들다.

● **戊土가 丑土를 만나면,**

같은 비겁이고 土가 되어 힘이 될 것 같으나 동토에 습토요, 음지이며 金의 고장으로 철분을 과다하게 함유하고 있어 본인도 모르게 죽어가고 있으니 믿었던 곳에 손해요, 도움·힘이 안 된다. 또 상식의 고다. 상식은 남의 걱정에 세월 가는 줄 모른다. 戊가 丑중의 癸水와 암합하는데, 癸水 여자 잘못 만나면 탕화살로서 안 만나주면 약 먹고 죽겠다고 하는 게 탕화속의 癸水다. ○己○○의 경우, 土가 많지만, 戊土 하나 밖에 못쓴다. 丑은 己土편이 안 된다. 친구는 많은데 쓸 만한 친구는 하나도 없다. 전부 술친구에 불과하다.

● **戊土가 寅木을 만나면,**

편관이요, 木극土 받아 붕괴될 것 같으나, 火土는 공존으로 丙火와 같이 寅에 장생이라 극중생으로 소생하니 이를 두고 병 주고(木극土) 약(寅중 丙火, 火생土) 준다고 할 수 있으나 만약 寅木이 충을 당하고 있거나 水木이 태왕하면 허토로 근(根)을 실(失)한다.

戊寅일주

■특징 : 편관, 장생, 지살, 역마, 양차살, 탕화살, 문곡귀인, 박토

戊寅일주는 종이 안 된다. 寅중의 丙이 있어서 火생土 해주니까 火
土를 같이 보면 장생지가 된다. 寅중의 甲木으로 木극土하니 병 주고,
寅중의 丙이 火생土해주니 약 준다. 또한 寅은 탕화니 음독이고 약 먹
는 것이다. 고로 탕화로 연결하면 木극土로 탕화가 나를 극하니 가만
히 있어도 귀에서 들린다. "약 먹어라. 너는 자살해야 돼. 약 먹어라."
하고 탕화의 최면에 걸린다. 그러나 戊寅일주는 약 먹어도 죽지 않으
니 애당초 약 먹지 말라고 충고해 주어라. 여자라면, 중년에 이혼한다.
일지로 寅木이 안방 차지하러 들어오니 체인지(change)해야 한다.

戊土가 일지에 편관인 寅木을 만나 木극土하므로 당연히 종(從)이 될
것 같으나 寅중 丙火에 장생하니 살(殺)중에서도 종(從)을 하지 않는
것은 육십갑자 중 戊寅일주 하나밖에 없다. 寅중에 장생이 됨은 火土
공존으로 작용을 해야 하기 때문이나 조(燥)하고 박토로 사지구생(死
地救生)이니 土극水는 물론 土생金도 못 한다. 따라서 약한 己土만도
못하니 土로서의 임무를 수행하기 힘들다. 신용은 인정에 의해 붕괴되
었으니 일해주고서도 제값을 받기 어려우며, 주체와 지구력이 약하여
큰 일 한번 할 수 없고, 무엇을 하든 일복은 타고났다. 부모덕마저 없
어 제 스스로의 힘으로 일어서야 하며, 자리를 자주 옮기게 되고, 객지
에서 성공을 한다.

재물을 얻으면 몸이 아프고, 실패하면 건강한데 탕화살마저 놓았으
니 인생고락은 면키 어렵다. 비록 학문에 뜻을 둔다 하여도 빛을 보기
어렵고, 사업보다는 직장인이 되는 것이 좋은데 전자 · 화공 등이 잘 맞
는다. 건강은 위장 · 허리 · 신기(腎氣)가 허약하여 피로가 쉽게 온다.

처궁이 부실하니 처가 염세로 인하여 악처가 될까 염려되며 자손은 본인보다 훌륭한 자손을 두게 될 것이다.

여명은 일지편관으로 재취지명(再娶之命)이고, 그 남편은 항상 분주하여 출장이 많겠고, 시가 형제가 망하며, 친모 봉양을 하겠다. 항상 불조심에 비관·음독 등을 하지 말아야 하겠다. 寅, 午, 戌년에는 신상에 변화가 있는데, 戌을 만나면 모든 액을 면하고, 申, 巳년에는 차액·수술·송사·관재 등을 주의해야 한다.

● 戊土가 卯木을 만나면,

정관이고, 木극土 받아 설 땅을 잃어버리니 종내는 붕괴되며 또 전답에 나무뿌리가 많아 농사를 지을 수 없으니 버려진 땅이 된다. 戊土도 약하면 전·답으로 본다. 또 인정이 많아서 신용이 없어졌다. $\frac{乙 戊 \bigcirc\bigcirc}{卯 寅 \bigcirc\bigcirc}$ 의 경우, 戊土는 앞이 캄캄하다. 토질이 산성화되어 있고, 가시밭길이다. 가기만 하면 木극土로 여기서 얻어맞고, 저기서 얻어맞고 있으니 세상사는 것이 답답하고 어렵다. 이 밀림 속을 어떻게 뚫고 나가나?

● 戊土가 辰土를 만나면,

비견이고, 반죽이 잘된 흙과 같아 진토(眞土) 구실을 할 수 있으며 또 환경에 적응 잘하므로 외교에 능숙하고, 辰 중 乙木정관과 癸水정재의 2덕(德)을 얻음과 동시에 재고라 금상첨화가 되니 돈창고는 좋으나, 남자의 경우, 연상의 여인과 인연이고 마누라가 많이 아픈 것은 피하기 어렵다. 단, 辰土가 水국으로 변하지 말아야 한다. $\frac{\bigcirc 戊 \bigcirc\bigcirc}{\bigcirc 辰 子 申}$ 의 경우 申子辰 水국이니 내 것이 아니다. 만약 이 사주가 丁巳시면 그런 대로 버틸 수 있겠다.

戊辰일주

■ 특징 : 간여지동, 백호대살, 비견, 재고, 화개, 재관장축(藏蓄), 가색지토

戊辰일주는 두꺼비상이다. 재복은 잘 타고났다. 앉은 자리에 재고면 돈 들어가는 것은 보여도 나오는 것은 안 보이고, 비견은 형제이고 형제는 재고이니 형제 것도 내 것이다. 여기서 한 가지 함정은 辰중 癸水가 마누라인데, 戊土가 癸水와 戊癸합하기도 전에 辰 자체가 먼저 戊癸합한다. 이것이 의처증이고 자기 코 앞에서 마누라 뺏긴다. 제일 가까운 친구나, 戊辰은 한 기둥이니까 한 방 썼던 친구한테 마누라 뺏긴다는 것이다. 또한 백호대살이다. 辰은 반죽이 잘 된 흙이다. 이것이 진토(眞土)이다. 환경 적응이 잘 된다. 水가 들어 있으니까 그렇다. 戊辰은 돈복·식복은 타고 났으며 두꺼비상으로 두꺼비처럼 두툼하게 잘 생겼네, 단 戊辰일주는 水국으로 되지 말아야 한다. 참고로 戊戌일주는 부처님이다.

戊辰일주는 戊土가 일지에 辰土를 얻어 득지(得地)로 왕하고 있으며, 정재·정관 2덕을 얻어 출생 당시부터 부귀의 명인데, 더욱이 습토가 되어 능히 가색의 공을 이룰 수 있으니 土중에서도 진토(眞土)의 구실을 하게 된다. 따라서 조화가 비상하고 이상이 원대하니 반드시 한 인간으로서의 결실을 하고도 남음이 있겠다. 비만 체구에 후중하며, 주체가 강하고, 매사에 중간 역할을 잘 하므로 만약 쟁투의 장소에 본명이 나타나게 되면 화합이 잘 되어 타인의 존경을 받는다. 신의지명(信義之命)으로 신앙에도 독실하며, 환경에 적응을 잘 하고, 주위에 친구가 지나칠 정도로 많이 모이는 것이 특징이다.

인문계로는 상경이나 법정계가 되고, 이공계로는 토목과의 연관이 있으며, 관으로는 재정계이고, 사업으로는 식품·건축에 농장도 좋은

데 욕심은 한없이 많고, 재복이 좋아 거부의 명이고, 돈주머니를 차고 다니는 팔자이니 남의 돈이라도 항시 수중에 있다. 건강은 풍질·혈압·당뇨·습진에 주의하고, 일조량이 부족하니 남향집을 택하는 것이 좋을 것이다. 처덕은 있으나 처에게 잔질이 있기 쉬우며, 의처증이 있고, 도처에 미인을 두게 된다. 자식은 귀자를 두게 되나 그 자손 하나가 불구가 되기 쉽고, 형제 중에 흉액이 두렵다.

여명도 재복이 있고 받을 복도 있어 부잣집 맏며느리처럼 튼튼하고 시가가 발복하는 것까지는 좋은데 결혼 후에 시어머니가 병들고 부군 무능에 시가형제가 망하며, 부군 작첩이 염려되니 신앙을 가지고 극복함이 좋을 것이다. 申, 子, 辰년에 변화가 있겠고, 해외 여행에 이사가 있겠으며, 戌년에는 이로울 것이 없을 것 같으나 개고(開庫)로서 오히려 길한데, 복통·수술이 염려되고 酉년에는 이성 친구가 따르며, 亥년에는 신경과민에 午년에는 관재를 주의해야 한다.

● 戊土가 巳火를 만나면,

火生土 받아 힘은 되어지나 편인이고 조토된다. 조토는 생명력을 잃어버리므로 크게 발전할 수 있는 작용을 못 한다는 것이다. 그러나 잘만 연결되면 잘 구워진 그릇이다. 巳 중에 庚이 있고 丙이 있으니 7천도로 굽고, 庚이 있으니 두드리면 쇳소리가 난다. 戊子일주가 丁巳년에 음지가 양지 되니, 소실이 정실이 되어서 안방 차지한다. 또 사주에 金水가 많을 시에는 양지로 변화시키니 그 빛이 한층 더 돋보일 수밖에 없고, 식신 申金을 巳申으로 인합하여 식복을 있게 하니 일거양득이 된다. 6합의 작용으로 巳가 있는 곳에는 申이 따라오고 申이 있으면 巳까지도 따라온다. 辰이 있으면 눈에 보이지 않는 酉까지 따라온다고 보아야 남이 못 보는 것을 보고 깊이 있게 볼 수 있다는 것이다.

● 戊土가 午火를 만나면,

火생土 받는 것까지는 좋으나 패지 즉 약한 불이 되어 좋은 그릇이 될 수 없으니 어찌 생이라고 무조건 기대할 수 있겠는가. 그러나 金이 많아 土생金으로 설기가 심할 때는 火극金으로 지출을 막아주면서 수입원이 되므로 없는 것보다는 백배 낫다. 조토가 되고 화토중탁(火土重濁)인 것은 巳火와 같다.

戊午일주

■ 특징 : 정인, 왕궁, 장성, 탕화살, 효신살, 양인살, 도화살, 외양내음, 화토중탁, 질그릇, 조토

남자는 여자가 잘 따라붙는다. 천하의 바람둥이다. 이유는? 午는 도화, 바람피는 곳이고 조토로 말라 있는 흙에는 십리 밖의 수분도 흡수되어 들어오므로 그렇다. 또한 火생土 받아서 戊가 힘이 있으므로 바람핀다는 것이다. 남자가 힘 없으면 바람 못 핀다. 일지가 인수이니 효신살이다. 부모 모시고 살라는 팔자이다. 午火가 있으니 사진발 잘받고 스크린 잘 나타난다. 사주에 火가 없으면 발굴이 안 되고 개발이 안 된다.

戊土가 일지에 午火의 생조를 받고 또한 왕궁으로 신왕하다고 보나, 조토가 되어 가색의 공을 이룰 수가 없음이 서운하고, 土극水는 잘 하나 土생金은 못 하니 자기 위주이며, 화토중탁으로 신앙에 독실하다. 신왕으로 木즉관을 희(喜)할 것 같으나 조토에는 木이 고사(枯死)하니 불용(不用)하고, 土를 만나 비록 그릇이 된다고 하나 열량이 부족하여 질그릇밖에 안 됨이 서운하며, 또한 불 먹은 흙에 어설픈 水즉재는 결국 토열을 야기시키니 파계(破戒)를 하게 되겠고, 午중 丁火의 도움을 받

는 것은 좋으나 비겁을 동반하고 있어서 그 대가는 치러야만 할 것이다.

戊土는 양토(陽土)로 후중하게 보일 것 같으나 조토에 외양내음이 되어 경거망동하기 쉬우며, 효신살에 신태왕하여 유실자모(幼失滋母)가 아니면 모외유모(母外有母)이고, 왕궁에 양인살까지 있어서 잔인할까 염려되니 심신을 잘 다스려야 할 것이다. 부처님의 얼굴이나 제값을 못하고, 이복형제에 인덕은 없는데 불사(佛事)는 잘하겠다.

건강하기는 하나 편식·혈압·당뇨·비뇨기·피부질환·변비 등을 주의하고, 겉은 따듯하나 속이 냉하여 고생한다. 관으로는 군인이나 교육이 좋고, 사업으로는 의약·문화·종교계통이 좋은데 본래는 재복은 없으니 욕심을 내서는 안 된다. 본처와 해로는 못하면서 사방에 여자가 있으니 여성 편력은 갈수록 늘어만 가는데 이유는 조토에는 십리밖의 수분도 자연흡수되어 오기 때문이며, 처첩의 음독에 화상이요, 잔질이 떠날 새가 없다. 여명 역시 결혼생활이 원만하지 못할 뿐만 아니라, 종교철학에 심취하며, 자손도 부실하고, 친모봉양하며, 초년에 좋았으면 말년애 고생한다. 寅, 午, 戌년에는 신상에 변화가 있고, 子년에는 사고·송사에 비밀이 노출되며 건강도 좋지 못하다.

● 戊土가 未土를 만나면,

비겁이요, 같은 土로 의지처가 되는데 구분하건대 토왕에는 조토라 불용가색(不用稼穡) 즉 농사를 지을 수 없게 되나 水가 왕할 때에는 土극水로 물을 막는 데 없어서는 안될 귀물이 되면서 관고요, 또 未 중의 丁火·乙木이 정인·정관으로 관인 2덕이 되기 때문에 아름답다. 만약 사주가 ○戊○○와 같이 土왕인데, 조토가 되어 물기가 한 점도 없다. 이럴 경우 자식 농사, 남편 농사가 안 된다. 스님 팔자로 몰아서 보아라. 단, 조토는 물 막는 데는 제일 좋다. 未·戌은 조토로 土생金은 못

하지만 土극水는 잘 한다. 丑·辰은 습토로 土생金은 잘 하지만 土극
水는 못한다. 천간의 戊·己土는 지지에 의해서 조토나 습토가 되는
것이 결정된다.

● 戊土가 申金을 만나면,
土생金 식신으로 설기되고 또 철분의 과다로 박토(薄土)라 불리한
데, 토왕(土旺)에는 설정(泄精)되면서도 申궁(宮) 壬水 편재까지 내다
볼 수 있으니 주중의 재 없이도 부(富)하게 된다. 戊申·己酉의 경우
위로 土는 땅이고 밑은 쇳덩어리로 엷은 흙이 되니 지층이 엷어서 박
토요 허토(虛土)가 된다. ○○○○의 경우, 土가 조토인데, 다행히 申시
에 나서 申속의 壬水편재까지 土생金, 金생水로 내 것이 되어주고 있
으니 좋은 작용을 하고 있다. 未는 관고로 남편 농사 안 되고 심하면
과부살 작용한다.

戊申일주

■특징 : 식신, 지살, 병궁, 문창귀인, 고란살, 양차살, 암록, 현침살, 박토
戊申일주는 고란살이다. 외롭고 독신주의다. 여자면 고란살이니까
난 시집 안 갈래 한다. 만약 결혼했으면 항상 하는 말이 "시집 안 간다
고 하니까 가라고 하더니 결국은 내 팔자 이렇게 만들어?"한다. 총각
들아, 고란살일주는 길들이기 힘드니 마누라 삼지 마라.
戊土가 일지 申金에 설기가 심하고 병궁이 되어 의지처가 없으니 종
아(從兒)가 분명하나 申金은 水의 장생으로 壬水를 장축하고 있어서
종아는 변하여 종재가 되므로 아우생아(兒又生兒)라고 한다. 金水에
길하고 火土에는 흉(凶)인데 木운에는 金木 상전으로 예측불허의 재

앙이 발생한다. 신의가 있고 재주가 있다 하나 깊지 못함이 흠이고 매사에 완전과 결실을 기대하며, 고란살로 인해 고독은 면할 길이 없다.

비만 체구에 키는 크기 어려우나 추리력과 후각이 발달되어 있고, 공부는 도중하차하기 쉬우며, 분주다사(奔走多事)에 해외 출입도 하여본다. 외식도 잘하는 편이고, 외화 획득도 할 것이다. 모선망(母先亡)이 아니면 이복숙고(異服叔姑)가 있고, 외가가 몰락하며, 말이 함부로 나올까 염려되고, 중매에도 일가견이 있으며 신앙에 맹종을 주의하여야 한다.

관으로는 교육·재정·외국기관에 입신하고, 사업으로는 식품가공·철재·운수·수산업에서 성공을 하는데 식복은 있어서 많은 돈을 벌겠다. 본처 해로하고, 처덕도 있으며, 애처가에 가정적이기는 하나 申궁의 壬水편재가 있어 한번 작첩(作妾)은 면할 길이 없겠고, 자식덕은 없다.

여명도 외가가 몰락하고, 시가(媤家) 형제가 불발이며, 부군의 작첩으로 독수공방하기 쉽고, 부군에게 잘 한다고는 하나 거리가 있는 것은 본인의 불감증이 원인이며, 자손도 귀하기 어렵고 타자양육을 하겠다. 여자이긴 해도 육영사업에 대한 꿈이 있겠고, 자손이 金·백호로 연결되니 년년생으로 출산을 하겠다. 비위·요통·풍질·혈압·결석 등으로 고생을 하는데 적당한 운동을 하는 것이 보약보다 나을 것이다.

● 戊土가 酉金을 만나면,

土생金 상관이요, 사궁(死宮)이 되어 허토라 土의 생명은 다하나, 土기가 태왕할 때는 오히려 木보다 酉金이 보석광산으로서 빛을 내주니 이름하여 왕자의설(旺者宜泄)이란 말은 이런 곳에 합당하다. 여기서 사궁은 丙戌가 공존하므로 사궁이 되는 것이고, 허토가 되는 것은 戊는 土요, 酉는 金으로 土生金이니 土의 기가 빠져나가기 때문이다. 태왕자의설은 배부른 자는 방귀를 놓아야 설기에 해당하니 숨통이 트이고 좋다. 너무나 강한 자는 내가 설하는 것을 만나야 좋다는 것이다.

● 戊土가 戊土를 만나면,
같은 土로 힘을 얻고 의지하며 하해(河海) 즉 큰 강과 바닷물도 막을 수 있는 세력을 얻으나 조(燥)함은 면할 길 없으며, 인수고장으로 옛것을 좋아하고, 어머니 집합이고 종교철학에 심취해 있으며 부모덕은 없다.

戊戌일주

■ 특징 : 비견, 화개, 입묘, 철쇄개금, 천문성, 간여지동, 火산, 인수고, 자고, 조토

戊戌일주는 인수고장이다. 옛것을 좋아하고, 고풍(古風)을 즐긴다. 한복이 맞다. 종교철학 좋아한다. 어머니의 한(恨)을 가지고 산다. 어머니가 둘이다. 어머니덕이 없다. 의약 좋아하고 역학에 취미있다. 어설픈 선무당보다 낫다는 것이다. 사주에 火土가 많으면 역학을 좋아한다. 개업했는데 손님이 왔다. 火土가 많은 사주면 분명히 근방에서 역학하는 사람일 것이다. 미리 선수쳐라. "나보다 더 잘하는 선생님이신데 뭐 보려고 해요?" 해보라.

戊土가 일지에 戊土로 간여지동 되었고, 또한 화개에 득왕하고 있어 하해라도 막을 수 있는 힘을 가지고 있으며, 사찰이나 교회만 보아도 용기를 내나 조토가 되어 土生金에는 인색함이 서운하다. 신의가 있

고 후중하며, 만인의 신망이 두텁고 근면하며, 학예에도 뛰어난 재질이 있다. 수집에도 일가견이 있고 임사즉결(臨事卽決)에 고집이 대단하고, 선각(先覺)의 두뇌인데 타인의 일에 발벗고 나서니 자연 가정에는 소홀할 수밖에 없다. 비만 체질이면서도 때로는 경망함이 엿보일 것이다.

부모덕은 없어 자수성가해야 되겠고, 형제가 많아 분재(分財)가 번다하며, 모외유모가 있겠다. 건강은 신장·방광·당뇨·혈압 등을 주의해야 한다. 관으로는 군인·교육·전기 계통에서 입신하며, 사업을 한다면 토산품·부동산·전자·고서화·종교서적 등이 좋은데 동업은 좋지 않다. 처궁의 불미(不美)로 초혼에 실패 보며, 처의 잔질에 의처증마저 있는데 사방에 여자가 있으나 간여지동에 조토가 되어 오래 가지 못한다. 남녀 모두 자손이 귀하기는 어렵다.

여명은 가정보다 종교를 더 좋아하다보니 불봉옹고(不奉翁姑)에 부존불명(夫尊不命)하고 부군의 작첩으로 자신이 가정을 이끌어 나가야 한다. 戌중 辛金으로 인하여 타자양육해보고, 인수고로 친모봉양에 어머님 가슴에 한을 남기며, 비겁을 동반하고 있어 친정형제가 떠날 사이 없겠다. 寅, 午, 戌년에는 신상에 변화가 있고, 辰, 丑년에는 화(禍)가 발생하며, 子년에는 여자로 인한 송사가 있고, 卯년에는 이성과 교제하겠는데 여자는 연하의 남자이기 쉽다.

●戊土가 亥水를 만나면,

편재이고, 토류(土流)되며 음지된다. 戊土가 土극水로 亥水잡으러 갔다가 떠내려가고, 돈 벌려고 갔다가 행방불명되고 안 보인다. 亥 중 壬水가 동궁의 甲木을 水생木하여 다시 木극土하므로 이를 두고 재살지(財殺地)라 한다. 천간은 지지를 이겨 먹지 못한다. 고로 천간은 지지

에 의해서 생사가 결정된다. 戊에게 亥는 재살지이다. 戊가 土극水로
壬을 때리자 壬은 水생木해서 木극土로 戊를 때린다. 戊가 壬을 함부
로 건드렸다가는 큰일난다. 재살은 일주가 약했을 때 부르는 호칭이
고, 자기가 못났으면 처자식 놔두고 노숙자라는 얘기다. 재관은 일주
가 강했을 때 부른다. 자기가 잘났으면 처자식이 항상 존경한다는 것
이다. 따라서 토왕에는 木관의 장생지라 돈도 생기고 명예도 따른다.
癸㊟○○의 경우, 亥水가 재관이다. 午월로 水가 필요하므로 戊癸합으
亥午午○
로 처덕좋고, 마누라와 좋고 텔레파시가 잘 통한다. 亥중의 壬과 甲이
재관이니 부귀 · 돈 · 명예가 되어 얼마나 좋은가?

다. 戊土희기론

오행 土가 중앙으로부터 4우(四隅)에 산재(散在)하여 4시(時)를 따
라 왕하고 쇠한다. 戊土는 왕하고 후중한 왕토이다.

춘절 戊土는 한절(寒節)을 지내고 향양(向陽)함을 기뻐하나 火가 많
으면 도리어 건조하니 약간의 水가 약신(藥神)이요, 甲癸가 있으면 옥
토(沃土)가 된다.

하절 戊土는 기왕(氣旺)하니 水로 해열하며 金으로 수원(水源)을 도
우면 만물이 번성이요, 木火土는 조열함을 도우므로 불길하다.

추절 戊土는 기약(氣弱)하므로 火가 가장 길하며 木은 火가 있은 연
후에 귀격이요, 金水는 습냉함을 도우므로 불길하고 지지에 온토는 무
방하다.

동절 戊土는 빙설(氷雪)이 동결하니 火로 해동하고 지지에 온토 등
으로 제습하면 길한데 다시 木이 있으면 영광이요, 金水는 꺼린다.

6. 己土

가. 己土총론

己土는 戊土와 같이 중앙에 자리하면서 중성자로 작용은 같으나, 戊는 양이요 己는 음인 것이 다르고 있으며, 이는 중성자도 분열한다는 것을 입증하고 있다. 현대과학에서는 중성자는 분열하지 않는다고 주장하고 있으나 멀지 않은 장래에 반드시 증명되리라고 믿는다. 또 土는 중화에 해당하고 중심이다. 본래 己土는 戊土를 뒤이어 양이 음으로 변화하는 과정이라고는 하나 甲에서 1로 시작하여 2乙, 3丙, 4丁, 5戊, 6己로 己土 6에 이르러, 甲1에서 생(生)으로 시작 己6에서 甲己합이 되면서 유정지극(有情之剋)으로 부부가 되고, 고로 성(成)이 되니 甲1을 생수라 하고 己6을 성수라고 한다. 또 甲에서 1로 시작하여 己土 6에 이르러 만물이 성숙함을 나타내고 있기 때문에 천(天)·인(人)·지(地) 삼재(三才)가 모두 구비되어 있기에 土로서 진토(眞土) 구실을 하고 있는 것이다.

또 양전자·음전자·중성자를 모두 가지고 있으니 己土는 혼자 살아도 된다고 혼자 사는 사람이 많다. 따라서 己土는 己 독백(獨百)으로, 후천수에서 己土는 홀로 100의 수로 작용한다. 후천수를 보면 壬·亥1, 癸·子6, 丁·午2, 丙·巳7, 甲·寅3, 乙·卯8, 辛·酉4, 庚·申9, 戊·辰·戌5, 丑·未10이다. 실제로는 己·丑·未가 10으로 쓰는데 이중 己土는 100으로 작용한다는 것이다. 고로 甲己는 합화하여 유정지극이 되고 부부로서 작용함도 모두 이런 이치에서이며 또 음·양의 분기점으로 木·火의 양은 경청(輕淸)하여 상승(上昇)시키고 金·水의 음은 중탁(重濁)하여 하강(下降)시켜 만물을 취생(聚生)하니 이것이 바로 전답으로서 土중의 진토가 되어 사람에게 없어서는 안될 중요한 자리를 차지하고 있다. 戊土인 산보다 진토인 己土가 값이 더 나가는 것은 당연하다. 우리나라 이정표의 분기점은 광화문에 조그만 제각처럼 되어있는 곳이고, 우리나라 측량의 분기점은 옛날엔 남산에 있었고 지금은 수원에 있다.

천(天)으로는 원기(元氣)이며, 지(地)로서는 전답에 해당하고 비위가 허약하며 샘이 많고 정복욕에 천지인을 모두 가지고 있으니 매사에 고독하고, 매사 까다로우며, 己는 기(起)로서 운동신경이 발달하여 단거리의 명수요, 순간 동작이 빠르다. 강렬지화인 丙火를 만나면 토열(土裂)이 되므로 흙이 갈라진다. 가뭄에는 땅이 갈라진다. 가뭄에 물을 땅에서 퍼다가 작물에 주었다. 그러자 땅이 더 갈라진다. 비 올 때까지 계속 주어야 한다. 시냇물, 샘물 등은 그 속에 철분이 있어서 철분이 응고작용을 하므로 땅이 벌어진다. 하늘에서 내리는 물(비)에는 철분이 없어서 아무런 이상이 없다는 것이다.

己土는 丁火를 좋아하는데 火土공존이고 또 음생음의 이치이기 때문이다. 다음 己土도 왕하면 戊土와 같은데, 木을 겁내는 것은 전답 주위에 나무가 많아 음지의 전답이라 가색의 공을 이룰 수 없을 뿐더러 잡초에 의하여 실농(失農)이 분명하기 때문인데 木 중에서도 乙木을 제일 싫어하며 己土의 특징은 극과 극을 달리고 있어 고관이 아니면 하격에 많고, 주중의 쌍己土는 말 잘하며, 허토시에는 미신숭배에 심하면 본인이 무당이요, 정신질환이 많은 것이 흠이다. 또 己土일주는 木용신이 어렵다. 그리고 己土는 입이다. 고로 사주에 己土가 둘이면 쌍己土로 입이 둘이니 말을 잘한다. 따발총이라는 것이다.

○㊉己○의 여자 사주가 있다. 子卯형으로 풍파가 있는데, 己가 서방
○子卯○
이다. 己土가 卯木에 붕괴되고 己서방이 말을 못한다. 심하면 벙어리 남편이다. 또는 툭하면 "당신 입닥쳐, 샷더마우스! 당신은 입이 열개라

도 할 말 없어. 왜 이래?"한다. 남자라면 己가 자식이니 자식 중에 벙어리가 있기 쉽다고 추론하라. 꼭 일주만 가지고 연결하지 마라.

己未일주가 甲戌시이면 자손 하나가 횡사한다. 제가 제 목숨을 끊는다. 즉 자살한다는 것이다. $\begin{smallmatrix} 甲@\bigcirc\bigcirc \\ 戌未\bigcirc\bigcirc \end{smallmatrix}$ 의 경우다. 甲木정관이 자식이다. 천간에 있으니 다 큰 자식이다. 다 큰 자식이 연애자금 좀 달라는데 안 주고 거절하면 자살한다. 분석해보자. 土가 많아서 농사꾼이다. 옛날로 연결하면 짚신 신고서 벌어논 돈인데, 돈인 水가 조토인 戌・未에 들어가면 나오지 않는다. 제 주머니에 돈 들어가면 돈 안 쓴다. 甲인 자식 기준 하면 土인 여자가 己・戌・未로 셋이다. 자식이 바람둥이다. 甲이 조토 위에 있어서 말라있으니 水생木 받아야 살 수 있다. 그런데 水는 아버지에게 돈이다. 고로 "아버지 저 돈 좀 주세요. 연애자금으로 바람피는 데 쓰게요." "안 된다. 이 놈아, 이 돈을 어떻게 번 돈인데." "안주면 저는 水생木을 못 받아서 죽어요." "죽든 살든 알아서 해." 그러자 죽어버렸단다. 또 未는 木의 고장이다. 고로 태어나기를 아들의 무덤을 밑에 깔고서 태어났다는 나쁜 팔자가 된다.

만약 여자라면? 甲서방이 甲己합으로 들어왔는데 갑자기 甲己합화 土로 甲이 없어져 버렸다. 이것이 복상사다. 부부생활하다 甲이 죽는다. 천간은 합이고 지지는 형이니 남이 보면 좋은데 속으로는 원수다. 남이 안 볼 때는 개 패듯 팬다.

乙일주에 丙戌시도 다 큰 아들 죽는다. 여기도 연애 자금 거절하면 죽는다는 것이다. 乙의 자식은 戌 중의 辛金이다. 그런데 아들인데 음인 辛으로 태어났으니 못난이다. 흙속에 있을 때는 괜찮은데, 辛 아들이 어느 정도 크면 땅 위로 올라와야 하는데 火가 火극金으로 잡아먹어 버린다. 辛이 없어져 버렸다. 乙木의 자식이 없어졌다는 것이다. 또한 丙戌은 백호대살로 횡사이다. 戌 중 辛이 죽는다. 자식이 연애 자금 달라는 것을 안 주면 자식 죽는다.

乙己○○를 보자. 음지전답이다. 木극土로 붕괴되었고, 토질이 산성
亥卯○○
화되었다. 앞에 나무가 가려서 앞이 안 보인다. 己土는 극과 극을 달리
고 있어서 고관(高官)이 아니면 하격(下格)이 많다. 丁·己일생이 재
관을 잘 놓고 있으면 법정으로 간다. 재정도 해당되고 역학에도 취미
가 있다. 丁·己일생이 판검사라면 이 역학도 굉장히 잘한다. 丁·己
일주가 역학 배워서 사용한다면 정치가나 국회의원, 장관들, 판사, 검
사가 많이 온다.

시중에 "사주정설"(백영관 著)이 있다. 당시 현직 검사가 썼다. 본명
은 따로 있다. 역학에 일가견이 있었다는 것이다. 위 사주같이 허토(虛
土)면 무당이 많다. 또 관살이 많으면 무당 되기가 쉽다. 土가 약하면
바다로 가라면 안 가고 산에 가라면 잘 간다. 여자가 겨울바다 좋아하
면 팔자가 나쁘다. 소실 아니면 과부다. 쓸쓸한 찬바람 좋아하니까. 남
자들은 잘 알아두라. 여자가 겨울바다 좋아한다면 인연 맺지 말라. 土
가 많으면 살찌고 비만 체구에 스님 팔자다.

나. 己土각론

● 己土가 甲木을 만나면,

정관이고 甲己합하니 좋다. ○己甲○의 경우 여자라면 甲은 서방인
데 甲己합화土로 土가 되므로 甲木남자는 己인 여자가 하자는 대로 끌
려간다. "나는 당신을 위해서 이 세상에 태어났노라."한다. 甲己합해
서 土가 된다면 사랑이 너무 좋아서 서방을 꺾는다는 것이다. 10년마
다 한번씩 甲년이 온다. 己土여자가 헷갈린다. 어떤 게 자기 서방인지?
여기서 己土는 운에서 오는 甲을 따르겠나? 사주에 있는 甲을 따르겠
나? 언제든지 운에서 들어오는 것이 새것이므로 새것을 좋아한다.

만약 ○己甲○／○○寅○의 사주라면, 甲寅서방이 너무 잘나서 다른 데로 눈을 안돌린다. 운에서 오는 甲에게 관심없다. 남자가 양일주라면 정재와 합하고 음일주는 정재와 합이 없다. 남자가 남자답게 양일주로 태어나야 여자에게 대쉬해보고 음일주로 태어나면 약자니까 끙끙 앓고만 있다. 여자가 음일주면 정관과 합하고, 양일주면 정관과 합이 없다. 여자가 음일주로 여자답게 태어나면 남자가 따르고, 여자가 양일주로 태어나면 선머슴 같아서 연애하자고 오는 남자가 없다. 남자가 겁나서 못 들어간다. 음과 양의 차이다.

己가 甲을 따랐다는 것은 정도(正道)를 향해서 세상을 사는 것이다. 비겁인 戊도 ○己甲戊와 같이 木극土로 물리치고, 庚인 상관도 ○己甲庚과 같이 甲庚충으로 충거시킨다. 甲己합화土는 甲木남자를 土여자로 변질시키고 있으므로 여자의 힘이 어떠한 것인가를 실감케 하고 있으나, 甲木이 甲己甲○와 같이 둘이면 쟁합(爭合)이라 종내는 己土가 상(傷)하고, 일대일로 甲己합의 경우는 사랑이 지나쳐 甲木의 희생을 자초할까 염려된다.

甲己○○／子卯○○의 경우는 시(時)에 甲이 서방인데 子 만나서 패지(敗地)·목욕궁(沐浴宮)이다. "당신은 언젠가는 연하의 남자에게 코 꿰어서 子卯형으로 큰 낭패 볼 테니 조심하시오." 했더니 코웃음치더라. 戊子년에 노래방 하던 중에 연하남자에게 몸 뺏기고 코 꿰버렸다. 돈 달라 해서 안 주면 팬단다. 얼마나 미치겠나? 남자는 놀고 먹고 자전거 경주하는 경륜장에 가서 돈놀이 한단다. 지금은 호프집하는데 이러지도 저러지도 못하고 얼마나 미칠까?

● 己土가 乙木을 만나면,
편관이요 木극土로 수제(受制)되어 붕괴되고, 살아있는 나무가 되어

밭을 그늘지게 하므로 음지의 밭으로 실농(失農)을 하여 심하면 간작 (間作)으로 밖에 활용하지 못한다. 간작이란 뽕나무 밭에다 열무를 재 배하는 것처럼 사이사이에 농사짓는 것으로 통변에선 소실이라 보라. 즉 제구실을 할 수 없다는 것이다.

○己乙○의 경우 乙은 편관이지만, 서방은 서방이므로 믿었는데 己 土에게 ○己乙庚과 같이 庚金상관을 乙庚합金하여 다시 金으로 화하 니 보호해주는 것처럼 하면서 돈 뜯어간다. 己일주가 乙년을 만나면, 허물어져 버린다. 무엇이? 제 남편·제 서방을 놔두고 마음이 왜 허물 어져 버리는가?

乙庚으로 합거한다고는 하나 다시 화金하여 土생金으로 지출을 요 구하니 믿었던 것이 잘못이기 때문이다. 또 辛金식신을 ○己乙辛과 같이 乙辛으로 충거하므로 병 주고 약 준다고 하던가? 따라서 편부 乙 木은 항시 보호하여 주는 척하면서 엄청난 대가를 요구하고 그것도 안 되면 공갈협박으로 乙己乙○와 같이 己土를 허물어버리고마니 정부 에 의하여 패망하는 이유가 여기에 있는 것이다.

●己土가 丙火를 만나면,

○己丙○으로 火생土로 멋지게 잘 들어온다. 온난지토가 되어 만물 을 자생(滋生)하며 또 양지의 전답으로 옥토(玉土)가 되나 태과는 조 토로서 토열(土裂)이 되므로 종내는 병이다. 庚金상관을 ○己丙庚과 같이 火극金으로 제거하여 허욕은 물론 위법행위를 막고, 辛金식신을 ○己丙辛과 같이 丙辛으로 합거한다고 하나 다시 합화水하여 재를 발 생하니 이제야 어머님의 깊은 뜻을 알 것 같으며, 木이 있으면 木생火, 火생土로 관인 상생하면서도 나무를 불태워 전답의 밑거름을 되게 하 니 이를 두고 서일건곤(瑞日乾坤)이라고 한다. ○己丙甲의 경우다. 상

서로울 서, 태양, 하늘, 땅이 서일건곤이다. "태양은 오직 나를 위해 존재하고 있는가 보다."의 의미다. 이러면서 세상을 살아가고 있는 좋은 팔자다. 여자라면 己의 애인은 甲인데 丙엄마가 중간에 끼어있다. 甲이 己 만나려면 항상 장모 되는 丙을 통하지 않고는 만날 수 없다. 고로 甲은 무조건 丙부터 꼬셔야 한다. 또 壬水정재를 ○己丙壬과 같이 丙壬충으로 충거함은 불리하나 공부 중에 또는 어머님 앞에서 어찌 처를 내세우겠는가. 만약 辛己丙甲의 사주라면 할아버지는 부모를 도와주고, 부모는 나를 도와주고, 나는 자식을 도와주고 상부상조하고 있으니 상생으로 얼마나 좋은가? 세상 사는 데 막힘이 없다.

● 己土가 丁火를 만나면,
火생土 따뜻한 열기로 만물을 양육케 하니 음생음 또는 火土공존의 진의가 여기에 있다. 丙은 한꺼번에 따뜻하게 하고, 丁은 차근차근따뜻하게 한다. 항상 丁과 己는 같이 살고 죽는다. 丙과 戊가 같이 살고 죽는다. 丁은 己에게 편인으로 계모·서모인데 ○己丁癸와 같이 편재 癸水를 丁癸로 충거하여 편처와 횡재를 없애고, 壬水정재를 ○己丁壬과 같이 丁壬합거하나 다시 합화木하여 관을 발생, 己를 취직시켜 주고, 명예를 주니 어찌 편인이라고 하여 모두 나쁘다고만 하겠는가?
그러나 丁火도 태과하면 ○己丁丁과 같이 필경 조토가 되고 마는 법이고, 인(人)의 장막이 되니 무엇이든 태과불급(太過不及)은 개위질(皆爲疾)이라는 것을 다시 한 번 명심하기 바란다. 여기서 태과보다는 불급이 더 낫다. 모자라면 보태주면 되지만 지나친 것은 조절하기가 어렵다.

● 己土가 戊土를 만나면,
비겁으로 신약에는 희(喜)하나 신강에는 병이 되므로 기(忌)하며, 적은 흙이 큰 흙을 만나니 戊에 가리워서 己의 존재를 잃게 된다. 편재 癸水를 ○己戊癸와 같이 戊癸로 합거요, 壬水정재마저 ○己戊壬과 같이 土극水로 제거 방해하고 있으니 횡재는커녕 내 몫마저 없어지는데 이러한 때에는 정관 甲木에 호소하여 ○己戊甲과 같이 木극土로 제거, 본인의 권리를 찾아야 하니 남자는 상관(上官)이나 자손을, 여자는 부군에 의지하여 매사를 풀어나가야 한다. 즉 비견겁이 많은 팔자는 관살로 모든 것을 해결하라는 것이다.

비겁년에는 항상 뺏긴다. 己土일주가 戊년에는 모든 것을 뺏긴다. 돈, 마누라, 권력, 명예 등 모든 것을 뺏긴다. 자식 교육도 용의 꼬리보다는 뱀의 머리가 되도록 교육하라.

● 己土가 己土를 만나면,

비견으로 나와 같은 것이 되니 신약에는 보토(補土)로 희(喜)하나, 정관 甲木을 ○己己甲과 같이 합거 다시 합화土하므로 취직 부탁하였다가는 사기 당하며, 또 ○己己癸와 같이 쟁재(爭財)에 ○己己甲과 같이 투합(妒合)이라 매사에 방해가 되니 중화를 이루기가 이다지도 어렵단 말인가. 여자는 탈부(奪夫) 되고 남자는 자손이 바람나니 어찌 자기를 모르고 상대방만 탓하고 있는가.

己土가 취직하려고 옆의 己에게 부탁했다. 알았다고 해놓고는 나중에 보니까 제 취직자리 알아보고서 먼저 甲己합으로 취직했다. 여자면 친구 남편인 甲木과 甲己합으로 배맞아서 도망간다. 己土가 임신해서 여동생 데려다 놓았더니, 甲己합으로 제 서방하고 놀러다녔다. 己己甲의 경우라면, 무조건하고 서방 뺏기고 사는 팔자이다. 나의 팔자가 남편이 바람피라고 되어 있다. 3일에 한번씩만 甲己합하라고 했다. 팔자가 그러니 욕심부리면 안 된다는 것이다.

●己土가 庚金을 만나면,

상관으로 위법행위이고, 정관을 상하게 하고, 편도를 가고, 청개구리에 해당하고 데모 앞잡이이고, 동으로 가라 하면 서로 가고, 석양의 무법자이다. 己土일주가 庚년이면 상관년이다. 썩을 놈의 세상, 이래도 한세상, 저래도 한세상이다. 정관 甲木을 ○己庚甲과 같이 甲庚으로 충거하고, 편관 乙木은 ○己庚乙과 같이 金극木으로 제거하여 주는 척 하면서 乙庚으로 합화金하여 土기(氣)를 설기시키니 관은 멀어지고, 엉뚱한 水재를 金생水로 생하여 금전에만 집착할까 염려되나, 土왕에는 설정영(泄精英)이라 밭갈이 하다 광맥을 발견한 것과 같으며 또 오곡(五穀)을 결실케 하니 밭의 철분은 필요악인가. 己土는 음토요, 庚은 양金이니 적은 土가 큰 金을 계속 설기해야 하니 어찌 하오리까.

○己庚\
午未申午 의 경우, 己土가 申월의 가을이지만, 아직은 더운데 午未午가 있어서 무지하게 덥다. 다행히 申에 壬이 있으니 서늘하여 좋다. 午未火국으로 목마른 사람이 申의 壬으로 물 마셔야 한다. 土생金으로 좋게 된다. 때로는 木이 많아도 金극木으로 제거하여 겁날 것이 없는데 만약 중화를 실도하면 金木상전에 죽어나는 것은 土가 되니 이를 두고 고래 싸움에 새우등 터진다 한다.

○己庚○\
○○申寅 의 경우, 여자라면 庚申은 자식이고, 寅은 서방인데 아들과 서방이 寅申충에 걸렸고, 金극木이 걸렸다. 자식과 남편이 만날 싸우니 나는 어느 편에 가야 하나? 고래 싸움에 새우등 터진다. 이런 경우에는 土생金으로 첫자식 낳고서 寅申충으로 바로 이별한다. 고로 여자가 상관이 많으면 해로 못 하고 시집가기 힘들다.

●己土가 辛金을 만나면,

식신으로 乙木편관을 ○己辛乙과 같이 乙辛으로 충거하고, 丙火정인을 ○己辛丙과 같이 丙辛으로 합거하나 다시 화(化)水하여 재를 발생하니 이는 좋은 일 많이 하면 재앙도 소멸될 뿐더러 식록까지 생긴다는 것을 말해주고 있으며, 또 남자는 丙火 어머니와 辛金 장모가 좋게 나의 생활에까지 걱정을 아끼지 않고, 여자는 친정의 재산이 본인에게도 돌아옴을 이야기하여 주고 있는 것이다.

또 여자라면 辛은 딸, 丙은 사위인데 丙辛합화水로 딸내미 시집 잘 보냈더니 사위와 합심하여 나에게 돈 갖다준다. 또한 남자라면 辛은 장모요, 丙은 어머니다. 장모와 어머니가 합심하여 사업자금을 대준다. 이때도 월에 辛이 있으니 장모가 주도하여 어머니 설득하여 사업자금 해주게 된다. "안사돈! 사위도 자식인데, 우리 서로 합해서 사위 돈 좀 보태줍시다."하고서 돈이 생긴다. 그러면 여기서 돈의 숫자는 얼마나 될까? 水는 1·6이므로 1인가? 6인가? 둘 丙과 辛이 합했으니 음·양이 합한 것이고, 고로 생수(生數)가 아니고 성수(成數)이니 6의 숫자가 된다. 생은 시작이요, 성은 이루어진 것이다.

만약 甲己○○의 경우는 己土일주가 甲己합하여 土가 되는데, 그 土가 양이냐 음이냐? 이럴 때는 일주가 양이면 변화된 오행은 음이고, 일주가 음이면 변화된 오행은 양이 된다. 그러나 위의 것은 丙辛이 水로 변하는 것이므로 甲己합土로 변하는 것과는 차이가 있다. 즉 일주가 변해서 된 것이 아니고, 己를 떠나서 다른 음양이 변화된 것이다. 여기서 답이 나와야 한다.

● 己土가 壬水를 만나면,
정재로 신왕에는 희(喜)하나, 신약에는 토류(土流)될까 염려되며, 己는 적고 壬은 크니 욕심부리지 말고 남자보다 마누라가 더 잘났으니 마누라에게 모든 것을 위임해야 한다.

○○己壬○
○○子子 의 경우, 물이 너무 많아서 동짓달의 흙이니 토류가 되고 꽁
꽁 얼었다. 己가 壬에게 장가갔는데 壬子로 水가 많은 여자다. 출신이
술집 여자로 장가 잘못 갔다. 완전히 토류가 되어서 말로가 비참해진
다. 여자라면 재가 시어머니로 시어머니가 너무 억세고 극성맞아서 시
어머니 떠받들기가 어렵다. 시어머니만 보면 꽁꽁 얼어서 쥐구멍 찾아
야 하니 어쩌나?

언제든지 남자는 정재년에는 가정적이 되고 마누라 고생한 줄 알고
마누라 아낄 줄 안다. 항시 마누라가 마음속에 지배하게 된다. 원래 여
자는 잔정이 필요하다. 가끔가다 손잡아주면서 위로해주면 엉켰던 것
이 다 풀어지는 게 여자이다.

또 丙火정인을 ○己壬丙과 같이 丙壬으로 충거하고, 丁火편인과는
○己壬丁과 같이 丁壬합화木으로 다시 己土 나를 공격하여 오니 장가
잘못 가면 그 말로가 어떠하다는 것을 말해주고 있으며, 여자는 시모
가 친정을 괴롭히고, 종내는 시모로 인하여 부군과도 사이가 멀어지니
시집가거든 시모에 순종할 것이다.

● 己土가 癸水를 만나면,

신약에는 동토요, 토류로 기(忌)하나 신왕에는 적당한 우로수(雨露
水)를 만나 만물을 생육케 하고, 또 편인 丁火를 ○己癸丁과 같이 丁
癸로 충거하며, 戊土비겁을 ○己癸戊와 같이 戊癸로 합거함과 동시에
다시 합화火하여 火생土로 일간을 도와주니 어찌 애인이라고 모두 나
쁘다고 하겠는가? 己土에 癸水는 편재로 애인인데 적은 흙에 적은 물
이 들어오니 배합이 잘 되고 적당하니 좋다. 편재 애인이라고 나쁜 것
은 아니라는 것이다. 壬水 큰 물이 들어오면 겁이 먼저 난다.

그러나 癸水도 ○己癸癸와 같이 너무 많으면 싱류에서 물이 너무 밀려오니 수해 위험이다. 이것도 음지전답이다. 水는 밤이고 또한 동토(凍土)니 고로 농사 못 짓는다.

土에서도 음지냐 양지냐, 지층이 두터운가 얇은가, 조토냐 습토냐, 土생金할 수 있나 없나 등등을 구분해서 응용할 줄을 알아야 한다. 사주에 火가 없으면 음지이고, 火가 많으면 양지면서 조토다. 土가 많으면 두텁고, 토가 부족하면 지층이 얇다. 같은 土라도 土생金을 할 수 있나 없나? 사주에 土가 많으면 土생金은 저절로 되고, 土가 부족하면 土생金 못 한다. 또한 조토는 土생金 못 한다는 것도 알고 있어야 한다.

다음은 己土를 지지로 대비하여 살펴보자.

● 己土가 子水를 만나면,

土극水로 편재요, 절궁이 되고, 동토에 토류요 음지전답이 되므로 土로서의 임무를 상실하고 있다. 己土가 子水를 만나면, 맥을 못춘다. 내가 극한다고 무조건 이기는 것은 아니다. 戊 · 己土가 子水 만나면 손발이 얼고 춥고 배고프다. ○己○○의 경우, 己土는 동토요, 음지전답이니 아무짝에도 못 쓴다. 그러나 己가 조토로 왕하고 있을 때는 습기를 가하여 윤택하게 하여주므로 없어서는 안될 귀중한 성(星)이 된다. ○己○○의 경우라면, 子水가 아주 귀중한 역할을 한다. 巳火라는 낮만 있는데 子밤이 왔으니 음양이 균형을 이루고 火생土로 어머니와 살다가 土극水로 장가가니 그것도 좋다.

● 己土가 丑土를 만나면,

비견이요, 같은 土로서 힘이 될 것 같으나 金의 고(庫)요, 동토(凍土)
가 되어 일말(一末)의 의지처도 될 수 없으니 애당초 믿지 않음이 좋
다. 아무런 힘이 못 된다. 고로 己土는 丑 만나도 별 볼 일 없다.

己丑일주

■ 특징 : 비견, 화개, 양궁, 상식고, 탕화살, 간여지동

己丑일주의 丑은 밤중의 흙이요 동토이니 내 것이 안 된다. 고로 丑
은 형제라고 믿었다가는 곤경에 빠진다. 같은 土이지만 의지가 안 되
고 도움이 안 된다. 己土는 전답으로서의 기능을 상실한다. 여자라면
얼어있는 흙이니 우수가 많고 자식의 한이 많고, 또한 己丑일 그 자체
만 가지고도 남의 자식 키워준다. 丑이 자식의 고(庫)로 자식의 집합
이니 동서남북에서 자식이 모여든다. 사업이면 육영사업이다. 유치원
선생이라도 해야 한다.

己土가 일지에 丑을 얻고 보니 비견이요, 또한 간여지동으로 일간이
왕할 것 같으나 丑土는 동토이며 金의 고장에 섣달이 되어 土이기 이
전에 金水로 봐야 하기 때문에 오히려 설기(泄氣)가 심하니 己土는 허
토가 될 수밖에 없다. 따라서 土生金은 잘 하나 土극水는 어렵고, 철분
이 과다한 전답이 되고 보니 가색의 공을 이루기가 힘들다. 화상의 흉
터에 언어가 거칠까 염려되고, 신용 부실에 의타심이 많으며, 경거망
동하기 쉬운데 신앙과 근면으로 착실하게 지구력을 가지고 매사에 임
하면 반드시 복이 찾아올 것이다. 건강은 풍(風)・습(濕)에 장질(腸
疾)・비위(脾胃)・요통인데 과음이 원인이고, 세상을 비관하여 음독
이 염려된다.

남방으로 약을 쓰면 효과가 빠를 것이나 무엇보다도 보온에 힘써야 하는데 보약보다도 좋을 것이며, 더불어 인력(引力)이 살아나므로 재수도 좋아진다. 학업은 도중하차 하겠고, 처궁은 부실하여 악처를 만나기 쉽겠으며, 그 처 역시 비관으로 고심이 많겠다. 자손은 공주가 많으며, 재복은 있으나 거부가 되기는 어렵다.

여명 또한 부궁이 좋지를 않으니 독수공방에 탈부(奪夫) 되고, 일지 비견탓에 의부증 환자가 되기 쉽다. 상식고를 놓아 타자양육도 인연이고, 자식 하나 일찍 보낼 수가 있으니 주의하여야 한다.

巳, 酉, 丑년에는 여행, 이사 등의 변화가 있겠고, 未, 戌년에는 위경련·수술·송사·화재 등을 주의해야 하며, 午년에는 신경과민·처첩과 부모의 걱정까지 생기겠다.

● 己土가 寅木을 만나면,

정관에 木극土 받아 붕괴되므로 己土는 죽게 되나 혹자는 戊土와 같이 寅중 丙火의 생조로 힘이 된다 하였으나 강렬지화(强烈之火)에 토열(土裂)이 되므로 불용(不用)이라 戊土와 다른 점이 여기에 있는 것이다. 己土는 寅木을 만나면 木극土 받아서 허물어지고 토질이 산성화되어 아무데도 못 쓴다.

단 寅중의 甲과 甲己로 암합한다. 따라서 己土가 아무리 木극土당해서 허물어져도 후회는 하지 않는다. 甲己합은 했으니까 그렇다. 甲木이 말하기를 "己土야, 봐라! 네가 나 따라 살면 木극土로 허물어져서 금방 죽는다." 그러자 己土가 "나는 당신의 품에서 죽는 게 최대의 소원이에요, 나 木극土해서 허물어지는 것 걱정 말고 甲己 합해주세요." 한다더라.

● 己土가 卯木을 만나면,

편관이요, 木극土로 己土 자체가 괴멸되므로 이름하여 살지요, 또 밭에 잡초가 많아 결실할 수 없어 12지 중 가장 싫어하기 때문에 己卯일에 출생한 여명은 중말년에 이별·파산함이 이러한 이유에서이다. 卯는 풍(風)이니 풍파 끼고 살고, 토질이 산성화되었고, 음지전답이다. 己卯일주 여자가 중말년에 이혼하는 이유는 일주가 중말년이므로 그렇다. 중말년에 卯라는 바람둥이 새 서방을 만나야 한다. 지형천리(枳荊千里)로 가시밭길 천리다. 연하의 남자다. 3·8木으로 여덟살까지이다. 卯는 바람이고 철쇄개금살로 활인업 즉 의사·법관·역학자와 인연이 깊다.

己卯일주 여자치고 해로하는 여자가 별로 없더라. 고약하다. 천인지(天人地) 모두를 가지고 있으니 고독하다. 원서에서 말하기를 "토입묘궁(土入卯宮)은 중말년에 정작회심(定作灰心)이라."하였다. 즉, 己卯일주는 중말년에 문득 마음에 재를 뿌린다. 회심곡을 읊어라이다. 여기서 원서를 해석할 때 정(定)은 '문득', 안(安)은 '어찌', 부(夫)는 '대개', 여(如)는 '가령'으로 해석하라. 참고사항이다.

이 이치대로 활용한다면 여자가 앉은 자리·일지에 정·편관 놓고 있는 자는 甲申, 乙酉, 丙子, 丁亥, 戊寅, 己卯, 庚午, 辛巳, 壬辰, 壬戌, 癸丑, 癸未로서 "남편궁이 나쁘네요. 중·말년에 이혼수 들어오니까 그 고비를 잘 넘기세요."한 마디 하라. ○㉣甲○/○卯○○의 사주를 보자. 본래는 甲과 卯를 비교하자면 甲은 양으로 크고, 卯는 음으로 적으니까 甲이 이기는데, 년주는 초년, 월주는 중년, 일주는 중·말년이므로 이 甲木이 卯를 이기는 시간은 중년까지만 해당된다. 중말년이 오면 甲木의 세상이 아니라 卯木의 세상이 오니 卯木에게 바톤을 넘겨주고 간다. 임무 교대다. 그런데 卯木이 甲木에게 "야 甲木아 결국은 내 마누라인데

그동안 중년까지 데리고 산 것이 미안하지도 않느냐? 빨리 가라."하고
서 안방 차지하고 안 내놓더라. 즉 자기 세상 만나니 卯木도 甲木에게
큰소리치더라.

己卯일주

■특징 : 편관, 장성, 패지, 철쇄개금, 문곡귀인, 박토(薄土), 음지전답, 기
묘(奇妙)

己土가 일지에 卯木을 놓아 살지(殺地)가 되니 木으로 종(從)하는데
己 는 전답이요, 卯木은 활목(活木)·습목으로 전답 밑에 초근(草根)
이 있는 형상과 같아 土의 값어치를 상실하므로 불용가색(不用稼穡)
이니 명리정종(命理正宗)에서도 己卯일만은 중·말년에 정작회심(定
作灰心)이라고 못을 박고 있다. 인정에 의하여 신용이 부실해지고, 항
상 일복은 타고났으며, 매사에 까다로우면서도 아집 또한 대단하다.
편식을 조심하고, 주위로부터 시기를 받으니 행동에 주의하여야 된다.
비록 학문에 열중하나 석독두용(石讀斗用)인데 문장력 하나는 좋고 신
앙에 독실하여 덕을 베풀며, 타인의 일을 많이 보아주나 돌아오는 것
은 별로 없다.

역학이나 의술로 만인을 구제하기도 하는데 명주(命主)가 좋으면 법
관·무관·체신·산림 등에 근무하고, 가급적이면 사업은 하지 않는
것이 좋으며 인내심과 지구력이 부족하니 그 힘을 기르는 것이 좋겠다.
어렸을 때는 잔질이 많아 부모 속을 썩였고, 비위가 약하여 수시로 복
통을 일으키며, 위산 과다에 소화 능력이 약하니 소식(小食) 위주가 바
람직하다. 처궁은 일지에서 극을 받으니 악처가 되기 쉬우며, 본인이
아니면 처에 풍류가 있고, 자손 또한 습목이 되어 발영하기 어려운데,

그 자손 역시 연애 박사가 될까 염려된다.

　여명은 부군 배신에 중·말년에 이혼하며, 유랑(幼郞)과 인연인데 3·8木으로 팔세나 차이가 있겠으며, 세번 시집가는 것이 본래 팔자이다. 土생金을 제대로 못하니 자손에 대해서도 기대하기 어렵겠다. 亥, 卯, 未년에 변화가 있으니 부부의 합하고 헤어짐도 당년에 일어나며, 酉년에는 사고·관재·송사가 있겠고, 子년에는 수술과 도화병이 염려되니 주의하여야 한다.

●己土가 辰土를 만나면,

　적당한 습기를 동반하여 가색의 공을 이룰 수 있으며 또 비겁이면서도 재고라 귀물이 되고 있으니 외형만 보고서 왈가왈부하는 것은 금물이다. 재고는 돈창고이고 금고다. 그러나 대신 처가 아프다. 병있다. 또한 반죽이 잘 된 흙이다. 辰土자체가 습토로 둥글게 뭉치면 둥글게, 모나게 뭉치면 모나게, 반죽이 잘 된 흙이다. 己土가 辰土 만나면 비겁이니 내 것을 뺏아가는 줄 알고 놀랐더니 재고가 되어서 묵은 돈을 모두 갚고 가더라. 고로 겉만 보고 말하지 말라.

●己土가 巳火를 만나면,

　인수로 火생土 받아 힘은 되나 과다(過多)는 조토가 되므로 불가한데 순수한 인수국이라면 좋은 기명(器皿)이 되므로 오히려 좋다. 己巳 자체만 놓고 보면 잘 구워진 흙으로 쇳소리가 난다. 巳 중 丙이니 7천도로 구웠으며, 巳 중 庚이 있으니 쇳소리가 난다. 효신살로 부모 모시고 산다. 또는 어머니를 일찍 잃기도 한다. 학문과 인연이 있다. 눈에 보이지 않는 것은 당사주로 巳는 천문성(天文星)이다. 공부와 글로 세월을 보내게 되어 있다. 巳 중에 庚인 상관이 있어서 여자는 비밀 자식이요, 남의 자식이다. 또한 여자는 그 이전에 인수니까 가문에 해당하고 친정이므로 친정 조카로 연결해도 된다.

己⑪己己의 사주가 있다. 己巳가 넷으로 연결되어 4己巳이니 발음 나
己巳己巳
는대로는 사기사(詐欺士) 즉 사기꾼이 된다. 따라서 사기사가 되어서는 안 되겠다. 火土로만 되어 있으니 화토중탁(火土重濁)으로 속세와 인연이 없다. 구도(求道)의 길을 가야 자기의 길을 간다. 오직 土인 신앙밖에 모른다. 실제로 이 사주 주인공은 장가 5~6번을 갔고, 그래도 이대생 아니면 장가 안 가고 예식도 일류 호텔에서만 식 올린다. 형·충이 없으니 쭉 빠졌고 아주 멋쟁이다. 己土로 키는 중간치고 코트걸치고 기사 하나 데리고 나서면 어떤 여자건 첫눈에 반한다. 땡전 한푼 없으면서도 기가 막히다. 그런데 말라있는 흙이니 水인 여자와 돈이 들어와도 못 살고 그냥 간다. 말라있는 흙에 주전자물을 부어봐도 흡수되어 버리고 흔적도 없다. 말라있는 흙에 일점의 水기를 넣으면 토열(土裂) 즉 찢어지고 갈라지는 것이 된다. 연탄불에 물 부으면 튀기는 것처럼 즉 스님들이 파계(破戒)하는 것과 같다. 그 아픔은 찢어지고 갈라지는 것이다. 비겁이 많은 사람은 모든 돈이나 살림이나 아끼면 똥 된다. 내 것이 생겨도 남들이 다 가져가 버린다. 비겁년 신수는 "무엇이든지 아끼면 똥 되니 알아서 하시오."한다.

己巳일주

■ 특징 : 문곡귀인, 외음내양, 정인, 지살, 효신살, 조토, 왕궁, 낙정관살

己土가 일지에 巳火를 얻어 왕하고 있으나, 이것은 조토가 되기 때문에 金水를 좋아하는 것이 원칙인데 때로는 己土가 조(燥)하여 전답으로서의 기능이 상실된 반면 巳 중의 丙火와 庚金을 이용하여 좋은 자

기(磁器)로 돌변하니 훌륭한 그릇이 될 것이다. 이와 같이 원칙을 벗어나도 얼마든지 조화를 이룰 수가 있는 것이다. 외음내양으로 겉으로는 약할 것 같으나 강직한 성격이며, 인물이 준수하고 멋쟁이다. 학문에 열중하여 겉으로는 허한 것 같으나 대화 속에는 많은 학식과 덕이 겸비되어 있으며, 화토중탁으로 신앙에도 독실하다. 유실자모(幼失慈母)에 모외유모이고, 어깨 너머 공부가 더 많은 도움을 주겠다.

해외 출입에 이사가 많으며, 이층 양옥에 차고까지 있고, 교통이 편한 곳에서 살게 되며, 항상 분주하게 살아가는데 조화가 비상하다. 관으로는 교육이나 언론, 또는 외국어에 능통하여 해외기관에도 적합하며, 사업으로는 학원·문화·전자·비철금속·토산품 등으로 성공을 할 것이다. 처덕은 있으나 모처불합은 면할 길이 없으며 타향에서 결혼의 인연이 있다.

건강은 혈압·위장병을 주의하고, 또한 수액이 부족하며, 변비가 따르니 수분 섭취는 다다익선이 되겠다. 여명은 부군의 사랑은 받으나 친모봉양이 흠이 되고, 자손은 귀하게 되나 중화를 실도하면 고독하며 독수공방을 면키 어렵다. 巳, 酉, 丑년에는 여행에 이사가 있겠고, 자손의 경사가 있으며, 亥와 申년에는 재앙이 발생하는데 수액·송사·차액·수술 등에 주의하고 戌년에는 신경과민과 실물(失物)이 따른다.

● 己土가 午火를 만나면,

火生土 받고 편인이며 관궁(冠宮)으로 기뻐하나 조토가 됨은 면할 길 없으니 화토중탁은 이를 두고 한 말이다. 조토는 불능생금이고 불용가색(不用稼穡)이다. 조토는 조화를 못 이룬다. 습토라야 다른 걸로 변질되어 조화를 이루게 되는데, 조토는 판에 박은 듯 그 자리에 있어야 한다.

● 己土가 未土를 만나면,

비견이요, 같은 土로 힘이 되는 것은 사실이나 조토가 되어 인색할까 염려요, 또 未중 丁火, 乙木으로 비록 관인을 얻었다고는 하나, 편이 되어 불용인데, 관고라 관의 항복은 쉽게 받을 수 있다. 관고는 남편과 자손의 한(恨)이다. 관고가 직업으로 보면 은행이나 보험이다. 관고 놓은 사람은 관의 항복을 쉽게 받을 수 있는데, 동사무소에 일 보러가면 그동안 쳐다보지 않던 공무원들이 "어서 오세요. 어찌 오셨어요?"하고 친절하게 가만히 있어도 서류 모두 떼어준다.

정(正)은 내 것이고 편(偏)은 대중의 것이다. 먼저 차지한 것이 주인이다. 대중의 것은 뭇 것이기 때문이다. 신수 볼 때 己土일주가 未년 만나면 관고의 해이다. 남자라면 자식의 근심걱정이 생기고, 여자는 남편이 병든다. 두 손을 묶어두는 것처럼 열중쉬어다. 심하면 과부살로 서방님이 간다. 그러므로 여자가 신수 보러 와서 한 마디 한다. "이놈의 양반이 일도 안 하고 먹고 놀기만 해요." "그래요, 이 양반이 뭘 모르고 사네. 금년에 당신이 과부 되는 운이요. 그렇게라도 서방이 놀고 먹으면서도 있어야 낫겠소? 아니면 그냥 가버려야 하겠소?"해보라. 병든 서방이라도 일꾼 아홉 몫은 한다. 즉 병든 서방이라도 있어야 한다는 것이다.

己未일주

■특징 : 비견, 화개, 쇠궁, 암록, 관고, 음인살, 현침살, 간여지동, 조토

己未일주 여자는 과부살이다. 간여지동이고 형제 한 자락 깔고 산다. 未월의 흙이고, 丁이 있어서 조토이고, 고로 인색할까 두렵다. 조토는 土생金 못하니 주고 싶어도 못 주니까 인색하다고 한다. 甲己○○ 戌未○○ 사주

가 남자라면 자손이 횡사한다. 연애 자금 거절하면 죽는다. 조토이니 水가 부족하여 水생木으로 물 달라 한다. 水=재로 안 주면 말라 죽는다는 것이다. 여자라면 서방님이 죽는다. 조토에 甲木서방 농사가 안 된다. 己未土가 가지고 있는 水인 돈을 서방이 달라고 해도 안 준다. 甲木서방이 戌未형으로 사고치고, 최후통첩으로 "네가 돈을 안 주면 나 감옥간다."해도 돈 안 준다. "당신이 저질렀으니 당신이 해결해요."한다. 己未인 조토의 마누라한테 돈 관리시키면 돈을 안 준다는 것을 알라.

己土가 일지 未土에 비견으로 득지(得地)하고 또한 간여지동으로 득왕하여 신강이 되나 未土는 火의 여기이니 조토가 되어 만물을 자생할 수 없음이 서운하다. 따라서 불용가색이요, 화토중탁이며, 土극水는 잘하나 土생金은 못 하니 처음부터 土생金을 해올 것이라고 믿지 않는 것이 좋다.

본심은 신의(信義)나 심술에 정복력이 강하고, 한없이 까다로와 비위 맞추기 힘들며, 아집이 대단하고, 의심이 많아 본인 이외에는 믿지 않으려 하니 자연고독을 자초하겠다. 신앙을 가지나 조토가 되어 오래 가지 못하며, 암록이 있어 암중으로 도움을 받는다고는 하나 조토를 조장하니 오히려 해가 된다.

부선망(父先亡)에 이복형제가 아니면 평생을 두고 형제로 인하여 고심이 많겠다. 건강하면서도 간담이 허약하고 비뇨기 계통에 질환이 있다. 관으로는 일지 관고로 재정계가 아니면 교육계에서 입신하고, 사업으로는 종교·부동산·토산품 등에서 성공하나 水가 재가 되어 자꾸 흘러나가니 관리를 잘 해야 되겠다. 처궁은 간여지동이 되어 부실하고, 잔질이 있으며, 의처를 하면서도 탐색(貪色)을 하는 데는 일가견이 있다. 자손은 일지관고가 되어 기르는 데 어려움이 많고, 자손이 본인의 조토에 성장하지를 못하기 때문에 귀자를 두기 어려우니 자연 대화마저 단절이 되기 쉽다.

여명 또한 부군의 작첩에 독수공방하는데 아니면 부군 셋은 만나야 하고, 심하면 불구자손에 부군(夫君) 또한 같으며, 비견으로 손해이니 친구를 조심해야 한다. 몸에 흉터가 있겠고, 침술에도 소질이 있는데 간호원으로 입신하면 다소 안정된 생활을 할 것이다.

●己土가 申金을 만나면,

상관으로 도기(盜氣)라 허토, 박토가 되어 희생만을 요구할 뿐이다. 흙으로 변색되고 철분과다로 농사가 안 된다. 상관으로 극관하니 위법 행위다. 관을 친다. 申월 己土 일주이면 申은 상관으로 여자라면 아들인데, 申 자체는 지지니까 土生金 안 받아도 사는데, 못된 자식이 연약한 己土엄마에게 土生金 안 해준다고 희생만 강요하고 윽박지르니 자식 하나 잘못 만나면 애미 생각은 조금도 안 하더라.

●己土가 酉金을 만나면,

식신 즉 옷과 밥이요, 명예가 되나 土生金으로 허토가 됨은 면할 길이 없는데, 만약 土왕이라면 木보다도 더 좋으니, 이는 밭 갈다가 금(金)을 얻었음이라 횡재요 또 하루 아침에 출세함이 여기에 있다. 만약 ○己○○ _{辰酉午巳}이라면 火生土 잘 받고 있어서 양지의 땅이다. 밭 갈이 하려다보니 뭐가 걸리더라. 보았더니 酉金이라는 광맥이 보이더라. 노다지캔 것이다. 辰은 습土니까 일부러 이 사주에 넣은 것이다. 만약 ○己○○ _{午酉午巳}라면 팔자 버린다. 酉는 고립되고, 조토는 土生金 못하고 금맥이라도 매장량이 없다. 그것만 쏙 빼내면 나머지는 보이지가 않는다.

己土일주가 사주에 巳나 酉나 丑을 만나면, 영리하다. 이런 사람은 학문과 인연 있고, 그 중에서도 암기력 하나는 끝내준다. 己巳일주, 己

丑일주, 己酉일주든지 巳 · 酉 · 丑시에 태어나면 암기력이 좋아서 눈에 보이는 것은 무엇이든지 그대로 기억해낸다. 아주 일가견이 있다. 己酉일주는 잘 하면 밭갈이하다 노다지 캐는 것이다. 酉金은 금은주옥이다. 가끔가다 횡재도 한다. 己酉, 己丑일주는 집에 가면 금불상이나 종교물이 있다. 酉金은 절, 금불상으로 통변한다.

己酉일주

■특징 : 식신, 장성, 사궁, 문창귀인, 철쇄개금, 종아격

己土가 일지에 酉金을 놓아 사지요, 금다토변이니 종아격이면서도 청백함이 돋보이고, 또한 겉은 흙이나 지하는 보석광맥이 당권을 하고 있어 전답보다는 금광으로 개발하는 것이 유익하게 되어 있으니, 본래의 목적을 바꾸어 편법(便法)으로 출세함이 빠를 것이다. 신의가 있고, 위타진력(爲他盡力)하며, 신장은 작으나 단단한 체구로 달리기를 잘하고, 좋은 문장력에 암기력이 비상하다. 일지장성으로 아집이 대단하고, 강자에게는 강하고 약자에게는 약한 것이 특징이기도 하다. 부모와 형제의 덕이 별로 없어 자수성가를 해야 할 것이다.

관으로는 교육 · 법정에 입신하며, 사업으로는 의약 · 식품 · 육영 등이 좋은데 원래가 청격(淸格)으로 재복은 주지 않았으니 탐재하지 말고, 일단 지출해야 재가 들어온다. 처덕은 좋으나 일지도화가 있어 여난(女難)은 면키 어려우며, 본인이 출세를 하면 자손은 귀해지기 어렵고, 타자양육도 해본다. 건강은 위하수와 기가 약하여 잘 놀라고, 간질환, 요통에 주의해야 한다.

여명은 부덕이 없어 독수공방을 하는데 이는 자손 위주의 생활이 원인이며, 본인의 신장이 작으면 신랑의 키는 크겠고, 직업은 교육계 · 의

사와 인연이 되는데 타자양육이 지나쳐 작은 고아원이 될까 염려되니 희생도 좋지만 본인의 건강에도 신경을 써야 할 것이다. 巳, 酉, 丑년에는 변화가 있겠고, 卯년에는 좌불안석에 사고·관재 등을 주의해야 하며, 子년에는 신경과민이고, 寅년에는 원한을 사지 말아야 한다.

● 己土가 戌土를 만나면,

비겁이요, 같은 土로서 힘이 되는 가운데, 생아자 인수가 집합이라 즉 인수의 고장이라 己土를 도우니 한없이 기쁘다. 인수고이면서 火의 고장이니 어머니의 한이고 한문 공부, 종교, 철학 공부다. 또한 인수고장은 돈 많이 벌면 멋지게 한옥 지어 놓고 살 것이다. 만약 $\begin{smallmatrix}○○丙○○\\○申未○\end{smallmatrix}$의 경우라면 未는 인수의 고이고 申은 역마지살로 해외니 신·구를 겸해서 살고자 한다. 겉은 한옥이고 내실은 양옥으로 꾸며놓고 살고 싶다 한다.

그리고 戌土가 태과면 조토가 되고 土가 굳어 암석으로 변화하고, 음·양이 혼합되어 잡(雜)이 되므로 불가하다. $\begin{smallmatrix}○○己○○\\戌○戌戌\end{smallmatrix}$의 경우라면 土가 많아서 암석이 된다. 戌이 火의 고(庫)이니 썩은 바위다. 불 먹은 바위요, 불 먹은 흙으로 손으로 만져도 툭툭 떨어지는 흙이 된다. 己는 음이요, 戌은 양이니 음과 양이 섞여 있다는 것이다. 잡(雜)이라고 한다. 정(正)과 편(偏)이 섞여 있는 것이다. 왜 己가 戌을 만나니 잡(雜)이라는 소리가 나오는가? 辰과 戌은 잡기이다. 辰에는 乙·癸·戊, 戌에는 辛·丁·戊가 있다. 戊는 양이고 乙·癸·辛·丁은 음이니 서로 음양이 섞여 있다. 고로 辰·戌을 잡이라고 한다. 초록은 동색이라고 丑과 未도 같이 따라 들어가서 잡기라고 하는 것이다.

● 己土가 亥水를 만나면,

정재라고는 하나 토류되어 실근(失根)이라 꼼짝 못하고, 음지이고 亥

월이니 겨울의 동토로도 볼 수가 있다. 그러나 土왕시에는 亥중의 壬·甲의 재관 2덕을 얻어 최길인데 甲己암합은 면키 어렵다. 己亥일주 남자면 총각득자이다. 가령 ○己○○
子亥午午 의 사주라면, 亥水가 이 사주에서 길작용을 하는데, 午월의 바싹 말라있는 흙에서 亥·子水가 있으니 습土가 되고, 물이 핵심이니 가뭄에 단비가 내린다. 水용신인데 만약 ○己○○
○○午午는 이 자체만으로는 조토이므로 가볍기가 짝이 없다. 출랑바가지다.

그런데 ○己○○
子亥○○를 따라갔더니 水는 재이고 마누라이다. 결혼하고 나더니 하루 아침에 사람이 달라져 버린다. 이때는 출랑바가지에 가볍게 노는 것이 아니라, 점잖게 또한 무게있게 논다. 水는 재·마누라이니 주머니에 돈이 없으면 출랑바가지더니 돈 있으니까 팔자걸음으로 걸어가는 게 가관이더라. 그러나 亥중 甲과 암합은 면할 수 없다. 己土가 亥중의 壬水여자 건드리면 甲木자식이 같이 온다. 고로 총각득자이다. 己亥일주 총각이 신수 보러 오면 "총각, 앞으로 조심하시오. 여자만 손댔다 하면 그때는 잉태해 가지고 식겁할 것이니까." 하고 한 마디 하라.

여자라면, 亥중 壬·甲으로 정재·정관을 놓고 있지만, 정재·정관이 아무리 내 거라지만 亥는 밤이고 비밀이므로 몰래 벌고 몰래 만나니 甲木이 정관이지만 정부(情夫)로 봐야 한다. 정부란 남의 서방이 내 것이다. 남의 서방이 내 것으로 둔갑해 보이는데 이 노릇을 어찌할까? 오행으로 물속의 木이고 육친으로는 재속의 남자니 멋모르고 남자가 맛있는 음식 사준다고 따라갔다간 甲己합으로 꼼짝없이 당한다.

亥는 또한 바꾸기 좋아하는 교체 심리가 있다. 고로 己亥일주 여자는 죽었다 깨어나도 혼자 못 산다. 그만큼 성감이 발달해 있다는 것이다. 가령 己亥일주가 亥일날이면 멋지게 화장하고 외출한다. 그래서 물어보았다. "어디 가요?" 그러자 土극水로 재니까 "음, 누가 밥 사준다고 해서 가요."한다. 그러나 역학을 아는 사람은 "썩을 년, 밥 사주기는 무슨놈의 밥을 사주노? 애인 만나러 가면서. 귀신을 속이지 나를 속이려고?" 즉 水는 甲으로 집중되니, 水생木으로 甲 만나러 간다. 이걸 응용해보면, 己土일주 여자가 亥년에 신수 보러 왔다면, "금년에 애인 하나 생기겠네요. 亥월달에" 또한 己土일주 여자가 亥년에 장사하겠다고 신수 보러 오면 "장사야 하는데 틀림없이 남자 애인 하나 생길 텐데 감당할 수가 있겠소?" 그럴 리 없다고 콧방귀 뀌고서 가더니, 몇달 후에 와서 묻는다. "정말 남자가 따라다녀요. 어떻게 해야 되지요?" "어떡하긴 뭘 어떡해?" 제 서방 두고 마음 굳게 먹어야지!

己亥일주

- 특징 : 정재, 지살, 절지, 천문성, 나망살, 외양내음, 암관합, 관귀학관, 재관동림

己土가 일지 亥水로 절지요, 土능극(能尅)水이나 수다토류(水多土流)로 종재가 되는데 亥水는 木의 장생지요 또한 亥중에 甲木이 있어서 종재는 변하여 종살이 되며 명주(命主)만 왕하다면 재·관 2덕을 쉽게 얻어 길명(吉命)이 된다. 처세가 좋고, 영리하며, 추리력·상상력이 좋아 선견지명이 있기 때문에 남보다 한 수 앞서가며, 또한 꿈이 잘 맞으니 생활에 도움이 되겠다. 戌·亥 천문성(天門星)으로 신앙에 독실하며, 외음내양이니 실속은 있다고 보나 일간이 허약하면 허경(虛驚)에 미신 숭배를 하다가 무당이 될까 염려된다. 재성에 지살이 동림(同臨)하고 있어서 외식을 즐겨 하고, 항상 분주하며, 해외 출입도 하여본다. 모선망에 타가기식(他家寄食)이요, 형제는 고독하다.

건강으로는 비위가 약하고, 요통으로 고생해 보며, 시력과 심장의

약함도 원인은 위장에 있으니 위장병을 다스려야 몸이 건강해진다. 관으로는 재정·외교 또는 외국상사·외국공관에 근무하는 것이 좋고, 사업으로는 무역·수산·원양어업 또는 운전·식품 등에 좋으나 가공업보다는 완제품의 대리점 등이 더 좋다.

외화 획득으로 국익에도 이바지하는데 승진도 남보다 빠른 편이다. 재관동림으로 총각득자하고, 국제 연애도 해볼 것이다. 여명은 연애결혼에 부군도 귀하게 되나 주중이 부실하면 국제 연애에 남편에게 의심을 받고, 정통 도주하며, 남자가 많이 따르겠다. 나망살로 결국은 본인 스스로 묶는 결과를 초래하게 된다.

다. 己土희기론

己土는 유약(柔弱)하니 戊비(比)와 丙인(印)은 사시(四時)를 물론하고 길신이며 강목(强木)을 꺼리지 않는다. 甲木과 합이 되는 연고이다.

춘절기토(春節己土)는 전원(田園)의 약토(弱土)와 같으니 火로 온화케 하면 토질이 윤기(潤氣)요 壬水를 꺼린다. 홍수(洪水)가 오면 전반(田畔)이 파열되리니 戊土로 제방함이 길하다.

하절기토(夏節己土)는 화가(禾稼)에 전토(田土)니 癸水가 없으면 한전(旱田)이요, 丙火가 없으면 고음(孤陰)이 된다. 순수(順水)를 기뻐하며 태양이 조후(調候)하면 지윤천화(地潤天和)가 된다.

추절기토(秋節己土)는 만물이 결실에 한기(寒氣)는 점차로 나오고 온기(溫氣)는 물 건너가니 火로 온토(溫土)하고 癸水로 토성(土性)의 습기를 보전하면 귀격이다.

동절기토(冬節己土)는 니습(泥濕)으로 한동(寒凍)하니 태양을 가장 기뻐하며 丁火는 지지에 寅巳午 등이 있어야 효력이 있고 金水는 꺼린다.

7. 庚金

가. 庚金총론

庚金은 木火양과 土의 과도기를 지나서 음이 당권(當權)하기 시작하고 또 己음에서 庚양으로 변화하고 있음을 말해주고 있으나 金水인 庚으로 온 것이고 기실은 음이 양으로 바뀌어 있는 것 뿐이지 음에 속한다. 木火는 양이고 金水는 음이다. 다시 말하여 金水는 본체가 음인데 庚이 양이라는 뜻이며 계절로는 추절이요, 추절에는 서리가 내려 모든 초식을 살상하기 때문에 천지 숙살지권(肅殺之權)을 장악하고, 겉으로는 서늘하나 속으로는 조(燥)함이 金의 본성이기도 하다.

가을에 서리가 내리면 무조건 1년생 풀은 모두 죽는다. 단, 다 큰 나무는 죽이지 못한다. 나무는 강자요, 풀은 약자로 보자면 庚金은 약자한테는 얄밉도록 나쁜 짓 하는 데 일가견이 있다. 숙살지기 즉 죽이는 것이다. 고로 金일주는 살기가 등등하다. 나쁘게 연결하면 살심(殺心)이다. 눈에 살기가 있다. 손때가 맵다. 즉 뺨 한 대 잘못 때리면 살인으로 간다.

겉은 차가우나 속은 건조하다. 가을은 건조의 계절이므로 고로 가을에 난 사람은 건성 피부가 많다. 가을은 金에 해당하니 하얀색 피부는 모두 건성 피부다. 그리고 갱(更)이다. 바꾸기다. 바꿔바꿔다. 나무로 비유하면 가을 만나니 성장 정지다. 고로 그 자체가 바뀌는 것이다.

그리고 혼자 애국자다. 저는 의리의 사나이라고 한다. 책임감 하나는 강하고 모든 일에 마무리 잘 한다. 金은 열매요, 결실이니까 그렇다. 단, 본인으로 인해서 타인이 피해 보는 것을 죽기보다 싫어한다. 고로 金일주를 항복시키려면 "네가 잘못된 것은 이 애비가 교육을 잘못 시켜서 그러니 벌은 내가 받는다."하면 무릎꿇는다. 사업 한다면 줄 것은 다 주는데 받을 것은 못 받는다. 그러니 무슨 사업을 하겠는가? 또한 쓸데없는 의리로 인해서 남의 죄를 대신 뒤집어 쓰고서 감옥 간다. 쓸데없는 의리 지키지 말라.

형이상학(形而上學)으로는 풍상(風霜)이다. 바람과 서리이다. 바람이니까 金일주도 끼가 있다는 것이다. 만약 사주가 잘못 되면 "만고풍상을 겪어야 할 팔자네요."한다.

그리고 백기(白氣), 박우(雹雨), 백운(白雲), 횡(橫)이고 또 만물을 견고하게 하여 결실케 하는 것이 金기(氣)이다. 고로 金일주는 체중이 다른 일주보다 더 나간다. 형이하학(形而下學)으로는 철(鐵)로 아직 제련되지 않은 무쇠에 비유되고 있다.

고로 庚金은 무쇠덩어리로 火를 제일 좋아한다. 金은 火를 얻어야 비로소 종정지기(鍾鼎之器)가 되므로 두들기면 소리가 나고, 생명을 보존하게 되는데 또 그렇다 하여 금약(金弱)에 화다(火多)면 반괴(反壞)되어 상하고 만다. 金이 火를 얻어 종정지기가 된 경우, 이를 병경성(丙庚星)이라 한다. 庚金이 용광로인 丙火를 만나 좋은 그릇이 되어서 제구실을 한다. 병경성인 사주의 특징이 있다. 음성이 좋다 "아이구, 그 놈 음성 하나 백만불짜리네요."한다. 음성에 에코 즉 울림이 있다. 종소리 같이 울린다는 것이다. 정치를 하는 그릇이다. 많은 이에게 울림을 줄 수 있기 때문이다. 법 전공이 많다. 검사면 그 음성이 좋아 죄인들이 쉽게 굴복한다.

그러나 火가 너무 많으면 반괴되어 파괴되고 망가진다. 퓨즈가 나가고 열매가 곯아서 빠진다. 丙庚丙丙이라면 병경성이 아니다. 火인 관살이 많으니 金열매가 나를 극하는 병(病)이 많아서 병든 열매가 되니, 저걸 먹었다가는 모두 병원 가야 한다. 칠살(七殺)은 귀(鬼)요 병(病)이다. 고로 사람들이 전염될까 봐서 오지도 않고 기피한다는 것이다.

다음 금왕(金旺)에는 수기(水氣)를 만나야 예봉(銳鋒)을 꺾기 때문에 가(可)하다. ○庚辛○_{申子酉丑}의 경우, 金을 즉 칼로 본다면 시퍼렇게 날이 선 칼날 즉 예봉이 申子水국의 水를 만나서 그 냉각작용으로 예봉을 꺾는다. 따라서 대단한 자제 능력으로 종교에 귀의하는 팔자이다. 자제 능력 즉 자기 컨트롤을 한다. 강한 쇠라도 水의 냉각작용에 의해서 마음대로 늘렸다 굽혔다 할 수가 있다. 金약(弱)에 수다(水多)면 물에 쇳덩이가 퐁당 빠진다. 수다금침(水多金沈)된다.

또 金이 지나치게 강하고 견실하면 금실무성(金實無聲)으로 金의 임무를 상실하게 되므로 이를 두고 태강즉절(太剛則折)이라고 한다. 즉 쇠가 속이 너무 꽉 차 있어서 소리가 안 난다. '내가 누구요.'하고 이름 석자 세상에 내놓을 수 없다. 세상 살기 힘들다. ○庚○○_{酉申酉申}의 경우라면, 딱 한군데 갈 데가 있는데, 권투선수 하면 좋다. 여자도 金일주에 金이 많으면 싸움 좋아한다. 또 토다(土多)에는 매금(埋金)된다. 그러나 지지 득근(得根)은 염려할 것 없다.

○庚○○_{戌戌戌戌}의 경우 토다매금(土多埋金)으로 庚金이 묻혀 있다. 토가 많고 인수로 제 집이니까, 토굴 파놓고 살면 좋다. 매금 되면 金은 치아고, 土는 맛이 달다. 고로 어렸을 때 단 것 많이 먹으면 치아가 녹아버린다. 즉 부모 때문에 자식 庚이 망한다. 土인 부모 때문에 金자식이 아무 행세 못 한다. 그러나 가령 辛酉일주나 庚申일주라면 土가 아무리 많아도 매금이 안되는데 자기가 통근하고 있어서 자기 주관이 있기 때문이다. 만약 辛酉에 土가 왔을 때를 대비한다면 丑이 오면 酉丑으로 金국이 되고, 辰이 오면 辰酉합으로 金국, 戌이 오면 酉戌로 金국, 未가 오면 조토는 土생金 못 한다.

또 金이 木을 극함은 사실인데, 木이 왕하면 오히려 金이 망가진다. 庚이 甲을 이기지만, 甲이 강하면 庚이 진다. ○庚甲癸_{○寅寅卯}의 경우, 金을 치아로 보고 金극木으로 金이 木을 치러 갔다가 오히려 상하게 되고 쇠가 부러진다. "네 분수를 알아라. 왜 金극木으로 木을 이기려 하느냐?" 그러자 庚이 말하기를 "남이야 전봇대로 이빨을 쑤시든지 말든지."하면서 金극木 못하는데도 자기가 이긴다고 우긴다. 여기서 金은 치아, 甲寅木은 전봇대로 응용한 것이다. 부부 관계로 보면 木은 마누라이다. 고로 마누라가 잘났고 남편이 못났으니 마누라에게 일임하면 얼마나 편한가? 그래도 무슨 일 생기면 마누라 탓으로 돌린다.

성격으로는 의(義)로워 우국우족(憂國憂族)하나 냉정하여 다중교제가 어렵고, 약자편에 서기 때문에 항시 손해를 보며, 조그마한 일에도 노할까 염려되고, 급하며, 변화가 무쌍한 반면, 중화를 실도하면 난폭하여 스스로 재앙을 발생시킬 수 있다. 그러니 똑같은 칼이나 장수가 쓰면 보검이라 나라를 구하는데, 악마가 쓰면 살상을 하는 것과 같은 이치라 하겠다. 庚金은 의리의 사나이다. 단, 의리는 남자가 지킨다. 여자는 의리가 제로라는 것을 알아라. 그런데도 金일주 여자가 쓸데없는 의리를 지킨다. 남자에게 정 주었는데 알고 보니 유부남이더라. 그래도 못 빠져 나온다. "이미 버린 몸, 나는 당신을 위해서 평생을 살아갈 테니 나만 버리지 말라."하면서 그 품속을 못 빠져 나온다. 이게 金일주 여자의 특성이다. 주의해라.

金생水로 水인 자식 낳아서 자식을 남편으로 알고서 평생 살아갈 수 있는 게 金일주 여자다. 金, 土일주는 무슨 공부를 하든지 끝장봐야 한다. 金일주 여자면 火가 관으로 남자고 전기인데, 金이 많고 火가 약하면 어떤 남자를 만나도 불감증이고 전기가 안 온다. 남자를 모른다. 金이 많고 火가 적으면 동선은 굵은데 전류가 약하니 전기가 안 오고, 火가 많으면 아무 남자나 봐도 전기가 오니까 날라리다.

金은 火를 만나야 좋으니 金일주 여자는 시집가면 얼굴색이 난다. 金

일주 여자가 둘이서 대화한다. 火가 많은 여자와 火가 없는 여자가 이성에 대해서 이야기한다. 火가 적은 여자가 火가 많은 여자에게 말하기를 "야! 이 년아, 너는 너 혼자서 여자 위신 다 깎고 다니냐?" 그러자 화가 많은 여자가 "그럼 어떡하냐? 남자 보면 전기가 자주 오는데?" 이런 식으로 하루종일 입씨름 한다. 각자 자기 경험으로 이야기하니까 그렇다.

金일주에 火가 있는데 꼭 水가 들어와야 한다. 金이 火 만나면 제련되는데 물에 담그지 않으면 金은 제련이 되지 않으므로 水가 있어서 강도 조절이 되어야 한다. 쇠를 火로 제련했는데 水로 강도 조절을 해야만 쓸 수 있다는 것이다. 원국에 水가 없으면 운에서 올 때 성기(成器)가 된다. 포크레인 끝의 땅 파는 쇳덩어리의 제련기술을 일본은 가르쳐주지 않아서 항상 뒷마무리는 일본에서 해온다. 이걸 역학으로 풀어보자면 염분의 농도가 중요한데 水는 1·6이고, 고로 1%, 6%, 10%, 60%중 하나일 텐데 아마 60%일 것이다. 1은 시작하는 생수(生數)이고, 6은 이루어지는 성수(成數)이므로 강도 조절은 생이 아니라 성이니까 60%다.

金일주는 첫인상이 냉정하고 차갑게 보인다. 급(急)하다. 똑같이 급해도 火일주는 조급하다고 하고, 金일주는 빠르다고 한다. 고치는 것이니 변화가 무쌍하다. 변화동물이다. 고로 허물 벗는 것도 金에 해당하니 곤충은 모두 金이다. 누에·가재·뱀도 모두 변화동물로 金에 해당한다.

얼굴은 모난다. 사각형이다. 턱깎아 달라고 한다. 건물이 길쭉하게 5층 건물이면 木의 기운이다. 그러나 네모반듯한 건물이나 정육면체 건물이면 金의 기운이다. 金일주가 네모반듯한 건물로 이사가면 비견겁이니 망해서 나온다. 金일주는 단단하게 생긴 외모다. 신장도 평균이다. 바늘로 콕 찔러도 피 한 방울 안 나온다. 완벽함을 추구한다. 계산해봐서 완벽하지 않으면 달려들지 않는다. 고로 결혼도 늦다. 모험 못한다. 고로 증권에 손대지 말라. 애간장 타서 죽으니까. 음성은 쇳소리가 나는 것이 특징이다. 火일주는 허스키한 목소리이다. 火일주가 土를 깔고 있으면 아래로 가니까 저음을 깔고 있는 것으로 최고다. 金일주는 테너이다. 또 金일주는 모가 날까 염려된다. 모나게 산다는 것은 정사각형(▨)이니 정사각형에 닿으면 누구든지 아프다 하므로 적이 많다. 또 일거리를 스스로 만들기 때문에 일신이 항상 고(苦)되다. 남이 한 일은 시원치 않아서 자기가 직접 또 한번 해야 한다. 혁명가나 망명가에서 많고, 인간사에서는 병혁지권(兵革之權)을 장악하기 때문에 군인·경찰·운수·중장비·고물·철강·철물 등에서 성공한다.

인체로는 폐·대장·기관지·골격·피부·코·취각·치아·치질·장티푸스·혈질 등에 해당하고 있어 金일주 신왕은 골격이 단단하여 지칠 줄 모르게 일에 전념하고, 취각이 발달하여 모든 것을 냄새로서 사전에 감지하여 대처하며, 혈액형은 O형에서 많다. 金일주에 金이 많으면 다혈질이다. 金 즉 뼈에서 피가 만들어지므로 피가 많으니 O형은 모두 주고, 받기는 O형만 받는다. 그리고 서쪽방향 4·9수 중 9수이고, 백색 등에 해당한다. 본래 음일주는 종(從)을 잘 하고 양일주는 대체로 종을 안 하는데 양일주 중에서 제일 종을 잘 하는 것이 庚金이다. 음속의 양이니까 종을 잘 한다고 봐도 된다.

오장육부도 음장부는 고기 육(月)변에 오장 장(臟)으로 걸러내는 것이고, 양장부는 고기 육(月)변에 창자 장(腸)으로 통과하는 장기이다. 辛金은 음으로 걸러내는 폐장이고, 庚金은 양으로 통과하는 대장이다. ○○庚○○ / ○午戌○ 의 경우, 庚은 대장이다. 火가 많으니 火극金으로 열 받으니 변비다. 변비가 심하면 저절로 치질이 된다. 또한 빈혈이다. ○○辛○○ / ○巳未午 의 경우, 辛은 폐이고, 火는 염(炎)이니 합쳐서 폐렴이다. 폐렴은 시간 가지고 다툰다. 火극金하니 폐가 한 군데 빵꾸났다. 뭐든지 극을 많이 받으면 구멍난다는 것이다. 건강은 재수와 운과 연결된다. 庚金일주는 군인팔자에 많다. 전쟁이고 살기이고 살인이다. 운동선수 하면 좋다.

다음 甲木과 상충이요, 乙木과는 乙庚합화金이 되고 寅卯에는 절(絶)하며, 申酉에는 관왕(冠旺)이요, 亥子에는 병사하며, 辰에서는 土생金 잘 받는다. 자양지금(滋養之金)이다. 巳에서는 장생인데, 火극金 받아서 그릇이 됨을 말하며, 午火에는 패지·목욕으로 기(忌)하며, 바람둥이다. 丑土에서는 입묘하면서도 土생金 받고 있으나 동금(凍金)이 된다. 丙戌를 희(喜)하고 癸水를 기(忌)한다. 戊土를 만났을 때 인수로서 土생金으로만 국한시키지 말라. 土생金한다는 것은 깨끗하게 빛이 나게 닦아주는 것도 인수다. 시골에서 놋쇠 닦을 때 기왓장 부스러기로 닦으면 잘 닦인다. 土생金으로 매금(埋金)된다고만 생각 말라. 인수는 목욕, 이발, 새옷, 화장하는 것, 미용 등으로 모두 인수작용이다.

나. 庚金각론

● 庚金이 甲木을 만나면,

편재이면서도 甲庚충파라 무조건 해로 못 하며, 일도파산(一度破産)에 내가 내 돈 쓰고서도 구설인데 甲木이 왕하면 오히려 庚金이 반상(反傷)되니 주의하여야 한다. 재가 충받으면, 편재는 아버지, 돈, 마누라, 음식인데 충되었다. 그러니 아버지와 서로 사이클이 안 맞아 거부반응이 생긴다. 아버지는 아버지고, 나는 나다. 그러므로 "아버지와는 인연이 없네요."한다. 돈도 충받으니 자꾸 떨어져 나간다. 그런데 편재는 큰돈인데 이런 사람은 큰돈 맡기면 언제 어디로 갔는지 모른다. "목돈 갔다가 푼돈 만드는 게 일이네요." 살림과 연결하면 충되었으니 재산, 즉 살림을 3번은 엎어야 한다. 마누라와 연결하면, 마누라와 맨날 싸우고 마누라와는 해로하지 못하고, 4번째는 가야 해로한다. 음식으로 연결하면 음식 가지고 까탈부린다. 木은 장(長)이고 길다이니 국수, 분식, 냉면으로 음식 먹으러 가도 머리카락 등이 들어있거나 한다. 돈으로 연결하면, 내 돈을 쓰면서도 욕먹는다. 또한 내 마누라 데리고 외출해도 남에게 욕먹는다. 왜냐? 甲庚충으로 밤새 싸우고서 아침에 외출하니 주위사람들이 "썩을 놈들 서로 싸우지나 말거나 아니면 팔장끼고 외출이나 말거나."한다. 여기까지가 재와 충 받았을 때 일어나는 상황이다.

庚일주가 甲년이 되면, 돈 떨어져, 신발 떨어져, 애인마저 떨어지는 해가 된다. 고로 甲庚충이 안 되게 하는 부적은? 천간충이니까 천간에서 해법을 찾아라. 부적을 甲庚충을 해소시키는 것으로 乙자(字)를 써준다. 乙은 양류목(楊柳木)으로 버드나무니 버드나무가지 꺾어서 보관하게 한다. 그리고 己土정인과는 ○庚甲己와 같이 甲己로서 잘 합하고 있으니 어머니를 모시면 충이 해소되며, 戊土인수를 ○庚甲戊와 같이 木극土로 제거함은 여자로 인하여 부모와도 격리요, 여자도 떠나게 되어 있으니 종래는 고립이라 그 누구를 원망하겠는가.

● 庚金이 乙木을 만나면,

정재이면서 乙庚합화하여 金이 되는데, 여기서 庚은 양일간이니까, 乙庚이 합하여 辛으로 변한다. 정재와 합하니 합신(合身)이다. 돈이 나를 따라오고, 연애결혼하게 된다. 나와 또 다른 비견 庚金을 ○庚乙庚과 같이 乙庚으로 합거하고, 비겁 辛金을 ○庚乙辛과같이 乙辛충거하니 이것이 바로 자기 몸 하나 희생시켜서 남편 출세시키는 데 헌신을 다한다는 것이다. 庚일주가 甲년에 신수 보러 왔다. "금년에 충으로 이혼수 있네요." "내년이 乙년이니까, 내년에 다시 재혼하겠네요."한다. 또한 甲일에 싸우더니 乙일에 합으로 같이 외출하더라. 운명적으로 그렇게 되어 있다.

● 庚金이 丙火를 만나면,

庚金이 제일 좋아한다. 편관이다. 군인·법관·경찰·형무관이다. 丙火가 용광로이므로 멋지게 제련이 잘된 하나의 종으로 연결하니 우리나라에서는 가장 좋은 보신각종이다. 보신각종은 서울시에서 관리한다. 6급공무원이 관리한다. 고로 사주가 이 정도 짜여 있으면 서울시에서 6급공무원 2명을 딸려보내서 신변보호를 해준다는 것이니 그만큼 잘났지 않겠나? 또 비겁 辛金을 ○庚丙辛과 같이 丙辛으로 합거하나 합화水가 되어 다시 金生水로 설기하여야 되니 대가는 지불하여야 되며 또 식신 壬水를 ○庚丙壬과 같이 丙壬으로 충거함은 기(忌)하나 庚金을 제련하여 기명(器皿)을 이루니 음성 하나 좋고 법정으로 출세한다.

丙火가 丙庚丙丙과 같이 태과면 전류가 강하여 전선이 터지고, 또 金이 왕火에 소용(銷鎔)되므로 뇌일혈이 위험하며, 다 익은 열매가 골아서 빠지는 것과 같다. 庚인 퓨즈가 나가고, 그릇이 만들어지는 게 아니라, 오히려 우그러뜨리고 망가진다. 어떤 일을 맡겨놓아도 어림없다. 나를 극하는 편관은 일복이다. 뼈가 노근노근하도록 일해도 먹고 살기 어렵다. 金이 왕한 불에 녹아 버리니 퓨즈가 나가서 뇌일혈로, 좋게 말하면 죽을 복을 타고났다. 유언도 못 하고 갑자기 죽을 테니까. 만약 재산이 있다면 "당신은 나중에 유언도 못 하고 죽을 테니까, 유산이 있다면 미리 유언장과 녹음을 작성해놓으시오."하라.

庚은 열매인데 火가 많아서 년 평균기온이 상승하여 녹아버린 것이 된다. 고로 열매가 골아서 떨어진다. 또는 오갈병 들었다. 金은 피부인

데 오그라들었으니 나병환자에 문둥병환자다. 여자라면 몸은 하나인
데 서방은 셋이니 어찌 살겠나? 뭇 남자들이 庚하나 찍으려고 눈에 쌍
심지 켜고서 달려드는데 과연 그 속에서 견뎌낼 수 있겠는가?

● 庚金이 丁火를 만나면,

정관인데 庚은 크고 丁은 등잔불로 작다. 상관 癸水를 ○庚丁癸와
같이 丁癸로 충거하여 좋고, 또 壬水식신을 ○庚丁壬과 같이 丁壬으
로 합거하여 불리한데 다시 합화木하여 재(財)가 되므로 좋다. 남자라
면 丁이 딸인데 丁壬합으로 제 서방을 꼬셔서 木이 생기니 나에게 돈
갖다준다는 것이다. 정관 부군(夫君)은 이래서 좋으며, 또 매사를 정
도(正道)로 행함은 당장은 火극金으로 괴로우나, 그 열매는 대단히 달
고 좋은 것이니 견디고 극복해야 한다는 것이다.

● 庚金이 戊土를 만나면,

庚은 丙과 같이 戊를 제일 좋아한다. 戊土는 편인으로 土생金 받으
니 원류(原流)요, 생명선이 된다. 그러나 편인으로 공부하면 번갯불에
콩 구워 먹고, 편인은 아파트요, 외국어요, 양복이다. 외국어로 연결하
면 庚이 戊놓고 있으니 편인으로 한문·종교·철학·외국어에 능하
다. 또 丙火가 火극金으로 괴롭힐 때는 火생土, 土생金이라 ○庚戊丙
과 같이 통관시킨다. 살인상생(殺印相生)에 탐생망극(貪生忘剋)으로
오히려 金의 근원이 되게 하고, 火적을 내 편으로 만드는 협상의 명수
가 된다. 적진에 들어가서 담판을 짓는 것과 같은 협상으로, 火와 金의
전쟁을 土가 들어가서 화해시킨다. 庚이 戊를 가지고 丙년을 만났을
때와 庚이 혼자 있으면서 丙년을 만났을 때와의 두 경우를 신수로 연
결하면, 그 차이는 크게 다르다는 것이다.

또 癸水상관을 ○庚戊癸와 같이 戊癸로 합거함과 동시에 합화火하여 庚金의 벼슬을 발생하니 이것이 바로 공부 잘하면 수양도 될 뿐더러 직장도 생기고 명예까지도 스스로 높아진다는 것을 말해주고 있다.

●庚金이 己土를 만나면,

정인으로 土생金 받고, 甲木편재를 ○庚己甲과 같이 甲己합화土하여 나를 돕고 癸水상관을 ○庚己癸와 같이 土극水로 제거하여 庚金의 설기처를 막아주는 것까지는 좋으나, 庚은 양으로 크고, 己는 음으로 적은데 조그마한 己土 어머니가 서양인처럼 큰 庚자식에게 모성애에 이끌려서 土생金으로 자꾸 도와주려 한다. 고로 己土는 허토(虛土)가 되기 쉽다. 자손을 향한 己土모친의 지극한 정성을 알 만하다. 金은 의리요, 土는 신용인데 사주에 土金이 왕하면 신의가 두터운 사람이라고 이해하면 된다.

●庚金이 庚金을 만나면,

비견이다. 배는 하나인데 선장은 둘이다. 고로 배는 산으로 간다. 혼자 벌어서 둘이 먹어야 하고, 의처증과 의부증이 연결되고 남을 자꾸 의심한다. 여기서 비견·비겁이 년·월에 있으면 나중에 보면 지나간 과거사가 되므로 조금 나은데, 시에 비견겁이 있으면 말년에 가서 당한다. 언제든지 시에 비견겁이 있으면 말년에 모두 뺏기게 된다. "그동안 벌어가지고 여기까지 오느라고 얼마나 수고했느냐? 내가 너를 기다리려고 근 50년 가까이 여기서 있었다. 무겁지? 짐 벗어놓고 가거라." 하고서 전부 뺏어 버리는 게 시상(時上)의 비견·비겁이다.

그러면 어떻게 해야 庚庚○○과 같은 시상의 庚에게 뺏기지 않을까? 그 방법은 무엇인가? 모든 것을 문서상으로 내 것이 없는 것으로 만들어라. 어차피 나중에 자식에게 줄거면 자식 명의로 모두 해라. 가등기를 해놓으면 된다. 그러나 金일주가 金인 비겁이 많으면 의심이 많아서 가등기 못 한다. 庚이 庚만나면 한신(閑神)이다. 쓸데없는 친구고 술 친구지 진정한 친구는 아니다. 그러나 신약에는 힘이 된다. 힘이 되면 무엇하나. 정재乙木을 ○庚庚乙과 같이 乙庚으로 합거하고, 甲木 편재마저 ○庚庚甲과 같이 甲庚으로 충거하니 친구 하나 잘못 사귀면 마누라 뺏기고 돈 뺏긴다. 즉 재복은 물론 처궁까지 불길하며 매사에 방해요, 경쟁자가 되며 또 乙庚합화金은 정재 내 것 빼앗기고 병신됨이 이곳에 있는 것이고 군중심리로 상관 癸水를 생하니 종래는 丁火정관이 피상되어 못된 친구 사귀면 부군도 안중에 없음을 증명하여 준다.

만약 ○庚乙甲의 경우라면, 庚子년에 甲庚충으로 애인도 가고, 乙庚합으로 본처도 이별이니 본처·애인 모두 떨어진다. 남자들이여 착각하지 말라. 처궁이 나쁜 해면 본처와 이혼하고 소실 데리고 살 수 있다고 착각말라. 애인도 도망간다는 것이다. ○庚甲○의 경우라면, 庚년에 甲庚충으로 돈 날아간다. 손해본다. 가정적으로는 아버지 돌아가신다. 돈 없어지고 마누라와 이혼수 걸렸다. 만약에 5살짜리 아이라면 아버지 하는 일이 안 된다. 아버지 부도 난다. 아버지가 직장 다니면 사표 내고 나온다. 언제든지 한 가정은 톱니바퀴처럼 물고 돌아간다. 톱니바퀴가 빠지면 시간이 안 맞는 것처럼 가족관계는 얽히고설키게 되어 있다.

만약 ○庚乙○의 경우 庚년이면, 庚일주는 乙木마누라가 자꾸 딴 놈하고 놀아나는 것처럼 생각되어 乙庚합으로 의처증 생긴다. 乙木은 항상 乙庚합화金으로 "나는 당신 없이 못 사는 줄 알면서 왜 자꾸 나를 볶아? 바람핀다고? 응?"한다.

●庚金이 辛金을 만나면,

乙木정재를 ○庚辛乙과 같이 乙辛충거로 불리하나, 편관 丙火를 ○庚辛丙과 같이 丙辛합거하니 일장일단(一長一短)은 있기 마련이요, 또 친구 하나 잘못 만나면 돈 없어지고 직장마저도 흔들리니 친구도 가려서 사귀라는 말이다. ○庚辛○의 辛은 비겁이니 월에 있으면 누나이고 시에 있으면 누이동생이다. 시집 안 간 누이동생이 직장도 안 가고 방에 있으면서 乙木 아내를 충하면서 시집살이 시키는데 시누이 시집살이가 고추보다 맵다고 하더라. 木은 시다. 火는 쓰다. 土는 달다. 金은 맵다. 水는 짜다이기 때문이다. 또한 庚은 양이고 辛은 음이니 음양이 섞이면 잡(雜)이다. 고로 잡금(雜金)이라서 값도 안 나간다.

●庚金이 壬水를 만나면,

식신이다. 옷과 밥이고 희생이요, 음덕 쌓고 보시다. 金생水로 좋은 일 많이 하니 丙이 와서 ○庚壬丙과 같이 火극金하는 것을 水극火로 물리쳐준다. 이를 제살(制殺)이라 하고 살화위권(殺化爲權)으로 좋은 것이고, 또 식신이니 설기되어 金약에는 불리하나 金이 火를 만나 기명(器皿)이 된 다음에는 물을 만나야 강도 조절이 재대로 잘 되는 것처럼 아주 유용할 때가 있으니 이를 두고 필요악이라 하던가.

또 丁火정관을 ○庚壬丁과 같이 丁壬으로 합거하고 다시 화木하여 재를 도우니 金생水한 보람이 여기에 있으므로 식신유기(食神有氣)하면 승재관(勝財官)이라 하였으며, 壬水아들이 며느리 丁火와 합심하여 나의 용돈 마련하여주니 효자 두었다 한다. ○庚壬○의 사주가 丁년에 신수 보러 왔다. "금년에 기대하시오. 며느리하고 아들이 합심하여 올해 당신에게 용돈 좀 주겠소." "기다려 보세요."하라.

만약 壬庚壬壬의 여자라면, 丁년 정관운에 결혼하고 싶은데, 丁火

남자가 결혼해 줄까? 안 해 줄까? 안 해 준다. 왜 그럴까? 壬水인 자식들이 많아서 안 한단다. 庚의 자식 壬들이 너무 많아서 남의 자식 안 키운다고 결혼 안 한단다. 癸庚癸癸의 경우, 庚이 이사가려고 하는데, 癸가 많다고 집 즉 土인수를 안 주더라. 水가 많으면 土가 떠내려간다. 애들이 많으면 집 망가진다고 세 안 준다.

●庚金이 癸水를 만나면,

제일 싫어한다. 상관이고 나의 기운을 도둑질해 가니 싫고, 이는 딸내미인데 예쁜 도적이다. 일반적으로 庚이 녹슨다. 철근이 녹슨다면 시멘트와 철근이 합치가 안 된다. 또 정화정관을 ○庚癸丁과 같이 丁癸충거하고 戊土편인 마저 ○庚癸戊와 같이 戊癸합이라 명예와 보급로를 차단하니 재주 부리지 말고 정도를 행함이 살 수 있는 길이 된다.

癸庚癸○의 사주가 여자라면, 丁火남자가 결혼 안 한단다. 丁癸충이고 水극火로 꺼지고 金水가 많으니 火가 들어가면 자연소멸로 죽는다. 누구든지 죽을 짓은 안 한다. 고로 결혼 못 한다. 여자가 자식이 많으면서 혼자 살면 재혼하기가 어렵다는 것이다. 역학은 바로 실생활이고 철학이고 실증철학이다. 만약 癸년이면, 庚일주가 양쪽으로 金생水로 눈물흘리고 살고 있는데 癸년이 오면 1년 내내 또 눈물 흘리면서 살라고? 큰일났네요. 여기 가도 눈물바가지요, 저기 가도 눈물바가지로 눈물 마를 사이가 없네요.

다음은 庚金을 지지로 대비하여 살펴보자.

●庚金이 子水를 만나면,

金생水이고, 음지이고, 동금(凍金)이요 금침(金沈) 된다. 상관으로 도기(盜氣)요 또 겨울 속의 가을로 사궁(死宮)이니 金은 金이 아니라 水로 보아야 마땅하고, 또 금수쌍청으로 청백하여 돈이 따르지 않음이 흠이다.

庚子일주

■특징 : 상관, 장성, 사궁, 낙정관살, 외양내음, 금수쌍청, 금침(金沈)

庚子일주는 子는 겨울이고 겨울에는 눈이 내린다. 눈(子) 위에 서리 (庚)가 내렸다. 사람들은 "눈 많이 왔네."하고 서리는 잊어버린다. 고로 庚(서리)의 존재는 가버리고 없으며 자꾸 물로 변하고 서리 내리면 잘 미끄러지니 항상 낙상 주의해야 한다. 庚子를 금수쌍청(金水雙淸) 이라 하고 이런 사람은 구도의 길을 가야 한다. 깨끗하다. 그것도 도가 지나쳐 결벽증이 생기니 남자가 옆에 와서 뭐라 해도 닭살 돋는다. 그래서 혼자 독야청청(獨也靑靑)이다.

고로 항상 말하기를 "나같이 깨끗한 놈이 부자가 되어야 하는데, 저 도둑놈들만 부자로 잘사네."한다. 독야청청이니 자연히 고독하다. 그런데 金생水로 내가 생하니 정도 많다. 또한 子水는 수하인(手下人) 즉 아랫사람으로 이 사람 때문에 손해본다. 만약 庚子일주가 스님이라면 庚은 변동이므로 개혁파이다. 금수쌍청으로 불의를 보고는 못 산다. 여자라면 냉방살이, 공방(空房)살이는 끼고 있다. 항시 이불을 덮고 자면서도 "나는 왜 이리 추워."하는 게 庚子일주다. 여기서 금수 냉한은 건강을 얘기할 때 써먹는 용어이다. 수족이 시리다. 몸이 차갑다로 통변하면 된다.

庚金이 일지 子水로 병사되었고 수다금침(水多金沈)으로 결국은 水에 종을 하니 종아격이라고는 하나 정란차(井欄叉)로 金水가 공존하게 되므로 金水운에 발(發)하겠다.

금수쌍청으로 청백함은 세인이 부러워하나 물도 지나치게 깨끗하면 고기가 살지를 못하니 고독을 자초하고, 타인이 멀리할까 염려된다. 두 뇌는 명철하여 추리력이 발달하였고, 혁명가의 정신에 의리는 강하나 주중이 부실하면 바꾸기를 잘 하고, 남을 우습게 보며, 근심이 많고, 매 사에 용두사미가 될까 염려된다. 준수한 용모라고는 하나 볼수록 그렇 지 못한 것이 흠이요, 정통신앙에 덕을 베푸는 것까지는 좋으나 신앙에 미치다보니 가정에는 소홀할 수밖에 없다.

건강은 하초가 윤습(潤濕)하여 고생이 많고, 수액(水厄)·동상·주 풍(酒風)을 주의해야 한다. 관으로는 군인·법관·교육이 좋으나 종교 철학에도 심취하며, 사업으로는 냉동·식품·여관 등이 적합하나 부자 가 되기는 어렵다. 처궁은 부실하여 초혼을 실패하기 쉽고, 주변에 미 인이 많으나 오래가지 못하며, 자손궁도 부실하여 수심이 많은데 이는 火·관·자손이 金水에 몰(沒)하기 때문이다.

여명은 부궁이 좋지를 않고, 타자양육에 위타진력(爲他盡力)하며, 자 손을 낳고 병이 드니 산후조리를 잘 해야 한다. 냉·대하증이 심한 연 유로 불감증이기 쉬우니 부군에게 배신을 당할까 염려된다. 申, 子, 辰 년에는 변화가 있고, 午년에는 子午충에 水火가 상전(相戰)이니 모든 일이 막히며, 卯년에는 수술·송사 등에 주의해야 한다.

●庚金이 丑土를 만나면,

비록 입묘(入墓)라고는 하나 인수로 土生金이라 자양지금(滋養之金) 이 된다. 죽었다 다시 살아난다. 환혼이고 부활이다. 그러나 水국으로 변화되지 않아야 하고 또 동금(凍金)은 면할 길 없다. 만약 子丑水국 이 되면 土生金 안 해준다. ○庚○○ 의 경우라면, 土生金 하나 해주고,
○○丑子

金생水로 3개 줘야 한다. 동결이 되면 모든 것을 묶어버린다. 명예·돈 모든 것이 묶이고, 건강으로 연결하면 수족이 시리고, 혈액순환이 잘 안 된다.

● 庚金이 寅木을 만나면,

편재다. 절지가 되고 寅중 丙火가 있어 재살지라 무근(無根)이 되나, 금왕하여 木火가 필요할 때는 더 할 수 없는 귀성(貴星)이 된다. 寅월 은 봄의 시작이니까 어리다. 고로 눈목(嫩木 : 어린나무)이다. 고로 庚 寅일주 남자는 항상 딸 같은 여자만 걸리더라.

庚寅일주

■ 특징 : 편재, 지살, 절궁, 재살지, 재관동림, 탕화살

庚寅일주의 庚은 서쪽·金·가을이고, 寅은 동쪽·木·봄이니 정반 대이므로 절지이다. 그러므로 庚은 寅 때문에 아무런 행세도 못 한다. 그러나 ○庚○○의 경우라면, 절지로 보지 않는다. 子丑으로 추운데 寅 ○寅子丑 木이 있고, 寅중 丙火도 있어서 겨울을 잘 극복하고 있으니 庚이 寅을 만나서 절지가 아니라 아주 좋은 작용을 한다는 것이다. 남자가 寅여 자 만나면 丙이 자식이니 고로 여자만 건드렸다 하면 얼마 안 있어서 여자가 찾아와서 "책임져요. 임신했어요."한다. 고로 총각득자이다. 원 래 金은 빨리 빨리, 바꿔 바꿔, 급속 급속하니 얼마나 빠른지 처녀에게 임신시키는 것도 한 번만 안고 자면 임신된다. 고로 金일주는 연년생 을 많이 낳고 쌍둥이 많이 낳는다.

庚金이 일지 寅木에 절지로 무근이니 종재가 분명하나 寅木은 火의 장생이요 또한 丙火관살을 탐하고 있어 종재는 변하여 종살이 된다. 따

라서 조화가 비상하겠고, 의리는 인정에 굴복하였으며, 매사에 임사즉결(臨事卽決)하나 편견에 치우침이 흠이다.

겉으로는 냉정하나 본심은 온화하며, 타향지객에 해외 출입도 있어 보고, 지살에 임하여 이주가 번다하겠다. 木이 재가 되어서 분식·화식·양식을 즐겨 찾겠고, 화상의 흉터가 없으면 화재를 주의해야 되니 화재보험에는 필히 가입하는 것이 좋겠다. 운이 부실하면 성정이 조급해지고, 염세까지 하게 되니 조심하여야 한다. 처세가 좋고 영리하여 공부도 잘하나 일지 재가 되어 수리에 밝으며, 돈보다는 명예를 우선하고, 음성 또한 좋다.

직업으로는 재정·법정·외교·항공계 등에서 입신하고, 사업으로는 식품·무역 등에서 성공이며, 재복이 좋아 큰돈을 벌어본다. 건강은 치질·맹장·해소 등으로 고생해 보니 주의하여야 한다. 처궁은 처첩동거에 국제연애도 해보고, 총각득자에 혼혈아가 염려되는데 처자덕은 있는 팔자이다.

여명은 이성으로 인한 고민이 많겠으며, 연하의 정부(情夫)를 두게 되고, 국제결혼이 아니면 교포 2세와도 인연이 있겠는데 혹은 직장내에서도 인연이 될 수가 있다. 부군은 출장이 번다하고, 본인 위주로 생활하며, 조루가 염려된다. 寅, 午, 戌년에는 신상의 변화가 있고, 巳, 申년에는 차액·수술·송사·배신·손재에 주의하고, 卯년에는 이성과 돈이 따르겠다.

●庚金이 卯木을 만나면,

정재다. 비록 태궁이라고는 하나 절궁과 같아 무근이 되는데, 卯중 乙木과 乙庚합으로 암합한다. 즉 庚일주가 卯년 만나면 乙庚합으로 연애한다. 연애하는 것을 卯를 가지고 연결하면 庚子일주는 子卯형이니 오래가지 못하고 들통나기 쉽고 웬수다. 庚寅일주는 寅卯로 乙庚합이니 즉시 처녀가 아기 밴다. 庚辰일주는 卯辰木국으로 좋기는 하지만 습목이므로 木생火가 안 되니 둘이 만나면 죽었다 깨어나도 아기는 잉태가 안 된다. 庚午일주는 午卯파로 오래 못 가고, 庚申일주는 卯申원진이니 원수가 인연 되고, 庚戌일주는 卯戌합이니 찹쌀궁합으로 잘 맞아서 안 떨어진다.

●庚金이 辰土를 만나면,

편인이요, 土생金받아 12지지 중 庚이 가장 좋아한다. 습토로 土생金 잘 하니까 자양지금(滋養之金)으로 타오행의 장생궁과 같다. 어머니의 젖을 먹고 자라는 것과 같다. 지장간의 乙木과 乙庚합을 하며, 상식인 水의 고(庫)가 되어 교육과 육영사업에 뜻을 두게 된다.

庚辰일주

■특징 : 편인, 화개, 양궁, 나망살, 괴강살, 효신살, 일덕(日德), 완금(頑金)

庚辰일주는 괴강살로 괴수이다. 두령격으로 여자는 여경이나 여군에 많다.

土는 인수이니 배움이고, 辰은 水의 고장이니 상식고이다. 상식은 응용이고 써먹는 것이다. 배우는 것과 써먹는 것이 동시에 있는 것이 庚金이 辰土를 만날 때이다. "배운 즉시 써먹는다." 상식은 학생인데 고(庫)이므로 늙었다. 고로 나이 먹은 학생들이고, 또한 辰은 종교요 부처님이고 스님인데, 庚이 辰土하나 놓고 있으면 일반 학생보다 스님 학생들이 더욱 많다.

庚金이 일지의 辰土에 자양받고 괴강으로 튼튼하니 능히 金극木, 金

생水하여 제 발등의 불은 끌 만한데, 너무나 완벽함이 흠이고 신의는 대단하다. 임사즉결(臨事卽決)하고, 그 포부가 원대하여 겉보기와는 다르며, 한번 세운 계획은 끝을 봐야 하는 성격이기도 하다. 영웅호걸로서 매사에 자신있고, 통솔력이 좋아 두령격이며, 겉으로는 냉정하나 속 마음은 온화하여 한번 사귀면 변함이 없고, 신앙에 독실하여 덕을 베풀며 산다.

몸은 건강하여 걱정할 것 없으나 풍(風), 습(濕)을 주의할 것이며, 만약 폐나 대장에 병이 오면 고치기 힘드니 항상 조심하여야 된다. 직업으로는 군인 · 경찰 · 정치 · 기술 · 혁명가 등에서 입신하며, 사업을 한다면 식품 · 건축 · 광업 · 철강 등이 좋다. 부모덕은 없어 자수성가에 고모가 연애하였으며, 손녀가 바람나고, 처덕은 좋으나 작첩을 한번 해보고 辰중의 乙木으로 인하여 항상 여자관계가 번다한 편이다. 자손은 반흉반길인데 만약 辰시생이라면 자식 하나가 익사할까 염려된다.

여명은 무관이나 기술자와 인연인데 그 부군이 작첩하고 시가 형제가 망하니 본인이 직업을 가져 일가를 부양해야 할 것이다. 상식고장에 효신이 동림하여 자손이 액을 많이 당하겠고, 재복은 있어 걱정할 것은 없는데, 한번 망하면 다시 일어서기 힘든 것이 흠이며, 노년에는 자손을 꺾을 우려가 있으니 활동을 하지 않는 것이 좋다. 申, 子, 辰년에는 신상에 변화가 있고, 戌년에는 관재와 부부 사이에 이상이 오며, 亥년에는 신경쓰이는 일이 많아져 신경성 질환이 염려되고, 酉년에는 필시 이성이 따르겠는데 손재가 있다.

●庚金이 巳火를 만나면,

편관이고, 장생이다. 비록 장생이라고는 하나 이는 火극金으로 제련이 되는 것이지 세력 · 힘을 얻는 것은 아니기 때문에 종내는 피상되고 만다. 庚이 巳火 용광로 불을 받아서 그릇이 되는 걸로 장생이라는 것이고, 火극金으로 결국에는 金이 녹아버린다. 그러나 巳가 酉나 丑을 동반하면 金국으로 변화하니 착근되어 힘을 얻으니까 장생과 같다. 庚이 巳 만나면 음성 하나는 좋다. 천간이나 지지나 丙 만나는 이치는 같다. ○庚○○의 경우, 寅巳申형살이므로 金을 양철로 보면 찢어져 버렸 寅申巳○ 다. 고로 파열음이 나오고, 음이 탁하고, 갈라진 음성이 나온다.

● 庚金이 午火를 만나면,

정관은 분명한데 목욕궁에 패지가 되어 흉이 된다. 또 火극金해서 하나의 그릇을 만드는데 그을린다. 시골의 대장간을 연상하라. 즉 그릇이 되지만 농기구를 만드는 것으로 연결하라. 큰 그릇은 못 된다는 것이다. 그러나 寅午火국이 되면 아니다. 戊庚○○라면 관인상생에 맥놀 寅午○○ 이에 금실유성이 된다.

庚午일주

■ 특징 : 정관, 장성, 패지, 목욕궁, 도화살, 탕화살, 외양내음, 농기구

庚午일주는 도화를 깔고 있다. 바람나는 것을 깔고 있으니 바람난다. 목욕궁, 패지, 바람둥이, 여자라면 항시 남자 주의하라. 안 그러면 서방이 천하의 바람둥이다. 속 좀 썩고 살아야 한다. 왜냐하면? 부부는 같으니까 그렇다.

庚金이 일지에 午火를 만나 실지(失地)가 되어 근(根)을 하지 못하니 당연 종살이 되겠는데 午火는 午 중 丁火로 용(用)을 하니 패지로 완전하게 제련할 수 없으므로 이 그릇은 흔히 사용하는 농기구 · 질그릇으로 쓸 수밖에 없기에 寅 · 午 · 戌을 만나기 전에는 좋은 명조(命造)가

되기 어렵다. 의리가 본성이나 조급함이 실패의 근원이며, 남보다 일찍 성숙하여 사회에 참여하나 타인으로부터 지탄을 받기 쉽고, 종(從)을 하여 뜻은 크나 패지로 성사(成事)가 어려우니 신경만 날카로워지게 된다.

외강내유로 만용과 경거망동으로 매사를 그르치기 쉬우니 항상 마음을 잘 갈고 닦음에 힘써야 할 것이다. 백마가 되어 이상과 고집이 대단하나 알아 주는 자가 없으니 세상을 비관하기 쉽고, 화상의 흉터에 심하면 음독이 염려되며, 평범한 얼굴에 검붉은 색을 띠고 있다. 인내심 부족한 것이 매사에 방해가 되고, 午중 己土는 조토가 되어 불능생금(不能生金)이므로 학문은 도중하차하기 쉽다.

관으로는 경찰·직업 군인이 좋으며, 사업으로는 전자·화공·고물상·소방설비가 좋은데 본래가 큰 재복은 주지 않았으니 탐재하지 말고 현실에 만족을 하며 정진해야 한다.

패지로 처궁은 부실하나 처덕은 있으니 모든 일을 처와 상의하여 행하는 것이 좋고, 자손이 많지 않으면 반드시 양처득자하며, 또한 자손으로 인하여 고심이 많을 것이다.

질병은 피(혈·血)에 관한 질병에 해당하고, 폐·기관지·치질·맹장·생리불순·생리통·피부병·축농증·장티푸스·해소·천식·빈혈·골수염·결핵·뇌일혈 등에 주의해야 한다.

여명은 부군이 작첩을 하지 않으면 본인이 소실인데, 심하면 남격(濫格)으로 성의 노예가 될 수도 있으니 주의해야 되며, 연하의 남자와 인연이 있다.

● 庚金이 未土를 만나면,

정인이라 土생金으로 힘이 될 것 같으나 조토가 되어 그림 속의 떡인데, 金왕에는 未 중 丁火, 乙木, 己土로 삼기(三奇)를 얻게 되니 주중에 재가 없어도 부귀하게 된다. 庚金에 未는 재고이므로 돈창고로는 좋으나, 마누라가 잔병치레 하는 것은 면할 길이 없고, 연상의 여인과 인연이 있다. 또 未는 천을귀인으로 庚은 未를 그렇게 좋아한다. 未는 인수요 고(庫)니, 음식의 고장이다. 묵은 음식이니 궁중요리로 연결한다. 고로 庚이 未만나면 "오늘은 이상하게도 맛있는 궁중요리 먹고 싶다." 고 한다.

이 세상을 사는 데 가장 중요한 3대 요소 즉 3기(奇), 삼반물(三般物) 인 재(財-돈)·관(官-명예, 벼슬, 권력 등)·인(印-집, 건강, 학문)이 이 未중에 모두 있다. 金일주에게 未는 재고인데, 고로 재국과 동일하다. 돈복이다. 未는 조토이니 말라 있는 땅이고 남이 못 쓴다고 버린 땅을 사서 놓았더니, 未는 땅이고 재는 돈이니, 금싸라기 땅으로 변하더라.

● 庚金이 申金을 만나면,
비견이요 관궁으로 힘을 얻어 뿌리 내린다. 제철 만났다. 동시에 申 궁 壬水로 金의 강도가 잘 조절되므로 외강내유(外剛內柔)가 여기에 있다.

庚申일주

■ 특징 : 비견, 지살, 정록, 홍염살, 완금장철(頑金丈鐵), 간여지동, 현침살, 전록, 도로신

庚申일주는 강한 무쇠 덩어리지만 申속에 壬이 있어서 金생水로 조절 작용을 할 수 있으니 자제 능력이 스스로 나와 강유(剛柔)를 겸비한다. 간여지동이다. 형제 한 자락 깔고 산다. 당사주로는 천고성(天孤

星)으로 외롭다. 그리고 도로신이다. 길이나 도로를 내본다. 정록(正祿)이다. 정당한 대가다. 공무원 생활도 해본다. 金이니까 쇠붙이고, 고로 철도청이다.

또 전록(專祿)이다. 일지에 비견이 있는 것이다. 전용으로 내 것으로의 뜻이다. 그러나 ○○庚○○와 같이 전록이라도 너무 많으면 버린다. 금실무성으로 두드려도 소리가 안 난다. 木이 못 들어오고 도망가 버린다.

庚金이 일지에 申金이 정록이요, 간여지동으로 신왕하고 보니 위세가 당당하여 능히 金극木을 하고 金생水도 하여 자체 조화를 할 수 있으나 단조로움이 흠이 되며, 火를 얻어 성기(成器)됨이 제일이고, 水를 얻어 설정(泄精)함이 두 번째이다.

성격은 냉정하다 못해 예리하게 보이며, 지나치게 완벽하고 거만한 것이 처세에 흠이고, 영리하여 재주가 있으나 인정이 부족하며, 의리 때문에 약자편에 서다 보니 항상 손해를 보며, 형제로 인한 탈재(奪財)가 번다하겠다. 주중에 중화를 이루고 있으면 우국우족(憂國憂族)으로 나라에 몸을 바치고, 혁명가의 기질이 있으며 음성 하나는 좋다. 혈액형은 O형에 많고, 임사즉결(臨事卽決)하며, 변화무쌍으로 만인에 존경을 받으나 언행에 있어 상대방의 폐부를 찌르니 조심해야 할 것이다. 부모덕이 없어 초행이 고생인데, 아니면 말년이 불행할 수밖에 없다. 건강하기는 하지만 간담이 약하고, 또한 냉·습에 주의해야 하니 항상 몸을 따뜻하게 하는 것이 보약보다 좋은데 여기에 운동까지 곁들이면 더욱 좋다.

관으로는 군인·교육·감독직에 해당하고, 사업으로는 관광·운수·식품·철재 등에 해당하나 큰 재복이 없으며 명예를 우선으로 한다. 신왕에 홍염살이 있어 술이 아니면 색에 강하니 자연 처궁은 나쁠 수밖에 없는데 재성이 필요하므로 처덕은 있으나 처의 잔질로 고심이 많겠다.

여명도 지나치게 강하여 부궁불미(夫宮不美)요, 독신주의에 타자양육하고, 본인이 가구주로 일신이 고되겠으며, 의심이 많으면서도 친구로 인한 손해는 면할 길이 없다. 申, 子, 辰년에는 신상의 변화가 있겠고, 寅, 巳년에는 관재·사고·수술·차액 등에 주의해야 한다.

● 庚金이 酉金을 만나면,
왕궁이요 비겁으로 힘을 얻는 것까지는 좋으나 태과시에는 재관인 木火가 몰(沒)하므로 불리하다. 庚金에 酉金은 양인살이다. 무기에 해당하고 수술과 법(法)에도 해당한다. 활인성(活人星)이다. 사람을 죽이고 살릴 수 있는 것이다. 직업으로는 의사, 법관, 역학자, 종교인에 연결된다. 당사주에서는 천인성(天刃星)이다. 수술하거나 몸에 칼 맞는다.

양인의 해에는 항상 교통사고를 주의하라. 庚이 申·酉를 많이 만나면 木火·재관이 모두 죽는다. 금다화식이고 금다목절(金多木折)이다. 돈과 명예가 없다. 남자는 직장 없고 자식·마누라 없으며 여자는 남편없고 돈도 없다. 만약 "申과 酉 중 어느 것이 더 나쁘나요?" 한다면, 酉는 겁재로 양인이니 총칼이다. 또한 누이동생이니 시집가면서 모두 가지고 가버리고 내 집안에 없다. 고로 酉金이 더욱 나쁘다. 申은 비견으로 남자형제이므로 우리 집안에 있다.

● 庚金이 戌土를 만나면,
편인이고 土생金 받고 조토이다. 그리고 土의 고이고, 火의 고이다. 즉 인수의 고이고, 관의 고이다. 그러므로 관인고이다. 여자라면 관고 있으니 남자를 두려워하지 않는다. 즉 서방을 무서워하지 않는다. 또 공부하고 책을 모으는 데 일가견이 있다. 庚戌일주 여자는 서방 즉, 火

를 안 무서워 한다. 살(殺)은 귀신이므로 귀신도 안 무서워 한다. 관의 고장이니 남편이 몸이 불편하다. 상이군인이다.

또한 戌은 부처님이니 스님이다. 고로 庚戌일주 여자는 대처승의 마누라라고도 할 수가 있다. 戌이 남편의 무덤이다. 庚辰일주도 귀신 · 관살 · 火 안 무서워한다. 신들린 사람 떼어주는데 축원하면 잘 듣는다. 몸 아픈 사람 건강해지라고 하는 것도 잘 듣는다. 庚일주가 戌년에 종교 갖게 된다. 戌이니 건방(乾方)에 있는 절에 간다. 원래 조토는 土生金 못 한다. 그러나 戌월의 土는 자체가 양력 10월로 가을이니까 土生金할 수 있다.

庚戌, 庚辰일주는 괴강살이다. 괴수를 의미하고, 남자는 군인에 해당한다. 여자는 모두 자기가 벌어서 먹고 살아야 한다. 남편이 있는 것만 해도 다행스럽다. 또는 군인에게 시집가면 좋다.

庚戌일주

■특징 : 편인, 화개, 쇠궁, 금여록, 철쇄개금, 천문성, 괴강살, 효신살, 관인고, 홍염살

庚金이 일지에 戌土로 土生金을 받는다고는 하나 조토가 되어 土生金을 제대로 못 하기에 믿기 어려워 진퇴가 어려운데 구분한다면 주중에 습土나 金이 있을 때에 한해서 土生金이 가능하다. 괴강으로 심성이 강맹하여 부선망의 팔자에 효신살이 있어 유실자모가 아니면 모외유모이고, 화개가 동림으로 신앙에 독실한데 모친의 영향과 천문성이 있어서 본인도 역시 신앙에는 일가견이 있다. 두령격으로 타에 굴복하지 않고, 신의 남아에 우국우족이며, 임전무퇴의 성격으로 한번 결정하면 기어이 해내는 성격이며, 천문성을 놓아 예감이 빠른 편이다.

관으로는 무관·교육·재정·법조계가 제일 좋고, 사업으로는 의약·화공·전자·기술계에서 성공하나 명예가 우선이기 때문에 큰 재복은 없다. 건강은 하나 간담과 시력이 약하고, 노년에는 당뇨, 혈압에 주의해야 할 것이다. 처덕은 좋고 미모의 처이기는 하지만 홍염살이 있어 처 하나로는 만족을 하지 못하겠다. 자손을 기르는 데 어려움이 따르고, 관고이니 자손으로 인한 근심이 있겠다.

여명은 여걸로 군림하니 부군에게 변고가 생기고, 시가가 망하며, 또는 부군이 불구가 아니면 상부(喪夫)되기 쉽다. 남자의 세계와 심리는 남자보다 더 잘 알고 있기에 남자를 조종하는 데 일가견이 있다고는 하나 본인이 가구주 노릇을 해야 되므로 평생 직장을 사전에 준비해 두어야 할 것이다. 홍염살과 부군에 대한 불만으로 정부를 두는 것은 면할 길이 없는데 신왕으로 연하의 남자와 연애를 하겠다. 자식을 일찍 두게 되나 기르는 데 어려움이 많겠고, 본인의 행실 탓에 자손이 귀하게 되기 힘들다. 그러나 신왕관왕하면 좋은 명주가 될 것이다.

● 庚金이 亥水를 만나면,

식신이고 金生水로 설기되고 또 병궁으로 힘이 없으며, 금침이라 金이 제 행세를 못하나 신태왕에는 亥중 甲木편재까지를 소유할 수 있어 귀물이 된다. ○○庚○○의 경우, 신왕한 庚金은 亥水보고 金生水하고, 水
亥申酉○
는 水生木한다. 이 중에서 亥 중의 甲木이 있고, 재가 되어 내 것을 만드니 좋다. 이 왕한 金이 金生水한 것은 水生木해오라고 해준 거다. 고로 이 사람은 남을 도와주면서도 항시 목적이 있어서 한다. 金生水해 줄테니 水生木해오라는 것이다. 아니면 "개새끼, 金生水안해준다."이다. 가차없이 잘라버린다.

다. 庚金희기론

양金은 견강(堅强)하여 木을 보면 능히 작벌(斫伐)하며, 火를 만나면 기물(器物)이 되고, 水를 만나면 설기되며, 土가 많으면 매몰되니 중화됨이 가장 길하다.

춘절 庚金은 동절에 넘어온 한기가 미진(未盡)하니 火를 만나 온도가 고르면 귀격인데 土가 많으면 甲木이 길신이요, 乙木은 庚金의 조화를 합하여 불길하다.

하절 庚金은 약한 국세(局勢)로 木火는 꺼리고 水가 희신이다. 土가 있고 다시 金이 왕성하면 丁火가 필요하고 甲木도 길신이다.

추절 庚金은 火를 만나면 기왕(氣旺) 중에 연금(鍊金)하여 그릇이 되니 甲丁 등이 길신이다. 8(酉)월생에 丙火를 만나면 양인합살로 부귀가 출중하다.

동절 庚金은 丙火로 조후하고 丁火로 연금하면 귀격인데 木이 있으면 더욱 기묘하고 金水는 소용이 없다.

8. 辛金

가. 辛金총론

辛金은 庚金의 뒤를 이어 음으로 작용하고 있으나 외음내양으로 그 속은 양이 지배하고 있기에 金은 조(燥)하고 있는 것이다. 원래 겉이 양이면 속은 음이고, 겉이 음이면 속은 양이다. 고로 辛은 겉이 음金이니, 속은 양이 지배하므로 辛金은 조하다. 가을은 건조의 계절이다.

비견겁 날에 무엇을 예약해 두어도 남에게 뺏긴다. 시장 가면 바가지 흠뻑 쓴다. 물건을 사도 집에 있는 물건을 모르고 산다. 비견겁 날에는 실수 많이 한다. 월별로는 酉월에 해당하며 음의 결정체가 되어 천(天)으로는 태음지정(太陰之精)이요, 지(地)로는 금·은·동·주옥으로 이미 제련된 金이라 火를 더 이상 필요로 하지 않음이 庚金과 다른 점이다.

酉월은 辛이 있으니 양력 9월이다. 9월은 모든 곡식이 익는다. 辛金이 음의 결정체이기 때문이다. 辛은 이미 금은주옥이 되었으니 조금만 火를 많이 만나면 辛金은 녹아 버린다. 금은방에 불나면 녹아서 없어진다.

辛일에 출생인은 살결이 희고 곱고 예쁘다. 미인이 많다. 酉월중에 태어난 사람이 월별로는 제일 예쁘다. 또 辛은 신(新)으로 바꾼다. 새 것을 좋아한다. 백색이다. 흰색 옷은 자주 바꿔 입어야 한다. 변덕을 부리기로 말하면 칠면조와 같다. 십간 중 己土를 가장 좋아함은 음생음의 이치요, 寅卯에는 절이 되고, 巳午에는 녹는다. 즉 소용(銷鎔)된다. 극을 받는다. 申酉에는 관왕이고, 亥子에는 병사이다. 丑에는 입묘되나 다시 土생金 받는다. 환원이요, 부활이다.

丙火와는 합이 되어 부부 일체가 되는데 쟁합이나 투합이 되지 말아야 하고 또 주중에 木·火·土가 없어야 비로소 완전한 합이 된다. 乙木과는 乙辛으로 상충하며, 다토(多土)에는 매금(埋金)되기 쉽다. 토다매금(土多埋金)이다. ○辛戊○의 경우는 토다매금이다. 土는 달다. 고로 단 것을 많이 먹으면 辛 치아는 녹아 없어져 버린다. 부모의 관심이 너무 과하면 자식을 바보·멍청이 만든다. 저능아가 된다. 나이가 오십이 되어도 어머니가 옷 입혀주고, 누가 옆에서 뭐든지 모두 해주어야 한다. 학교 다닐 때도 어머니가 숙제 다 해주고, 밥도 떠 먹여주고…. 인수가 많을 때의 현상으로 부모의 간섭이 지나쳐서 완전히 마마보이가 된다. 장가 보내줘도 엄마만 찾는다. 매금의 흉작용이다. 매금이라는 것이 이렇게 무섭다.

강열지화(强烈之火)에는 녹는다. 소용(銷鎔) 된다. 辛金이 巳午未 火국 놓고 있으면 퓨즈 나가고 완전히 녹는다. 치아가 녹았고, 뼈가 녹았다. 뼈가 구멍났으니 여자는 골다공증 환자다. 火가 많으면 볶는다. 타다로 연결하면 된다. 金에는 피가 만들어지는데 여자 생리시에는 피가 적고 새까맣게 타가지고 나온다. 고로 생리 시작하면 "아이구 허리야, 팔이야, 다리야"로 정신없다. 양도 적은데다 새까맣게 타가지고 나온다. 뼈와 뼈 사이에 염(炎, 火多)이 들어가니 무조건 관절염이다.

辛이 子 만나면 눈위에 서리가 내리니 안 녹고 펄펄 살아 있어서 음포태로 장생인데 오행으로 金생水이니 행세 못하고 설기당한다. 검정인 水와 흰색인 金을 배합해 놓으면 흰색은 어디로 가 버린다. 금침(金沈)이다. ○辛丙○은 길(吉)인데 ○辛丙丙은 쟁합으로 여자는 두번 시집가고, 丙辛辛○은 투합으로 여자는 남편 뺏기고 산다. 의부증 있다. 辛이 丙만나서 丙辛합水되니 火가 죽는다. 고로 잘못하면 부부 합하면서 남편이 죽으니 복상사이다.

丙辛壬○는 여자인데, 丙이 서방이다. 申子·亥子 水국으로 水가 많아서 丙이 水극火 받아서 존재 못 한다. 나중에 결혼해서 친구 따라서 역학자에게 신수 보러 갔더니 하는 말이 "당신 서방은 죽어."하더라. 놀라서 나에게 왔더라. 이때는 선의의 거짓말이 필요하다. "그것, 누가 보았는지 참 잘 보았다. 그러나 사주가 그렇다고 해서 다 그런 것은 아니다. 나한테는 어떤 경우라도 거짓말하지 말고 실토해라. 결혼전에 몇 남자에게 몸을 주었나?" 꼼지락거리다가 "4~5명에게 관계했다." 나는 무릎을 탁 치면서 "걱정마라, 그걸로 모두 때웠다." 그러자 얼굴에 희색이 돌아오더라. 나중에 과부 되지만 지금은 희망을 주게 하라는 것이다.

이런 팔자가 금수쌍청으로 예쁜데 서방은 바람핀다. 왜? 이 여자와 같이 있으면 자신이 죽으니까 다른 데로 나간다. 주위 사람은 그것도 모르고 한 마디씩 하더라. 金水가 많으니 냉방살이·공방살이 하는 팔자이다. 이 여자 몸에서는 차가운 냉기만 발생한다. 辛여자가 丙남자와 합해서 결혼하려 하는데 사주에 土가 있으면 土극水한다. 土인 엄마가 "에이 눈에 흙이 들어가기 전에는 너희 년놈들 결혼 못 해."하더라. 丙辛합은 연애요, 水가 되어야 결혼하는데 土극水로 안 된다. 乙庚합해서 서방과 금실이 그렇게 좋았는데, 火인 자식 낳으니 火가 金을 극한다. 부부 사이에 금이 가기 시작한다.

戊癸합해서 癸水일주 여자는 무조건 노랑에게 시집가는데 합火하는 것을 水가 水극火한다. 고로 癸가 戊와 결혼하려고 하자, 水인 동생 자매가 반기를 들더라. "언니가 첫 테이프를 그렇게 끊으면 나도 그렇게 시집가게 되니 애당초 언니가 늙은이에게 시집가지 마."한다더라.

직업으로는 경금속 내지는 금은세공에서 많이 보고 인술(仁術)로 진출하면 치과의사 많으니 이래도 우연이라고만 하겠는가? 연해자평 시결에 이르기를 "상관불가예언흉(傷官不可例言凶)이나 辛일 壬辰이면 귀재중(貴在中)이라."했다. 상관을 무조건 나쁘다고 하지 말라. 정관을 극하고 내 것을 설기시켜 도기가 되지만, 辛일이 壬辰시에 태어나면 귀함이 그 가운데에 있다. 壬⑦○○○\n辰○○○라면 辛에 壬은 상관이다. 수다금침(水多金沈)이고 도기(盜氣)이나 무서울 것이 없다. 辰이 습土이니 土생金 받아서 金생水해주고, 土는 土극水하니까, 辰이 壬보고 말한다. "야 壬아 너는 辛이 누구인 줄 아니?" "모르는데요." "임마, 辛은 내 자식이야. 土생金으로 낳은 자식인데, 네가 金생水로 내 자식 것을 가져가려고 하냐? 앞으로 그러면 너는 혼난다." 辰이 壬을 土극水도 하지만 水가 입묘도 되어서 그런다. "아이구, 몰라보았어요. 앞으로는 辛金

것을 뜯어먹지 않고, 잘 도와줄게요."한다더라. 土生金 받아서 金生水 하니까 사주 자체가 균형을 이루게 된다는 것이다. 고로 사주가 좋게 된다. 균형이루면 좋다는 것이다. 만약 辛일 壬辰시가 아니더라도 사주 자체가 균형을 이루면 길격이다. 壬辛○○ / 辰○○○ 의 경우 치과 박사가 많다. 辛은 치과이고 또는 성형외과 의사도 많다. 辛은 피부에도 해당하는데 피부과 전문의사가 좀 더 연구하면 성형외과 의사이다.

의료원에서 辛巳일주 의사가 왔더라. 안과가 전문이란다. "피부성형외과 하면 좋을 텐데 안과 하시나요." "글쎄 말이에요. 앞으로 내가 눈쌍꺼풀 전문의 하고 싶은데 해도 되겠어요?" "하세요."했다. 눈 고치는 것도 성형에 해당한다.

다음으로 辛金이 비록 음으로 약하다고는 하나 지지에 득국하면 완금장철보다 좋고, 또 매금도 되지 않을 뿐더러 木재를 다스려 소용지물(所用之物)로 적시적소에 사용할 수 있으며 강렬지화에도 소용은 커녕 오히려 관으로서 작용되고, 水에도 금침되지 않음과 동시에 청백지명이 되는데 단, 庚申金을 만나지 않아야 탁난(濁亂)을 면할 수 있는 것이다. ○辛○○ / ○酉丑○ 과 같이 辛이 지지에서 득국하면, 어지간한 庚보다 단단하고 좋다. 매금도 안 된다. 辛酉일주라서 토다해도 매금 안 된다. 辰이 오면 辰酉합金, 戌이 오면 酉戌합金, 丑이 오면 酉丑합金, 未가 오면 조토니까 土生金 못한다.

木을 적시적소에 응용한다. 木은 재요, 마누라, 돈인데 마누라를 부리고 관리할 줄 안다. 수신제가(修身齊家) 이후에 치국평천하(治國平天下)다. 여자들이 남자에게 항상 불만이 "나 하나 잘만 다스리면 너희 집에서는 없어서는 안될 다목적용이 될 터인데, 나 하나 못 다스리고, 아이구 멍청아 불쌍하다."한다.

또 강한 火가 있어도 녹지 않고 관으로 작용한다. 가령 ○辛○○ / 午未酉丑 의 경우, 午未火국해도 酉월이고, 酉丑金이니 金은 셋이고 火는 둘이라 火가 하나 부족하다. 火극金해서 이 운명을 좋게 만들어준다. 국을 이루니 보석이 크다. 午未火국이니 서치라이트를 환하게 비추어준다. 金이 빛난다. 대중적인 인물이다. 午는 도화로 도화불빛이니 네온사인이다. 서치라이트에 도화가 가미되니까 네온사인이다. 고로 빛이 한층 더 난다. 午未火관이 酉丑金을 보호해준다. 국가에서 문지기 서라고 보호해준다. 얼마나 큰 인물인가?

水가 많아도 금침되지 않아서 청백(淸白)의 명이 된다. 가령 ○辛○○ 子酉子子의 팔자가 청백지명이다. 너무 지나치게 깨끗하다. 子酉 귀문관이 신경질 작용한다. 귀문관이 잘못 작용하면 신경이 예민한 게 아니라 멍청이·저능아·똘아이가 된다. 물이 깨끗한데 신경질이 나도록 깨끗하다. 결벽증이다. 남이 사용한 것은 사용 안 한다. 결국은 결벽증으로 결혼생활도 안 된다.

여기까지의 상황 중 공통적인 것은 庚·申金을 안 만나야 하고, 만나면 혼탁해져 버린다. 가령 ○辛庚○ ○酉申○의 사주가 되면 버린 팔자다. 辛보석이 庚무쇠 덩어리를 만났으니 잡금이 되어서 보석의 값이 떨어진다.

● 辛金이 甲木을 만나면,

정재로 재를 취함과 동시에 木극土로 인수 공부를 없앤다. 그러나 己土 만나면 ○辛甲己와 같이 甲己로 합거하나 다시 합화土로 土가 되니 土생金으로 오게 된다. 공부를 중단했다가 다시 시작한다. 대학교 들어갔다가 휴학하고서 있다가 다시 학교에 다니는 경우이다. 己土가 土생金이니 어머니가 나를 그렇게 만들어 놓았다. 재가 변화하여 인수 즉 다시 공부를 계속하게 함은 金일주밖에 없다. 辛金일주 남자가 甲년·정재년을 만났다. 10대라면 사춘기요, 20대면 장가가는 운이고,

30대면 바람난다. 40, 50대면 옛날 애인이 보고 싶다. 만약 辛이 본처와 이혼했으면서 甲년 만나면 본처가 그렇게 보고 싶어지고, 재결합하고 싶어진다.

그러나 甲申년은 甲이 죽어서 들어오니까 재결합 못 한다. 신수 볼 때도 辛일주가 甲申년이면 정재니까 내 돈인데 申에 죽어서 들어오니까 부재(浮財)이다. 금년에 돈 못 번다로 통변하라. 또 庚金비겁을 ○辛甲庚과 같이 甲庚충거하는데 이는 정도(正道)를 행함에는 어떠한 방해에도 구애받지 않는다는 것을 입증하고 있는 것이다.

● 辛金이 乙木을 만나면,

乙辛으로 충되고 편재이다. 3번 살림 엎고, 3번 장가간다. 돈이 따르지 않고 도망간다. 여자도 도망간다. 이를 두고 금목상전(金木相戰)이라 한다. 金은 많고 木은 적을 때의 현상인데 이때가 금목상전이 된다. 건강으로는 몸이 아픈데 통(痛)자 항렬이다. 두통 · 치통 · 골통 · 신경통 · 근통… 등이다. 만약 乙木이 필요하면 충이 아니라 귀성으로 군림하고, 이때는 충불충(冲不冲)이 된다.

또 비겁 庚金을 ○辛乙庚과 같이 乙庚으로 합거하지만, 다시 화金하여 방해될까 염려되니 속전속결이 제일이요 또 乙木 애인이 본서방과 짜고 나를 괴롭히니 여자 주의하라. 辛이 乙木 이웃집 여자를 조금 건드렸는데 乙木 여자의 서방인 庚이 알고서 乙庚합金으로 비겁이 되니 도둑놈이다. 손만 잡았는데 庚이 알고서 죽인단다. 감옥 가기 싫으면 3억을 내놓으란다. 꼼짝없이 당한다. 庚은 양이고 辛은 음이다. 고로 힘으로는 안 된다. 乙木 여인이 본서방과 짜고서 나를 괴롭힌다. 또 己土편인을 ○辛乙己와 같이 木극土로 제거함은 편재 여자 하나 잘못 만나면 가장 좋아하는 보급로마저 상실하니 어느 곳에 호소할 것인가.

● 辛金이 丙火를 만나면,

정관으로 합신한다. 여자가 정관이 합해서 들어오면 연애결혼이다. 남자가 정관이 합해서 들어오면 자식과 뜻이 잘 맞고 취직도 잘 된다. 만약 ○辛丙○／○○申○의 경우라면, 월상의 丙이 丙辛합 하려고 하자, 辛이 말하기를 "병신같은 게, 별게 다 연애하자고 하네."한다. 丙申일주를 병신(病身)으로 발음과 같이 통변하기도 하기 때문인데 물론 사주 구성이 안좋을 때를 말한다.

이와 같이 합신하니 부군의 사랑을 받는 것은 물론이고, 비견 辛金을 ○辛丙辛과 같이 丙辛으로 합거하고 庚金비겁을 ○辛丙庚과 같이 火극金으로 제거하면서, 壬水상관마저 ○辛丙壬과 같이 丙壬으로 충거시키니 이를 두고 일거삼득(一擧三得)이라 하는데, 단 丙火가 힘이 있어야 하며 따라서 정도를 지킨 결과가 얼마나 값진 것인가를 말해주고 있는 것이다. 즉 정직하게 살게 되면 일어나는 결과이다.

丙火가 살아있어야만 하는데 가령 ○辛丙○／○○子○의 경우라면, 丙이 죽어있다. 힘이 없다. 丙壬충도 못하고 火극金도 못하고, 그러므로 丙이 살아있어야 한다는 것이다. 다음 정관 丙火가 丙辛합화水에 다시 水극火에 당하여 패몰함은 착한 자에게는 관도 본인을 위하여 희생할 수 있음을 증명함이라 법에도 예외가 있기 마련이고, 또 辛金여자가 丙火정관 지아비를 모심에 정성을 다한다면 눈에 보이는 것보다 보이지 않는 것을 더 많이 얻는다는 것을 일깨워주고 있음과 동시에 부부합심하여 水자손에 향한 그 마음·희생도 마다하지 않고 있으니 어찌 가상타 하지 않겠는가.

丙辛합화水가 되면 丙관이 희생한다. 관은 즉 법이니 법도 희생한다는 것이다. 水는 辛에게 식신상관이고 丙에게는 관살이니 자손이다. 고로 두 부부가 희생해서 자식 잘되기를 초점 맞추어서 거기에 정성을

다 쏟는 것이 눈에 훤하게 보인다.

　다른 합의 원리도 육친과 연결하여 보자. 甲己합土의 경우는 土가 재이니 마누라 · 처갓집에 초점 맞추고 산다. 乙庚합金의 경우는 金은 관이니 서방님에게 초점 맞추고 산다. 丁壬합화木의 경우는 木은 인수이니 집 사고, 공부하고, 부모님한테 초점 맞추고 산다. 戊癸합화火의 경우는 火는 재이니 여자는 戊에게 시집가도 돈에 초점 맞추고 산다. 늙은 남편이니 언제 죽을지 모르니까 돈부터 챙겨야 한다.

※ 참고사항

　여기서 궁합론을 정리해 보자. 즉 남자와 여자가 어느 경우에 사이클이 잘 맞는지를 예를 들어보면, 우선 남자가 甲이고 여자가 己의 경우다. 甲己합이 들었으니 정이 좋고 금방 만나서도 사이클이 잘 맞는다. 그러나 진정한 부부는 남자가 木일주면 여자가 水일주여야 진짜 사이클이 잘 맞는다. 합으로 따지지 말라. 언제나 여자는 마누라이기 전에 어머니와 같아야 한다. 엄마와 같은 모성애를 그리워한다는 것이다. 결론적으로 서로 합되는 관계보다는 여자가 남자를 생해주는 관계가 더 좋다는 것이다. 일진별로 그날의 사이클을 연결해서 설명해보면, 甲木 서방과 己土 아내의 경우, 木일진이라면 甲서방은 친구 생각하고 있는데, 己마누라는 서방님 생각이 간절하여 화장 예쁘게 하고 맛있는 음식해 놓고서 기다리고 있는데 전화 와서 오늘 못 들어간다. 얼마나 미울까? 사이클이 안 맞는다는 것이다. 그런데 土일진이면 木서방은 재날이니 마누라 생각나고, 음식 생각나서 급히 집에 와 보니 己마누라는 동창회 갔다가 안 오거나 또는 처갓집 식구가 와서 방차지하니 방까지 뺏기는 경우이다. 사이클이 안 맞는다. 얼마나 약오르겠나? 남자가 木일주고 여자가 水일주면, 土날이 왔다. 木서방은 마누라 보고 싶고, 水마누라는 서방님 보고싶다. 사이클이 잘 맞는다. 그날의 마음을, 생각을 알 수가 있다는 것이다. 궁합의 원리이다.

● 辛金이 丁火를 만나면,

편관으로 극신(尅身)은 나쁘나 상관壬水를 ○辛丁壬과 같이 丁壬으로 합화木하여 재를 가져오고 있으므로, 식신 癸水를 ○辛丁癸와 같이 丁癸로 옷과 밥을 충거한다 하여도 서운할 것 없으며 또 하나의 자극제가 되므로 원수는 변하여 내가 발전하는 데 근본인소가 된다는 것을 비로소 깨닫고 있으며, 丁火딸이 재로 변화는 살림밑천이라는 것을 말하여 주고 있으나 丁火도 득왕하면 반드시 상신이라 이것이 辛金의 약점이기도 하다. 丁辛丁丁의 경우라면, 辛이 녹아버린다. 몸을 다친다. 火극金하니 "웬놈의 불에 덴 흉터가 이리도 크고 많소?"하니 "불에는 안뎄는데 벼락 맞아서 혼났어요. 전기에 감전돼서 혼났어요."하더라.

● 辛金이 戊土를 만나면,

정인으로 土生金받는 것까지는 좋으나 과(過)하면 매금될까 염려된다. 戊辛戊戊의 경우, 어머니가 많아서 자식 버린다. 토다매금(土多埋金)이다. 치아가 녹아버린다. 식신癸水를 ○辛戊癸와 같이 戊癸로 합거하나 다시 합화火하여 辛金에 관을 생(生)케 하니 청빈(淸貧)한 선비가 여기에 있고, 壬水상관을 ○辛戊壬과 같이 土극水로 제거하면서 火왕에는 ○辛戊丁과 같이 火생土, 土생金으로 탐생망극, 관인상생케 함이라 부모는 이래서 좋으며 또 戊인수가 할아버지고, 癸는 할머니다. 戊癸합火하니 관이 된다. 그러니 할아버지와 할머니가 힘을 합해서 辛金을 취직시켜 준다고 통변할 수 있다.

● 辛金이 己土를 만나면,

편인이다. 土生金은 가(可)하나 甲木정재를 ○辛己甲과 같이 甲己로 합거하고, 식신 癸水를 ○辛己癸와 같이 土극水로 제거하니 편인 즉 외골수의 성격이다. 일방통행이다.

결국은 성격이 본인의 몫마저도 외면한다. 제 밥도 못 찾아 먹는다.

● 辛金이 庚金을 만나면,

비겁으로 신약에는 도움이 된다고는 하나 어디까지나 비겁은 비겁일 뿐 비겁 이상도 이하도 아니니 너무나 믿지 말 것이다. 辛이 庚을 만나면 결국 빛을 잃어버리고, 잡금(雜金)이 되고, 큰 것 옆에 적은 것은 소멸되어 버린다. ○辛)庚○과 같이 월에 庚 놓으면 돈 벌어다 형에게 모두 갖다 바친다. 요즘은 왕따 당한다. 저보다 모두가 잘나보이니 쭈그렁바가지다. 고로 심성이 사납다. 丙丁○○, 壬癸○○, 戊己○○의 세 가 午○○○' 子○○○' 辰○○○의 세 가지 경우, 모두 시에 있는 것이 나보다 강하니 무조건 동생이 더 잘났다. 세번째의 경우, 시에 戊辰이니 동생이 더욱 잘났는데 辰이 水의 고장으로 재고다. 고로 동생이 돈창고 깔고 있어 잘산다.

辛이 보석인데 庚 만나면 폐차장에 가 있는 것이 된다. 辛일주가 庚子년에 신수 보러 왔다. "어허, 보석이 잡금이 되겠으니 이를 어찌할꼬?" 눈 뜨고 도둑맞고, 배신당하고, 애인 떨어져, 돈 떨어져, 신발마저 떨어지고다. 나쁜 친구의 꼬임에 빠질까 봐서 제일 걱정이다. 庚에 가려지니 헛것만 보인다. 아무리 일해도 공이 없구나. 내 것을 뺏긴다. 비겁은 재를 극하니 헛돈 쓰고, 재는 부(父)이니 아버지가 미워지고 보기 싫고 아버지 하는 일이 잘 안 된다.

반대의 경우도 있다. ○壬癸○의 경우는 壬에게 癸는 월의 비겁이니 ○午未○의 경우는 壬에게 癸는 월의 비겁이니 원래는 누나이지만 형님도 된다. 午·未 중에는 丁이 있다. 癸를 형으로 보면 未 중 丁이 형수이다. 그런데 午未가 합이다. 壬도 午 중 丁과 丁壬합하니 장가갔다. 그런데 형수가 보따리 싸서 자기 방으로 들어온다. 午未합으로 형님은 동생한테 자기 마누라 뺏기고 壬은 형수하고 놀아난다. 午未합으로 나에게 들어온다. 또 甲木정재를 ○辛)庚甲과 같이 甲庚으로 충거하고, 乙木편재를 ○辛)庚乙과 같이 乙庚으로 합거하니 금전은 물론 처첩까지도 빼앗기고 마는 신세라 역시 약자의 설움이 어떠한가를 알 만하며 보석이 빛을 상실하니 탁란(濁亂)은 이를 두고 한 말이다.

● 辛金이 辛金을 만나면,

비견으로 신약에는 동고동락(同苦同樂)하니 없어서는 안될 귀성(貴星)인데, 정관 丙火를 ○辛)辛丙과 같이 丙辛으로 합거라, 이는 형제라 하여도 나의 부군을 빼앗아갈 수 있음을 말해주고 있으며 또 乙木편재를 ○辛)辛乙과 같이 乙辛으로 충거, 재관이 몰(沒)하므로 辛金도 과다하면 흠이 된다. ○辛)丙○의 경우, 辛이 丙辛합으로 행복하게 잘 살고 있는데 내년이 辛년이면 丙辛합이 두 군데로 연결된다. 내 남편을 친구 또는 형제한테 뺏긴다. 의부증이 생긴다. 비견겁이 있으면 배는 하나인데 선장은 둘이다. 무조건 비견겁이 많은 팔자는 재관이 없어진다. 결국은 나쁜 친구 때문인데, 나쁜 친구 많이 만나면 군중심리가 발생하므로 포악해진다.

● 辛金이 壬水를 만나면,

상관으로 도기(盜氣)가 된다. 또 관을 극하니 위법행위고 슬픔에 연결된다. 상관은 나에 있어서 기획·생각이고 부하·아랫사람이다. 생각 잘못하거나 부하 하나 잘못 두면 명예는 물론 자식까지 상한다. 丙火정관을 ○辛)壬丙과 같이 丙壬충거하기 때문이다. 火관살은 명예, 자식으로 보니까 그렇다. 상관은 옛날로 치면 부역행위다. 심하게 보면 공산당이고 반항아다. 辛은 가을이고 壬은 겨울로 가을과 겨울이니 춥고 배고프다. 金생水로 입동(立冬)으로 치달으니 종내는 추운 곳에서만 살아가야 되므로 빈한도 본인이 자초한 결과이다.

한편으로는 편관 丁火를 ○辛壬丁과 같이 丁壬합으로 합거하지만 합화木으로 재가 생기니 잘만 이용한다면 실(失)보다 득(得)이 많은데 이는 여자의 경우 아들 하나 결혼 잘 시킨 결과이다. 즉 辛의 아들 壬과 며느리 丁이 합심해서 돈 갖다 준다는 것이다. 상관운 즉 壬년이 되면, 하지 말라는 일은 골라서 하게 되고, 여자는 권태기가 되고 이혼수고 서방님 꼴도 보기 싫어진다. 더구나 오십대후에 여자가 상관운이 오면, 누구를 위하여 종을 울렸나? 살기 싫어지고, 허망하고, 혼자 앉아서 金생水로 눈물만 흘린다.

● 辛金이 癸水를 만나면,

金생水로 설기되나 식신이요 편관丁火를 ○辛癸丁과 같이 丁癸로 충거라, 이것이 곧 희생이 갱생(更生)인 것이요, 辛이 癸에게 金생水해준 것은 나중에 丁火를 丁癸충으로 막아 달라는 것이다. 또 정인 戊土를 ○辛癸戊와 같이 戊癸로 합거하나 다시 합화火하여 관이 생기니 이는 戊土어머니와 癸水장모가 합심하여 나를 취직시켜주고 나의 벼슬을 염려하여 줌과 동시에 희생을 각오한 자는 죽어서도 그 이름이 영원하다는 것을 실증하고 있는 것이다.

다음은 辛金을 지지로 대비하여 살펴보자.

● 辛金이 子水를 만나면,

비록 장생이라고는 하나 庚金과 같이 사궁이라 金침(沈)되고 설기된다. 또 도기로 보아야 하고 금수쌍청(金水雙淸)으로 과청(過淸)되어 청백함은 좋은데, 金水냉한이고 빈한(貧寒)이 염려된다. 금수쌍청은 도(道)의 길을 간다. 금수쌍청은 성격이나 직업으로 얘기할 때 쓰고, 금수냉한은 건강을 얘기하거나 독수공방을 말할 때 쓴다. 금수쌍청과 금수냉한의 차이점이다. 만약 辛金일주가 子년이면 금수쌍청, 금수냉한으로 되는데, 금수쌍청으로는 성격이 서방이 싫어지고, 금수냉한으로는 독수공방해야 한다. 혼자 살기 싫어도 여자는 혼자 살아야 한다. "길고 긴 동지섣달 기나긴 밤에 서쪽으로 가는 달빛은 깊어만 가는데 나는 어이하여 혼자서 베개에 눈물적시고 있는고?" 야한냉금(夜寒冷錦), 추운 밤에 이부자리마저 차갑다. 이것이 금수쌍청이요, 금수냉한이다.

辛金이 丙子년이면? 丙辛합으로 정관과 합이다. 승진하느냐, 못하느냐? 못한다. 왜? 子水에게 꺼져있는 불이다. 다 잡은 고기 놓치고, 丙에서 시작하여 子에서 끝난다. 子水가 작용하니 캄캄한 밤이니까 안 보여서 누락되고 승진 안 된다. 모두 승진할 거라고 믿고 있었는데 안 되니까 방방뛴다. 다른 사람은 모두 승진했는데 혼자만 안 된다. 어디에다 분풀이를 할까?

● 辛金이 丑土를 만나면,
비록 입묘라고는 하나 편인이므로 자양(滋養)되고 있으니 힘을 배가하여 辛金으로 임무를 다하는데 냉금(冷金)·동금(凍金)을 면할 길 없고, 입묘되기는 하나 土생金으로 다시 생을 받으니 부활이요, 환원된다. 辛丑일주는 효신살이다. 어머니가 둘이고 일찍 어머니와 인연이 없다. 음독·비관하지 말라. 丑이 탕화니 세상 비관 말라.

辛丑일주

■ 특징 : 편인, 화개, 입묘, 효신살, 탕화살, 자양지금, 부활

辛金이 일지 丑土에 비록 입묘라고는 하나 오히려 자양지금으로 보기 때문에 입묘되면서도 착근하는 것은 60갑자 중 辛丑뿐이며 따라서 포태법보다는 생극제화가 우선인 것이다.

능히 金생水하고, 金극木도 할 수 있으며 그의 세력은 타 일주의 장생과 같은 힘을 가지게 되니 자연 木火를 희(喜)하고 金水를 기(忌)하며, 신의가 있고 근면하며, 매사에 유정(有情)하고, 아무리 어려운 일이라도 반드시 결실을 하게 된다. 남에게 덕을 베풀 줄 알고 공부를 열심히 하여 인기가 좋으나 첫인상이 조금은 냉정하게 보이는 것이 흠이며, 아집이 대단한 편이다.

유실자모(幼失滋母)가 아니면 편모슬하이며, 부선망(父先亡)에 이복형제가 염려되는데 비견고라서 형제에 흉변이 있게 된다. 관으로는 교육이나 무관이 좋고, 사업으로는 문화·의약·비철금속 또는 종교에 관한 사업이 적합하나 거부가 되기는 어렵다. 건강으로는 화상의 흉터가 있겠고, 냉질·대장암에 주의해야 하는데 남방으로 약을 쓰면 효과가 좋을 것이다.

처자에 유덕하나 모처불합은 면할 길이 없으며, 매사에 완벽한 것을 좋아하니 처가 매운 시집살이로 인해 비관할까 염려된다. 여명은 미모의 얼굴로 부군의 사랑을 받으나 만족하기 어렵고, 친모봉양에 타자양육은 일지 인수와 丑 중 癸水가 있는 탓이다. 巳, 酉, 丑년에는 여행·이사·전근 등의 변화가 있고, 未, 戌년에는 사고·수술·송사·복통 등이 염려되며, 午년에는 이성과 화재를 주의해야 한다.

●辛金이 寅木을 만나면,

庚金과 같이 절지라 무근이 되는데 金왕에는 寅木이 정재고, 寅중 丙火관과 더불어 재관2덕을 얻어 귀히 되고 또 寅중 丙火와 丙辛합으로 한없이 기쁘니 금상첨화다. 여자라면 寅木 재 속에 즉 돈 속에 남자·애인 들어오고 남자는 자식 들어온다. $\begin{smallmatrix} 壬\textcircled{辛}丙\bigcirc \\ 辰亥子\bigcirc \end{smallmatrix}$의 여자 사주다. 여자는 丙이 남편인데 壬子년이 오자 水극火로 서방이 날아갔다. 상관운으로 남편 꺾고 과부되는 운이다. 癸丑년까지 水가 많아서 캄캄한 밤이다. 서방이 죽었으니 눈물이 펑펑 쏟아지고 캄캄한 밤이니 미로를 헤매고 있다. 여기 가도 저기 가도 金생水로 눈물밖에 안 나온다. 사주에 金水가 많으면 눈물 잘 흘린다. 壬子년에 혼자되고 癸丑년에 자식들 어떻게 키울까 고민하다가 그 다음이 甲寅년이 온다. 寅木은 재요, 돈이니 이제는 뭔가 해야겠다고 생각하고 자식들 굶어죽이지 않으려면 장사라도 해야 한다고 나선다.

고로 상담하러 왔다. "어허 작년 재작년에 과부되고 이제는 뭐 좀 해보시게요?" 깜짝 놀란다. 이치는 간단한데 말이다. 서방 죽거나 살림 부도나면 얼굴이 까매진다. 寅亥합木이 되어 돈이 들어오니 "금년에 해보시오. 생각지도 않은 큰돈 벌겠소." "그런데 애인도 하나 생기겠소. 꼭 서방님 닮았을 것이요." 애인 생긴다는 말에 콧방귀 뀌고서 간다.

그런데 장사가 잘 되더라. 어느날 남자 손님이 오는데 돌아가신 서방님과 너무 비슷해서 깜짝 놀라고 정신이 아찔하다. 그 날로 丙辛합으로 반해서 사이클이 통했다. 그 손님 생각이 간절하다. 기다려진다. 결국은 썸씽이 연결해지더라. 木생火 잘 되고 丙辛합이니 믿어도 되고 오래 사귀어도 좋다.

● 辛金이 卯木을 만나면,

편재에 절지로 무근이라 의지처가 없는 중에 卯중 乙木과 乙辛충으로 상충하니 金木상전을 면키 어렵다.

辛卯일주

■특징 : 편재, 장성, 절궁, 음착살, 철쇄개금, 金木상전, 현침살, 우산지목(牛山之木)

辛卯일주는 辛金을 바늘로 보고 卯를 실로 보면 바늘에 실 꿰고 있다. 고로 재봉사이다. "아니 아가씨는 평생을 바늘에다 실만 꿰고 있어요?" "선생님 저 재봉사입니다." 하더라. 우산지목(牛山之木)이다. 산에 소 매어 놓으면 풀, 나무가 안 자란다. 卯가 커서 올라오려면 辛이 잘라버린다. 卯木이 재이니 자기가 계획한 데서 50%를 못 넘긴다. 천간지지 합해야 100%이다. 또한 卯가 辛에게 金극木으로 잘라진다. 卯를 머리카락으로 보면 딱 절반만 자르니 스포츠형이다. 남자가 卯는 마누라인데 마누라 기죽이는 사람이다. 조금만 기어오르면 "이걸 그냥 썅!" 한다. 또 조금 성질나면 "이걸 그냥 머리를 잘라버려?" 한다. 상상해보시라. 卯가 재인데 습목이니 木생火 못 한다. 고로 돈이 많아도 돈을 못 쓴다.

辛金이 일지에 卯木으로 절지가 되어 종재는 분명하나 金木상전으로 할 수 없이 따라갔으며, 또한 卯木은 불능생화(不能生火)로 좋은 명주(命主)가 되기는 어려우니 따라서 재만으로 만족해야지 관까지 욕심을 부린다면 그동안 벌어놓은 돈까지 없어질 것이며, 취재에는 일가견이 있으나 융통성이 없어 답답한 편이다.

卯木이 성장을 하는데 천간 辛金이 절목(折木)을 하고, 서리가 초목의 성장을 방해하는 것과 같이 탈재를 하는데 이를 두고 옛말에 우산지목이라고 하였다. 공부는 도중하차를 하기가 쉽고, 부모와 불합하며, 그의 고집을 꺾을 자가 없는데 사주가 부실하면 金木상전으로 인의(仁義)가 없다. 모선망의 팔자에 형제 또한 덕이 없다.

사업으로는 상경·의약에 입신함이 제격이다. 건강은 풍·습·기관지·폐 등에 주의하고, 과음하면 간경화·간암으로 고생하며, 건강하려면 보온이 최고의 보약이다. 처궁은 부실하여 본인이 바람을 피워 악처를 만나게 되며, 세번 결혼할 팔자이다. 자손은 木생火가 안 되니 돈 때문에 자손이 상할까 염려되고, 귀자를 두기는 어려우니 기대하지 않는 것이 좋다.

여명은 재취나 소실이 제격이며, 부군 작첩에 독수공방하기 쉽고, 시집오면서 신랑이 놀게 되며, 신랑 형제마저 재앙이 발생하는데 자손 덕도 없으며, 돈을 벌기는 하나 자신을 위해서 제대로 써 보지도 못하는 팔자이다.

● 辛金이 辰土를 만나면,

정인이요 습土라 土생金 잘 받아 자양(滋養)받고 힘을 얻으니 길 잃은 양이 어미양을 만나는 것과 같은데 태과(太過)는 매금되므로 불가(不可)요, 또 酉金을 辰酉로 인합(引合)하여 더욱 굳건하게 해주니 볼수록 예쁠 수밖에 없으며, 상식의 고장으로 자손 집합이고 자식 고장이다. 고로 상식고를 놓고 있는 남자는 아기를 잘 본다. 아무리 땡깡쟁이라도 내 손에 들어오면 잘 자고 잘논다. 여자는 남의 자식 키워주고, 스님이라면 절 앞에 유치원 또는 보육원 차려야 한다. 또한 인수는 배움이고 상식은 융통성이고 활용하는 것이니 辛이 辰土 하나만 있어도 배운 즉시 활용하고 써먹는다.

● 辛金이 巳火를 만나면,

정관으로 丙辛암합이다. 그러나 강렬지화로 金·은·주옥인 辛金이 녹아 없어지거나, 만약 酉나 丑을 동반하고 있으면 극이 아니라 金국으로 변화하여 근(根)이 되니 이를 두고 구반은인(仇反恩人)이라 하며 또 강도조절이 잘 된 보석과 같아 그 광채가 항구하면서도 丙辛합이 되니 어찌 한 몸이라 하지 않겠는가?

辛巳일주는 발음과 같이 신사(紳士)다. 멋쟁이다. 여자는 정부 둔다. 辛이 예쁜 여자이다. 巳중 丙이 애인인데 丙火가 눈·심장이다. "당신 눈만 보면 흡수되고, 빨려 들어가는 것 같아요. 내가 녹아버리는 것 같아요. 자기의 심장고동 소리가 내 귀에 들리는 것 같아요."라고 통변한다. 辛이 약하면 火극金 받고 있어서 辛이 녹아서 힘을 못 쓴다.

천간과 지지가 丙辛암합으로 비밀합이다. 여자라면 丙이 정관이지만 정부(情夫)·애인 두고 산다. 辛보고 "야, 이 미친 년아 어째서 네 서방 두고서 남의 남자를 그렇게 좋아하냐?"하니까, 辛이 대답하기를, "그 남자 丙의 눈만 보면 내가 빨려 들어가는 것 같은데 나보고 어찌하라고?"한다. 또한 火는 전기라서 "丙만 생각해도 전기가 오는데 어떻게 잠을 자나? 상사병이 나는데…"한다. 그럼 이 집의 서방은 의처증이 심한 남자일 것이다. 상대성이니까.

辛巳일주 여자가 오면 "서방님이 의심 안 해요?"라고 한 마디 하라. 巳와 亥는 변화를 잘 하고 바꾸기를 잘 한다. 巳중 丙이니 애인·서방을 잘 바꾼다. 일주 하나만 잘 파헤쳐도 공부 많이 된다. 巳는 역마지살이다. 고로 길거리만 나가면 남자가 따라 붙는다. 그것도 연하의 남자다. 여자가 젊게 보인다. 애인이 丙이 되어서 火이므로 말을 너무 잘하여 辛여자가 녹아버린다. 辛의 연약한 金이 丙에게 녹아버렸다.

남자가 辛巳일주면, 남자인데도 여성스러운 데가 있다. 일지에 巳火

인 관이니 직장에 다닌다. 火에 해당하니까 한전·가스공사 등이다.

그럼 언제쯤에 서방과 인연이 다 됐나? 巳亥충이니까 亥년이 된다. 亥는 돼지요, 巳는 새우다. 巳 中 庚이 있어서 변화동물이고 갑각류다. 돼지에게 새우젓 먹이면 그냥 죽는다. 돼지고기 먹을 때 새우젓 나온다. 체하지 않고 소화가 잘 되라고 하는 것이다. 뱀 물린 데는 사해유(四亥油) 바르면 직효다. 누에는 담배에 약하다. 담배 연기 피워놓으면 다 죽는다. 번데기 먹고 체하면 담배물이 즉효다. 해삼은 짚만 닿으면 녹아버린다. 해삼을 갈아서 손에 묻힌 다음 여자 머리 쓰다듬으면 안 풀어진다. 이때 짚 삶은 물로 머리를 감으면 직효다. 건강면에서는 金이 폐다. 고로 폐가 약하다.

辛巳일주

■특징 : 정관, 지살, 장생, 나망살, 암합, 외음내양, 신사(紳士)

辛金이 일지에 강렬한 火인 巳火에 완전하게 제련되어 종살이 분명한데 주중에 酉나 丑이 없어야 한다. 인물이 준수하고 정직하며 겉보기와는 달리 강한 일면도 있고, 일지에 지살이 임했으니 항상 분주·이사가 많으며, 해외와도 인연이 있는데 동남이 좋고 성정이 급한 것이 흠이기도 하다.

건강은 치질·폐·맹장·기관지·빈혈 등의 혈액질환이 있고, 노년에는 해소로 고생하겠다. 직업으로는 비밀 관직·항공계통·해외기관·운전업 등에 종사하고, 가급적이면 사업을 하지 않는 것이 좋은데 사업을 한다면 치과·금은세공·비철금속·구두·양말 등이 좋으나 정관을 놓아 사업을 하기는 힘들다. 돈보다는 명예를 우선으로 하며 식록은 있는 편이다.

부모궁은 모외유모요, 이복형제가 있겠는데, 이것은 암장으로 인수, 비겁이 있기 때문이고, 처덕은 좋으나 가출이 염려되고, 자손은 귀자에 연애결혼한다. 여명 또한 본인이 연애결혼을 하는데 항상 애인이 따르고 있으니 흑백을 분명히 하여야 한다. 의처증이 심한 부군이니 승낙없이 외출하지 않는 것이 좋겠고, 자손보다는 남편의 사랑을 더 생각하는 것이 흠이다. 巳, 酉, 丑년에는 신상에 변화가 있으나 결과는 불리하고 寅, 申, 亥년에는 차액·관재·수술·화재 등에 주의해야 한다. 戌년에는 신경이 날카로워지겠고, 午년에는 이성이 따르겠다.

● 辛金이 午火를 만나면,
편관으로 약한 火라고는 하나 辛金 역시 연금(軟金)이라 종내는 소용(銷鎔)될 수 밖에 없고, 완전히 녹아서 없어진다. 힘 못 쓴다.

● 辛金이 未土를 만나면,
편인이라 土생金을 기대하나 조토가 되어 생을 받을 수 없으니 당초에 포기함이 선견지명(先見之明)이나 신왕에는 재고로 주중에 재가없이도 부(富)하므로 경거망동은 금물이다. 辛未일주는 未土가 재고이므로 부처님과 연결하면 부처님이 돈 벌어주고 종교철학이 돈 벌어준다. 그 대신 마누라의 잔병치레는 면할 길이 없다. 즉 마누라가 아파야 돈이 들어오는 팔자이고, 또 연결하면 未土가 조토이니 부실한 땅이 변해서 금싸라기 땅이 된다. "선생님 저 땅가지고 있는 것 보이죠?" "밑에 깔고 앉았네." "이 땅이 언제나 개발되어서 팔리겠어요?" 亥년, 卯년이 되야 개발되고 금싸라기 되고 팔린다.

辛未일주

■특징 : 편인, 재고, 대궁, 문곡귀인, 화개, 효신살, 현침살, 재관동림

辛金이 일지에 未土를 만나 土生金으로 신왕할 것 같으나 未는 火의 여기(餘氣), 未월의 조토라서 생금을 하지 못하고 오히려 재살이 되므로 60갑자 중 일지에 인수를 놓고도 종(從)하는 것은 辛未일 뿐이다. 유실자모에 모외유모이고, 신의는 있으나 욕심이 많아 돈이 들어가면 나올 줄 모르고, 심술에 아집이 대단하며, 정복력이 강하고, 신앙에도 뜻이 있으나 오래가지 못하는 것이 흠이다.

공부는 도중하차하기 쉬우니 상고를 나와 조기에 사회로 진출하는 것이 좋겠고, 아니면 비밀경찰·수사기관·경제계·은행 등에서 입신이 빠르며, 문필이 정확하고 예·체능에도 일가견이 있다. 재복은 좋아서 알부자 소리를 듣겠으나 처자궁은 부실하여 양처득자·총각득자하기 쉬운데 이는 재관동림이 요인인 것이다. 재고가 되어서 처의 잔질이 있겠고, 아무리 억센 여자라 하여도 본명과 인연이 되면 꼼짝을 못한다.

여명은 부궁부실에 친모봉양을 하겠고, 인수와 재고가 병림하여 친정의 유산이 따르겠다. 음식 솜씨가 좋은데 그 중에서도 궁중요리·한정식·분식 등과 살코기 튀김에도 솜씨가 좋을 것이다. 항상 말조심하여야 하고, 건강은 폐와 기관지가 약하다. 亥, 卯, 未년에는 신상에 변화가 있겠고, 丑, 戌년에는 송사·수술·복통이 따르나 戌년에는 개고로 재수는 있다. 子년에는 이성이 따르나 원진살이 되어 인연이 길지는 못하다.

●辛金이 申金을 만나면,

비겁으로 같은 지기(志氣)이니 득근(得根)은 분명하나, 음양이 달라

탁난(濁亂)을 면키 어려운데 비유한다면 천간 辛은 외(外)요, 지지 申은 내(內)라, 지지의 申에 천간의 辛을 도금하여 놓은 것과 같다. 잡금이 됐다.

● 辛金이 酉金을 만나면,

비견에 왕궁으로 힘을 얻고 또 酉중 辛金에 제자리를 찾았으니 중추가절(仲秋佳節)로서 맑고 고귀함을 한층 더 빛나게 하나 이 또한 태과는 불가하다. 자기 계절 만나니 힘이 배가 된다.

己⊕乙癸의 여자다. 庚辰년에 검사시보에서 청혼이 들어왔단다. 과연 亥酉卯丑
성사가 되겠는가? 사주에는 관이 없다. 고로 기대에 못 미치는 남자를 만난다. 특히 庚辰년은 비겁의 해이다. 있던 신랑도 없어지는 해이다. 금년 인연은 좋지 않다. 辛은 보석인데 庚을 만나니 보석이 폐차장에 가서 묻혀버렸다. 내년은 辛巳년으로 巳·酉·丑 金국으로 巳관이 도망간다. 삼합으로 시집가는 해이나 관이 없어진다. 壬午년에는 午관이 남으니까 壬午년에 가야겠다.

청혼 들어온 남자의 사주는 庚⊕○○다. 여자에게 火가 부족한데 신 午午戌亥
랑사주에 午戌火局이 있으니 인연 아닌 인연이 될 것 같으나 庚辰년에 甲庚충이 걸렸다. 이 남자도 庚辰년은 장가가는 해가 아니다.

辛酉일주

■ 특징 : 비견, 왕궁, 정록, 철쇄개금, 음착살, 금은주옥, 청백, 홍염살, 간여지동

辛金이 일지에 정록이요, 장성을 놓아 대단히 강왕하면서도 그 청순함을 따를 자가 없으며, 주중에 土다(多)라도 매금되지 않음이 庚金과

다르며 金극木은 잘하나 金생水에는 인색함이 서운하다 하겠다. 목적을 향해서 꾸준한 노력은 좋으나 지나치게 청백함이 오히려 고독을 자초하겠고, 미모에 인물이 청수하여 타인의 부러움을 사겠다.

영리는 하나 과신은 금물이고, 의리는 있으나 완벽한 것이 흠이다. 부모덕도 없는데 외가마저 몰락이요, 형제가 많지 않으면 반대로 독신이다. 건강은 냉질에 간담이 약하며, 폐에 병이 오면 백약이 무효이니 주의해야 한다.

관으로는 행정·문화 등에서 성공하나 지나치게 깨끗하여 돈이 따르지 않으니 탐재하지 말고 명예를 우선으로 하는 것이 좋을 것이다. 처덕은 있으나 처궁은 불미(不美)한데 이는 신왕에 홍염살의 작용이며, 의처증에 처의 잔질도 본인의 팔자이니 서로가 노력을 해야 할 것이다. 자손 역시 불발이니 기대하지 않는 것이 좋다.

여명은 외가와 시가 형제가 몰락하기 쉬우며, 미모인데도 부군은 작첩을 하고, 신앙을 가까이 하는 것까지는 좋으나 지나치게 빠져들까 염려되며, 자손 또한 귀하게 되기는 어렵겠다. 巳, 酉, 丑년에는 신상에 변화가 있겠고, 卯년에는 차액·관재·부부 이별 등이 염려되며, 子년에는 신경과민과 불면증을 주의해야 한다.

● 辛金이 戌土를 만나면,

인수로 土생金을 기대하나 조토가 되어 믿기 어려운 중 寅 혹 午를 만나면 변하여 火국이 되니 생이 아니라 극이 되므로 대기(大忌)인데 단, 戌월중은 예외다. 庚金에서 戌월의 庚은 土생金 받는다고 배웠는데, 역시 戌월의 辛金도 土생金 받는다고 연결하라. 또 신왕하면 관고로서 이용하니 좋다.

● 辛金이 亥水를 만나면,

상관으로 도기되며 또 병궁이요, 金침이라 종내는 희생되고 마는데, 金왕에는 亥중에 甲木정재까지를 소용할 수 있으므로 희생이 갱생이 된다. 辛亥일주는 고란살로 외롭다. 여자는 시집 안 가려고 한다. 庚子일도 같다. 여자면 丙이 서방인데 亥중의 壬水가 쫓아내니까 시집 안 가려고 한다. 내가 생하는 것이 자식이니까 자식만 끼고 산다. 서방은 필요없단다. 여자 辛亥일주가 寅년이면 寅亥합木으로 재국이 된다. 자식·아들이 변해서 돈이 된다. 아들이 돈 벌어다 준다.

辛亥일주

■ 특징 : 상관, 지살, 병궁, 천문성, 금여록, 외음내양, 고란살, 나망살, 육음지극(六陰之極)

辛金이 일지 亥水에 도기되고 또한 병궁이요, 金침(沈)이니 종아가 되나 亥水는 甲木을 장축하고 목지장생(木之長生)이므로 종아는 변화하여 종재가 되며, 이러한 것을 아우생아(兒又生兒)라 하고, 또한 가고 싶어 가는 것이 되어 상하가 잘 조정된다.

만약 다봉(多逢)亥하면 비천록마격(飛天祿馬格)으로 그의 귀함은 검찰총장에 이를 것이며, 얼굴은 길면서도 준수한 용모를 갖추었고, 선견지명에 암기력이 좋아 일독지십(一讀知十)으로 만인에게 칭찬을 받는다. 신앙으로 덕을 베풀 줄 알고 인정에는 약하나 상관의 작용으로 반항의식이 있어 매도 무서워하지 않는다. 금수쌍청으로 외적으로는 깨끗하나 실은 물을 싫어하며 잘 씻지 않는 것이 흠이고 설단생금(舌端生金)하나 주중이 부실하면 신들리기 쉽다.

재복은 좋으나 낭비가 염려된다. 건강은 과음을 삼가야 하고, 보온에 힘써야 한다. 관으로는 재정·교육·법정·외국기관 등에서 입신하고, 사업으로는 식품가공·수예·무역·생산업에서 성공한다. 처덕은 좋으나 작첩은 면하지 못하고, 자손궁은 부실한데 타자(他子)를 위주로 생활을 하였기 때문에 노년에는 고독을 면키 어렵다.

여명은 부궁의 부실로 재혼이 좋은데 아니면 독신을 고수하고, 자손을 낳고 부군과 이별하게 되는데 자손은 귀자를 두겠다. 주의할 것은 자연유산을 할까 염려되고, 타자양육에 육영사업이 최종의 목표가 될 것이다. 매사에 극으로 치닫기 쉬우니 자신을 잘 다스림이 좋겠고, 냉질로 생리불순이요 복통까지 발생하니 몸 관리를 잘해야 한다. 희생의 정신은 좋으나 지나칠까 염려되고 중·말년에 이민도 생각하겠다.

다. 辛金희기론

辛金은 주옥(珠玉)과 같아 왕약(旺弱)을 물론하고, 壬水로 세진(洗塵)하며 己土의 생함은 길하나 戊土는 꺼리고 丙火는 기뻐한다.

춘절 辛金은 정월에 火가 희신(喜神)이요 卯월은 土가 길신이요, 辰월은 木이 필요하며 반드시 壬水는 길하다.

하절 辛金은 壬水가 가장 길한데 壬水가 없으면 癸水로 해열함도 또한 길하고 土가 태왕하면 木으로 소통(疏通)해야 광채를 얻으리라.

추절 辛金은 비록 왕세(旺勢)나 火는 꺼리니 이것이 辛金은 단련한 주옥이 된 까닭으로 다시 단련할 필요가 없고 壬水로 설수(泄秀)하고 木으로 金기(氣)를 분산(分散)하면 수복(壽福)이 온전하다.

동절 辛金은 비록 한절(寒節)이라도 水로 세진(洗塵)하면 금청수백(金淸水白)하리니 연후에 丙火로 조후하면 귀격이다. 水가 많으면 戊土로 제습하여야 약(藥)이 된다.

9. 壬水

가. 壬水총론

壬水는 辛金음이 변화하여 양이 된 순서요, 또 가을에서 겨울로, 석양에서 밤, 결실에서 수장(收藏), 백기에서 흑기, 백운이 흑운(黑雲), 폐에서 위, 의리에서 지혜, 냉한이 동결로 변화하고 있는 것을 말하고 있는데 변화한 자체에서도 크고 멀게 그리고 길게 또는 형이상학적으로 나타나고 있는 것을 壬水라 하고 이에 반대인 것을 癸水라고 한다. 壬水는 천간의 종(終)이요 또한 계절의 끝으로 종식되는 것 같으나 끝은 곧 시작을 의미하기 때문에 壬水는 임신(妊娠)이라 하였고, 또 하루의 끝도 밤이 되나 시작도 역시 밤이 되는 것과 같다 하겠다.

오행의 시작(始作)은 水요, 끝은 金이다. 고로 水일주라면 미생물학을 공부할 생각은 없는지, 유전공학을 공부할 생각은 없는지 물어보라. 水는 생명의 근원이고 미생물에 이르기까지 水의 지배를 받는다. 壬水를 임신이라 본다면, 다른 십간을 비교해보자. 甲은 갑 갑(匣)으로 감추는 것이고, 乙은 알(軋)로 비비고 문지르고 뚫고 올라오는 것에는 1등이다. 丙은 피어날 병(炳)이다. 펼쳐놓는 데 1등이다. 丁은 장정 장(壯)이다. 힘센 장정으로 자기 몫을 챙기는 데는 1등이다. 戊는 무성할 무(茂)로 풍족하다. 己는 일어날 기(起)로 몸이 달리고 있는 것이 기자(起字)이니 단거리의 명수다. 庚은 바꿀 경(更)으로 고치는 것, 바꾸는 데는 1등이다. 辛은 새로울 신(新)으로 새롭고 깨끗하다. 壬은 아이밸 임(姙)이니 임신이다. 그러므로 창안력, 기획이 잘 발달되어 있는 것이 壬水이다. 癸는 헤아릴 규(揆)이다. 즉 법(法)이다.

또 하늘 천(天)으로 보면, 구름 운(雲)·정(精)·水기(氣)·밤·동절·눈 설(雪)·얼음 빙(氷)·시작·진화(進化)의 근본이며 만물의 종주(宗主)로 타 오행의 작용에 있어서도 없어서는 안될 필요불가결한 것이며, 심지어는 미생물에 이르기까지 水의 지배를 받지 않는 것이 없고, 또한 생명의 근원인 것이다. 땅 지(地)로 보면 택(澤)이요, 지소(池沼)·저수지·해수(海水)·호수(湖水)·포수(浦水) 등으로 정지된 水이며 횡류(橫流)를 하고 있는 것이 특징이요, 양수(陽水)로 지지의 亥水와 같고, 사수(死水)요, 강수(剛水)다. 반면 흘러다니는 물이요 종류(從流)는 癸水다. 주전자에 담아 놓으면 壬水요 횡류고, 주전자 꼭지에서 흘러내리면 癸水요 종류다.

壬水는 庚金과 戊土를 좋아하는데 庚金은 水의 근원이며, 戊土는 제방으로서 댐을 이루어 다목적으로 이용하기 때문이다. 여기서 지명(地名)과 통변을 연결하여 보자. 壬申은 수원(水源)과 연결한다. 金生水 받으니까 수원이다. 고로 丁일주 여자가 수원에 놀러 가면 남자·애인 생긴다고 응용한다. 甲子는 춘천(春川)·인천(仁川)으로, 乙亥는 목포(木浦), 戊辰은 대전(大田), 戊戌은 대구(大邱), 丙戌은 광주(光州)로 각각 응용할 수 있다. 각자의 지명에 따라서 애인 생기는 것, 성공하는 것 등을 어느 지역에 따라서 맞나, 안 맞나를 참고하는 데 필요하다. 각각의 사주와 비교하여 상담해줘라.

본래는 水자체가 음지극(陰之極)이나 음극즉 시양(始陽)에 외음내양의 법칙에 의하여 양이 시생(始生)되고 있기 때문에 겉으로는 보이지 않으나 속으로는 양이 회태(回胎)되어 시생하고 있는 것이다. 즉 다시 말하여 하루 낮의 시작도 子 영시를 기준하여 시작되고 또 子 동지를 지나면서 낮이 길어지기 시작하는 것과 겨울은 추우나 추운 만큼 건조해지고 있는 것과 같다 하겠다. 壬水가 꺼리는 것은 乙과 卯다. 상관이고 또한 卯월은 나무에 물이 오르고 물이 역류한다. 물이 뒤집어진다는 것이다. 壬은 水인데 乙卯는 木이다. 水生木으로 水는 항상 木을 따라간다. 항상 水는 木을 만나면 물줄기가 된다. 수로(水路)가 된다. 水는 위에서 아래로 흘러야 되는데, 乙·卯를 만나면 역류되므로 모든 것이 거꾸로 가고 되는 일이 없다. 고로 乙·卯木을 제일 싫어한다.

또 壬水는 丁火를 만나면 丁壬합이 되고 丁壬합화木으로 변하게 되어 음란지합이 된다. 丙火를 만나면 丙壬상충이 된다. 충중에서 丙壬충은 충될 때가 있고, 충으로 안 볼 때가 있다. 가령 丙㊏○○(午寅丑子)의 경우 丙壬충으로 안 본다. 壬이 겨울에 나서 추운데 丙火, 寅午火국의 불이 멎져서 안 싸운다. 水가 셋이고 火가 셋으로 균형을 이루니 싸우지 않는다.

水는 청(淸)을 생명으로 하고 있는데, 그것도 지나치면 병이 된다. 가령 ○㊏辛○(○子酉○)의 경우라면 酉월의 물은 깨끗한데 너무 깨끗하다. 과청(過淸)으로 고기가 살지 못한다. 마누라도 남편도 자식도 못 산다는 것이다. 결국 혼자 살아야 한다. 결벽증이다. 이와 같이 水를 관찰함에는 심오한 분석을 할 수 있어야, 즉 어느 물인가를 알아야 비로소 사주를 판독할 수가 있다.

우선 청수(淸水)와 탁수(濁水), 수원(水原)과 흐름의 방향 즉 순류(順流)와 역류(逆流)를 구분하고 물의 심(深)水와 천(淺)水, 난류(暖流)와 한류(寒流) 또 막아서 이용하여야 할 것인가, 흘러보내야 할 것인가 또는 水극火를 할 수 있나, 없나 등을 구분할 줄 알아야 비로소 사주 추명이 가능할 뿐더러 정확할 수 있다는 것이다. 대단히 중요한 사항으로 좀 더 상세히 알아보자.

먼저 청수(淸水)란 깨끗한 물을 말한다. 이미 예로 ○㊏辛○(○子酉○)는 맑은 물이고 깨끗한 물이다. 탁수(濁水)란 물은 적고 흙이 많으면 더러운 물이다. 가령 ○㊏己癸(未子未戌)의 경우는 더러운 물이다. 물은 둘인데 흙은 다섯 개로 더러운 물이다. 水가 갇혀 있다. 물은 흘러가야 생명력이 있는데 결국 위와 같은 물은 썩는다. 썩은 물을 먹으면 오염되어 있으니 사람이 죽는다. 고로 이 사람에게서는 사람이 따르지 않는다. 도망간다. 이 사람 몸에서는 냄새 난다. 노린내 나고 썩은내가 난다. 그래서 사주 보고 냄새 한 번 맡고 나서 "사주에서 왜 이렇게 냄새가 나요?" "이 사람 똥 퍼요? 하수구 치워요?"한다.

천수(淺水)란 썩은 물도 되고 옅은 물도 된다. 옅은 물에서는 물이 적으니까, 애들만 와서 놀더라. 위 탁수 壬子일주 사주가 썩은 물도 되고 옅은 물도 된다. 애들이 오니까 물장구치고 논다. 고로 나이 먹어서도 아이들과 놀아야 하니 철이 안 들었다. 애들한테도 무시당한다. 얼마나 답답한가? 이 팔자가 아들을 두었는데 아들 친구가 "야, 너의 아버지는 잘 있냐? 어제 너의 아버지와 술 한 잔 했다."한다. 옅은 물은 자기 노출을 많이 시키니 남에게 이용만 당한다.

심수(深水)란 깊은 물이다. 물이 깊으면 깊은 물이 되니 물이 깊어서 그 사람 마음을 모른다. 어느 일주든지 강하면 그렇다. 깊은 물은 누구나 들어가기 싫어한다. 두려워한다. 가령 ○壬庚○/○子申辰 의 경우 申子辰 水局에 金생水다. 깊은 물이다.

순류(順流)는 바로 흘러가는 물이다. 년은 월을 생하고, 월은 일을 생하고, 일은 시를 생할 때를 순류라고 한다. 순류라고 하는 것은 일주가 시를 생하고 있을 때로 간단히 보라. ○壬庚戊/寅子申辰 의경우라면, 순류에 물도 수심이 깊다. 세상을 편하게 산다. 역류(逆流)란 거꾸로 흐르는 물이다. 시가 일을 생하고, 일이 월을 생하고, 월이 년을 생할 때는 역류라고 한다. 역류라는 것은 일주가 월을 생하고 있을 때로 간단히 보라. 가령 ○壬甲○/○子寅○이라면 역류다. 물이 거꾸로 간다. 壬子가 甲寅을 생하니까 세상을 거꾸로 산다. 남은 잠자는데 일해야 한다. 거꾸로 사는 것은 여름에 일 나가서 겨울 옷 만들고 있고, 낮에 자고서 밤에 장사하는 것도 거꾸로 사는 것이다.

물을 막아서 써야 하는가, 흘러 보내야 하는가를 살펴라. 가령 흘러 보내서 써야 하는 팔자를 막아서 쓴다면 99.9%를 성공했다가 1%모자라서 부도 맞는다. 물을 막아서 쓰는 팔자가 아니니까. 여기서 물을 막아서 쓴다면 흙이 있어야 막아서 쓸 수가 있다. 가령 ○壬庚戌 寅子申辰의 경우, 戊辰土가 년주에 있지만 申子辰水국에 습土니까 물을 막지 못한다. 또한 년은 상류니까 물은 하류에서 막아야 하는데 상류에서 막으니까 거짓말이다. 고로 흘러 보내는 물이다. 이런 사람은 살살 꼬시고 달래야 한다.

만약에 ○壬庚戌 戌子申子라면 戊戌土로 막아서 써야 한다. 원래 壬일주에는 庚戌시만 있다. 이런 물은 막아서 써야 한다. 흘러 보내는 물이 아니다. 여기서 구분해야 하는 것은 흘러 보낸다는 것은 물줄기로 강(江)이다. 고로 水도 많고 木도 많으면 한 나라의 젖줄이 되고 그렇지 않으면 안된다는 것이다. 가령 丁壬己戌 未子未戌의 경우, 물을 막기는 막았는데 물은 적고 흙이 많으니 헛공사를 하고 있다. 물의 저장량에 비해서 너무 많은 흙을 사용하니 壬水 하나 막으려고 남산 하나를 허물었다. 고로 "이 사주 어때요?"하면 "모기 보고 총 쏘는 팔자요." "마련만 하다 장 파하는 팔자요."한다.

다음 난류냐 한류냐? 한류는 차가운 물을 말한다. ○壬○○ ○子子○의 경우, 완전히 차가운 물이다. 水극火로 불은 잘 끄는데 水생木은 못한다. 동짓달이 둘이니 꽁꽁 언다. 춥고 배고픈 팔자다. 水생木을 못 하니까 베풀 줄을 모른다. 난류는 따뜻한 물이다. ○壬○○ ○○亥○의 경우, 이 자체만으로도 난류 즉 따뜻한 물이 된다. 亥 중에 甲木이 있으니까, 木은 봄이니 봄은 따뜻하고, 水극火도 水생木도 잘 하니 물을 물답게 쓸 수가 있다. 水생木하니까 베풀 줄 안다. 물의 근본원리는 유하지성(流下之性)이고,

수평을 이루는 데 목적을 두고 있다. 수평자에도 가운데에 물이 들어가 있다.

또한 똑같은 물도 다음의 세 가지로 분류한다. 氵으로 흘러가는 물이고, 여름물이다. 冫으로 응고되는 물이고 가을물이다. 丶로 얼어있는 물이고 겨울물이다. ○壬丙○의 경우, 불은 많고 물은 적으니 물이 끓게 된다. 진짜 좋은 물은 증류수로 날아가 버리고 찌꺼기만 남게 된다. 이 물도 더러운 물이다. 더러운 팔자다. 증류수는 올라가서 구름이 된다. 따라서 만날 구름만 타는 팔자다.

끝으로 물이 샘이 솟는 물이냐, 받아놓은 물이냐가 문제다. 먼저 샘이 솟는 물이다. ○壬戊○의 경우, 申이 壬子를 金생수로 생해주는 것이니 샘이 솟는 물이다. 아무리 퍼써도 샘물처럼 마르지 않는다. 돈도 또한 쓴 것만큼 채워진다. 그러므로 돈이란 써야 생긴다고 생각한다. 다음은 받아놓은 물이다. ○壬戊○의 경우, 金생水가 없어서 받아놓은 물이다. 똑같은 돈이지만 金생水가 없으니 이 사람은 저절로 수전노가 되고 자린고비가 된다. 왜냐하면 돈을 쓰게 되면 그만큼 줄어드니까 죽어도 돈 안 쓴다. 고로 솟는 물은 돈 쓰는 재미로 살고 받아놓은 물은 돈 모으는 재미로 산다. 그래서 둘이 만나서 돈에 대한 철학을 이야기하면, 솟는 물이 "미친 놈아, 돈이란 쓰라고 있고, 돌고 도는 것이 돈이야." 받아 놓은 물이 대답하기를 "임마, 단단한 땅에 물이 고이지 왜 돈을 쓰냐?"하고 각기 주장이 다르다는 것이다.

이럴 때 역학자가 말한다. "네 말도 맞고, 네 말도 맞다." 그러나 너는 돈을 쓰면 생기는 팔자니까 그렇게 살아야 한다. 너는 받아놓은 물이니까, 그렇게 짠돌이로 살아야 한다. 이것을 마누라로 풀이해보면, 솟는 물의 사주는 金생水로 들어오니까, 부모·친정이 잘살고 부모덕도 있는 마누라고, 받아놓은 물의 사주는 金생水가 없으니 공부 못한 마누라고 부모덕도 없다. 처갓집이 잘사나 못사나, 공부 많이 했나 못했나, 좋은 여자에게 장가가나 못가나 등이 모두 나온다. 천수(淺水)는 물이 얕은 사주이고 천격(賤格)이다. 밑바닥을 기어야 하는 팔자다. 얕은 물이니 세상을 그렇게 살 수밖에 없다.

또 양수(陽水)는 횡류(橫流)하고 음수(陰水)는 종류(從流)하는 법칙으로 볼 때 바닷물이 지구와 달의 인력 때문이 아니라 하여도 횡류하고 있기 때문에 지구 밖으로 떨어져 나가지 않는다 할 수 있는데, 비유하건대 교량 중간에 받침대가 없는 조교(吊橋)의 공법도 일정한 원을 그리면서 유지하고 있기 때문에 그 무거운 교량의 중량도 감내하듯이 바닷물도 일정한 각도를 유지하면서 원을 이루고 또 돌고 있기 때문이라고 본다.

다음으로 왕한 水가 木을 만나면 수로(水路)요, 따스한 봄을 만나 해동(解凍)이라 水의 생명선이 되나 수목응결(水木凝結)은 되지 말아야 한다. 예를 들어보자. ○壬庚戌 寅子申申의 경우, 金生水 받아서 물이 한없이 들어오는데 寅木이 水생木으로 수로요 숨통이다. 水가 겨울이고 寅은 봄이니 아무리 추운 겨울도 봄이 오면 물러간다. 寅木이 이 사주의 생명이요, 용신이다. 얼마나 좋은가? ○壬○戌 寅寅子申이라면 寅木이 두 개라서 봄이 둘이니 더 따스한 팔자이다.

그런데 수목응결이 된다면? ○壬○戌 卯子子申의 경우라면, 卯는 습목이니 물을 흡수 못 하고, 子卯형이 되니 수목응결이 되어 있다. 수목응결은 북풍설한만 휘몰아친다는 것이고, 子卯형은 풍파만 자꾸 일어난다. 물이 형 받았으니 파도가 너무나 심하다. 파도가 휘몰아치니 군함도 삼켜버린다. 물이 있는 곳에 卯木·乙木이 있으면 수목응결되고 寅木이 있으면 수목응결이 안 된다.

또 水가 왕할 때 火를 만나면 한자(寒者)가 득로지상(得爐之象)으로

화로를 얻고 있는 것과 같아 난방이 잘 된다. ○㊌○○의 경우, 동짓달
(午寅子子)
이 둘이라서 추운데 寅午火국이 있으니 난방장치가 잘 되어 있어서 세
상살기가 좋다. 이 경우는 수화기제(水火旣濟) 즉 물과 불이 균형을 이
루어서 좋다. 그러나 丙㊌○○의 경우는 水와 火가 싸우고 있는 팔자다.
(午子子申)
水는 많은데 火는 적다. 수화상전(水火相戰) 즉 물과 불이 싸우고 있
다. 수화상전은 되지 말아야 되는데 水에 火가 죽는다. 丙壬충이고 子
午충이다. 水라는 나와 火라는 마누라와 만날 싸우고, 아버지 火와 만
날 싸우고, 돈으로 연결하면 돈이 모두 도망가니 잘 살기는 틀렸다.

또 水가 왕할 때 土를 만나면 제방(堤防)으로서 호수요, 댐으로서 다
목적으로 이용하여 좋다. 己㊐子壬의 경우, 水의 많은 물을 土제방으로
(未戌子申)
멋지게 막아놨다. 金생水가 있으니 샘이 솟는 물이다. 戌은 火의 고장
이니 火는 전기고 또한 2·7火이다. 고로 이런 경우에는 수력발전에
터빈이 7개가 설치되어서 돌아가고 있다. 여기에 戊戌은 양으로 크고
己未는 음으로 적으니 己未는 보조댐이다. 본댐에다 보조댐까지 멋지
게 만들어져 있으니 물 한 방울 안 새게 되어 있다. 완전무결하다. 고
로 이 팔자는 똥도 버리기 아까운 팔자이다. 그러나 ○㊐壬壬의 경우라
(戌子子申)
면, 이 많은 물을 戌土하나 가지고는 못 막는다. 물이 넘쳐 흐른다. 범
람한다. 하나의 섬과 같다. 물이 들어오면 안 보이고 물이 나가야 보인
다. 얼마나 고달픈가? 이 두 사주는 이런 엄청난 차이가 있다.

水가 약할 때 木을 만나면 목다수축(木多水縮)이 되는데, 木이 많으
면 水는 없어진다. 봄을 만나 겨울이 꼼짝못하고 칠흑같이 어두운 밤
도 새벽을 만나 물러서는 형상이다. ○㊌㊌○의 경우, 물의 근거지가 없
(○寅寅寅)
으니 壬水지만 癸水만도 못하다. 寅木 아름드리 나무에다 바싹 말라있
는 나무가 되니 물을 한 주전자 부어도 나무가 흡수해 버리고 안 내놓
더라.

또 火가 많으면 水가 증발된다. 화다수열(火多水熱)이다. 밤은 짧고 낮은 길다. 겨울에 기온이 상승하여 매사를 그르친다. ○㊤丙丁 申午午未 의 경우, 많은 불에 의해서 물은 증발되고 만다. 火는 재가 되니 아버지요, 마누라요, 돈이다. 고로 아버지에 의해서 나는 증발되고, 아버지 컴플렉스에 걸린다. 마누라에 의해 나는 증발되고, 마누라가 무섭다. 돈에 의해서 나는 증발되고, 돈의 노예가 된다. 또한 火는 낮이고 水는 밤이니 낮은 길고 밤은 짧다. 밤낮으로 일해도 먹고 살기 어렵다. 밤잠도 조금밖에 못 자는 팔자이다. 얼마나 고단한가? 火는 많고 水는 적으니 물이 증발되고 구름밖에 더 되겠는가? 뜬 구름 잡는 팔자이다.

역학은 자연과학이고 자연과학 자체를 공식으로 증명해서 들어간다. 얼마나 위대한가? 사주를 꼭 육친에만 대비하지 말고 자연에 비유해서 이해하는 것이 빠르고 쉽다. ○㊤○○ 午寅○○ 의 경우, 사주에 火가 많아서 감출 데가 없다. 낮이고, 빛이고 광명이니 자신을 너무 노출시켜서 망했다. 사업중에 나는 이것을 앞으로 하겠다고 술좌석에서 발설했다. 그러자 동료 중에서 영리한 놈이 먼저 몰래 손댔다. 공장에 와서 사진 찍고 해서 이 사람보다 3개월 먼저 해서 동대문시장에서 해먹어 버렸단다. 고로 망했다.

또 土가 많으면 유색(流塞)된다. 물이 흘러가지 못하고 막힌다. 수심(水深)에 비하여 역사(役事)가 방대(方大)라 헛수고를 많이 함과 동시에 수심이 천(淺)하여 본인의 노출이 심하여 항시 타인에 이용당하고 배신당하기 쉽다. ○㊤己戊 戊子未戊 의 경우, 흙은 많고 水가 적으니 물이 흘러가지 못하고 막힌다. 막히면 썩는다. 썩으면 잡균만 생기고 냄새만 난다. 수심에 비해서 흙이 많으니 모기 보고 총 쏘는 팔자다. 헛수고만 한다. 여자라면 관이 많아서 기생밖에 더 되겠나? 물이 썩으니 더러운 팔자다.

다음 水왕한 사주가 金을 만나면, 탁수(濁水)요, 한랭지수이며 철분

이 과다한 물로 자체 조화를 이룰 수 없어 불가하다. 삼합으로 순수한
金국은 오히려 귀명이 된다. ○壬○○의 경우, 金이 많으니 철분이 과다
      申申酉申
한 물로 壬水의 효용가치는 떨어져 버렸다. 어머니·金이 많아서 자기
신세를 망쳐 버렸다로 연결해도 된다. 삼합으로 순수한 金국은 귀명이
되는데 이 말은 삼합 金국은 巳酉丑인데 巳酉丑은 음이고, 壬水는 양
이기 때문에 壬水는 해당 안 된다. 못 받아 먹는다. 가령 ○癸○○라면
                              丑酉丑巳
이것이 완전하게 巳酉丑 金국 삼합이 된다. 삼합은 큰 하나다. 부피이
고 개체가 아니다. 고로 대학교 학·총장감으로 빛나는 팔자가 되니
귀명(貴命)이다. 지지 삼합 水국은 윤하(潤下)로 종입대해(終入大海)
라 목적을 달성하는데, 방합이나 동합은 하격으로 불리(不利)하다.
○壬○○의 경우, 申子辰 삼합 水국이 되니, 큰 하나로 본다. 법정, 외교
辰申子辰
로 두각 나타내고 큰 인물이 된다. ○壬○○의 경우, 水국이나 방합이다.
                               丑子丑亥
삼합과 방합은 하늘과 땅 차이다. 물로 연결하면 삼합은 함장이라고
한다면, 방합은 갑판원으로 배 청소 하는 사람이다. 방합은 안 된다.
삼합이라야 한다.

  또 丁火와는 丁壬으로 합하고, 丙火와는 丙壬으로 충하며 申金에는
장생하고, 酉金에는 과청(過淸)이요, 亥子에는 관왕하고, 寅卯에는 병
사하기에 乙木을 대기(大忌)한다. 즉 壬水는 乙木·卯木을 대기하는
데, 그 이유는 수목응결되고, 물이 역류되며, 상관이 되어서 관을 상한
다. 위법행위다. 壬을 戊土로 막으려 하는데, 乙卯木의 살아있는 나무
가 木극土하니 제방이 무너진다. 여기 壬水일주가 乙·卯木을 많이 만
나고 있으면, 戊土인 서방을 빵꾸내는 데는 1등이다. "서방님 열중쉬
어."다.

  水의 성격은 바다와 같이 넓고 깊으며 인내심이 있다. 물은 막아놓으
면 가만히 있고, 터놓으면 흘러간다. 거기서 인내심이 나온다. 또 지혜

가 있다. 지혜는 꾀다. 요즘은 꾀·水로만 공부시키니 水극火로 火·예의가 죽는다. 윤리와 도덕이 땅에 떨어졌다. 水일주는 꾀보다 영리하다. 그리고 항시 수평을 이루고자 노력하기에 만인에 평등하다. 丙火도 만인에게 평등하다. 극과 극은 통한다는 것이다. 부처님의 형상도 감위수(坎爲水)로 만인에게 평등이다. 또 환경에 적응을 잘 한다. 둥근 것에 담아 놓으면 둥글게 되고, 모난 것에 담아 놓으면 모나게 된다.

또한 水는 모든 오행이 필요로 한다. 만물의 근원이다. 木은 水가 있어야 크고, 土는 水가 있어야 잘 뭉쳐지고, 金은 水가 있어야 유연해진다. 火는 水가 있어야 열기가 조절된다. 이처럼 水는 잘만 이용하면 다목적으로 요모조모로 써먹는다. 水는 일단 화가 나면 노도와 같아 인명을 살상하고마니 충·파는 만나지 않아야 한다.

水는 오행의 시작이라 기획을 잘하고, 발명가에 많으며 무엇이든 시작의 명수이니 절대로 종장(終章)을 보려고 하여서는 안 된다. 水일주는 선발대이다. 또 水는 유하지성(流下之性)이니 가만히 있으면 몸이 아프다. 고로 자주 활동해야 한다. 시작의 명수이니 뭐든지 끝장을 보려고 하면 안 된다. 고로 水일주가 음식업·다방을 하는데 火가 재니까 불티나듯이 잘 된다. 이때 누가 팔라고 하면 즉시 팔아야 한다. 프레미엄 붙여서 빨리 팔고, 다시 다른 데서 새 건물 지으면 시작하고서 잘 될때에 또 팔라. 이런 식으로 세상을 살아가는 게 水일주다. 만약에 한참 잘 되고 있을 때 누가 팔라고 하는데 "내가 왜 팔아?"한다면 그때부터 장사가 안 된다. 버티고 있으면 결국은 망한다. 고로 水일주는 자주 이사다녀야 한다. 그래야 살아 남는다.

또 水는 木이 없으면 평균 신장을 넘지 못하며, 木을 만나면 水생木으로 잘 나가니 잘 빠졌다고 한다. 얼굴은 타원형이 많으므로 타 부위에 비하여 중앙이 높다. 중앙이 발달해 있어서 광대뼈가 나왔다. 여자가 광대뼈가 나오면 사회활동해야 하고, 그게 남편을 꺾는다. 광대뼈에도 두 가지가 있는데 종(縱)으로 연결된 광대뼈는 아무리 불거져 있어도 과부 안 된다. 그러나 횡(橫)으로 연결된 광대뼈는 위·상과 아래·하의 기의 흐름을 막고 있기 때문에 백발백중 과부된다.

또 水기가 왕하면 수심이 깊어 물의 깊이를 알 수 없는 것처럼 주인공의 마음 깊이를 알 수 없을 뿐더러 때로는 상대로부터 오해를 받기 쉽다. 뭔가 감추고 있는 것 같아서이다. 가령 壬子일주가 선생이라면 학생에게 모두 가르쳐 주는데도 진짜는 안 나왔다고 한다. 자기는 다 가르쳤는데, 뭔가 감추고 있는 것 같은 느낌이 들게 한다. 水는 어둠이요 비밀이니까. 고로 水는 비밀이 많다. 水는 북쪽으로 러시아다. 고로 비밀이 많은 사람을 크레믈린이라고 하는 이유다.

또 水는 밤이요, 흑기(黑氣)가 되기 때문에 비밀·신음·우수·기만·도심(盜心)·주색·도박 등으로 이용되고 근심·걱정 끼고 산다.

인체로는 신기(腎氣)라 기본 체력이 좋아 지칠 줄 모르게 일에 전념은 가하나 정력이 지나쳐 음란할까 염려된다. 스테미너·정력이 좋아서 한 여자 가지고는 안 된다. ○⊕T○ 의 경우 申子水국으로 힘이 좋다. 申子○○ 丁은 마누라이고 火는 심장이다. 丁은 하나인데 申子水국이 덮치면 丁火는 심장 터져 죽겠다고 벌컥 차버린다. 심장 터져서 죽겠단다. 또 水는 청력이 좋아서 미세한 소리까지 감지할 수 있는 특징이 있고, 남이 듣지 못하는 소리까지 듣는 게 水이다. 水일주는 비만 체구가 많으며 노년에는 혈압·풍질 등 지병으로 인하여 오래도록 고생하다 죽는 것이 흠이다.

무엇이든지 물에 넣으면 불어난다. 물을 냉동시켜도 늘어난다. 또 水는 모든 것을 희석할 수 있는 힘을 가지고 있어 주량이 대단하다. 술을 먹으면 희석되므로 취하지 않는다. 火가 많은 팔자는 목이 마르니 술 잘 먹는다. 희석시키는 영향으로 수술시 마취가 잘 안 될 뿐더러 타인에 비해서 약의 양이 많아야 약발이 받는다. 水는 1에서 생(生)하여 6에 성(成)한다. 고로 물은 육각수이다. 눈의 모양은 모두 육각형이다. 비만 체구는 혈압이 높다. 비만이니까 압박하고 있어서 그렇다.

水가 기신(忌神)이면, 가정주부의 경우 하다못해 하수도나 상수도가 속을 썩여도 썩인다. 水는 핵(核)이요, 수귀수재(水鬼水災) 등을 주의해야 할 것이다. 水기(氣)가 비록 흑색이나 이는 겉으로만일뿐이고, 물속 자체는 그렇게 투명할 수가 없다. 고로 극과 극은 같은 것이라 할 수 있고, 역시 水火도 공존한다는 것이다. 水의 직업으로는 법정(法:물이 가는 게 법이다. 물 水, 갈 去) · 식품 · 수산물 · 양식업 · 냉동 · 여관 · 호텔 · 무역 · 물장사 · 술장사 등에서 성공하고 있다. 만약 술장사 팔자가 아닌데도 술장사하면 운이 좋아도 망하더라.

나. 壬水각론

● 壬水가 甲木을 만나면,

식신으로 옷과 밥이다. 甲壬○○의 경우는 물이 순서대로 흐른다. 순류(順流)다. ○壬甲○의 경우는 물이 거꾸로 흐른다. 역류(逆流)다. 庚金편인을 ○壬甲庚과 같이 충거하나 이는 양이라 강자는 타인의 도움 없이도 자체로 식록을 생하여 살아갈 수 있다는 것을 말해주고 있다. 壬이 甲과 있는데, 庚이 와서 金생水해준다고 한다. "야 壬水야, 내가 金생水해줄게." 그러자 "시끄러워 임마. 네가 金생水 안 해주어도 괜찮아. 나는 이미 다 큰 물이니까 나 혼자서도 水생木해서 먹고 살 수 있다."라고 한다. 庚인 편인을 충하여 양 壬水는 강자로 남의 도움 없이도 자체로 의식주를 구할 수 있다는 것이다.

또 水생木으로 좋은 일 많이 하자, 戊己土인 관청에서 포상하겠다고 한다. 그러자 "시끄러워, 너희에게 포상받고자 그런 일한 게 아니다." 하더라. 좋은 일 하는 자는 명예도 신경 안 쓴다는 것이다. 이는 정관 己土를 ○壬甲己와 같이 甲己로 합거하고, 편관 戊土마저 ○壬甲戊와 같이 木극土로 제거함은 희생을 각오한 자는 명예도 아랑곳하지 않음을 증명하고 있으나, 신약하면서 관식이 투전하지 말아야 함은 물론이다.

육친으로 보면 壬에게 己는 서방이고, 甲은 자식인데 甲己합이 된다. 서방과 자식이 한통속이 되어서 壬水인 마누라를 왕따시킨다. 나쁘게 연결하면 甲己합거로 남편이 없어져 버렸다. "水생木으로 자식·아들 하나 낳으면 당신은 서방님이 없어져 버립니다. 어떻게 할거요?"그러나 壬은 아들을 낳는다. 왜? 나만은 예외일 것이라고 희망을 갖고 있으니까. 그러나 가차없다.

● **壬水가 乙木을 만나면,**

상관으로 도기되고, 슬픔이요 위법행위다. 또 수목응결로 북풍설한과 풍파만 일어난다. 壬이 乙木딸내미 하나 잘못 낳아놓으면 乙木이 壬에게 풍파인 파도를 일으키니 "어쩌다가 내가 저런 것 낳아서 이 고생하는지 모르겠다."고 한다. 또한 水는 북(北), 木은 풍(風)이니 북풍이다. 북풍은 살인풍이다. 고로 어떤 집이든지 북풍 맞이 하는데 집 지어 놓으면 망한다. 사람 죽어 나간다. 만약에 할 수 없이 북풍에 집을 짓는다면 북풍을 막아야 한다. 담장을 쌓거나 나무를 심어라. 그러면 괜찮다.

壬水양이 乙木음을 만나면 강자가 약자 만나서 골탕만 먹는다. 사주에 상식이 많으면 제멋대로 사는 놈이다. 또 편인 庚金을 ○壬乙庚과 같이 乙庚으로 합거하며, 辛金정인마저 ○壬乙辛과 같이 乙辛으로 충거하면서 土관성마저 ○壬乙己와 같이 木극土로 붕괴시켜 水를 산지

사방(散之四方)케 하니 멋대로 생긴 자요, 생활 자체도 기준이 없으니 이는 강자일수록 약자를 두려워함이 여기에 있다.

● 壬水가 丙火를 만나면,

편재요, 또 丙壬충으로 충패당하고, 정인 辛金을 ○壬丙辛과 같이 丙辛으로 합거하며, 편인 庚金마저 ○壬丙庚과 같이 火극金으로 제거하여 보급로를 완전 차단함과 동시에 왕양지수(旺洋之水)인 壬水를 종내는 증발케 하니 이는 뜻하지 않은 횡재가 가져다주는 말로를 말하여 주고 있으며, 정도를 버리고 편도를 행함은 곧바로 재앙을 불러오는 것이라 할 수 있다. 육친으로 응용해보자. 丙壬으로 재가 충 받으니 돈 쫓고, 마누라 쫓고, 아버지를 거부하고 이겨먹으려고 한다. 살림 두번 엎는다. 인수·편인을 火극金하여 보급로를 차단하니 金생水 못 한다. 재인 여자에 미쳐 놓으니 인수인 부모도 몰라보고 고향도 떠나고 공부도 못한다. 그러나 단 水기가 왕하여 丙火를 필요로 할 때는 한자(寒者)가 득로지상(得爐之象)으로 귀물이 되고 있으니 이는 충이 아니라 길(吉)이 분명하므로 언제든지 충 중에도 길이 있다는 것을 기억해야 한다. ○壬丙壬과 같이 丙이 필요할 때는 충이 아니라 길하다는 것인데, 이런 사람은 마누라와 싸우기만 하면 돈이 생기고 마누라가 옷 사준다더라.

여기서 이걸 응용한다면, 남자 壬水일주가 丙년이면, 丙壬충으로 "인연이 다 됐어요. 이혼수가 걸렸네요." 왜냐하면, 丙 다음에 丁년이 오니 丁壬합으로 새 여자 만나려고 그런단다. 또 돈하고 인연 다 됐으니 돈 떨어진다. 돈과 싸우니 네 거다 내 거다 하고 경쟁이 된다. 만약 壬戌일주가 丙寅년이면 천간은 충이고 지지는 합이니 결과는? 이런 때는 처음은 싸우고 결과는 합이니까 좋다. 壬일주 남자가 丙년이면 충이고 또한 편재니까, 연애하는 운인데 충이 걸렸으니 "큰일났다. 꿀도 못 먹고 벌에만 쏘이네요." "연애도 못 하면서 구설만 일어나네요." 가정으로 연결하면 "왜, 마누라가 꼴도 보기 싫으세요. 조금만 참아요. 내년에 丁壬합으로 달덩이처럼 예뻐보일 테니까." 한다. 이 모든 것이 운기(運氣)의 작용이다. 살다보면 사이클 관계로 예뻐보였다가 미워보였다가 한다.

● 壬水가 丁火를 만나면,
정재이면서도 丁壬합으로 합신되면서 한통속 한몸이 되었다. 합신이니 내 몸과 합이 된다. 壬은 丁마누라와 사이클이 잘 통한다는 것이다. 또 합화木이 되니 자연 水·木·火가 공존하므로 중화가 잘 되어 금상첨화요, 비겁 癸水를 ○壬丁癸와 같이 丁癸로 충거함은 때로는 남자도 여자의 말을 들을 줄 알아야 방해받지 않고 성공할 수 있고, 부부가 합심하여 木장모를 도와줌이 타 천간과 다른 점이라 하겠다.
좀더 자세히 살펴보자. 丁癸충으로 나쁜 친구, 겁재를 쫓는다. 壬이 말한다. "나 친구 하나 사귀었다." 丁火는 火니까 시각이 발달되어 있다. "어떤 친구인지 내가 한번 봐요."하고서 보자마자 "당신 저 사람 사귀면 손해봐요."한다. 비겁이니까 마누라 丁과 丁癸충 일어난다. 고로 마누라 말도 들을 땐 잘 들어야 한다.
丁壬합화木으로 부부 합하여 장모를 도와주는 것은 다른 천간과 다르다. 두 부부가 합해서 어디에 초점 맞추어사는가? 甲己합土는 마누라에 초점 맞춰서 살고, 乙庚합金은 서방님에 초점 맞춰서 산다. 丙辛합화水는 자식에 초점 맞춰서 살고, 戊癸합화火는 부모·어머니에, 돈에 초점 맞춰서 산다. 이렇게 초점 맞춰서 사는 방법이 다양하다는 것이다.

● 壬水가 戊土를 만나면,

편관으로 수제(受制)되지만, 충은 아니다. 甲庚충, 丙壬충은 충이 되지만 壬水일주는 충이 안 되는 것이다. 戊壬○○／申○○○와 같이 시에 戊申을 놓으면 戊가 壬水인 물을 막을 수 없다. 고로 보편적으로 적은 물은 막아서 쓰고, 큰 물은 흘려보내야 하지 않겠는가? 여기서 물이 많을 경우에는 제방으로 댐을 이루어 다목적으로 이용된다. 가령 己戊壬壬／未戊子申의 경우, 水가 왕하니 土인 제방으로 막아서 댐으로 쓴다. 년·월의 상류의 많은 물을 土가 하류에서 단단히 댐으로 막는다. 土일주의 남자는 水가 재로 여자이다. 고로 水여자를 데려다가 이리저리 다목적으로 잘 써먹을 수 있을 것이다. 다른 일주는 다목적이라는 말이 사용되지 않지만 土일주만은 다목적이라는 말을 사용한다. 즉 이것도 시켜먹고 저것도 시켜먹고 한다는 것이다.

또 비견 壬水를 ○壬戊壬과 같이 土극水로 제거하고, 비겁 癸水를 ○壬戊癸와 같이 戊癸로 합거함과 동시에 합화하여 火가 되니 재가 된다. 즉 자손은 본인을 보호하면서 재물까지 생겨오므로 일거양득이니 어찌 자손을 바라지 않을 것이며, 또 편관이라고 하여 무조건 회피만 하겠는가. 여기서 편관이라고 무조건 나쁜 것이 아닌데, 가령 甲庚이면 충이 되므로 편관으로 동거하면서 살고 있지만, 서로 해로하기 힘들다. 그러나 ○壬戊○의 경우라면 혼전동거하면서 살고 있지만 충이 안 되니 해로할 수 있다는 것이다. 여자가 편관을 놓으면 혼전동거하면서 결혼식을 올리지 못하고 사는 경우가 많고, 남자도 편재로 연결하면 결혼하지 않고 사는 경우가 많다. 여기서 편재는 재취로도 되는데 이 편재를 본처인 마누라로 둔갑시키는 방법은 무조건 결혼식 올리고 호적 올려주면 본처 이상으로 충성을 다한다는 것이다.

● 壬水가 己土를 만나면,

정관으로 가(可)하나 수약(水弱)에는 유색(流塞)되므로 대기(大忌)다. 또 여자라면 정관이 부(夫)인데, 土이므로 키가 작은데 壬水는 크므로 서방님 己土가 마음에 안 들어서 불평불만이 많다.

내가 생하는 것이 상식인데, 상식과는 통하므로 상식이 많은 사람은 일반상식이 많은 사람이다. 그러면 인수는 지식으로 보고서 추론하면, 인수와 상식이 있으면, 지식과 일반상식이 갖추어져 있는 사람이고, 인수가 없고 상식만 구성되어 있으면, "배우지도 않은 놈이 일반상식은 많아서 아는 것은 많다." 그러나 인수는 많은데 상식이 없으면 아무리 배워도 못 써먹는다. 고로 상식은 응용력·추리력·요령·지혜·꾀를 의미하고 써먹는 것을 의미한다. 오행으로는 일반상식으로 써먹는 것이 火이다. 火는 혀이므로 말에 해당하니 火일주가 土를 생하므로 火일주는 상식이 없어도 써먹고도 남는다. 상식이 많으면 제 꾀에 제가 빠진다.

그런데 壬水가 己土를 만나면, 식신 甲木을 ○壬己甲과 같이 甲己로 합거하므로 응용력이 부족하여 무조건 막고 품는 식이 되며 조금은 답답할지 모르나 정직함은 따를 자가 없다. 막고 품는다는 것은 시골의 냇물이 있는데 물의 힘을 막기 위해 버드나무를 심어놓으니 음지가 되고 물의 흐름이 휘어지는 곳이 깊게 되니 고기가 모여든다. 고로 휘어진 곳 양쪽을 막고서 그 안의 물을 퍼내면 그곳에 갇힌 물고기는 모두 내 것이 된다. 이렇게 물고기 잡는 방식이 막고 품는 식이다. 고로 정확하지 않으면 손대지 않는 성격이다. 남이 보면 답답하지만 실수하지 않는다는 뜻이다.

또 비겁 癸水를 ○壬己癸와 같이 土극水로 제거하니 정도에 어찌 방해자가 있겠는가. 癸水는 나쁜 친구인데 己정관이 土극水로 제거하니 나쁜 데로 안 빠진다는 것이다. 언제든지 내가 가는 길에 있어서는 정도(正道)로 행하라는 것이다.

● 壬水가 庚金을 만나면,

편인으로 金생水이니 수원(水源)이고, 샘이 솟는 물로 원류가 튼튼하다. 상관 乙木을 ○壬庚乙과 같이 乙庚으로 합거하고, 甲木식신을 ○壬庚甲과 같이 甲庚으로 충거하여 설기처를 제거하므로 욕심이 지나칠까 두렵다. 언제든지 수입은 지출을 죽이고 들어오니 수입과 지출이 균형을 이루면 발전한다. 그러나 甲壬庚庚과 같이 庚이 많아 金생水를 두 군데서 받으면 물이 넘쳐버리는데, 이때 水생木으로 빠져나가야 하나 甲庚충, 金극木으로 甲木을 2:1로 패대기친다. 고로 식신을 거꾸러뜨리니 도식(倒食)했다. 밥그릇 엎었다. 식신을 거꾸러뜨렸다. 부도났다. 여기서 부도는 수표뿐만 아니라 건강·돈·생명 등 모든 것이 다 부도다. 여기서는 金생水, 水생木으로 탐생망극(貪生忘剋)으로 현재는 충을 안 하는데, 만약 庚년이 오면 甲과 庚이 충과 극을 하게 된다. 고로 부도 맞는 해이다.

가령 甲壬戊庚 의 경우, 동짓달의 물이 申子辰 水국이 되니 많은 물이
辰辰子申
고, 수심이 깊은 물이다. 그러면 막아서 써야 하나? 흘려서 보내야 하나? 막아서 쓰려면 흙으로 막아야 하는데 戊土는 戊子로 꽁꽁 얼어있는 동토이므로 물을 못 막고, 辰土는 습토인데다 申子辰 水로 변질되었다. 고로 辰을 못 쓴다. 할 수 없이 水생木으로 흘러보내야 한다. 겨울이라서 추운데 火가 없다. 고로 火의 대용으로 木이라도 있어야 봄으로 해동(解冬)이 된다.

庚申생이면 庚子년에는 41살인데 甲庚충하여 가장 필요한 수로(水路)를 충하니 도식작용을 한다. 부도난다는 것이다. 또 인수는 보증이 되니 보증선 것이 불거지면서 내가 보증 서준 회사가 망했다. 압류가

들어왔다. 거기서 충격 받고서 쓰러질 수도 있다. 이와 같이 패망이요 부도나는 것이 도식이다. 일반적으로 金생水받으면서 운이 나쁘니까 금년 신수는 "빛 좋은 개살구요." "당신은 배고파 죽는데도 남은 배 터져 죽는다고 할 것이니 이것 큰일났군요."한다. 남편까지 속썩이니 설상가상이다. 여자 사주라면 양팔통사주로 선머슴 팔자이다. 여자는 관을 찾아야 하는데 辰이 水국으로 되었다. 나와 똑같으니 남편이 없다. 물귀신이 잡아갔다. 비견겁으로 연결되니 서방이 돈 가져가는 귀신이다. 비견겁은 내 것을 뺏어가니 서방이 웬수다.

●壬水가 辛金을 만나면,

정인으로 金생水받는 것까지는 좋으나, 과청(過淸)이 될까 염려된다. 너무나 깨끗하다. 한편으로는 乙木상관을 ○壬辛乙과 같이 乙辛으로 충거하고, 丙火편재마저 ○壬辛丙과 같이 丙辛으로 합거하니 정(正)은 역시 편(偏)과는 융화가 어려운가보다. 모든 것을 정도로 배운 사람은 편법을 행할 수 없다는 것이다. 즉 정(正)을 가지고 있는 사람은 증권도 손대지 말라는 것이다. 이상하게 헛다리만 짚는다. ○壬辛○ ○子酉○ 의 경우는 "참 깨끗한 팔자네요." "이렇게 어지럽고 혼란스러운 세상을 혼자서 어떻게 청백하게 살려고 하십니까?"한다. 실제로 6ㆍ25때 며칠 굶었는데도 길바닥의 돈뭉치가 있어도 그냥 갔단다. 지금도 셋방에 산다. 너무 깨끗하면 참으로 한심하다.

●壬水가 壬水를 만나면,

비견이라 수기약(水氣弱) 즉, 신약에는 세류합천(細流合川)으로 도움이 된다. 가느다란 물줄기가 서로 만나서 큰 냇물을 이루는 것이다. 壬水가 월에 있으면 월에 있는 壬이 장남이고, 본인이 차남이다. 만약

시에 있으면 동생이다. 가끔 손님이 물어온다. "얘 밑으로 남동생인가, 여동생인가?" 물어오면 사주의 비겁으로 말해주라. 만약 사주에 비견 겁이 없으면 "얘 밑으로 동생이 없겠네요."한다.

수왕(水旺)에는 정재 丁火를 ○壬壬丁과 같이 丁壬으로 합거하고, 丙火 편재마저 丙壬으로 충거하니 재가 패몰(敗沒)하므로 친구 앞에 서는 돈이나 여자를 자랑하여서는 안된다. 또 丁壬합화木은 水생木으로 설기가 되므로 친우와의 만남은 때로는 대화 속에서 좋은 지혜를 얻는다는 것을 말하여준다. 丁이 마누라면 월의 壬이 데려간다. 고로 의처증이 있다. 마누라를 壬水친구에게 소개해주면 눈 맞아서 큰일난다. 壬이 물이니 그것도 꼭 비오는 날에 이루어지더라. 친구 앞에서는 마누라 자랑 마라. ○壬壬丙의 경우, 丙인 편재마저 丙壬충하니, 친구 하나 잘못 만나면 마누라도 돈도 모두 없어진다.

○壬丁○의 경우, 丁壬합으로 부부가 사이좋게 잘 사는데 壬년이 오면 의처증이 생긴다. 비겁년에는 남자는 의처증, 여자는 의부증이 생긴다. 丁火일주 여자가 壬午년에는 丁壬합으로 남자가 생기는데 누위에 壬이 있으니 유부남이다.

● 壬水가 癸水를 만나면,

비겁으로 수약(水弱)에는 도움이 되나, 壬은 양, 癸는 음이니 음양이 섞여서 더러운 물이 된다. 수왕(水旺)에는 정재丁火를 ○壬癸丁과 같이 충거하니 처와 자매간에는 충돌이 있기 마련이다. 癸가 월에 있으면 누나고, 시에 있으면 누이동생인데 丁癸충에 걸리니까 어쨌든 내 마누라와 누이동생과는 뜻이 잘 안 맞는 이유가 여기에 있다. 그러나 戊土편관을 ○壬癸戊와 같이 戊癸합거하면서 합화火로 재물까지 얻으니 자매가 남자형제에 대한 심정이 어떠한 것인가를 알 만하고 또 힘만 합하면 편관칠살도 무섭지 않다는 것이 바로 여기에 있는 것이다.

육친으로 풀어보면 癸水누나가 자기 서방·자형 꼬셔서 戊癸합火로 나에게 돈·火·재 갖다준다. 고로 잘만 하면 이렇게 좋은 결과가 생긴다. 또한 누나 입장에서는 壬水가 양수로 똑똑하여 크게 출세할 줄 알았는데 출세를 못 하더라. 주위를 보니 戊土 때문이더라. 고로 자신을 희생시켜서 戊癸합으로 戊를 꼼짝 못하게 하니 戊土가 土극水 못해 壬水가 출세하도록 희생하더라.

壬과 癸가 힘을 합하면 편관칠살도 무섭지 않다. ○壬癸戊의 경우, 戊土가 土극水 못하도록 壬癸水형제가 뭉쳤다. 상담하러 왔는데 戊癸합이 보이더라. 고로 이것만 가지고서 먼저 말을 연다. "당신 누나가 혹시 연애결혼하셨소?" "예, 맞아요." 癸는 戊 늙은이에게 시집가므로, 누나가 늙은이한테 시집갔다고 판단하고 "연애결혼은 했는데 남자 나이가 좀 많군요. 그러나 걱정마세요. 戊癸합해서 재물·돈을 당신에게 도움 좀 주겠네요."한다.

다음은 壬水를 지지로 대비하여 살펴보자.

● 壬水가 子水를 만나면,

비겁이요, 왕궁으로 힘이 되는데 태과는 불가요, 또 외(外)는 양수요, 내(內)는 음수라 외양내음으로 겉다르고 속다를까 염려요, 水극火는 잘하나 水생木이 어려움은 한랭지수이기 때문이다. 水극火하는 데 있어서 木이 있으면 요령있고 지혜있고 슬기롭게 水극火할 텐데 그러나 木이 없으면 폭력이 있고 강압적으로 水극火한다. 子를 많이 만나서 태과하면 ○壬○○/○子子子 와 같이 버린 물이다. 양인·칼을 3개나 차고 있고 동짓달이 3개니 꽁꽁 얼어있어서 어느 것도 하기 어렵다.

壬子일주

■특징 : 비겁, 양인살, 한류(寒流), 장성, 외양내음, 간여지동, 왕궁, 홍염살

소리나는 대로 읽으면 임자(任者)다. 임자 만났다. 천간은 양이고 지지는 음이다. 외양내음이다. 이 자체가 이중인격자다. 겉으로는 난류가 흐르고 있으나, 속은 한류가 흐르고 있다. 겉과 속이 다르다. 겉으로는 온화하고 평온한 것 같지만 그 집안에 가서 보니까 개판이더라.

간여지동(干與支同)이다. 子가 양인살로 무기이다. 총칼을 차고 있다. 법관·군인·경찰 등에 해당한다. 비유하자면 여름에 시골 저수지로 가면 겉은 따뜻한데 속으로 들어가면 얼음장같이 차갑다. 멋모르고 들어가면 심장마비 온다. 들어가면 못 나온다. 간여지동은 부부궁 나쁘고 버는 놈 따로 있고 쓰는 놈 따로 있다.

천간 壬水가 지지 子水에 왕궁으로 통원되어 水기 왕양으로 하해(河海)와 같아 능히 水극火는 하나 水생木에는 인색한데 이는 한랭지수이기 때문이며 따라서 본인 위주로 생활함이 흠이요, 천간은 양으로 횡류에 온류(溫流)이나 지지는 음으로 종류에 한류라 외화내곤(外華內困)에 외부내빈(外富內貧)이며 겉으로는 평온하나 내적으로는 복잡다단한 생활이고 선부후빈(先富後貧)에 일득삼실이며 용두사미는 이를 두고 한 말이라.

도량이 광대(廣大)에 인인자중(忍忍自重)이요, 만인에게 평등하나 성질이 났다 하면 노도로 변하니 인마를 살상할까 염려되며 얼굴은 중앙이 돌출에 비만 체구요, 고집은 꺾을 자 없으며, 시작의 명수이나 수심이 많고 의지는 대단한데 성공이 어려우며, 본인이 태강하여 부모를 꺾겠고, 형제덕도 없으며 교우관계도 부실하다.

건강은 하나 동상·혈압·중풍·수액(水厄)에 주의하고 타인보다 약

양(藥量)이 배가되며 사망시에는 긴 병 앓다 가는 것이 특징이고, 관으로는 법·군인·의사가 좋으며, 사업을 한다면 식품·여관·어업 등에 인연이나 火가 재가 되어 산(散)으로 흩어지니 취재하기 힘들고, 큰 재복은 주지 않았고 또한 탈재로 번다(煩多)라 버는 사람 따로 있고 쓰는 사람 따로 있구나.

처궁은 부실에 손대지 않고 망처요, 도처미인인데 작첩이나 기생 출신녀와 동거하며 자손도 불발인데 양처득자하고 의처증이 심하여 가정에 평안함이 없다.

여명도 부궁이 좋지 않아 노랑, 소실 또는 유랑에 인연이나 본래는 기생팔자로 한 곳에 정착하기 어려우며 도처에 시기 질투를 받게 되어 있으니 몸가짐에 주의하고 형제에 고심인데, 친구마저 부실이라 어느 곳에 하소연할거나.

申, 子, 辰년에 변화 있고, 午년에 사고 주의하여야 한다.

● 壬水가 丑土를 만나면,

土극水받아 유색(流塞)될 것 같으나, 丑은 섣달로 아직도 겨울이요, 丑시는 밤중이기 때문에 壬水가 착근을 할 수 있으며 또 金고요 인수고로 壬水에 도움이 된다.

丑土가 정관이다. 그러나 정관 노릇 못한다. 섣달이고 얼어있는 흙이라서 그렇다. 인수고에 해당하니 종교·철학에 심취하고, 어머니의 한이고 어머니가 둘이다. 또한 壬이 丑을 만나면 土극水 안 받는다. 따라서 물이 죽는 게 아니라 펄펄 산다. 丑월의 壬水일주는 한겨울이니까 수기태왕으로 보라. 괜히 土극水 한다고 봤다간 큰일난다. 용신도 틀려지고, 통변도 어긋난다. 土극水 받아서 적은 물이 아니라 왕한 물로 보아야 한다. 예를 들면 ○壬○○의 경우, 土극水 받고, 水생木도 해
丑寅丑丑

야하니 水가 신약하다고 보면 잘못이다. 즉 섣달이 3개다. 고로 木·火가 필요하다.

● 壬水가 寅木을 만나면,

식신이요, 병궁이며, 조목으로 수축(收縮)이라. 말라 있는 나무에 물을 부었더니, 寅木이 써버리고 안 내놓더라. 따라서 水기가 소멸될 수밖에 없고 또 야반삼경(夜半三更)도 새벽에 이르면 퇴(退)하여야 되며, 입춘이 되면 삼동(三冬)도 물러가는 것과 같이 힘이 될 수 없으나, 수기가 왕할 때는 설정영(泄精英)이요, 수로가 되며 훈풍임과 동시에 寅중 丙火·재까지 얻을 수 있으므로 일거양득이 된다. $\underset{寅子丑○}{○\textcircled{壬}○○}$의 경우, 寅중의 丙까지 있으니 따스한 바람이다. 설정영이다. 시원하게 일을 처리한다. 추운겨울도 물러가야 한다. 어둠도 새벽이 오니까 물러간다.

60갑자 중에서 $\underset{寅寅寅寅}{壬\textcircled{壬}壬壬}$과 같이 壬寅으로 구성된 사주는 아주 영리하고 좋은 팔자이고 외교관으로 연결되므로 키신저 팔자이다. 水생木을 잘 하고 있는 좋은 팔자이다. "호랑이 4마리가 조화가 비상하네요." "꿈이 크다." 木이 있으니 손크고, 간뎅이 크고, 스케일 크다고 봐도 된다.

壬寅일주

■ 특징 : 식신, 지살, 병궁, 탕화살, 문창귀인, 천주귀인, 암록

壬寅일주는 土가 土극水할 때에 木을 동반하고 있으니까 土를 잡아먹을 수 있는 지혜를 가지고 있으니 土극水당하지 않는다. 고로 土를 두려워하지 않는다. 水木공존이니 土극水 안 받는다. 水는 지혜고, 木·식신도 지혜다. 고로 지혜+지혜는 수재다. 머리가 우수하니 아이디어 뱅

크다. 요즘 벤처사업도 좋다. 水生木으로 寅 중의 丙이 돈이 되니 지혜가 돈이 된다. 여자면 木이 자식이니 임신했으면 서방이 나를 함부로 못한다는 것이다.

壬水가 일지 寅木에 설기가 심하고 병궁이 되어 당연히 종아가 되나 寅 중에는 丙火가 있고, 火지장생(之長生)이니 종아는 변하여 종재가 되는데 이름하여 아우생아(兒又生兒)요, 희생이 갱생이라고 한다.

지혜가 있고, 원만하며, 환경에 적응을 잘하고, 두뇌가 명석하여 천재에 박사학위를 받으며, 항상 타인보다 앞선다. 선견지명으로 만인에 군림하며, 인기 또한 좋다.

일찍 고향을 떠나 성공하며, 분주다사하고 화상의 흉터가 있으나 오히려 福이 되니 염려할 것은 없고, 언제 어느 곳에서나 행운이 따르나 모선망에 형제의 고독은 면할 길이 없다. 건강으로는 폐가 약한 편이고, 관으로는 법정·외교·교육·재정·외국상사에 입신하며, 사업은 식품·무역·전자 등으로 많은 돈을 벌겠다. 처를 사랑해주며 가정을 위하기는 하나 작첩 한번 해보는 것은 면할 길이 없고, 자손은 부모가 생각한 만큼 자랑할 수는 없겠다. 일지 식신이 있어 장모동거에 조모 봉양을 하겠다.

여명은 지나치게 똑똑하여 부군을 꺾게 되거나 국제적인 활동을 할까 염려되고, 재취혼이나 노랑인데 아니면 유랑과 인연이 있으며, 자손은 귀자를 둘 것이고, 음식 솜씨가 좋아 주위에서 칭찬을 받을 것이나 집안일보다는 활동을 하여야 한다.

寅, 午, 戌년에는 좋은 일로 변화가 있을 것이고, 巳, 申년에는 차액·사고·송사·화재·수술 등의 재앙에 주의해야 하며, 卯년에는 이성이 따르겠다.

●壬水가 卯木을 만나면,

상관이요, 도기며 사궁인데다 卯월에는 水氣가 역류하는 때라 水木
이 응결되고 북풍설한을 조장하니 이것이 寅木과 다른 점이다. 壬水가
寅을 만나면 순류인데 卯만나면 역류로 물이 거꾸로 흘러간다. 卯월은
나무에 물이 오르니까 그렇다. 여기서 卯월은 양력 3월이다. 고로 "이
사주 어때요?" "물이 거꾸로 흐르는 팔자네요." "그게 무슨 말이에요?"
몸에서 물은 피이므로 "팔자도 더럽네요, 피가 거꾸로 흐르는 팔자요,"
이것을 수목응결과 풍파로 본다. 가령 ○王○○／寅子○○의 경우는 성격도 화통
하고 시원하고 박사학위 받는다. ○王○○／卯子○○의 경우는 水生木을 해도 받
아들이지 못하니 멍청하고 답답한 사람이고 子卯형으로 풍파만 일어
나니 어디 살겠나. 水는 卯木과 동화(同和)가 잘 안 되고 寅木과는 동
화가 잘 된다. 壬일주가 卯만나면 자식인데 자식과 뜻이 안 맞는다. 寅
을 놓고 있으면 자식과 뜻이 잘 맞는다. 卯는 딸, 寅은 아들이니 "아들
과는 뜻이 잘 맞는데 딸과는 뜻이 안 맞네요."하라.

●壬水가 辰土를 만나면,

土극水받는다. 편관이고 묘이다. 자기입묘에 편관으로서 수제(受制)
됨이 타 오행의 입묘와는 다른 점이다. 辰은 춘삼월로 지상의 수기가
지하의 화기와 교차하는 때라 辰 中 癸水에 통원(通源)될 듯 하나 申이
나 子·酉를 만나기 전에는 득근할 수 없으며 고(庫)장으로 들어가니
물이 막힌다. 물이 유색(流塞)된다는 것이다. 또 입묘된 물이니 늙은
물이다.

壬辰일주라면 괴강살이다. 여자가 괴강살이면 본인이 가구주 노릇해
야 한다. 여반장이다. 또 군인과 인연이 있다. 이것을 응용하면 괴강 여
자가 신수 보러 왔을 때 "당신 서방 직업이 뭐요?" "회사 직원인데요."

"그럼 대가를 치러야 해요." "왜요?" "음, 당신은 원래가 군인한테 시집가야 행복하게 살 팔자라고 했는데 회사 직원한테 시집갔다면 그 대가를 치러야 하니까 당신이 벌어서 먹고 살아야지!" 해보라는 것이다.

고로 壬辰일주 여자는 일지에 편관이니까 남의 서방이 내 서방이라는 것이다. 원래 己卯일주 여자는 중말년에 이혼한다는데 壬辰일주도 일지에 편관이 있는데 왜 己卯만을 지칭했는가? 그 이유는? 己土는 卯木인 살아있는 나무 만나면 음지전답이고 흙이 흩어져서 농사를 못 짓기 때문이다.

고로 壬辰일주 여자가 40대에 신수 보러 왔다면 한 번 슬며시 떠보라. "서방과 같이 살기 싫어요? 좋아요?"하고. 또한 辰이 남편인데 남편으로 인해서 입묘가 되므로 죽는다는 뜻이니 壬辰일주 여자면 항상 하는 말이 "나는 남편 때문에 죽지, 못 살아!"한다. 또한 입묘는 병이므로 자기도 모르게 지병을 가지고 있다. 고로 40대에 가서 건강진단해 보라고 하라. 만약 ○○壬○／○辰辰○이라면 괴강이 둘이다. 군인 가족이고 군인으로 연결되니 군부대와 인연 있나 물어보라. 만약 장사한다면 군부대 근처에 가서 장사하면 잘 되겠다. 왜냐하면 군인과 인연이 되어 있으니까 그렇다.

壬辰은 여자의 경우 壬이 辰·부(夫, 지아비)에 입묘되었다. 입묘되니 한번 죽었다. 그리고 土극水로 극을 받으니 두번 죽는다. 치명적이다. 다른 오행이 입묘되었을 경우를 보자. 木은 未에 입묘되는데, 내가 木극土로 극한다. 火는 戌에 입묘인데 내가 火생土로 생한다. 土는 戌에 입묘인데 같은 土이니 손해 안 본다. 金은 丑에 입묘되는데 土생金으로 다시 살아난다. 여기서 辰 중 癸水에 壬이 통근되지 않을까? 壬은 천간이니 하늘의 물이고 辰 중 癸水는 지하수로 보면 하늘의 물과 지하의 물과는 안 통한다. 고로 통근 못 한다.

壬辰이 申·酉·子를 만나면, 각각 申辰水국, 辰酉합金, 子辰水국으

로 변하여 辰이 土극水 못하게 된다. 그러나 子辰水국, 申辰水국으로 되면 壬水는 辰土가 土극水해서 지켜왔는데, 辰土가 水국으로 변해서 土극水는 면하게 되었지만, 관·서방님이 없어지는 것을 면할 길이 없다. 즉 하나를 얻으면 하나를 잃게 된다는 것이다. 土극水해오니까. "선생님 서방이 자꾸 土극水로 나를 때리는데 언제나 안 때리겠어요?" "子, 酉, 申년이 되면 합이 되어 안 때릴 테니 걱정마시오. 그러나 서방님이 놀고 먹을 텐데 어쩌지요?"한다. 辰土가 없어졌으니까 이렇게 통변한다.

壬辰일주

■특징 : 편관, 화개, 입묘, 나망살, 괴강살, 양차살, 일덕

壬水가 일지의 辰중 癸水에 통원이 될 것 같으나 辰土는 水기 입묘로 水기를 거두어 들임과 동시에 土극水하니 결국에는 유색되고 만다. 그러나 子·申·酉를 만나면 능히 통원이 되면서 水기는 살아난다.

괴강과 입묘탓으로 조달남아에 실제 나이보다 나이가 많아 보이겠다. 임전무퇴에 절대로 남에게 굽히지 않으며, 자립정신이 강하고, 박력은 있으나 속전속결하며, 시작에 명수이기는 하나 지구력이 약한 것이 흠이다. 근심·걱정이 떠날 사이가 없으며, 유아시절에 잔질로 인해 부모님께 걱정을 많이 하게 한다.

출생후 5일이나 10일경에 스님이 다녀갔고, 아니면 목에 탯줄을 걸고 태어났는데 이러한 이유로 신앙에 독실하다. 직업은 군·경 내지는 법정에서 입신하고, 사업을 한다면 식품·여관·기공(技工)이 좋다. 火가 재가 되니 흩어지기 쉬우므로 버는 것보다 관리에 신경을 써야 한다.

건강은 풍·습에 당뇨·비뇨기 계통의 병에 주의해야 한다. 처덕은

있으나 처궁이 부실하여 본처해로하기 힘들고, 양처득자의 자손으로 인하여 고심이 떠날 새가 없다.

　여명은 노랑에 재취요, 부군이 작첩에 무책임하며, 시가형제도 망하고, 한 가정을 본인이 이끌어 나가야 되니 일복은 타고났다. 타자양육에 자식 농사도 시원치가 않다. 申, 子, 辰년에는 물조심과 변화가 있고, 戌년에는 관재·송사·사고·복통·개종 등이 있으며 亥년에는 실물수와 신경성 질환이 있겠다.

　● 壬水가 巳火를 만나면,

　편재요 절지다. 또 강렬지화에 증발되어 水기를 찾아볼 길 없음이라 어찌 巳월 초하에 동절의 기를 느낄 수 있겠소. 혹자는 巳 중 庚金이 金생水하므로 절처봉생되어 통원된다 할 수 있으나 酉나 丑을 동반하기 전에는 水의 생명은 부지할 길이 없는 것이다. 고로 巳 중의 庚은 金생水 못한다. 불 속의 金이므로 자기관리도 어렵다. 壬이 巳를 만나면 겨울이 여름 만났다. 고로 증발된다.

　辰巳는 손방(巽方)·동남방이다. 또 손위풍(巽爲風)이다. 즉 바람이다. 고로 사주에 辰巳만 있어도 끼가 있어서 바람둥이다. 늙어서 주의할 것은 풍 맞는다는 것이다. 원서에 수입손이 명위부절(水入巽而 名爲不絶)이라고 나와 있는데 이는 壬水가 巳 만나면 巳 중의 庚에 의해서 절지가 되지 않는다고 하는데 실제로는 壬은 巳에 절지이고 丑이나 酉 만나야만 金생水로 절지지만 다시 살아날 수가 있고, 丑이나 酉가 없으면 절지로 보라.

　여기서 절지의 이치를 보면 木은 申에 절이고, 申의 壬에 水생木이라 할 수가 있고, 火는 亥에 절이고, 亥의 甲에 木생火할 수가 있고, 水는 巳에 절이지만 巳의 庚에 金생水할 수 있고, 金은 寅에 절이지만 寅의

丙에 金이 그릇이 되는 것으로 되살아나는 것이 된다. 여기서 절처봉생(絕處逢生)의 생은 완전한 생이 아니라 이제 끝이면서 시작을 의미함이니 보이지 않는 생이고 형이상학적인 생이라는 점에 유념하여야 한다. 즉 눈에 보이지 않는 조그만 인소를 갖추고 있는 것으로 보아야지 살아난다고 보아서는 안된다.

● 壬水가 午火를 만나면,

정재요, 절지이다. 水기는 의지할 길이 없는데, 水왕에는 午중 丁火 정재와 己土정관을 얻으니 이를 두고 재관양견(兩見)에 시위환(是爲歡)이라 하였다.

壬午일주 남자는 무조건 바람둥이고 여난이다. 또 총각득자이다. "총각! 재주도 좋네요. 어째서 처녀만 건드리면 애가 생기나? 어디서 배웠어?"하고 웃으면서 말해보라.

또 재관쌍미격이다. 정재·정관이 쌍쌍으로 아름답게 있다. 재관동림이다. 재라는 마누라와 관이라는 자식이 한 곳에 있다. 무조건 여자만 건드리면 자식 얻는다. 그런데 己가 자식이므로 음이니 딸이다. 바람둥이고 연애결혼이다. 앉은 자리에 재 놓았으니 여자를 깔고 앉았다. 달고 다닌다. 2·7火니까 마누라 말고 최소한 여자둘은 항상 달고 다닌다. 고로 壬午일주 남자는 사위 삼지 말라. 딸내미 속을 무척 썩인다.

壬午일주

■ 특징 : 정재, 장성, 태궁, 외양내음, 재관쌍미, 탕화살, 암합

壬水가 일지 午火에 절지요, 실지이니 당연히 종재가 되는데 午중 丁

火에 丁壬합으로 유정지극(有情之剋)이니 따라서 내가 좋아서 가는 것으로 사심(私心)이 있을 수가 없으며, 또한 정관 己土를 얻어 녹마동향(祿馬同鄉)으로 재·관이 아름답게 자리하고 있으니 금상첨화라 하겠다. 지혜가 있고 명랑하며, 예의가 있고, 준법정신이 좋으며, 가식이 없고, 외강내유로 온순하며, 매사를 가정 위주로 처세하니 저절로 복을 받을 것이다.

부모덕은 있으나 형제는 고독하고, 화상의 흉터가 없으면 화재에 주의를 해야만 한다. 아집이 있다 하지만 만용은 없으며, 고모가 연애결혼하겠고, 재관쌍미로 복록은 좋은 편이다.

가급적 관으로 진출하는 것이 빠른데 법관·재정직이 좋고, 사업을 한다면 식품·전기·무역 등이 적합하나 정재가 되고 火로 산(散)이니 명예를 취하는 것보다는 못할 것이다.

처덕이 좋아 결혼하면서 부자가 되나 여난은 면할 길 없으며 총각득자의 팔자이니 더더욱 조심하여야 한다. 건강은 신(腎)·방광이 허약하나 크게 생명과는 무관하고, 유년시에 야뇨증이 있겠다.

여명은 부군의 사랑을 받으나 노랑 또는 소실이 되기 쉽고, 미모의 얼굴이니 항상 이성을 조심해야 하며, 午중 己土가 정관이 되어 연하의 남자가 되기 쉽다.

寅, 午, 戌년에는 신상 변화에 해외 출입·이사가 있겠고, 子년에는 관재·사고·수술인데 양인과 충을 한 이유에서이며, 丑년에는 화재·신경과민·비관 등이 발생하고, 卯년에는 이성이 따르나 쉽게 만나 쉽게 떨어지니 마음만 상하게 된다.

● 壬水가 未土를 만나면,

정관이고 土극水받는다. 또 상식고이다. 未는 조토이니 물의 흐름을 막을 수 있다. 土극水받으면 물이 흘러가지 못하고 막힌다. 未가 재고라면 금고라도 작은 금고이다. 未는 음으로 작은 것이니까 그렇다. 水일주가 辰년이면 고장이니 죽는 해이다. "아이고, 나 죽겠다."고장이고 늙은 것이니 "모두 기운이 없다. 기가 빠진다. 탈진상태다. 모두 고장으로 아픈 증상이다."고로 "辰월 양력 4월의 고비를 어떻게 넘기셨오?" "아이구, 맨날 아파서 혼났어요."한다. 未월의 壬水는 未중의 丁과 丁壬암합이 되니까 재성까지 얻는다. ○壬○○ 未子子○의 경우에는 未가 이 사주를 살려준다. 추운데 삼복더위인 未를 만났다. 고로 未를 土로 보지 말고 준화(準火)로 보라. 낮 1시반에서 3시반 사이니까 한낮이다. 따라서 준火로 볼 줄을 알라. 未를 土로만 보면 착각하기 쉽다.

● **壬水가 申金을 만나면,**

편인이요, 金생水 받고 장생으로 水기가 부절(不絶)하니 유유장장(流流長長)이라 水로서의 임무를 다할 수 있어 좋고, 물이 솟아나는 원류이고 깨끗한 물이다. 또 칠년대한(七年大旱)에도 고갈되지 않는다. 壬申일주는 소리나는 대로 임신이다. 애기 배었다는 것이다. 효신살이니 부모 모시는 팔자이다. 일지에 인수 놓고 있는 여자는 중·말년에 친정에서 오라고 부르는 팔자다. '남편이 죽어서? 이혼해서? 내가 병이나서?' 등 그 원인은 여러가지다. 남자는 '고향 앞으로 가! 부모 앞으로 가!'이다.

또한 보편적으로 앉은 자리에 인수는 항시 책을 끼고 다닌다. 가령 壬水가 길을 가는데 土들이 土극水로 壬水를 잡아먹으려고 기다리고 있는데, 인수인 책·金을 끼고 다닐 경우, 土생金, 金생水로 피해간다는 이치이다. 일지에 역마지살로 해외파이고 이것이 조금 발전하면 이민 간다. 壬申·丙寅일주 여자는 박학수재로 똑똑하기는 하지만 너무나 강해서 남편궁이 나쁘다. 서화담 왈(曰) 칠년대한(七年大旱)에 봉감우(逢甘雨), 7년 동안 큰 가뭄에 큰 비가 내린다. 황진이 왈(曰) 천리타향(千里他鄕)에 견고인(見故人), 천리 타향에서 고향 사람 만난다고 하는 것은 기쁨에 있어서는 매한가지가 아니겠는가?

壬申일주

■특징 : 편인, 장생, 지살, 문곡귀인, 학당귀인, 효신살, 원류풍부

壬水가 일지에 申金을 얻어 장생하니 그 기세는 당당하며 하해(河海)와 같아 능히 水극火하고 水생木하여 자체로 충분한 조화를 이룰 수 있다. 또한 편관인 戊土를 희(喜)하니 신왕시에는 반드시 상대로 인하여 빛을 보게 되어 적이 아니라 귀인이 되는 것이다. 원류가 풍부하여 칠년대한에도 마르지 않으니 그 여력이 대단하며, 모든 사람에게 평등하게 대하여 주고, 어떠한 환경에도 적응을 잘한다.

활발하고 포용력이 있어 모든 사람에게 신망을 받으며, 두뇌가 명석하여 발명가에 많고, 고집은 있으나 인수로 알면서 행하는 일이니 오히려 박력으로 보면 된다.

타향에서 득명하고, 해외와도 인연이 있으며, 외국어에도 능통하여 외교·법정·해외기관·교육계에서 입신하는데 종교철학에도 흥미를 가지고 있다.

큰 재복은 주지를 않았으니 탐재하지는 말아야 하며, 사업을 한다면 식품·호텔·관광·해양·수산업 등이 적합하다. 처덕은 있으나 색이 강하여 작첩하고, 의처증이 있으며, 처의 잔질이 염려된다. 건강하기는 하지만 과식은 금물이고, 혈압·중풍에 주의하여야 하며, 노년에는 긴병을 앓다가 죽는 것이 흠이다.

여명은 비록 박학수재라고는 하지만 부궁부실에 불봉옹고(不奉翁古)·부존불명(夫尊不命)한다. 문학이나 예체능계에서 많이 보고 아니면 신방학과에 많다. 노랑 아니면 재취가 되기 쉽고, 연하의 남자와도 인연이 있으며, 건강은 냉질을 주의하여야 한다.

申, 子, 辰년에는 원행·변화가 있겠고, 寅, 巳년에는 차액·수술·송사 등이 발생하며, 卯년에는 신경성 질환과 아랫사람을 주의하여야 한다.

● 壬水가 酉金을 만나면,

정인이요, 金생水받아 의지처가 되나 청백지수(淸白之水)·청백리가 됨이 흠이다. 깨끗한 물이다. 너무 깨끗할까봐 걱정이다. 청백리로 깨끗한 인물이 된다.

● 壬水가 戌土를 만나면,

편관이요, 土극水 받아서 말라있는 흙이니까 유색(流塞)된다. 또 탁수로 대기(大忌)하나 水왕에는 제방을 쌓는 데 없어서는 안될 귀생(貴生)임과 동시, 재·관고를 얻으니 희중가희(喜中加喜)다. 재고이니 돈창고로 금고에 해당하니까 돈복은 타고 났다는 것으로 대단히 좋은데 마누라가 아프다. 여자집합인데 고장이니까 늙은 여자이다. 壬水일주가 戌일날 여행 하면 옆자리에 나이 많은 여자가 앉는다. 戌은 火와 土의 고장이다. 壬이 여자면 土는 남자가 된다.

壬戌일주 여자다. 괴강이고 재고(財庫)고 관고(官庫)고 백호(白虎)다. "당신에게 따라 드는 것은 군인(軍人)이다. 그러나 모두 다 시시해 보이고 그래서 네 마음에는 안 찬다." "말 안 들으면 쥐어패고, 남자를 내 마음대로 해야 하고, 그래야 속이 시원한데 이 세상에 그런 남자가 어디있겠소?"했더니 본인보다도 더욱 잘 안다고 감탄하더라.

壬戌일주

■특징 : 편관, 화개, 일덕, 재관고, 천문성, 괴강살, 철쇄개금, 백호대살, 양차살

壬戌일주는 천간은 물이요 지지는 土이니 흙이 이긴다. 고로 土극水 받아서 물이 더러워지니까 탁수가 된다. 戌은 재고로 돈창고요, 土의 고로 관고도 되니 서방님도 된다. 고로 "돈 많은 과부네요. 서방님이 죽고서 보상금 많이 받는 팔자요."한다.

壬戌일주 여학생이 중국 유학 갔는데 중국 남자들이 모두 정신 없더라. 土는 중국이니까. 壬水가 일지의 戌土에 수제되고 유색되며, 왕한 조토에 건수(乾水)가 흡수되고 보니 종살격이나 재·관고가 되므로 종재격과도 같은 효력이 발생하여 일거양득이다.

辰·丑土를 만나면 水고(庫)에 水여기가 되므로 파문(破門)이요, 未土를 만나면 왕자형발(旺者刑發)로 개고(開庫)가 되니 같은 충·형이라도 길흉은 다른 것이다. 선견지명이 있으며 환경에 적응을 잘하나 욕심이 너무 많은 것이 흠이요, 영리하고 정통신앙인데 취재(聚財)에는 따를 자가 없다.

조달남아(早達男兒)에 심성이 강함은 괴강의 탓이고, 급하면서도 완벽하고 결실함은 편관으로 인한 것이다. 건강은 결석·당뇨·혈압 등을 주의하고, 부친이 아니면 숙고(叔姑) 중에 횡액이 있겠다.

관으로는 재정·법정으로 입신인데 잘만 하면 일국(一國)의 예산을 좌우하고, 사업으로는 식품·의약인데 본래가 재복이 있어 도처에 부동산이요, 많은 돈을 벌어 부귀를 겸전하고 있으나 처에게 잔질이 있

거나 해로 못하며, 어떠한 여자든 이 사람 앞에서만은 꼼짝을 못하는데 이는 재고의 탓이고, 양처득자에 총각득자인데도 자손 중에는 법관이나 의사로 출세하겠다.

여명은 노랑·재취가 제격인데 돈 많은 과부는 이러한 팔자요, 연하의 남자와도 인연이고, 타자양육하며, 처세는 좋으나 돈과 씨름하다보니 이성마저도 돈으로 계산해 보는 것이 흠이다.

寅, 午, 戌년에는 혼인 등의 경사가 있고 이성이 따르겠으며 매사가 순조롭고, 卯년에는 도화가 합을 하니 연애하는 운이며, 丑, 辰년에는 관재·사고·복통 등과 비밀이 노출되니 행동에 주의하여야 한다.

● 壬水가 亥水를 만나면,

관궁에 비견으로 제자리를 얻어 상·하가 균형을 이루어 능생만물(能生萬物)할 수 있으므로 조화가 비상하다. 왕양지수(旺洋之水)로 많은 물이다. 亥 중의 甲木이니까 따뜻한 물이다. 水생木, 水극火 모두 잘하니까 능수능란하다.

예로 壬寅의 경우 庚이 있으면 金생水, 水생木할 수 있으니 지식과 상식을 겸비했고, 庚이 없으면 배우지는 않았어도 일반상식은 많다. 水는 지혜이고 상식도 지혜이니 지혜+지혜이므로 천재적인 두뇌이다.

水일주의 경우, 물이 어떤 물인가를 알아야만 비로소 사주를 판독할 수가 있으므로 총론에서 구체적으로 중요사항을 정리하였는데, 이어서 火·土·木의 경우도 참고로 추가하고자 한다.

火일주의 경우, 적은 불이냐, 큰 불이냐, 펄펄 살아있는 불이냐, 꺼져가는 불이냐를 알아야 한다. ○丙○○ / ○辰丑○ 이라면 꺼져가고 있는 불이다. 젖은 흙에 불이 있으니까 그렇다. 丙寅은 살아있는 불이다. 木생火 받으니 살아나는 불이다. 戊丙戊戊의 경우도 음지이다. 火인 태양보다 산이 더 높다. 火에도 음지가 있다는 것이다.

土일주의 경우, 음지 땅이냐 양지 땅이냐, 두터운 흙이냐 얕은 흙이냐, 농사를 지을 수 있는 흙이냐 농사를 지을 수 없는 흙이냐, 말라있는 흙이냐 젖어있는 흙이냐, 철분이 많은 흙이냐 떠 내려가고 있는 흙이냐를 구분할 줄 알아야 한다. 예를 들어보자. $\begin{smallmatrix} 乙 己⃝⃝ \\ 亥卯⃝⃝ \end{smallmatrix}$의 경우, 음지 전답이다. 앞에 너무 큰 숲이 가로막고 있으니 갈 수 없고, 강풍이 쎄서 한 발자국도 나가기가 힘들다.

土는 신용이고 木은 인정인데, 인정이 많아서 신용이 허물어져 버렸다. 가시밭길 천리다. 木을 가시로 비유하여 木극土로 콕콕 찌른다. 이른바 지형천리(枳荊千里)다. 정신 없이 산을 헤매다가 와보니 木의 가시에 찔려서 엉망진창이 됐다. 이유를 물어보니 나무귀신이 불렀단다. 여자의 경우 己土하나에 木남자들이 삥 둘러싸서 木극土로 망가뜨린다. 己土는 밖에만 나가면 乙木이 가다리고 있다. 亥卯木국이 가로막고 있으면서 못 간다고 한다.

木일주의 경우, 큰 나무인가 작은 나무인가, 음지나무인가 양지나무인가, 꽃이 피는 나무인가 꽃이 안 피는 나무인가, 뿌리가 튼튼한 나무인가 뿌리 없는 나무인가를 구분하여야 한다. $\begin{smallmatrix} ⃝甲⃝⃝ \\ 午午午午 \end{smallmatrix}$의 경우는 뿌리 없는 나무다. 성씨도 바꾸어서 산다. 여기서는 미스 김, 저기서는 미스 리 한다. 寅卯가 있으면 뿌리가 있다. 주체가 약하고 흔들리기 쉽다. 군중심리에 좌우된다. $\begin{smallmatrix} ⃝甲⃝⃝ \\ 巳寅申⃝ \end{smallmatrix}$의 경우는 병든 나무다. 형살이 있으니까 옹이가 있다. 굽어있다고도 본다. $\begin{smallmatrix} ⃝甲⃝⃝ \\ ⃝寅亥⃝ \end{smallmatrix}$의 경우는 寅亥합木국이다. 뿌리가 튼튼해서 태풍이 불어도 끄떡없다. 앉은자리의 뿌리는 제 발등의 불은 끈다. 할 소리, 제 할 일은 모두 하고서 세상 산다. $\begin{smallmatrix} ⃝甲⃝⃝ \\ 子子丑⃝ \end{smallmatrix}$의 경우는 음지나무다. 부목·뗏목이고 꽁꽁 얼어있다. 火꽃이 없고 金열매가 없다. 고로 사람 노릇 못하고 언제 철들지 모른다.

다. 壬水희기론

천경서북(天傾西北)에 亥가 출수방(出水方)이요, 지함동서(地陷東西)에 亥는 납수부(納水府)라. 水가 왕성하면 제방이 길하고 또는 寅木이 있고 다시 木왕하면 수기(秀氣)의 공이 있다.

춘절 壬水는 金水를 꺼리며 火를 만나 온수함이 가장 길한데 목용(木用)이면 金이 기신(忌神)이요, 一戊가 투간에 상함이 없으면 일장(一將)이 당관(當關)에 중사불범(衆邪不犯)으로 귀격이다.

하절 壬水는 겁비(劫比)가 도와 해열함이 가장 길하고 金이 생水하면 수원이 장구(長久)로 귀인이요 火土는 태왕하고 金水가 부족하면 여자의 덕이 많다.

추절 壬水는 金水가 비록 청백하나 핍류(泛流)될 염려가 있으니 유력한 戊土가 있으면 제방하는 공이 있고 己土는 니습(泥濕)하므로 도리어 해가 된다.

동절 壬水는 火를 만나야 한동(寒凍)을 면하며 戊土로 제방함이 길하나, 土가 많으면 피해가 더욱 많으니 木으로 소토(疎土)하고 지지에 약간의 金은 무방하다.

10. 癸水

가. 癸水총론

癸水는 壬水양이 변화하여 음이 되고 있는 것을 말하며, 천간을 일주하여 끝이 됨은 춘절 木으로 시작하여 동절 水까지 1년이 다함을 말하여 주고 있는 것이다.

癸水는 천간의 끝이다. 甲에서 시작하여 癸로 끝났다가 다시 甲으로 시작하니 거리가 먼 것 같지만 실은 인접해서 있다. 이와 같이 시작과 끝이 정연하고 음양의 교차가 1분의 오차도 없이 순환하고 있기에 癸는 규(揆) 즉 법으로까지 통하고 있다. 따라서 癸水일주는 준법정신이 강하고, 법에 대한 상식이 많다. 동네 변호사다.

또 종(終)은 시(始)요, 시는 종이 되는 것과 같이 癸는 끝이면서도 시작을 의미하고 있음이라. 이는 음극즉시양(陰極則始陽)이 되며 곧바로 甲木과 연결될 수 있고 또 壬水와 같이 만물의 근원이 되고 있는 것은 두말할 나위도 없는 것이다.

천(天), 즉 보이는 것으로는 우로(雨露)요, 음수이며 유수(柔水)·약수(弱水)·운(雲)·무(霧) 즉 안개·이슬비·빗물이고, 지(地), 즉 보이지 않는 것으로는 천수(川水)·천수(泉水)·수맥·생수·활수에 해당하고 있기에 종류(從流)라, 고로 비유하건대 주전자에 담겨져 있을 때는 양수요, 꼭지에서 흘러나올 때는 음수이며, 또 이 음수를 분류한다면 역류하고 있기에 산꼭대기에서도 물은 나올 수 있고 따라서 토목설계에 있어서도 소홀히 할 수 없음은 물론 지하수의 수맥지도는 반드시 만들어져야 한다고 본다.

포태법에서 癸水는 卯에서 장생이다. 卯는 木극土를 잘하는데 이것이 땅을 균열시키는 것이 된다. 그 틈새를 따라서 물이 올라온다. 그것이 수맥이다. 고로 눈에 보이는 물은 위에서 아래로, 눈에 보이지 않는 물은 밑에서 위로 올라간다. 수맥은 높은 산꼭대기까지 연결되는데, 그 영향도 중요하게 미친다는 것이다.

癸卯일주를 보자. 癸는 물이요, 卯는 풍(風)·바람이다. 물이 바람 만나면 파도가 발생한다. 水는 파(波)요, 木은 풍(風)으로 보면 풍파이다. 고로 癸卯일주는 풍파 끼고 산다. 특히 여자는 더 그렇다. "卯자식 때문에 풍파가 끊일 사이가 없네요." 卯이니 딸 때문이다. 고로 "아이구,

기똥찬 딸내미 하나 두었네요. 얼마나 속썩으세요?" 水는 卯 만나면 水생木 못 한다. 수목응결이 되니까. "어이구 답답아, 세상을 이렇게 답답하게 살아서 어떡하노?"

壬水일주는 양이니 남자같은 선머슴 기질이 있는 여자이고 癸水여자는 10살 이상의 노랑에게 시집가는 것이 흠이다. 정신연령이 높아서 동년배와는 결혼생활이 어렵다. 항상 애기처럼 보이니까 그렇다. 이것을 응용하면, 癸일주가 상담하러 와서 나이 물어보니 35살이란다. 서방님 나이를 물어보니 37살이란다. 그럼 "사느라고 고생 많네요. 당신은 나이 많은 사람에게 시집가야 하는데 젊은 사람에게 시집갔으니 그 대가를 치러야 해요."하라. 여자는 모성애가 있어서 남편의 나이가 20살이 많다고 해도 항상 어린애같이 생각한다. 그런 심리 상태는 같으므로 그걸 이용하면 "아이구, 서방님 하시는 일이 나이 차이는 많아도 항상 하는 일이 시원찮게 보일 텐데요." 해보라. 癸水일주 딸내미는 친구에게 취직시키지 말라. 사장과 썸씽난다.

癸水는 戊土와는 戊癸로 합하여 합화火로 변하고, 무정지합(無情之合)이 되며, 丁火와는 丁癸상충이 된다. 卯木에게는 卯월에는 나무에 물이 오르므로 장생이라 하나 壬水와 같이 사궁으로 보고 申金에는 사궁이나 金생水 받으니 주의하기 바라며 辛金과 己土를 희(喜)하고 甲木을 기(忌)한다. 상관으로 도기이기 때문이다. 癸작은 것이 甲큰 것을 도와주다가 보니 癸가 스스로 소멸되어 버린다. 그러나 ○癸甲○ 丑酉寅○의 사주라면, 甲이 좋게 작용한다. 丑시라서 추운데 酉丑金이니 水가 많아서 더욱 춥다. 이때는 월의 甲寅木이 가장 필요한 것이 된다. 도와주고 살려준다.

甲癸○○ 寅亥子丑의 경우, 亥子丑 水국에 꽁꽁 얼어있다. 시에 甲寅木이 있어서 寅亥합木국도 되고, 많은 물이 水생木으로 잘 흘러 寅 중의 丙이 따뜻하게 해주므로 꼭 필요한 용신이 된다. $\frac{乙㉻○○}{卯亥子丑}$의 경우는 乙卯木이 식신이지만 水木응결이 되어서 얼기 직전이니 水生木도 못하고 만다. 식신이 학생이라면 작은 학생, 유치원생이다. 유치원 선생이다. 산토끼 찾아야 한다. 甲寅木이면 큰 나무이니 대학생과 같다. 대학 교수다.

癸水일주가 진로관계를 물어보면 비서학과 가라고 하라. 이대 비서학과가 제일 좋다. 癸水일주는 애교있고 아양이 많다. 남녀 모두 水기 태왕격은 음란하다. 바람둥이다. 좋은 쪽보다도 나쁜 쪽으로 발달되어 있어서이다. 여자도 水가 많으면 물장사·술장사 하라고 하라.

나. 癸水각론

● 癸水가 甲木을 만나면,

상관으로 도기라 戊土정관을 ○㉻甲戊와 같이 木극土로 방해한다. 己土편관을 ○㉻甲己와 같이 甲己로 합거한다. 그러나 다시 합화土하여 土극水로 일주 癸를 극하고, 또 庚金정인마저 ○㉻甲庚과 같이 甲庚으로 충거하여 보급로를 차단하니 본인의 잘못된 생각 하나가 몇 가지로 못되게 하고 있는가를 실감나게 보여주고 있는데, 결국은 모두 내 탓이로다. 여기서 잘못된 생각이라 함은 甲이 상관으로 내 생각에 해당함을 응용한 것이다.

여자의 경우를 보자. ○㉻甲戊라면 서방보다 월에 있는 자식을 더욱 귀히 여긴다. 이혼한다면 남편은 버려도 자식은 꼭 끼고 간다고 한다. 甲㉻甲○의 경우도 甲이 자식이다. 또한 보호자이다. 戊土가 戊癸합하려고 함부로 들어가지 못한다. 甲木에게 木극土 당하므로, 癸가 戊에게 결혼하자고 하자, 戊가 "내가 미쳤냐? 너하고 결혼하게." "내가 낳은 자식도 아닌데 자식 둘을 키워주면서 木극土로 따돌림 당하고 살게." 한다. 甲木자식이 둘이라서 시집가기가 어렵다고 한다. 만약 癸水가 왕하여 木이 필요할 때는 상관이라 하여도 乙木식신보다도 백배 좋다.

●癸水가 乙木을 만나면,

식신이라 옷과 밥이 생겨 올 것 같으나 습목이 되어 종내는 水木이 응결로 조화를 이룰 수 없으니 식신도 식신 나름이요, 또 정인 庚金을 ○癸乙庚과 같이 乙庚합거하고, 辛金편인을 ○癸乙辛과 같이 乙辛으로 충거하니 탁수가 될까 염려된다. 그러나 편관 己土를 ○癸乙己와 같이 木극土로 제거하니 일장일단이 있는 것이다.

수목응결이란 건강에 쓰는 용어이다. 水일주에 乙卯木이 많아서 水木이 많으면 水木응결이다. 木일주에 水木이 많아도 水木이 응결이다. 수목응결이 꼭 水일주에만 나오는 것이 아니다. 가령 乙癸○○／卯丑子卯의 경우 水일주에 水木이 많은 경우로 수목응결이다. ○乙○○／卯卯子丑의 경우, 木일주에 水木이 많다. 水木응결이다. 수목응결되면, 북풍설한이고 음지나무이고 꽁꽁 얼어있다. 제일 나쁘게 연결되면 신경이 둔화되어 버린다. 고로 자율신경이 말을 안 듣는다. 또한 집산(集散)불능이다. 즉 모여들었다, 흩어졌다 하는 기능을 못 한다. 그래서 저능아가 나온다. 또는 신체장애가 있다. 신경이 둔화되니 몸이 말을 안 듣는다. 수목응결이 이래서 무섭다고 한다.

●癸水가 丙火를 만나면,

정재로 정도(正道)를 택하니 한자(寒者)가 득로(得爐)요, 기자(飢者)가 봉식(逢食)이다. 癸는 겨울로 추운데 丙을 만나니 따뜻함을 얻는다. 재 또한 음식이다. 고로 운이 좋으면 입맛이 돌아온다. 또한 여자는 재가 시댁이다. 고로 서방님 집 음식 맛이 좋으면 그집 귀신이 된다. 癸가 丙을 만나면 수화기제(水火旣濟)로 낮과 밤이 공존에 음과 양이 구전(俱全)하여 만물을 자생할 수 있어 대단히 좋은 중 비겁 壬水를 ○癸 丙壬과 같이 丙壬으로 충거하고, 辛金편인을 ○癸丙辛과 같이 丙辛으로 합거하니 일거삼득(一擧三得)이라 그래서 본처는 없어서는 안될 귀인이므로 본처 박대한 자 죄 받는 이유가 여기에 있다. 여기서 丙을 보내버리면 癸水는 탁수가 되고 壬水의 종노릇밖에 못한다는 것이다. 그러나 癸水가 丙을 많이 만나 약하다면 丙癸丙丙과 같이 다자무자(多者無者)로 증발해 버린다. 돈도 마누라도 없다. 만약 丙년이면 돈에 의해서 날아가 버린다. 고로 자기의 존재마저 찾기가 어렵다.

● 癸水가 丁火를 만나면,

편재면서 丁癸로 충이 된다. 따라서 탐재하는 자 쟁투에 욕먹는 이유가 여기에 있고, 또 재취부인과는 항시 보이지 않는 벽이 생기며 또 소실은 소실일 뿐이지 그 이상도 이하도 될 수 없다. 丁은 편재이니 아버지요, 돈이요, 유산, 마누라를 의미하는데 충되고 있으니, 맨날 아버지와 의사소통이 안 되고 싸운다. 고로 유산을 안 준다. 여기서 유산관계를 연결하면, 년월이 충이고 년과 일이 합이면, 할아버지와 아버지가 충되고, 나와는 합이 되어 있다. 아버지에게는 유산을 안 주고 나에게 유산이 온다.

丁癸충은 돈과 싸우고, 마누라와 싸우고, 이혼수 걸린다고 추론되는데 돈과 충이니 돈과 싸운다. 이것을 통변으로 응용한다면 이 사람은 돈을 버는데도 맨날 싸우면서 돈 벌어야 한다는 것이다. 싸워가면서 돈 벌어야 하는 사람이다. 시장 바닥에서 개새끼·소새끼 하면서 돈 번다는 것이다. 신수에 응용해보자. 癸일주가 丁년이다. 편재인데 충 받으니까 "돈 때문에 싸우고 송사 붙네요." "돈 받을 수 있겠어요?"하면 충되었으니 돈 못 받는다. "송사하면 받을 수 있어요."하라. 음식으로 연결하면 맨날 음식 타박하고 음식 가지고 싸운다.

또 비겁 壬水를 ○㉻丁壬과 같이 丁壬으로 합거하여 음란할까 염려
되니 아마도 소실치고 의심받지 않는 자 없으며, 癸水 비견을 ○㉻丁
癸와 같이 충거함은 돈에 집착한 나머지 친구도 망각할까 염려된다.

● 癸水가 戊土를 만나면,

정관으로 합신되면서 합화火로 재물까지 생기니 戊癸합의 사랑을 알
만하고, 재는 시댁이라 그래서 남편이 잘해주면 시댁을 위하여 정성을 다
할 수밖에 없는가 보다. 또 맞벌이 부부가 되어도 한없이 즐거우니 癸水
를 끌어 들이는 戊土의 힘이 얼마나 무서운가를 입증하고 있는 것이다.

戊癸합화火는 癸에게는 재요, 戊에게는 인수다. 고로 戊에게 시집간
것은 돈ㆍ재산 때문에 갔고, 戊 늙은이도 癸마누라하고 사니 火인수로
젊은 마누라에게도 배울 것이 많더라. 배우면서 산다. 또 비겁 壬水를
○㉻戊壬과 같이 土극水하고, 癸水를 ○㉻戊癸와 같이 戊癸합거 함
은 여자가 일단 시집가면 형제도 잃어버림이 이 속에 있는데, 癸水일
주는 노랑에게 시집가는 것이 흠이다. 극과 극은 같으니까 나이 어린
유랑(幼郎)에게도 시집간다.

● 癸水가 己土를 만나면,

편관으로 상신(傷身)이다. 즉 몸을 다친다. 이것을 응용하면 편관년
에 몸 다친다. 고로 신수 보러 오면 "금년에 몸 다치니까 주의하세요."
한다. 그러나 水기가 왕할 때에는 제방으로서 좋다. 己㉻○○의 경우를
                                              未酉子子
보자. 癸가 겨울에 태어나서 신강하다. 여기서 火土를 쓸 것이냐? 木
火를 쓸 것이냐? 己未는 土이므로 土극水한다고 생각하는데 未土는 준
(準)火이다.

고로 木火가 필요하지 火土가 필요한 사주는 아니라는 것이다. 착각 말라. 또 甲木상관을 ○㉠己甲과 같이 甲己로 합거하는 것까지는 좋으나 다시 합화土하여 극신(剋身)하니 역시 초록은 동색인가 애당초 믿지 말고 회피함이 상책이다. 己가 癸에게 말한다. "너는 甲木만 보면 설기당하니 나쁘다며? 내가 甲己합으로 막아줄게."해서 믿고서 己에게 일임했더니 甲己합土로 다시 나를 치더라. 초록은 동색이라고 편관 己와 상관 甲이 나쁜 놈들끼리 힘 모아서 나를 골탕먹이더라.

● 癸水가 庚金을 만나면,

정인으로 金생水 받으니 수원이 튼튼하여 역시 불갈(不渴)이나 탁수(濁水)이다. 음이 양으로부터 생 받았으니 음양이 섞였다. 고로 무조건 정인이라고 다 좋은 것은 아니라는 것이다. 또 甲木상관을 ○㉠庚甲과 같이 甲庚으로 충거 도기처를 막고, 식신 乙木을 ○㉠庚乙과 같이 乙庚으로 합거하나 다시 합화金하여 생水라 욕심이 지나쳐 한랭지수로 자멸할까 염려된다.

癸水가 庚을 하나 만나면 수원으로 좋은데, 만약 癸에 庚㉠庚庚과 같이 庚이 많으면 사주가 버려진다. 철분도 많고 金생水로 계속 들어오니 무능력해진다. 水일주에 수다(水多)한 팔자는 목욕 안 한다. 저는 항상 물이 있어서 몸이 깨끗하다고 생각하나 보다. ○㉠○○/○亥子丑 의 사주가 庚辰년이면? 水가 많은 사주가 庚년이니 "금년에는 자멸하는 운이요." 金생水 들어오니까 문서로 인해서 완전히 혼난다. 문서가 나빠지니까 휴지가 되니 부도까지 난다. 子辰水국으로 물이 많으니 범람하고, 자기만 죽는 게 아니라 주위사람에게까지 피해를 준다. "이 사람아, 정신차려! 죽으려면 혼자 죽지 왜 옆 사람까지 피해를 주나?"

●癸水가 辛金을 만나면,

金生水 받으나 청백지수(淸白之水)가 틀림없고, 乙木식신을 ○癸辛乙과 같이 乙辛으로 충거, 水木응결을 예방하는 것까지는 좋으나 丙火정재를 ○癸辛丙과 같이 丙辛으로 합거하니 금수쌍청이라 편도를 가게 하므로 속세와 인연을 달리하기 쉽다.

금수쌍청은 사주가 너무나 깨끗해서 모두 스님이 된다. 금수쌍청은 알고 보면 금수냉한이 되어서 남자를 모르는 체질이다. 고로 스님이 될 수 있다는 것이다. 癸辛○○/丑酉○○의 경우, 이런 사주가 금수쌍청이다. 지나치게 맑은 물이니 고기도 못 산다.

癸일주가 辛巳를 만나면 金生水 받나? 결론은 못 받는다. 辛이 巳에게 죽고, 巳는 재이므로 돈이니 욕심부린다. 고로 신수 보러 오면 "큰일났다. 겉으로는 깨끗한 척하는데 속으로는 어찌하여 돈 욕심을 그리도 내는가?"

●癸水가 壬水를 만나면,

비겁이요, 양수에 방해받아 癸水의 존망이 우려된다. 적은 물이 큰물 만나니 존재 가치도 없어진다. 癸는 음으로 약자이고 壬은 양으로 강자다. 약자가 강자 만나면 자연도태된다. 신수 볼 때, "자기의 존재 가치가 없어지네요."한다. 또 丙火정재를 ○癸壬丙과 같이 丙壬충으로 충거하고, 丁火편재마저 ○癸壬丁과 같이 丁壬으로 합거라, 친구 하나 잘못 사귀면 낭비에 가정마저 파괴되고, 또 약자의 설움이 어떠한 것인가를 대변하여 주고 있는 것이다. 만약 丁년에 신수를 본다면, 편재는 큰 돈이므로 돈 벌려고 시도하고, 마지막으로 돈을 챙기려고 하자, 丁壬합으로 壬이 가져가 버린다. 닭 쫓던 개다. 1년내내 죽 쒀서 개 준다. 마누라와 싸우고, 결국은 丁壬합으로 달아나 버린다.

● 癸水가 癸水를 만나면,

비견으로 水약에는 좋으나 戊土정관을 ○㉻癸戊와 같이 戊癸합거하니 친구로 인하여 남자는 직장을 잃고, 여자는 탈부(奪夫) 되며, 즉 戊인 남편을 뺏기고 산다. 또 丁火편재를 놓고 ○㉻癸丁과 같이 丁癸충으로 쟁투라 설명하면, 丁이 별빛인데 水는 밤이고 癸가 둘이니 밤은 깊어만 가는데, 丁癸충으로 별빛마저 잃어버린다. 고로 "당신은 가는 곳마다 함정이요, 발 한번 잘못 디디면 낭떠러지로 떨어지는 운이오."한다. 종내는 함정에서 헤어날 길이 없을 것이다.

다음은 癸水를 지지로 대비하여 살펴보자.

● 癸水가 子水를 만나면,

비견이요, 子 중 癸水를 얻어 통원이 되고 왕水가 되나 음水끼리의 배합이요, 또 한(寒)水가 되어 水극火는 잘하는데 水생木을 못하므로 자체조화를 이루기 어려워 생긴 대로 살다가 가는 인생이 되기 쉽다. 여기서 통원(通源)이라 함은 水가 지지에 근(根)을 하고 있는 것을 말한다. 착근(着根)은 다른 일주가 지지에 뿌리하고 있다고 착근이라고 하는 것이다.

○㉻○○
子丑子○
의 사주라면, "못 말리네요, 생긴 대로 살다가 가야 해요." 왜? 土가 土극水로 막아야 하는데, 水가 많아서 적은 흙으로 물 막으러 갔다가 떠내려가 버린다. 水가 꽉 차 있어서 아무리 큰 흙을 가지고 가도 못 막는다. 여자라면 土가 서방인데 꽁꽁 얼었다. 고로 서방이 항상 이 여자 앞에만 가면 꽁꽁 얼어버린다. 어깨 못 펴고 산다. 癸가 "당신 나한테 죄진 것 있어요?" "왜 나만 보면 그렇게 기죽어 있어요? 제발 그러지 마세요." 그러나 그게 잘 안 된다.

● 癸水가 丑土를 만나면,

편관이요, 土극水받아 유색될 것 같으나, 섣달이요, 인수고장에 丑중 辛金과 癸水에 통원되고 보니 극중생이 분명한데, 단 丑土가 월지를 떠나 충이나 형을 당하고 있으면 파괴되었기 때문에 예외가 된다. 즉 丑월의 癸水는 섣달의 물이니 많은 물이다. 꽁꽁 얼어있다. 춥다.

癸丑일주

■ 특징 : 편관, 암록, 백호대살, 화개, 음인, 쇠궁, 탕화살, 통원

癸丑일주는 백호대살이다. 백호살 놓고 있는 사람은 항시 재앙이 따라오는데, 여자는 과부될까 두렵다. 남편이 백호대살에 걸리니 남편이 죽는다. 丑은 인수의 고이니 어머니의 한을 놓고서 세상 살고, 고고학에도 연결된다. 유물 발굴하는 사람들을 보면, "너도 인수고장 놓고 있구나."하라. 종교철학에도 관심이 많다. 인수는 공부요, 고장은 옛것, 묵은 것으로 연결하니까 그렇다.

천간 癸水가 일지 丑土에 비록 수제받는다고는 하나 丑은 土이면서도 金의 고장에 水여기이고, 십이월지기요 子水정록을 인합하기에 癸水는 丑土에 통원이라 능히 극火하는데 한랭지수에 철분 과다하여 水생木하는 물은 아니다. 미모는 자랑할 수는 없으나 근면성실함이 마음에 들고 지혜있고 준법정신이 좋으며 지구력은 있으나 은우(隱憂)가 많고 또 가끔가다 세사를 비관함이 흠이고, 화상의 흉터가 없으면 평생 화재를 주의하고, 서책과는 평생을 가까이 할 것이며, 장서가나 수집광이 되기 쉽다.

부선망에 모외유모요 형제 중 흉액이 있겠고, 건강은 풍습에 혈압, 과음으로 인한 위장병이 염려되는데 만병의 근원은 냉습에서 오고 있

으니 보온에 주력하고 장질(腸疾)과 약량이 많구나.

　관으로는 무관·교육·법정·외교에 입신하며, 사업을 한다면 문화·출판·서점·식품·골동품·의약 등에서 성공하는데, 절대로 낙농에는 손대지 마라. 백호대살이 있어 하루아침에 망한다.

　처궁은 부실로 초혼은 실패가 우려되고 작첩에 처첩의 음독이요, 처의 비관으로 가정이 평안할 날이 없으며 일찍이 자식 낳아 기르기가 어렵고, 자손 귀하기도 어렵다. 재복 또한 없으니 탐재하지 말라.

　여명은 비록 애교는 있다 하나 노랑, 소실, 재취혼이 제격인데 아니면 청상과부를 면할 길이 없으며 몸에도 흉터가 있고, 자매도 기대하기 어려우니, 만난을 극복하고자 하거든 신앙과 아울러 음덕을 많이 쌓아라. 그리하면 본인은 물론 자손 그리고 후세에도 영광이 있을 것이니라.

●癸水가 寅木을 만나면,

　상관이요, 도기이다. 또 허약한 水가 강왕한 조목에 의하여 완전 흡수라, 水기는 찾아볼 길 없으나, 水가 왕했을 때에는 寅木이 있으면 수로, 즉 물줄기가 되어서 응결을 해소시켜준다. 寅속의 丙이 있어서 풀어준다. 즉 水가 왕하면 추워지는데 寅이 있어서 해소되는 것이다. 또 丙火정재까지 얻을 수 있으므로 좋다. 모든 것을 풀어주는 오행은 水와 火다. 단단한 것은 물에 넣어두면 풀어진다. 몸이 뻐근할 때는 목욕탕에 있으면 피로가 풀린다. ○○癸○○／寅酉丑○의 경우, 寅木이 핵(核)이요, 용신이다. 申년 만나면, 寅申충으로 "아이구, 나 죽겠네." 동물원 가서 원숭이만 보아도 일이 틀어진다.

●癸水가 卯木을 만나면,

　비록 장생이라고는 하나 이는 음수, 즉 보이지 않는 물이 양력 3월 木

왕절을 만나 木극土로 땅의 세포가 균열되어 수맥이 형성되어 상승작용을 함과 동시, 나무에도 수분의 함량이 많아지기 때문인데, 생사에 있어서는 생극제화가 우선이니 壬水와 같이 사궁이요, 도기되면서 水생木으로 설기 당하고 水木이 응결이라 기(忌)하고 답답하다.

水생木으로 내가 생하는 것이니 재주인데 습목이므로 木생火 못 하니 돈이 안 들어온다. 고로 재주는 많으나 얻는 것이 없다.

癸卯일주는 풍파 끼고 산다. 卯는 천파살이니 풍파가 곱빼기가 된다. 수목응결로 신경이 둔화된다. 저능아에 연결된다. 만약 癸卯일주 여자는 아들 딸들이 돈을 벌어다 주겠나, 안 주겠나? 卯니까 돈 벌어다 주지 않는다. 여기서 딸은 卯이니 안 준다. 아들은 寅이니 준다. 이를 구별할 줄 알아야 한다. 물이 역류하면 피가 거꾸로 돈다. 수맥 찾는 데는 버드나무 가지를 사용한다. 癸에게 卯木이 장생이라서 응기가 온다. 또한 金생水이니 구리쇠로 추 만들어서 수맥 찾는다. 찬물이 지나가는 곳은 추가 좌에서 우로 돌고, 따뜻한 물이 지나가는 곳은 추가 우에서 좌로 돈다.

癸卯일주

- 특징 : 식신, 장성, 사지, 문창귀인, 학당귀인, 천을귀인, 낙정관살, 수목응결, 천주귀인

癸水가 일지 卯木에 음포태로 장생이나 세력론에서는 음양을 구분하지 않기에 水木응결로 냉풍이 가중되어 풍우가 심하다.

비록 비범하고 학문에 열성이기는 하나 석독두용으로 한유(閑儒)에 지나지 않으며, 남을 위하여 노력을 하나 돌아오는 것은 없고, 근심 또한 많으며, 아집이 대단하여 꺾을 자가 없다. 천수(淺水)가 되어 남에게 이용당하기 쉽고, 木생火가 안 되어 조화가 불능이니 더 이상의 기

대가 어렵다. 천을귀인이 있다 하나 水木응결이 되어 그 복은 반감될 수밖에 없다.

火 · 처 · 재가 들어오면 양지가 되므로 안정을 찾을 것이나 철이 들지 않았거든 빨리 결혼을 시키는 것이 좋을 것이다. 그러나 水일주에 도화를 놓아 해로하기는 어렵고, 과음하면 노년에 중풍으로 고생하며, 수액에 위장병을 조심해야 하는데, 보온을 하는 것이 건강의 지름길이 될 것이다.

관으로는 교육 · 법정이 좋고, 사업을 한다면 의약 · 조림 · 식품 등이 좋으나, 큰 복은 주지 않았으니 욕심을 내면 안 된다. 자손은 여식이 많겠고, 주중이 부실하면 기만성이 있으며, 자식 하나가 농아일 수 있다.

여명은 노랑이나 재취 팔자인데, 아니면 소실 생활을 면하기 어려우며, 산후풍을 조심하고, 신경성 질환으로 생리통으로도 고생하겠다. 자손 또한 귀한 자손 얻기 힘들다. 亥, 卯, 未년에는 자손의 가출 등 변화가 있겠고, 子년에는 화류병에 송사 · 사고 · 수술 등을 조심하며, 酉년에는 타인으로 인하여 나쁜 변화가 있겠다.

● 癸水가 辰土를 만나면,

정관이고 자기고장이다. 자기고장은 질병이다. 또 자고 癸水에 통원할 것 같으나 땅 속의 물이기에 개발, 즉 辰酉 · 申辰 · 子辰을 하기 전에는 도움이 안 되고, 비록 정관이라 하나 종래는 입묘되니 병이 될 수밖에 없다. 또 암장된 戊土와 癸水가 戊癸암합이 된다. 무조건 壬 · 癸일주는 辰년이 되면 고장이니까 "몸 좀 아파야 한다." 땅 속의 물로 즉 수맥이니까 통원하는 데는 도움이 안 된다. 개발하는 경우에만 도움이 된다는 것이다.

癸酉일주가 辰년이면 "선생님." "왜?" "辰土 알지요?" "알지." "어떡해야 해요?" "辰土가 土극水로 나 죽인데요. 죽이는 것으로 끝나는 게 아니라, 입묘니까 산 채로 묻어버린데요." "괜찮아. 오히려 너를 도와줄 것이다." 辰酉합金으로 오히려 합해서 金생水로 오히려 너를 도와줄 것이다. 여자라면 辰중에는 戊가 있어서 서방인데, 지지니까 애인으로 봐야 한다. 癸가 戊癸 합하면서 하는 말이 "나는 왜 당신만 보면 꼼짝할 수 없이 내 몸이 당신 몸으로 흡수되어 들어가는 것 같아요?"하더라.

● 癸水가 巳火를 만나면,

정재요 또 巳 중 戊정관, 庚인수, 丙정재의 삼기(三奇) · 삼반물, 즉 의식주의 3대 요소를 얻어 대단히 좋으나 이것도 水가 왕하고 형 · 충 없이 소유할 수 있을 때에 한해서이고 반대로 水기가 허약하면 강렬지화에 증발되어 버리면서 戊癸합에 탐(貪)이니 자기 자신을 망친다. 만약 ○○癸○○ / 巳亥○○ 라면 巳亥충이 된다. 癸가 巳 만나면 평생 살아가는 데 제일 좋은 것을 가지고 있는데, 그것도 모르고 충으로 쫓아 버린다. ○○癸○○ / ○巳巳○ 라면 여자는 애인이 둘이다. 남자도 巳 중 丙이니 애인이 둘이다. 남자는 巳여자가 싫증을 빨리 느끼니 내 사람을 빨리 만들지 않으면 도망간다.

巳 중 戊庚丙이 戊관, 丙재의 둘을 재관쌍미(財官雙美)라 한다. 巳 속에 재와 관을 모두 가지고 있으니까 癸巳가 가지고 있는 부속 요건을 말한다. 사주가 멋지게 짜여져 있을 때 써먹는 말이다. 재관동림(財官同臨)으로도 응용한다. 총각득자. 癸巳일주 남자는 巳 중 丙여자만 만나면, 건들면 戊土자식 생긴다. 巳 · 亥는 교체심리니 癸巳일주여자면 남자 잘 바꾼다. 또한 巳 돈 벌러 가면 틀림없이 戊土애인 하나 생긴다. 만약 戊를 스님으로, 종교인으로 본다면 癸가 巳중 戊 만나서 戊癸합으로 사이클이 그렇게 잘 맞더라. 巳 중 戊가 조토이니 癸를 흡수해버리고 안 내놓더라. 癸水 부잣집 규수가 시주 나온 스님에게 반해서 따라가더니 안 오더라.

癸巳일주

■특징 : 정재, 지살, 절지, 나망살, 음착살, 외음내양, 재관쌍미, 천을귀
인, 암합, 재관동림

癸巳일주는 壬午일주와 같이 재관쌍미, 재관동림이다. 여자는 해로
하지 못 한다. 정부를 두는데, 얼마나 좋은지 애기 낳고 살다가도 도망
간다. 위가 물이고 밑이 불이면 증발된다고 했는데 이런 경우를 "구름
탄다."고 한다. 癸여자가 巳 중 戊남자한테 미쳐 놓으면 불 속에 있는
흙이니까 조토가 되니, 자기 몸이 戊에게 흡수되어 들어가므로 "나는
내가 아니라 당신 것입니다." 그런데다 증발까지 연결되니 구름 탄다.
얼마나 정신이 혼미하고 좋으면 癸가 巳 중 戊를 따라가겠는가? 고로
"애기 낳고 살다가도 도망간다." 고로 남편이 의심한다.

癸水가 일지 巳火에 절지로 무근이니 종재가 분명한데 지장간에 정
관·정재가 자기 자리에서 녹근(祿根)을 하니 재관쌍미요 녹마동향(祿
馬同鄕)으로 아름답다. 巳 중 庚金이 金생水하여 가종(假從)이 된다는
학설도 있으나 庚金은 용광로 속에서 火극金을 받아 金생水를 할 수가
없는데 만약 주중(柱中)에 丑이나 酉를 방해 없이 만난다면 金국이 되
므로 金생水를 할 수 있다.

일지 지살로 인해 일찍 고향을 떠나고, 종재가 되어 처세가 좋으며,
인정이 많다. 외유내강으로 본인의 실속은 차린다고 보나 火로 재가
되어 산(散)하기 쉬우니 금전 관리를 잘 해야 한다.

학마로 인해 공부는 도중하차하기 쉽고, 모선망에 모외유모이며, 형
제도 고독하고, 외가 역시 잘되기 어렵다. 관으로는 법정·재정이 좋
고, 사업으로는 식품·무역 등이 적격인데, 외화 획득에 해외기관에도
종사해본다. 건강으로는 비뇨기·야뇨증을 주의해야 한다. 처덕은 좋

으나 작첩 한 번 해보고, 국제연애도 해보며, 처가가 멀리 있고, 총각
득자에 타자양육이 아니면 비밀 자손 두게 된다.

여명은 노랑이나 재취혼이 좋으며, 이성에 대한 고민이 떠날 사이가
없고, 차중 연애와도 인연이 있는데, 만약 투관(透官)이면 정통 도주가
염려된다., 부군작첩(夫君作妾)은 면하기가 어려우며 친모봉양에 타
자양육 · 2성득자(二性得子)가 염려된다. 국제결혼 · 경찰 · 군인과 인
연이며 음식 솜씨가 좋다.

巳, 酉, 丑년에 변화가 있으나 결과는 불리하고, 寅, 申, 亥년에는 차액
· 수술 · 관재 · 송사 등이 발생하며, 戌년에는 귀문관살로 신경쇠약 조심
하고, 午년에는 도화로 이성교제가 있겠는데 결과는 좋을 것이다.

● 癸水가 午火를 만나면,

편재에 절지요, 午 중 丁火에 충 · 패되어 水기가 단절되나, 水기왕에
는 편이라고는 하지만 재관 2덕을 얻으면서 조후까지 성립되니 귀성
으로 군림한다. 항상 절지에는 충이 걸린다. 또한 癸는 午火에 증발되
므로 패(敗)가 된다. ○○○의 경우는 추운데 午시가 이 사주를 살려
주었다. 여기서 戊○○로 戊午시인데, 水가 많아서 土를 쓴다고 생각
말라. 추우니까 火가 필요하다. 土극水는 냉기를 제거시키니 간접 효
과이다. 午火는 불을 쓰니까 직접 효과이다.

● 癸水가 未土를 만나면,

편관이요, 土극水받지만 조토라서 유색으로 물이 막힌다. 水가 흡수
되어 水기는 찾아볼 수 없으나 水기왕에는 제방이 되므로 좋다. 여자
가 편관이면 "강제 결혼 아닌 결혼이네요." 남자에게 강제로 당했거나
강제로 끌려왔거나 등을 말한다.

癸未일주

■특징 : 편관, 화개, 양궁, 유색, 상식고, 재관동림

癸未일주의 일지 未土는 상식고이다. 여자라면 남의 자식 키워주고, 양성득자 즉 두 성의 자식 낳는다. 이혼하고 부부해로 못 한다. 강제 결혼하게 되고, 일지에 편관 있으니 중말년에 未土서방님을 만나보아야 하니까 해로하기 어렵다. 자식 집합이니 보육과 가라고 하라.

癸水가 일지 未土에 유색(流塞)되어 종살이 분명하나, 未월지기(之氣)로 火기를 장축하고 있어서 재・관을 얻은 것까지는 좋으나 모두가 편(偏)이 되어 길(吉)이 되지 못함이 서운하다 하겠다. 癸水가 未土에 양궁이나 金을 제외하고는 의지를 못 하기에 취하지 않는다. 지혜가 있고, 환경에 적응을 잘 하여 처세가 좋으나 소심하며, 때로는 심술을 꽤나 부리고, 독점욕이 대단하며 고독을 자초하는 것이 흠인데 신앙에는 독실한 편이다. 속단에 경거망동은 금물이며 학업을 중단할까 염려된다.

직장은 법정・재정・무관에서 많이 보고, 사업을 한다면 토산품・부동산・식품・화공업이 좋은데 木의 고장이니 조림이나 약초 재배는 하지 않는 것이 좋겠다. 건강은 신・방광이 약하고 또한 결석에 당뇨를 주의하여야 한다. 처궁이 약하여 본처와 해로하지 못하며, 보이지 않는 여자가 항시 따라 다니는데, 이는 未 중 丁火 때문이며, 총각득자에 타자양육하게 된다.

여명은 노랑이 아니면 유랑, 또는 재취혼이 제격인데 아니면 중・말년에 이혼하고 부정포태에 타자양육은 면하지 못할 것이다.

亥, 卯, 未년에는 신상에 변화가 있고, 丑, 戌년에는 비밀 노출에 관재・사고・복통・수술 등이 발생하며, 子년에는 도화로 이성이 따르겠으나 비겁에 원진이 되어 오래가지 못하는데 오히려 午년의 이성지

합이 길연이 되겠고, 寅년에는 신경이 날카로워진다.

● 癸水가 申金을 만나면,

정인에 金생水받아 원류가 튼튼하니 사궁으로만 볼 수 없을 뿐더러 壬水와 같이 장생이 되나 申 중 壬水에 의하여 癸水음이 방해받으므로 금다수탁(金多水濁)은 이를 두고 한 말이며, 즉 철분이 과다하고 탁수가 된다. 포태법에서 사궁인데, 이는 癸水가 申 만나면 죽는다고 했다. 申속에 壬이 있어서 적은 물이 큰 물 만나면 죽으니까 그렇다. 癸+壬=癸壬=壬이다. 고로 죽는 것으로 보아야 하나, 金생水 받는다고 보아야 하나? 생극제화가 우선이니까 金생水 받는다고 보라. 여기서 포태법에서 서불수류(西不水流)라고 했는데, 물이 서쪽 만나면 申중 壬 때문에 자신이 죽는다고 했으므로 이런 말이 나왔었다.

● 癸水가 酉金을 만나면,

편인에 金생水받아 힘이 되나 지나치게 깨끗한 물이다. 청백지수(淸白之水)다. 일지에 효신살로 중말년에 부모 모시고, 어머니가 둘이다. ○癸○○／○酉子○의 경우, 청백지수인데 子酉귀문이니 지나칠 정도로, 너무나 까다롭게 결벽증으로 연결된다. 고로 여자면 시집가기 힘들다.

癸酉일주

■ 특징 : 편인, 장성, 목욕, 문곡귀인, 철쇄개금, 효신살, 과청(過淸), 패지

癸酉일주는 고집불통이다. 金생水받으니 고집 중에서도 학자 고집, 선비 고집이다. 융통성이 없다는 것이다. 외골수이다. 금수쌍청(金水雙淸)이다. 너무 깨끗한 물이다. 금수쌍청이란 水일주에 金水가 많을

때와 金일주에 水가 많을 때를 말한다.

癸水가 일지에 酉金으로 패지·목욕궁으로서 생조를 받고 있다 하여 자칫 오염된 물로 보기 쉬우나 酉金은 양력 9월의 金이며 금, 은, 주옥이라 오히려 지나치게 깨끗함이 병이 되고 있는 것이다. 水극火는 잘하나 水생木은 잘 못 하니 일장일단은 있다.

용모가 수려하나 여자 같음이 흠이고, 영리하고 암기력은 좋으나 박력이 부족하며, 너무나 깔끔한 편이다. 자기 위주가 되어 환경에 적응키 어려우니 고독을 자초할까 염려되며, 타인에게는 중후한데 가정에 인색함은 酉金이 원인이다.

부선망의 팔자인데 아니면 모외유모이고 유실자모가 되기 쉽다. 금수쌍청으로 본인이 아니면 배우자라도 신앙에 독실하고, 준법정신이 좋아 법이 없이도 사는 사람이라고 보나 결실이 없음이 흠이다.

관으로는 법정·교육·설계 등이 좋고, 본래가 사업가는 아니나 꼭 하고 싶다면 문화·의약·교육·의류 등이 좋으나 청백지명이니 탐재하면 망하게 되어 있다.

건강은 좋으나 시력과 심장이 약하고, 과음은 피할 것이며, 색에 약함은 포경이 원인이고, 신장에 병이 오면 치료하기가 힘들다. 처덕은 좋으나 미인과 혼인하면 해로하기가 어려운데, 만약 남성다운데다가 억세다면 해로하게 된다.

모처불합에 형제와도 사이가 좋지를 않다. 여명은 노랑이나 재취와 인연이 있고, 아니면 연하의 남자다. 애교 만점에 처세는 좋으나 남난(男亂)이 많고, 의사·법정·교육이 부군의 직업인데 영웅호걸이 되기는 어렵다. 적은 것을 가지고 크게 이루며 살아가는 운명이기에 부호(富豪)에 출생하였다면 혼인 후 실패는 면하기 어렵고 공주다산(公主多産)이 염려된다.

자립정신을 길러 세파에 적응을 잘 하여 살아가야 한다.

● 癸水가 戊土를 만나면,

정관이요 또 재·관고로 일거양득인데 水기가 허약하면 종내는 유색되어 탁수요, 썩은 물로 대기(大忌)라. 이는 癸水여자가 戊 중 戊土 정부에 미치게 되면 탁난(濁亂)하여 자멸하는 것과 같다. 壬水일주가 戊土 만나면, 戊土는 재고이고 관고이니 서방님 세상 떠나고, 보상금 받는다고 했는데 癸水도 같다. 단, 그 차이는 壬水에 戊은 편관이니까, 썩을 인간 잘 죽었다고 하고, 癸水는 戊이 정관이니까, 정을 많이 주었기에 돈이 문제냐하면서 땅을 치고 통곡한다. 서방님 보고싶다고 운다.

○㉠○○
戊○戊戊 와 같이 癸가 戊土를 많이 만나면 물이 썩는다. 고로 癸가 戊년 만나고서 癸가 약하면 금년신수가 "썩은 물이네요."한다. 戊 중의 戊남자에게 미쳐놓으면 썩은 물이 되어버리니 "썩을 년, 더러운 년이다." 탁수가 되어버리니까.

● 癸水가 亥水를 만나면,

비겁이요, 통원되어 水기로서의 임무를 착실하게 이행함은 물론 외음내양으로 항시 여유가 있으며 조화가 비상하고, 또 끝이자 시작으로서 만사에 귀감이 되고 있는 것은 아마도 癸亥水뿐인가 한다. 또 왕양지수(旺洋之水)·큰 물이다. 亥 중 甲木이 있으니까 난류(暖流)이다.

癸亥는 끝이면서도 시작이다. 따라서 癸亥일주치고서 팔자 나쁜 사람이 별로 없더라. 대해수(大海水)로 태평양 같은 큰 물이다. 水생木도 잘 하고 水극火도 잘 한다. 간여지동으로 형제 한 자락 깔고서 사는데, 여기서 壬子는 겉은 양인데 속은 음이므로 시작은 양인데 끝은 음이고, 癸亥는 겉은 음인데 속은 양이니 시작은 음이지만 끝은 양이니까 癸도 결국은 양으로 작용한다고 보아야, 나중에 추론할 때 틀리지 않는다. 총각 둘의 사주를 갖고 왔다. 만약 壬子일주와 癸亥일주라면

癸亥일주를 택하라고 하라.

癸亥일주

■ 특징 : 비겁, 지살, 왕궁, 천문성, 대해수, 난류, 음착살, 나망살, 외음내양

癸水가 일지 亥水에 통원되었고, 비겁이요 왕궁으로 득왕하고 보니 대해수로 능히 水극火하고 水생木하니 자체 조화를 충분히 할 수 있으므로 어느 누구의 도움 없이도 인간 결실함이 그 무엇보다도 좋다. 선견지명에 천재적인 두뇌요, 잔잔한 성품이며, 마음의 깊이를 알 수 없고, 외유내강에 신앙으로 수양마저 쌓았으니 어디 가나 환대를 받는다. 발명가의 팔자로 목표를 향해 묵묵히 매진함은 따를 자가 없고, 명예 우선으로 국제적인 인물이 될 것이며, 그 무한한 잠재력은 높이 평가할 만하다.

흘러가는 물이니 막지 말고 환경만 조성해주면 되고, 亥 중 甲木에 설정영(泄精英)이니 타인보다 한 수 앞서고 있다. 건강하기는 하나 시력과 위장 그리고 동상 등을 주의해야 한다.

관으로는 법정·외교·교육 등에서 출세하는데 평생의 소원은 육영사업이요, 소득은 항상 사회에 환원시키려 하는 것이 최종의 목표이기도 하다. 자신보다는 타를 먼저 생각하니 가정에는 소홀할 수밖에 없는데도 그의 처는 희생을 각오하면서까지 뒷바라지를 하여준다.

여명은 본인이 너무 똑똑하여 부덕이 없으니 독신으로 사는 것이 자타를 위해서도 좋겠으며, 교육계에 투신하여 남의 자식을 잘 가르치며, 일생을 보내는 것이 좋을 것이다.

난류가 되어 만인에게 필요한 물이니, 남이 도움을 청하면 도와주는 것이 좋겠고, 만약 寅木을 동반한다면 더 이상 바랄 것이 없을 것이다.

다. 癸水희기론

오음 중에 癸水가 최약하여 우로(雨露)에 정기(精氣)라 비록 水왕절에 생하여도 金을 기뻐하며 丙火가 온난(溫暖)하면 이것을 음양화합이라 하여 부귀한다.

춘절 癸水는 辛金으로 생조하며 丙火로 조후하면 최길한데 辛金이 없으면 庚金도 다음으로 길이요, 土는 꺼린다.

하절 癸水는 金이 존신(尊神)이요, 인비(印比)가 도움도 또한 길하며 지지에 金이 암장되고 火土가 천간에 강성하면 신경(腎經)도 부족하고 안력(眼力)도 부실하다.

추절 癸水는 火로 온기(溫氣)를 도우며 木으로 생火하면 귀격이나 木土만 있고 火가 없으면 기술가로 빈한하다.

동절 癸水는 火가 길신이요, 金으로 수원(水源)을 도우면 정당하며, 특히 亥월은 亥 중 壬水가 당권하니 현형(顯兄)에 난현기제(難顯其弟)로 반드시 庚辛申酉 등이 필요하다. 지지에 木이 있고 丙壬이 있으면 이것이 수보양광(水輔陽光)으로 명망재상(名望宰相)이다.

※명리의 결론

- 년월일시의 사주를 배열하고 먼저 월령에 의해 왕약을 구별하고, 좌하(坐下)의 왕약이 중요하며, 년시의 왕약은 국세(局勢)를 따른다.
- 중요한 것은 운로(運路)니, 사주가 비록 길하나 세운이 불길하면 발전이 없고, 사주가 불순(不順)하더라도 운정이 길하면 복이 된다. 특히 선대 음덕여하(先代陰德如何)와 자신의 선불선(善不善)에 따라 복불복(福不福)이 된다.

二. 지지(地支)

지지는 천간과는 달리 지지 자체로서 생사를 좌우하고 있는데 이는 지구와 같아 자전과 공전을 혼자서 하기 때문이며 따라서 천간의 수제(受制)는 겁나지 않는다.

가령 戊子의 경우, 土극水되는 게 아니라 子水에 의해서 戊가 죽는다. 동토가 되고, 음지가 되고, 꽁꽁 언다. 庚寅의 경우, 지지의 寅木에 의해서 庚이 날아간다. 또 癸巳의 경우, 지지 巳火에 의해서 癸水가 증발되고 날아간다.

천간은 남자고, 지지는 여자로 지구이니 자전과 공전을 혼자서 한다. 여자는 시집 안 가고도 혼자 살 수 있다. 혼자서도 성의 희열을 느낄 수 있으니 그렇다.

다만 지지끼리의 상생과 합국으로 인한 변신과 군중심리, 또는 충·형 등에 의하여 피상되고, 다봉수제(多逢受制)에 의한 활동 정지와 항상 시절 즉 때를 잘 살펴 결론을 내려야 한다. 예를 들면 木土木木의 경우 木에 의해서 土는 꼼짝달싹 못한다. 많은 木에 의해 土가 수제되었기 때문이다. 子水라도 여름의 子水는 흘러가는 물로 보라. 여름 속의 겨울이니 힘이 감소된다. 겨울의 子水는 힘이 배가 되고 꽁꽁 얼고 물이 많다고 보라. 즉 추동절에 의해서만 힘을 배가할 수 있는 것이지 춘하절에는 상신이 되기 때문이다. ○子申○의 경우는 申월의 子水다.

金생水받고, 申子水국이 되니 子水는 펄펄 살아 있다. ◯子午◯의 경우는 午월의 子水가 子午충까지 걸리니 子水가 힘을 못 쓴다. 봄이냐, 여름이냐, 가을이냐, 겨울이냐를 살피라는 것이다. 그러나 이와 같이 모두 연결시켜 상대적으로 해석하기에는 아직은 무리가 따르기 때문에, 여기에서 공부하고자 하는 것은 우선 단편적으로 子水하면 子水에 대한 성질과 지지끼리의 관계만을 위주로 논하고자 하니 이 점 이해있기 바라며, 남은 문제는 다음 단원의 일주강약 구분에서 자세하게 공부하기로 한다.

1. 子水

가. 子水총론

子水는 12지(支)의 수(首)이며, 암장은 子중 癸水이고, 水기(氣)이다. 양력 12월 동지이고, 겨울의 한가운데이니 중동(仲冬)이다. 자정(子正)·한밤중이고 빙설(氷雪) 즉 얼음과 눈에 해당한다.

한류(寒流)·한랭지수(寒冷之水)이다. 차가운 물이다. 水극火는 잘하는데 水생木은 못 한다. 그러므로 어떤 경우에도 子가 水생木해오는 것을 바라지 말라. 庚子일주의 경우, 庚이 항상 子에게 金생水해주고, 가서 水생木해 오라 해도 子가 水생木 못 해온다. 즉 庚은 金생水로 주는 것으로 끝나야지 子가 水생木으로 먹을 것 또는 돈 벌어가지고 나에게 줄 것이라는 생각은 하지 말라.

가령 丙庚◯◯ / 子子◯◯의 사주가 금수쌍청으로 스님이 됐다. 길에서 오갈 데 없는 불쌍한 사람들을 데려다가 참 잘해주었더라. '내가 늙으면 저것들도 나를 도와주고 보호해 주겠지.'하고 생각한다. 그러나 천만의 말씀이다. 金생水 자체로만 만족하고 더 이상은 기대하지 말라. 즉 庚이 金생水로 모든 뒷바라지 다 해 주었더니 子水가 다 크더니 庚金말 안 듣더라. 즉 키워주는 것으로만 만족하고, 더 이상의 기대나 욕심은 부리지 말라는 것이다. 팔자니까. 이렇게 子水의 성질을 알아야만 어디까지인지 욕심과 기대의 한계를 알 수 있다.

또 子는 외양내음이다. 본래 子는 子 寅 辰 午 申 戌로 양인데 음으로 써먹는다. 고로 子水 자체가 겉은 양인데 속은 음이니 이중인격이고, 子水 자체가 겉다르고 속다르다. 외양내음은 처음엔 그럴듯하고 강하게 나오는데 결과는 뒤가 무르고 별 볼 일 없더라.

子水는 음水이다. 子 중 癸水가 본기니까, 천수(川水), 천수(泉水) 즉 냇물이고 샘물이다. 子水를 꼭 물로만 보지 말고 수기(水氣)로 보라. 그리고 활수(活水) · 생수(生水)다. 살아있는 물이다. 냇물은 자꾸 흘러가니까 자연적으로 활수가 된다. 종류(從流)다. 위에서 아래로 흐른다. 유하지성(流下之性)이다. 물은 원래 가만 있지 못하고, 위에서 아래로 흘러가야 하니, 水일주나 水가 있거나 子水 있으면 동서남북으로 움직이는 걸 연상하라.

방위로는 정북방(正北方)이다. 팔괘로 연결하면 감궁(坎宮)이다. 감위수(坎爲水) · ☵ 감중련(坎中連)이다. 일양시생(一陽始生)이다. 동지가 지나면서 낮이 차츰 길어지기 시작한다. 낮은 양이니까, 눈에 보이지 않으니 느끼기는 어렵지만, 어쨌든 양기가 살아나므로 일양시생이라고 한다. 또한 낮을 하루로 치면 자정부터 하루가 시작된다.

인체와 연결하면 산(疝)이다. 어린이들은 산증을 앓는다. 비뇨기 계통으로 아이들이 고환이 퉁퉁 붓는 것을 말한다. 子가 형 받는 것이 子卯형인데, 남자 사주에서 子卯형이면 정관 수술 · 가족 계획으로 수술 받아보는 것으로 초점 맞추면 된다. 또 子는 신장 · 방광이고 비뇨기 계통이다.

동물로는 쥐이다. 고로 子일에 출생한 사람이 조금 뭐하면 우리가 농하기를 "아이구, 그 사람 말도 말아, 얼마나 쥐새끼처럼 약은데…."한다. 색으로는 흑색이고 수로는 6이다. 맛으로는 짜다(짤 함, 醎). 그리고 水는 지혜다. 木은 인정, 火는 예의, 土는 신용, 金은 의리다.

다음은 子水의 특징이다. 子水는 왕궁에 해당한다. 또 총칭도화다. 子水 하나만 있어도 도화살 하나 있다 해도 된다. 水생木은 못 하지만 水극火는 잘 한다. 불은 잘 끄는데 나무는 생하지 못한다. 子는 동짓달인데 봄이 오려면 아직 멀었다. 子水는 타오행으로 변화하지 않는다. 子·午·卯·酉의 특징이다. 요지부동이다. "고집불통이네요."한다. 죽어도 자기 자리 지키고 있는 것이 子·午·卯·酉다. 벼락이 떨어져도 눈 하나 깜짝 않는다. 상담시에 할 소리 없으면 누구나 맞는 공통어로 "고집 있네요.", "인정 많네요.", "수술 한번 받아 봐야겠네요."한다.

가령 子가 있는데, 辰이 오면 子辰水국, 申이 오면 申子水국, 亥가 오면 亥子水국, 丑이 오면 子丑水국으로 모두 水국으로 변하는데 子는 그대로 제자리를 지키고 있는 것이다. 고로 고집불통이다. 子는 수지왕궁(水之旺宮)이다. 壬·癸水가 子水 만나면 왕궁의 물로 펄펄 산다.

금지사궁(金之死宮)이다. 金이 子 만나면 사궁으로 금침(金沈)이 된다. 화지절궁(火之絶宮)이다. 火가 子 만나면 포태법으로는 절이지만 불이 완전히 꺼진다고 봐도 된다. 몰광(沒光)이다. 목지목욕(木之沐浴)이다. 木이 子 만나면 목욕궁으로 패지(敗地)이다. 둥둥 떠내려가고, 음지가 되고, 甲子라면 음지나무, 부목, 표목, 수목 응결이다. 토지동토(土之凍土)다. 土가 子만나면 동토(凍土)되고, 토류되고, 음지의 땅이 된다. 여자가 음지 땅이면 소실 팔자이다. 가령 己亥일, 戊子일날 여자는 亥·子水는 무조건 음지 땅으로 밤이니까 소실이다로 연결해 보라. 소실 팔자는 얼굴에 도화꽃·도화색이 피어 있다.

다음은 子水의 변화 과정을 보자. 子丑은 육합水국이고, 申子辰은 삼합水국, 亥子丑은 방합水국으로 모두 水국이다. 子는 제자리를 지키고 있는 결과이다. 子와 午는 子午충이요, 卯와는 子卯형살이 되는데 무례지형으로 예의가 없고, 인명을 살상하는 물이 되기 쉽다. 未와는 육해살에 원진살이 된다. 子未의 특징으로 子未 놓고 있으면 마누라가 애기 낳다가 죽는다. 그 소리 하기 어려우면 "처 산액(産厄)이 염려됩니다."하라. 남자 사주에 어디든지 子未가 있으면, 마누라 애기 낳을 때 무조건 병원에 가서 낳아라.

子가 酉와는 子酉 귀문관살이 된다. 귀문이란 신경질이고, 신경 예민하고, 영리하고, 정신이상에 신경쇠약, 결벽증, 못되게 연결하면 미친 짓 곧잘 하는 것이다. 귀문관살이니 귀신의 문을 들락날락한다. 역학자는 귀문 하나는 놓고 있어야 귀신 같은 소리도 한번씩 한다. 괜히 한마디 하고 싶어서 했더니 그대로 맞더라. 또한 까다로우려면 한없이 까다롭다. 그런데 사주에 재도 없는데 귀문 2~3개 있으면 "쥐뿔도 땡전 한 푼 없는 게 까다롭기는 더럽게도 까다롭네."한다.

子는 물인데 申子辰으로 잘만 구성되어 있으면 파도가 일지 않는 잔잔한 물인데 子에 未가 들어가거나 卯가 들어가거나, 午가 있어 子午충이 되면 물에 파도가 일어나고 사람을 죽이는 물이 된다. 사람을 죽이는 경우도 직접 죽이는 경우 즉 직접적으로 누구를 죽게 하는 것과 간접적으로 죽이는 경우 즉 자기 때문에 누군가 죽는 것의 두 가지가 있다. 그러므로 파도가 이는 물을 "너 때문에 누구 하나 죽었는 걸 알고나 사느냐?" 이런 식으로 이해하라.

대설 이후에 水기가 제일 강하다. 큰 물이고 대하수다. 申子辰을 이루면 큰 물이다. 子시생은 사주 보기 어렵다. 신선이나 도사도 보기 어렵다. 亥子丑월 壬・癸水 일생은 혜안이다. 종교인・역학인이 많다.

강원도 묵호 앞바다는 깊고 깊은 검은 물이다. 따라서 이 지역 출신은 혜안이다. 역학자라면 잘 본다. 장자는 깃털 하나가 온 우주를 덮는다고 과장 표현했다. 죽은 날이 子날이다.

나. 子水각론

●子水가 子水를 만나면,

子子로 水국이 되는 것은 사실이나, 합은 하면서도 결정적인 데서는 子 중 癸水의 난립으로 癸水끼리이니 다시 분열되기 쉽다. 서로 대장 노릇하려고 각기 주장하니까, 고로 합은 되면서도 결정적으로는 와해 되기 쉽다는 것이다. 일반적 개념으로는 동짓달이 둘이다. 이것을 다른 말로 연결하면 子가 子를 만났으니 "밤은 깊어만 가는데…"하고 넋두리를 해볼 수도 있다. 할 말 없으면 "어떻게 해서 올해는 당신에게 쥐가 두 마리나 되나요?" 해볼 수도 있다는 것이다. 또 子가 子와 합쳐졌으니 극한지수(極寒之水)가 되었다. 고로 水극火는 잘 하는데 水생木을 못 하니 흠이 된다.

●子水가 丑土를 만나면,

土극水 받아 수제될 것 같으나 동토요, 습토며 섣달로 동절에 子丑합 하여 水국하니 水기는 오히려 왕성하여지는데 흠이 있다면 水극火는 잘하는데 水생木을 못함이다. 즉 동짓달과 섣달로 한겨울이고 물이므로 또 얼어있는 흙으로는 물을 못 막는다. 만약 子丑水국이 되어 사주에서 나쁘게 작용하면 한마디 해줘라. "동지섣달이 둘이래도 되는 게 없네요." 여기서 지지합화법에서 子丑합土로 보는 설에 의거 土로 보아서도 안 되는데 그 이유는 子水는 타오행으로 변화하지 않기 때문이다. 아주 중요한 사항이다.

●子水가 寅木을 만나면,

水生木으로 설기요, 또 밤중이 새벽을 만나 퇴(退)하여야 하는 것처럼 水기는 자연적으로 소멸된다. 寅 중에는 丙이 있다. 고로 조목(燥木)으로 물을 잘 흡수한다. 내가 생하는 것은 수로(水路)·물줄기이다. 동짓달이 봄을 만나니 변신이 된다. 밤중이 새벽 만난다.

●子水가 卯木을 만나면,

子卯형으로 상형(相刑)이니 풍파(風波)가 일어난다. 인마를 살상하는 물이다. 水生木 못 하니 수목응결(水木凝結)이 된다. 子는 물이요, 겨울이고 卯는 바람이니 북풍·냉풍에 파도가 일게 되니 풍파라 말하고 아주 나쁘게 연결하면 인마를 살상하는 물이고, 독기가 들어있는 물이고, 병들어 있는 물이다. 무섭다. 여기에 형까지 연결되니 해일이 되어서 모든 것을 삼켜버린다. 이것이 子卯형이라고 이해하라. 수술 받아도 비뇨기 계통이고, 여자는 복강 수술, 가족계획 수술로 연결하라. 여기서 혹 水生木으로 탐생망형(貪生忘刑)이라 흉이 해소될 것 같으나 子水가 卯木에 일단 설기가 되기 때문에 흉이 될 수밖에 없다.

●子水가 辰土를 만나면,

土극水 받고 입묘가 된다. 土극水로 죽고 또 묘궁이니 죽을 것 같으나 그러나 걱정마라. 子辰水국이 된다. 子水 있는 곳에 辰土가 土극水로 죽인다고 찾아왔다가 子辰水국이 되더라. 보이지 않는 戊癸암합까지 있더라. 그러나 子辰水국이 되지만, 辰이 양력 4월이니 水가 땅 속으로 흡수되고 辰 다음에 巳가 오고 水가 절지가 되서 증발하니 子辰水국 해줄 때에 무슨 일이든지 속전속결하는 것이 유리하다. 또한 戊癸합이니 부부가 되는데, 子辰水국으로 변했으니 水가 많은 것은 좋으나 戊남편은 희생됐다. 일장일단(一長一短)이 있다는 것이다.

○王○○의 경우, 양쪽에 巳火가 있어서 子가 증발되는데, 辰년이 되
巳子巳○
자 子辰합이 되니, 나는 물이 많아서 좋은데 서방인 辰土가 없어져 버
렸다. "아니, 이상하네. 금년에 왜 서방이 당신 살게 해주고 어디로 가
버리네." "그게 무슨 말이에요?" "몰라, 난 거기까지 밖에 모르겠네…"
서방님이 보험 많이 들어놨더라. 서방님이 교통사고로 가고 나에게 보
험금 · 보상금 잔뜩 타게 해주더라. 서방님을 아무리 불러보아도 없더
라. 서방은 없어지고 나는 살게 된다.

● 子水가 巳火를 만나면,

子에 巳는 계절의 반대고, 고로 절지에 증발된다. 子는 겨울, 巳는 여
름으로 겨울이 여름 만나니 그렇다. 여기에도 戊癸암합이 있는데 이것
을 나중에 자요사(子遙巳)라 한다. 여기서 요(遙)는 멀리서 동경할 요
로 우리말로 보면 상사병이다. 서로 보고싶다. 戊癸합으로 부부니까.

子가 있는 곳에는 눈에 보이지 않는 巳가 따라 든다는 것이다. 子가
비록 巳에 절지가 되나, 그러나 巳 중 戊와 戊癸암합이 저절로 되니 염
려마라. 子중 癸水 아가씨가 巳 중 戊土 남자와 戊癸합으로 연애한다.
그래서 주위 사람 모두가 말린다. "癸야, 네가 戊와 연애하면 증발되고
절지니까 너는 죽는다."하고 말리는데도 저 좋으니까 별수가 없더라.
년 · 월 · 일 · 시 어디에 있든지 子水가 있고 巳가 있으면 그 어느 합보
다도 子중 癸와 巳 중 戊는 암합을 제일 잘하고 있는 것으로 알고 있으
면 된다. 기가 막히다.

여기서 암합이 누구냐에 따라서 달라지는데, 가령 ○○癸○○ 여자라
子巳○○
면, 戊가 남편인데 子巳중 戊癸암합으로 戊가 양다리 걸치고 있더라.
나만 사랑해주는 줄 알았는데 "썩을 놈의 인간, 처제를 건드려 놓은

놈이 어데 있나?"하며 방방뛰더라. 고로 암합관계를 잘 봐야 한다.
○戊○○의 경우, 남자라면 子 중 癸水가 정재로 내 마누라인데, 저만
子○巳巳
좋아한다고, 마누라를 철저히 믿고 살아왔는데 나중에 보니까 년·월
의 巳 중 戊와 戊癸암합으로 썸씽이 있었더라. 이런 식으로 암합을 연
결해서 풀이하라.

●子水가 午火를 만나면,
완전히 子午충파가 된다. 즉 子가 소멸된다. 여기서 午가 죽는 게 아
니다. 충파니까 소송·사고·이탈·쟁투가 된다. 유념할 것은 파괴다.
子水가 깨진다. 고로 子가 마누라면 이혼수이고, 집이면 집이 없어지
고, 아들이면 아들이 되는 게 없다.
子午충 되니까 子水에 관한 것, 午火에 관한 것에 대해서 관재·송사
등의 일이 막 발생한다. 물과 불의 재앙이 일어나니 물조심·불조심
해야 한다.
한류와 난류가 교차하니 물이 불불 끓는다. 한·난류 교차하는 연평
도 앞바다 조기가 최고다.

●子水가 未土를 만나면,
土극水 받고 유색(流塞)이 된다. 물의 흐름이 막힌다. 子가 돈이면
돈줄이 막히고, 子가 부(父)이면 아버지가 요지부동으로 움직일 수 없
다. 물이 막히면 결과는 썩은 물이다. 이것이 돈·재산이라면 "이것을
아끼면 똥 되는 운이다."라고 한다.
子未원진이다. 원망이 나오고, 원수가 나온다. 세상사가 원망스럽다.
모든 것이 원수다. "큰일 났다. 금년에는 원수는 외나무 다리에서 만나
게 되네요." "나 원수진 일 없는데요." "그건, 당신 기준이라오."

물이 흘러가지 못하니 썩는다. 만약 子가 여자라면 未년·戌년이면 서방이 마누라 子에게 금족령(禁足令) 내린다. 조토니까 子를 가두어 버렸다. 土일주니까 또한 비겁년에는 마누라 뺏기는 해이니 못 나가게 한다고 이해하라.

● 子水가 申金을 만나면,

金생水받고, 장생이요 또 申子水국 되고 그르므로 원류가 깊어지고, 샘이 솟는 물이 되고, 아무리 퍼도 끄떡없다. 고로 子가 12지지 중에서 申을 제일 좋아한다. 단, 申이 희생되는 것은 면할 수 없다.

● 子水가 酉金을 만나면,

金생水받고, 역시 원류가 튼튼해진다. 단, 조금 꺼리는 것은 맑은 물·청수(淸水)가 되니 흠이 된다. 귀문관살이 되어가지고 신경질이 날 정도로 맑다. 너무나 깨끗하다.

만약 어떤 사주에서 子가 돈이라고 가정하면 申년에는 돈이 펑펑 쏟아진다. 그러나 酉년에도 같은 金운이라서 申년처럼 돈이 펑펑 쏟아질 줄 알았더니 아니더라. 子酉는 깨끗한 물이고 申子처럼 합이 안 된다. 고로 申년에는 100%이고 酉년에는 50%밖에 못 받아 먹는다. 즉 金생水는 좋으나 申에 비하여 절반 정도만 영향 받는다. 고로 酉년에 신수 볼 때는 "금년이 좋기는 한데 작년·申년보다는 못하겠소."하고 강조하라.

子가 돈이면 酉만나서 金생水받으니 깨끗한 돈이다. 고로 무슨 사업 하겠나?

● 子水가 戌土를 만나면,

土극水받고, 유색으로 물의 흐름이 막힌다. 그러나 戌癸암합되고 있다. 즉 子 중 癸水여자가 戌 중 戊와 戊癸합이 되니 물이 막혀있지만, 암합으로 제가 좋아서 막혀 있으니 괜찮다는 것이다. 만약 子를 혈액으로 본다면, 戌년에는 피가 안 돈다. 그 다음에 子가 피라면 피는 깨끗해야 하는데 戌·未년에는 피가 탁해진다.

●子水가 亥水를 만나면,
亥子水국이 된다. 한류가 난류로 변한다. 亥 중에는 甲이 있으니 난류이다. 子도 水이고 亥도 水인데 亥·子가 만나면 형제도 되고 친구도 된다. 즉 子水 못된 친구가 亥水 좋은 친구 만나서 사람이 되는 과정을 머리속에 그려보시라. 한랭지수로 못쓰는 子水가 난류인 亥水 만나서 물의 효용을 높이게 되니 유익한 물이 된다. 만남에 따라서 좋고 나쁜 결과가 나온다.

2. 丑土

가. 丑土총론

丑土의 암장은 癸辛己이다. 丑土는 섣달로 소한, 대한이 모두 여기에 있다. 아주 춥다. 동토(凍土)·습토다. 丑에는 癸가 있어 습토이고, 흙 속에 水분이 있어야만 꽁꽁 언다. 또 음토(陰土)다. 음토이니 적은 土다.

丑土는 유대(紐帶)를 의미한다. 유대는 서로 교류하는 것이다. 고로 丑은 서로 유대하는 데는 일가견이 있다. 하루로는 새벽 1시 30분에서 3시 30분까지다. 생토(生土)·유토(柔土)다. 丑은 土이면서도 土가 아니다. 즉 土이면서도 土의 작용을 하지 못한다. 고로 무근지토(無根之土)가 지지에서 丑土 만나도 도움이 되지 않는다.

방위로는 간방(艮方)·동북간방이고 丑寅은 시어간(始於艮)이다. 모든 것의 시작이고 우리나라다. 2양지기(二陽之氣)이고 괘상은 ☶ 간상연(艮上連)이다. 음(陰)·고생 끝에 낙·양(陽)이 온다. 인체로는 배(복, 腹)·위장이다. 무조건 土는 배라고 보아도 된다. 동물로는 소(우, 牛)다. 고로 丑일생은 황소 고집이고 근면하다. 또 丑은 화개(華蓋)다. 辰戌丑未는 모두 화개다. 종교·철학·부처님이다. 사주에 辰戌丑未 깔고 있으면 부처님 제자다. 철학에 일가견이 있다는 것이다.

丑은 탕화살이다. 음독도 되고, 자살도 되고, 비관에 염세다. 아주 나쁘게 연결하면 악질이다. 언제든지 화재 주의하고 끓는 물이나 불에 덴 흉터가 있어야 한다.

丑은 土이면서도 土가 아니니 土극水 못 한다. 단, 土생金은 잘 한다. 金이 丑 만나면 입묘되면서도 土생金을 받으니 자양지금(滋養之金)이다. 金을 키워준다는 것이다. 죽었다 다시 살아난다. 고로 환원이요, 부활이다. 丑은 土가 아니고 金水에 해당한다. 丑은 섣달이고 겨울이니 水에 가깝다.

丑土에 木은 뿌리 못 한다. 꽁꽁 얼어 있으니 그렇다. 丑土에 火는 회기(晦氣)된다. 젖은 흙에 불 지피면 가물가물 꺼져간다. 丑土에 土는 꽁꽁 얼어버리므로 동토요 음지 된다. 丑土에 金은 土생金 받는다. 丑土에 水는 극중 통원이니 다시 살아난다. 겨울이니까 그렇다.

子水와는 子丑으로 육합이고 水국이요, 巳酉와는 삼합으로 金국되고, 亥子와는 방합으로 水국이며, 未와는 丑未상충하고, 戌과는 丑戌형으로 지세지형(持勢之刑)이다. 午와는 丑午로 육해·원진·귀문관살·탕화살이 병림한다. 탕화살은 丑도 午도 탕화니까 탕화살이 가중된다. 또 나쁜 것만 4개가 합해서 작용한다.

남자가 일시에 丑午면, 丑일에 午시, 午일에 丑시 모두 같다. 처첩이 음독이다. 마누라·애인·소실 중에서 약사발을 들어야 한다. 또한 남자가 甲辰·乙未일주도 처첩 음독이니 주의하라. 재가 백호이니 주의하라. 여기서 마누라가 약사발을 드는 이유는 앉은 자리에 재 깔고 있으니 매일 여자 만나고 다니므로 "에이 쌍"하고 극단적 선택을 한다는 것이다.

남자가 寅·午·丑이 일지에 있으면, 마누라 자리에 탕화살 놓고 있으니, 그 집 마누라가 항상 하는 말 "썩을 놈의 세상, 전쟁이나 콱 나버려라. 썩을 놈의 세상, 약이나 먹고 콱 죽어 버릴까?" 세상 사는데 음독·자살·염세가 자주 일어난다는 것이다. 여자도 寅·午·丑이 있으면서 사주가 잘못 구성되어 있으면 "나 같은 년은 약사발 들고 죽어야 돼."하면서, 그게 최면 걸려서 저도 모르게 약사발 드는 게 나온다.

또 계명축시(鷄鳴丑時)라 하여 丑시가 되어야 첫 닭이 울게 되어 있으니 시간 정하는 데 참고가 되고, 丑은 金의 고로 고는 원래 형·충으로 열어야 좋다고 하지만 형·충하는 것이 길신에 한해서이고 무조건 좋다는 것은 아니다. 가령 丁丑일주가 丑은 재고이니 앉은 자리에 재고 놓았다. 가령 ◯丁◯◯／◯丑午◯라면 본래 재고·돈창고로 금고는 열어야 쓰는데 연다는 것은 丑未충이나 丑戌형일때 개고가 되는데, 여기서는 未가 丑未충하면서도 午未火국하고 戌이 丑戌형하면서도 午戌火국 한다. 丁에게 火는 비겁이니 火가 많아졌다. 금고 잘 못 열었다. 형제·친구 많은데 금고를 여니 다른 사람들이 모두 가져가 버린다. 형·충으로 재고가 열렸다 해도 금고 속에 도둑놈이 들어왔다. 무조건 금고는 열어야 좋다고 하지 말라는 것이다.

丑월은 2양(陽)이 시생(始生)한다. 모든 만물이 준비하는 달이다. 소한은 춥고, 대한은 덜 춥다. 대한이 지나면 따뜻한 곳으로 간다. 丑寅은 같은 동궁이다. 寅으로 입춘이 되니 나뭇가지에 물이 오르고 통통해진다. 丑월 未시에 태어나면 상격팔자가 된다. 버들이 눈 뜨기 때문이다. 未중 丁火가 丑을 깨뜨려 온기를 준다. 충불충(冲不冲)이다. 午시는 회기돼서 안 좋다. 더욱이 丑午원진이다. 丑일은 관고날이다. 金의 고장이니 뿌리 빠진 격이다. 따라서 갓(관, 冠)이 떨어진 날이다. 따라서 임명장 받는 것도 불길이고, 이동하는 것도 불길이다. 따라서 이사 택일에 丑일은 피하는 게 좋다.

나. 丑土각론

● 丑土가 子水를 만나면,

子丑육합水국으로 水기가 강왕하여지는 것은 사실이나 극한지수(極寒之水)가 되어 水생木을 못 하니 자체 조화가 어렵다. 고로 생긴 대로 살다 가는 것이다. 子丑합은 土라는 설이 있으나 土가 아니라 水다. 동지섣달이 가중되었고 또한 한밤중이다. 적막강산에서 한밤중 만나면 무시무시하고 두렵다.

● 丑土가 丑土를 만나면,

타오행으로 변화는 안 되나 동(凍) · 습(濕)이 당권(當權)하여짐은 면할 길이 없다. 섣달이 둘이 되니 완전히 동토가 된다. 그래서 동토의 땅이라고 한다. 사주에 丑이 있는데 丑 만나거나 辰 만나거나 하면 동 · 丑, 습 · 辰만 가중되니 금년엔 죽겠단다. 팔다리 쑤시고, 시리고 죽겠다. 丑이 또 丑 만나서 丑이 기신작용하면 "큰일 났네요, 섣달이 둘이 되어도 되는 일이 하나도 없겠네요."한다.

● 丑土가 寅木을 만나면,

木극土 당하여 붕괴된다. 그러나 어떤 면에서는 丑寅 간방(艮方)으로는 같이 있다. 합이 아닌 합이다. 바꾸어 말하면 그래도 형 · 충보다는 낮다. 寅이 木이고 丑은 土이니 木극土하라 보냈더니 寅중 丙火·甲木과 丑중 辛金·己土가 丙辛·甲己합으로 의좋게 만나서 달래주고 왔단다.

즉 丙辛·甲己 암합을 한다. 寅木보고서 "얘, 너 丑 좀 때려부수고 오너라."했더니 "예!"하고 가더니 그냥 오더라. "때릴 데가 없어서 甲己합과 丙辛합으로 달래주고 왔어요." 즉 음양이 다르니 이런 일이 생긴다.

● 丑土가 卯木을 만나면,

卯가 丑을 木극土로 극하고, 丑이 붕괴된다. 음이 음을, 양이 양을 극하면 인정사정없다. 고로 寅木과는 다르다.

● 丑土가 辰土를 만나면,

土기를 보충은 하나 냉습이 과중하여 만물을 자생할 수 없음이 흠이다. 丑·辰은 상파(相破)다. 왜냐하면 동(凍·丑), 습(濕·辰)이 꽁꽁 얼어 있고 습기가 가중된다. 또한 음지 땅이고 戊癸암합이나 丑辰 상파에 동·습되니 죽었다 깨도 오래가지 못 한다. 완전히 합이 되어야 오래간다. 상파에 냉·습이 가미되니, 혈액순환이 안 되고 수족이 시리고, 당뇨도 있게 되고, 저혈압도 있게 된다.

● 丑土가 巳火를 만나면,

火생土받아 土기가 왕할 것 같으나 巳丑이 합金국이 되기 때문에, 土도 火도 아닌 엉뚱한 金으로 변질되었다. 金국이 사주에 좋게 작용하느냐, 나쁘게 작용하느냐에 따라서 길·흉이 달라진다. 戊癸암합이다. 이런 경우 丑요(遙)巳라 한다. 丑 중 癸·辛이 巳 중 戊·丙과 戊癸·丙辛합을 하니 부부합이다. 고로 항상 마누라 있는 곳에 서방오고, 서방 있는 곳에 마누라 오게 되어 있다. 고로 子요巳 못지 않게 丑과 巳도 압합을 곧잘한다.

가령 ○癸○○라면 癸에게 巳火는 재요, 丑은 관이 된다. 본래 癸에게
　　丑巳○○
金·인수·부모와 水·비겁·형제가 자기의 살붙이인데 火·巳와 土·丑이 자기 살붙이가 아닌데도 巳丑金으로 金생水해준다는 것은 나와 아무 상관도 없는 사람들이 癸를 도와주고 있다는 것이 된다. "당신 팔자 참 좋네요. 왜냐고?" "당신 살붙이도 당신 못 도와주는데 엉뚱한 남이 당신을 도와주니 얼마나 좋은 팔자요?" 土극水로 나를 때리는 丑土가 火극水로 오히려 나를 증발시켜 하늘나라로 보내려고 안달이 난 巳火와 巳丑으로 손 맞잡고서 金생水로 나의 젖줄이 되고, 나를 도와주고 있다. 이런 식으로 추론해서 통변해 보라는 것이다.

● 丑土가 午火를 만나면,

火생土 받는다. 火생土로 丑土만 제대로 잘 쓰여진다면 음지가 양지가 된 거고, 철분이 많은 밭으로 버려졌는데, 午火 만나서 火생土 잘 받아 사용만 잘 되면 문전옥답이다.

丑午는 귀문관살, 탕화, 원진, 육해작용이 모두 나온다. "세상을 원망하랴, 내 아내를 원망하랴."이다. 귀문관살의 작용은 신경쇠약·정신이상, 탕화는 물조심·불조심, 원진은 원수가 인연, 육해는 처첩 음독주의 등이다.

● 丑土가 未土를 만나면,

丑未충파로 완전히 파괴된다. 관재·수술·사고를 각별히 주의하라. 土와 土의 변화니 물물교환이 나온다. 네 땅과 내 땅을 바꾸잔다. 원명의 丑은 박힌 돌이고, 운에서의 未는 굴러온 돌이다. 고로 여기서 충을

해석하면 "굴러온 돌이 박힌 돌 빼낸다."라고 하며, "자기가 그 자리에 앉는다."라고 해석한다. 만약 丑이 남편이면 未년 만나면 남편이 교체되고 마누라면, 마누라가 교체다. 손해냐 이익이냐는 未土가 사주에서 좋은 작용하면 이익을 보았고, 나쁜 작용 하면 물물교환하다 사기 당한다.

부동산법에서도 영리한 놈이 권리금만 지급하고서 권리행사하려 할 때는 골치 아프다. 고로 잔금을 지급하기 전까지는 어떤 권리도 행사 못 하고, 하루만 지나서 완금지급해도 무효라는 사항을 세부사항으로 정해서 계약서 작성하라. 또 丑土가 개고가 되려면, 火일주에 신약하면서 未土가 火국으로 변신하여 일간을 도와야 된다.

● **丑土가 申金을 만나면,**
土생金으로 설기·도기되어 허토가 된다.

● **丑土가 酉金을 만나면,**
酉丑삼합金국으로 변화하니 土가 아니라 金의 일원이 된다.

● **丑土가 戌土를 만나면,**
丑戌형인데 丑은 무너진다. 이 자체만 가지고 판단한다면, 丑은 未 만나도, 戌 만나도 무너진다. 제자리 못 지키고 큰 것·양(陽)에 밀려난다. 또 부동산 싸움 일어난다. 부동산 매매수이다.

보편적으로 土를 집터로 보는데 집터를 택지라고 한다. 土가 형·충을 받게 되면 택지 즉 집터가 움직이고 있다고 본다. 그러니 이사가야 하고 재앙이 발생한다.

집터를 과학적으로 분석해보자. 옛날에는 사대부 집안 및 부잣집에서는 1년만에 한번씩 집터 울리기 굿을 한다. 1년 동안 가만히 놔두면 집터 자체가 경직되고 굳어버린다. 굳어버리면 집산이 불능으로 활성화가 안 되고 집터가 숨을 못 쉬니 망한다는 결론이다. 고로 무당이나 농악놀이라도 불러다 하는 것인데, 재미있는 것은 무당도 그렇고 꽹과리·징 가져다 농악놀이를 하는 것도 박자가 모두 맞는다는 것이다. 거기에 의해서 굳어있는 땅이 숨을 쉰다. 집터를 살리고 집 자체를 살린다. 요즈음은 오디오, 전축이 울려주니 하지 않아도 된다. 단 너무나 울려도 안 된다. 태과불급(太過不及)은 개위질(皆爲疾)이다. 꽃 있는 데도 음악 틀어놓으면 성장률이 빠르다. 병 치료도 요즈음은 음악을 사용한다. 그러나 역학의 원리를 이용하자면 음악도 木일주만 잘 통한다. 음악으로 치료가 가능한 것은 木으로 얼굴이 긴 목자(目字)는 음악이 효과가 좋을 것이다. 누구한테나 치료된다고는 착각하지 말라. 상담할 때, 언제 집이 팔리겠는지 물어왔다. 그러면 土가 충·형될 때를 참고하라. 또 그런 월에 또는 그런 년에 이사한다.

● 丑土가 亥水를 만나면,

亥丑방합水국으로 변화한다. 또 丑 중 己土와 亥중의 甲木이 甲己로 암합한다. 그러나 丑은 土가 아니라 水가 된다. 亥 중 甲과 丑중己가 연애했는데, 甲木남자가 손해 보고, 丑여자가 이익 보았다. 甲이 안 만난다고 하자 탕화작용이 일어난다. 네 집 앞에서 약 먹고 죽겠다고 한다.

3. 寅木

가. 寅木총론

寅木의 암장은 丙甲으로 丙은 나무 속에 숨어있는 불이다. 寅은 정월지기(正月之氣)로 초춘(初春)이요, 맹춘(孟春)으로 봄에 있어서의 제일 처음에 해당한다. 寅은 조목(燥木)이다. 寅 중의 丙火가 있어서 말라있는 나무이다. 또 강목(剛木)이다. 양지나무니까 단단한 나무이다. 음지나무는 단단한 나무가 아니다. 寅은 삼양지기(三陽之氣)이다. 子에서 일양, 丑에서 이양, 寅에서 삼양이 시생한다. 팔괘는 간위산(艮爲山) ☶이다. 방위는 간방(艮方) · 동북간방이고 대한민국의 위치다.

대한민국(大韓民國)은 크고 큰 백성의 나라라는 뜻이다. 국호로 보면 만주 벌판까지 차지해도 땅이 적다. 비유하면, 사주에서 관살이 감투인데 일간이 약하면서 감투가 너무 크면, 즉 어른이 써야 될 감투를 어린애에게 씌워 놓으면 앞이 보이지 않는다. 앞으로 가라 하면 세 걸음도 못가서 쓰러진다. 이것이 가위 눌리기이고 옛날의 사도세자와 같고, 창살없는 감옥과도 같은 팔자이다.

시어간(始於艮)이요, 인기상(寅起床)이다. 간방이 방위의 시작이고, 寅시에 침상에서 일어나야 한다는 것이다. 寅은 눈목(嫩木)이다. 어리다. 고로 寅申巳亥가 역마지살인데 이것이 재에 해당하면 어린 여자이다. 역마지살을 달고 다니는 여자는 교통관련 서비스 요원이다. 고로 寅木이 재면 스튜어디스나 기타 안내양 아가씨에 반해서 따라다닌 경험이 있을 것이다. 예를 들면 ○○庚○○／○午寅○의 경우다. 반대로 안내양이 첫눈에 반해서 뻑 갈 수도 있다.

寅은 인화물질(引火物質)이다. 寅 중의 丙火가 있으니 불만 당겼다 하면 탄다. 고로 폭발물이다. 어원은 표현할 연(演)이다. 연출하다이다. 寅시가 되면 환해지니 새벽이다. 지금까지 子 · 丑의 어두운 곳에서 연습한 것을 인시(寅時)가 되면 발표해야 한다. 동물로는 백호(白虎)다. 호랑이다. 호랑이 중에서 제일 힘세고 좋은 호랑이를 백호라 한다. 호랑이는 고양잇과이다. 그리고 청색(靑色)이고, 숫자로는 3수(三

數)이며, 인정(仁情)을 의미한다.

寅은 탕화살이다. 화상의 흉터, 화재 주의하고, 비관·음독·염세 등 탕화살의 작용을 유심히 살펴야 한다. 또 역마지살에 해당한다. 寅申巳亥는 공통분모가 역마와 지살에 해당한다. 寅은 역마와 지살인데 寅 중에 丙이 있으니 전기로 가는 차다. 고로 전철로 연결하라. 이걸 응용하면 寅木은 을지로(乙支路) 3가역이고 3호선으로 연결하라. 가령 己土일주가 寅 중의 甲木이 장래 서방님인데, 己土가 언제나 나의 짝을 만나냐고 물어온다면, 정월달, 寅일에 寅시에는 사람이 없으니 寅申충으로 申시에 즉 오후 3~5시경에 을지로 3호선 만남의 광장에 가보면 고양이를 안고 있는 남자가 너의 신랑감이다 라는 식으로 통변한다는 것이다.

시간으로는 새벽 3시 30분부터 5시 30분까지로 만물을 일깨워주고, 빛과 광명을 온 세상에 주기 때문에 타인에 좋은 일을 많이 하여주게 되며, 고로 태어난 시간 중에서 제일 좋은 시간이 寅시이다. 시평생(時平生)을 제일 잘 타고 났다. 사주는 몰라도 寅시에 태어나면 50%는 먹고 들어가니 부귀영화 누리면서 세상 살아갈 수 있는 팔자가 된다고 이해하라.

寅은 木극土도 잘 하고 木생火도 잘 하니 木으로서의 임무를 다하며 제구실을 다한다. 제 노릇을 다한다. 남편 노릇, 마누라 노릇, 부모 노릇, 자식 노릇만 잘 해도 더 이상 바랄 것이 없다. 제일 쉬우면서도 어렵다. 寅木은 甲木본기와 丙火를 장축하고 있어 때로는 木 이전에 火로도 변신할 수 있다. 寅木은 언젠가는 寅午戌火국으로 갈 수가 있다. 寅午삼합火국, 寅卯방합木국 중에서 어느 합이 잘 되나? 木국은 친구·형제이고 火국은 부모·자식이니 火국이 더 잘 된다. 午寅卯○의 경우, 寅卯木국으로 가도 木생火로 다시 火국으로 온다. 이것을 응용하면 午火가 말한다. "선생님, 寅木이 卯木에게 가버렸어요. 어떻게 해요?" "걱정마라. 나중에 다시 온단다. 그때는 寅木 혼자서 오는 게 아니라 卯木

까지 달고 오니까 걱정마라." 자손 없는 집에 집 나간 며느리가 애기 배 가지고 들어오는 것과도 같다.

寅木에 甲·乙木은 관왕으로 착근한다. 뿌리를 튼튼히 한다. 또한 양지나무로 변화되니 더욱 더 좋다. 丙·丁火는 木生火받고 장생지라 펄펄 살아 있는 불이고 숯불이다. 12지지 중에서 제일 좋아한다. 水는 병사하며 亥水는 寅亥로 육합木국이요, 午戌과는 삼합火국하며 卯辰과는 방합木국이 되는데 木이면서도 火에 가까운 것이 寅木의 특징이기도 하다.

申과는 寅申충하고 巳火와는 형하며 酉와는 원진이요, 未와는 귀문관살이 되고, 수다(水多)라도 부목(浮木)되지 않으며 또 능히 납수(納水)할 수 있어 수목 응결이 아니라 오히려 응결된 자체를 해소시켜주는데, 이유는 아무리 칠흑(漆黑)같이 어두운 밤이라 하여도 寅시가 되면 물러가야 하며 또 엄동설한도 입춘 이후에는 해동이 되는 이치와 같다.

다음火는 장생지가 되므로 수다(水多)라도 화식(火熄)되지 않는데 이유는 水生寅木, 寅木생火라 탐생망극이기 때문이고, 土는 木극土 당하여 붕괴되나 戊土만은 丙火와 같이 공존하여 극중생이 되므로 완전파괴는 안 되니 주의할 것이며, 가령 戊寅일주는 병 주고 약 준다고 풀이한다. 그래서 종(從)하지 않는다. 즉 木으로 木극土하고 火생土로 다시 살려 놓는다. 木은 착근(着根)하여 인자함을 근본으로 함과 동시 寅중 丙火로 남산지목(南山之木)이라 견고하여지고 또 성장하여 꽃을 피우게 된다.

나. 寅木각론

● 寅木이 子水를 만나면,

水생木은 틀림없으나 한수(寒水)가 되어 木은 성장할 수 없음이 서운하다. 음지나무이고 동목(凍木)이다.

●寅木이 丑土를 만나면,

土이면서도 착근할 수 없음이 애석하다. 동목이다. 따라서 성장은 정지가 된다. 寅木이 재라면 성장이 정지가 되니 재산 증식이 안 된다. 또한 寅木이 커야 키가 크겠는데 子나 丑년에는 키가 크지 않는다로 추리하라. 그러나 丑寅 간방(艮方)으로 같이 있고, 암장으로는 甲己·丙辛합이 있다. 丙辛·甲己암합을 백날 하지만 丙甲이 손해 보고, 辛己가 이익 본다. 丑속의 辛은 추워서 있는데 丙 만나니 훈훈하고 좋아지는데, 가령 여자들이 추운 겨울에 일하고서 丙火서방님 품속에 들어가면 따뜻해진다. 丙辛합 작용이다.

●寅木이 寅木을 만나면,

木왕으로 木이 견실해지고 대단히 좋다. 木국이라고 해도 된다. 그러나 장간의 甲木이 각기 주장으로 분산되기 쉬운데 이러할 때는 亥水로 예방이 된다. 寅亥합木국이 되기 때문이다. ○○○○의 경우는 방합·동
　　　　　　　　　　　　　　　　　　　　　　　寅寅寅寅
합이라고 보기 쉬우나 삼합과 같은 효력이 나타난다. ○○○○의 경우도
　　　　　　　　　　　　　　　　　　　　　　　　　　　亥亥亥亥
역시 방합이지만 삼합과 같은 효력이 나타난다. 12지지 중 2개가 있다.

입춘 되어서 寅월이 되면 여명이 밝다. 寅 중 丙火 때문이다. 동산에 햇살이 퍼지면 따뜻하다. 甲木이 寅월 辰시생이면 매우 부자다. 戊辰시이므로 시상편재(時上偏財)요, 건록(建祿)이 좋다. 평생 먹을 게 많다. 몸집도 후중하다. 암장이 乙癸戊이므로 오리고기, 수산물, 진흙구이 오리 등 산해진미 모두 잘 먹고 잘 산다. 노적가리다. 돌담이고 성곽토라 담도 깊고 높다. 사해명진격(四海名振格)이고 대부격(大富格)이다.

● 寅木이 卯木을 만나면,

寅卯木국이라 木기는 왕하여지며, 이걸 좋은 쪽으로 연결하면 卯木 나쁜 친구 데려다가 좋은 사람 만든다. 만약에 寅木이 卯木친구 따라서 간다면 나쁜 친구 만나서 사람 노릇 못 하게 된다.

● 寅木이 辰土를 만나면,

寅辰으로 木국이 되면서도 살찌고 또 튼튼하게 착근하여 풍절(風折)되지 않음이 좋다. 즉 바람이 불어도 부러지지 않는다는 것이다. 寅辰 木국이 60甲子 중에서 甲辰일주와 똑같다. 甲辰일주 집에 가면 금불상이 있다. 辰이 있는 곳에는 酉가 따라붙는데 酉가 부처님이고, 절이고 금불상으로 보라.

● 寅木이 巳火를 만나면,

木생火로 도기된 중 寅巳로 형파라 巳중 庚金과 寅 중 甲木이 甲庚으로 충파되니 내외가 모두 파상(破傷)되어 구몰(俱沒)인데, 火기만은 충천(冲天)하면서도 인명을 살상할까 염려된다. 寅巳형파는 관재·송사·사고·화재·수술 또한 이럴 때 실종·행방불명이 나온다. 역마지살이 형을 하면 미로에 빠진다. 고로 길 잘 물어보라. 寅巳가 형하는 불이니, 불이 사람을 죽이는 불이 된다. 역마지살이 형과 충이 되어서 이 불이 연결되어 차 사고 나면 불난다. 고로 寅木이나 巳火가 있는 사람은 항시 차 안에 소화기 하나는 준비하라. 寅巳는 겉으로는 형이고 속으로는 甲庚충을 한다.

● 寅木이 午火를 만나면,

사궁이요 寅午로 변火국하니 木이 아니라 火국으로 변신된다. 火는

좋아졌는데 寅木이 희생했다. 장간끼리는 甲己암합이 있다. ○○己○○의
경우, 己土일주 여자가 와서 물어보기를 "우리 서방님이 미국으로 공부
하러 간다는데 보내야 돼요? 보내지 말아야 돼요?"한다. 寅木서방이 寅
午火국으로 변했으니 서방님은 안 온다. 공부하러 간다더니 안 온다.

● 寅木이 未土를 만나면,

자고(自庫)로 고목(枯木)이 되고 입묘에 해당하니까 木의 생명을 다
하게 되며 뿌리 못 한다. 그러나 甲己로 암합은 있다. 또 같은 木을 동
반하고 있으면서도 합국이 안 되니 당사자가 아니고서야 어찌 그 심정
을 알겠는가. 寅未는 귀문관살에 해당한다. 신경쇠약 · 정신이상 · 미
치기 일보 직전이다. 여기서 寅 중 甲木, 未 중 乙木으로 같은 木이 들
어있지만 합국이 안 되고, 귀문관살이 되었다. 만날 수 있는 여지가 있
는데도 못 만난다.

만약 합이 되려면 (寅), 卯, 亥, (未)가 들어가야 한다. 亥나 卯 중 어
느 것이 들어가야 더 좋아지나? 亥가 들어가면 어머니가 들어온 것과
같아서 내 것을 안 뺏어가고 卯가 들어가면 형제가 들어온 것과 같으니
亥가 더욱 좋다. 戌과 巳를 보자. 火로서는 통하는데, 합이 아니고 귀문
이다. 午火가 들어가면 합이 된다. 午戌火국과 巳午火국이 된다. 辰과
亥를 보자. 辰 중 癸水, 亥 중 壬水로 水로서는 통하는데 안 만나진다.
합이 아니다. 子가 들어가면 합이 된다. 子辰水국과 亥子水국이 된다.
이런 경우들을 견우와 직녀로 비유했다. 서로 통하는데도 합이 되지 않
으니 미치고 팔짝 뛴다. 고로 귀문관살이 되는 것이다.

● 寅木이 申金을 만나면,

寅申으로 충패요 또 추절지목에 낙엽 지고 있는데 장간끼리도 甲庚

으로 상충하고 있다. 절목(折木) 되고, 서리 맞고, 대들보가 부러진다. 또 다른 현상으로는 실종·납치·사고·수술·화재에 해당하니 재난 보험에 꼭 들어놔야 한다.

그러나 寅木이 월지나 시지에 있을 때와 寅戌 또는 寅午로 합국이 되어 있을 때는 벽갑인화(劈甲引火)라 하여 寅 중 甲木을 申 중 庚金이 甲庚충으로 쪼개어 불을 잘 나게 하는데 도움을 주는 것으로 길(吉)이라 한다. ○○○○을 보자. 寅申충으로 寅木이 완전히 꺾어져야 寅申○○ 하는데, 그러나 완전히 꺾어지지 않는데, 이것이 바로 벽갑인화다. 寅 중의 甲木 통나무를 申 중의 庚으로 쪼개서 타게 만드는 것이 벽갑인화다.

그러나 우리는 "시끄럽다. 아무리 寅申충해도 새벽은 오더라." "아무리 寅申충해도 寅시니까 날이 밝아지지 어두워지겠느냐?" 하고 현대적으로 풀이하라.

또 寅木이 사주에서 가장 귀중한 역할을 하고 있는데, 신수 보러 오면 申년 酉년에는 "대들보 한번 부러졌네요."하고 한 마디 하라.

● 寅木이 酉金을 만나면,
金극木으로 수제(受制)되어 절목 되고, 서리 맞고, 낙엽 지고 피상(被傷)된 중 절지라 본기는 절멸되나 장간끼리는 丙辛으로 암합하나 원진 관계다.

● 寅木이 戌土를 만나면,
寅戌火국으로 변하니 木기는 없어지고 불이 된다. 암장에는 丙辛암합이 있다.

●寅木이 亥水를 만나면,

水生木 받으니 장생이요, 寅亥합木국으로 육합이니 철저한 합이다. 고로 12지지 중에서 제일 좋아한다. 水生木하면서 저와 동화되니까 그렇다. 단 寅木은 살아나는데 亥水는 없어졌다. 亥水가 희생되면서 寅木은 그만큼 기쁨이 넘친다.

4. 卯木

가. 卯木총론

卯木은 양력 3월 중춘(仲春)지기요, 4양(四陽)에 연결되고, 오전 5시 30분에서 7시 30분까지를 지배하고 있으며, 음목이요, 유목(柔木)이고 양류목(楊柳木) 버드나무다. 습목이고 활목으로 살아서 있다. 생목(生木)이고 초(草)·풀, 근(根)·뿌리, 묘목으로 연결해도 된다. 약초(藥草)에 해당하니 卯木이 있으면 약손이라 한다. 木은 손이고 수족(手足)을 의미하기 때문이다.

또 천파살(天破殺)이고 바람 풍(風)이다. 卯일에는 샘을 파지 말라. 木극土하면 우물이 허물어진다. 子일에는 점(占)치러 가지 말라. 장자가 子일날 죽었으니 그걸 기념하려고 하니 안 맞는다. 丑일에는 임관(臨官)하지 말라. 소에는 뿔이 있어서 감투 쓰려 해도 안 들어가니까. 寅일에는 제사나 고사 지내지 말라. 영가천도가 안된다. 범·호랑이는 신령한 동물이니 산신(山神)이 하산해서 옆에 있는 것과 같아 조상이 손 떨려서 못 먹는다. 辰일에는 곡(哭)하지 말라. 辰은 모든 생명이 잉태하는 날이고 달이다. 따라서 죽었던 귀신이 다시 살아날까봐 곡하지 않는다. 卯시에 당겨서 곡하고 辰시에는 안 한다. 그러나 일진(日辰)

이 좋게 작용하면 구애받지 말라. 고로 모든 택일은 용·희신을 고려하고, 기타는 참고사항이다.

卯는 총칭도화에 해당하고 타오행으로 변화되지 않는다. 木극土는 잘하는데 木생火는 인색하다. 암장이 乙木 하나밖에 없으니 단순하다. 사왕지국(四旺之局)에 해당하고, 정동(正東)쪽이고, 동물로는 토끼다. 팔괘는 진위뢰(震爲雷)이고, 괘상은 진하련(震下連) ☳, 장남(長男)이다. 바람풍(風)으로 끼가 있다. 子午卯酉는 끼다.

인체로는 간담(肝膽)이고, 색은 녹색, 수리는 8수이고, 인정(仁情), 촉각(觸角)을 의미한다. 또 철쇄개금(鐵鎖開金)이다. 성격적으로는 남의 해결사 노릇하게 되고 직업적으로는 의사·법관·역학자가 제격이다. 철쇄개금은 卯·酉·戌 삼자이다.

또 현침살에 해당한다. 甲·申·卯·午·未·辛이 현침살이다. 침(針)을 잘 놓는다. 송곳 같은 말로 폐부를 찌르는 말을 한다. 정곡을 찌른다. 따라서 할 말을 다 하는 것이다.

卯는 습목으로 불능생화(不能生火)니 또는 목다화식(木多火熄)이니 하는 말은 이를 두고 한 말이며, $\begin{smallmatrix}○丁乙○\\卯卯卯○\end{smallmatrix}$의 경우, 丁火 주위에 습목만 많이 있으니 꺼져있는 불이다. 목다화식이다. 丁은 등잔불이고 卯는 바람이다. 강풍이 부니 등잔불이 꺼진다.

卯는 정방(正方)에 속하고 장간이 乙木 하나밖에 없어 어떠한 오행을 만나도 변화되지 않는 것이 특징이라, 고로 卯戌로 육합이 되면서도 합화火는 안 된다. 만약 卯戌이 합해서 火가 된다면 동서남북의 정방이 무너졌다는 것이다. 그러나 $\begin{smallmatrix}○○酉○○\\寅戌午○\end{smallmatrix}$의 경우는 卯戌합火가 된다. 卯가 오면 卯戌합으로 묶이는 것이 아니라 사주에 火가 많으니 木생火로 된다. 卯戌합火로 된다는 것이다. 아주 중요한 사항이다. 항상 생극제화가 우선이다.

다음 寅卯辰은 방합木국이 되고, 亥卯未는 삼합木국이 된다. 卯酉는 상충하고, 子水와는 子卯로 상형하여 무례지형이 된다. 子卯형이 되면 예의가 없다. 못되게 연결하면 어머니·아버지도 몰라본다. 申金과는 卯申원진이요, 귀문관살이 된다. 寅卯辰 방합 중 卯辰木국은 습목이라 木生火를 못 한다. 寅卯와 寅辰木국은 木生火를 할 수 있다. 亥卯未삼합에서 卯未, 亥未木국은 木生火 잘 한다. 그러나 亥卯木국은 습목이 되므로 木生火 못한다.

직업으로는 의약·법·종교·철학과 인연이 많고, 착하나 항시 남의 일로 분주함이 흠이며, 수덕(手德)은 있고, 木의 왕궁이요, 金은 절지가 되고, 土는 붕괴되며, 火는 패지에 목욕궁이고, 水는 사궁임과 동시에 수목응결이 된다. 水木응결은 卯가 들어간다. 신경 둔화고 풍파가 인다. 卯木이 비록 음목으로 약하다 하나 득국하면 즉 亥卯未木국이면 이 나무는 대들보요, 동량지목으로 변한다.

寅木은 木生火를 잘하고 능히 납수(納水)하는데, 卯木은 木生火도 못할 뿐더러 水기를 흡수하지 못함이 寅木과 다른 점이라 하겠다. 탄광·갱도·건축공사장·터널이 무너지는 경우, 卯날 난다. 토끼굴이 무너졌다. 관정이나 우물 등 땅 파지 마라. 펌프 파지 마라, 땅 무너진다. 굴도 무너진다. 모든 게 무너진다.

나. 卯木각론

● 卯木이 子水를 만나면,

水生木을 받으면서도 응결되므로 조화를 이룰 수 없다. 水生木 이전에 음지이고 동목이다. 또 子卯로 형(刑)하고 있어 子水를 노하게 하므로 형살 그대로이다. 송사·관재·사고·수술이 연결된다. 비록 水生木 해 주어도 성장은 정지되고 만다. 子卯는 水木응결이다. 木은 신경이니 신경이 둔화된다. 병으로는 간경화가 나온다. 木은 간인데 간이 굳어버렸다. 子水와 卯木을 노하게 한다. 子卯형 자체가 풍파요 노도다.

● 卯木이 丑土를 만나면,

재살지로 근(根)을 실(失)하니 木의 성장은 정지되고, 또 동목이요 습목으로 자체 조화를 할 수 없음이 서운하다. 여기서 재살지라 함은 丑중 己土재와 辛金살의 공격 당함을 말하는데, 丑중 癸水가 水生木 해주니 재살지가 아니라는 주장도 하나 丑 중 癸水는 철분이 많고 얼어 있는 물이니 水生木 못 해주고 못 받는다는 것이다. 자체 조화가 안 되고 卯木은 성장이 정지되고 나무가 못 큰다.

● 卯木이 寅木을 만나면,

寅卯木국으로 卯木음지가 양지된다. 습목이 조목으로 변신하며, 양류목이 대림목 즉 동량지목으로 전환되기 때문에 木으로서 임무를 다함은 물론 좋은 친구·寅木을 만나 인생관이 달라지는 것과 같고 사람 되고 제구실 다하게 되며 하루 아침에 출세한다는 것이다.

● 卯木이 卯木을 만나면,

木국으로 木기로서는 왕하다 할 수 있으나 풍·습을 면할 수 없으니 습목이고 쓸데없는 강풍·태풍만 일어나고 바람으로 모두 날라간다. 또 종내는 각기 주장을 내세워 서로 대장이라고 결국은 둘이 갈라진다. 둘의 합일이 될 수 없는 것이 흠이다.

● 卯木이 辰土를 만나면,

卯辰으로 木국이 되나 역시 풍습이 당권하여 생火에는 지장을 초래하니 기대하지 말라.

● 卯木이 巳火를 만나면,

木生火로 설기시키고, 도기요 목분(木焚)이 된다. 나무가 불에 타고 있는데도 뭐가 좋다고 巳 중 庚과 乙庚암합을 한다. 卯가 巳 만나면 나무가 불에 탄다. 그러나 ○乙○○／巳卯亥○의 경우 음지 나무에 습목인데 火가 필요하니 巳·午시가 필요하다. 양지나무 되고 꽃이 피었다. 음지가 양지 된다는 것이다. ○乙○戊／巳卯○辰이 배우 최무룡의 사주다. 곧은 나무에 꽃이 피었으니, 최고의 멋쟁이다. 巳火가 卯 만나서 이처럼 좋은 일도 해준다.

● 卯木이 午火를 만나면,

木生火로 설기된다. 목분으로 나무가 불에 타서 木기가 없어진다. 卯木이 왕하고 있을 때는 巳·午火를 제일 좋아한다. 음지가 양지되고, 나무에 꽃이 피는 것이 되므로 그렇다.

● 卯木이 未土를 만나면,

卯未로 木국인데, 여기서 주의할 것은 寅木이 未土 만나면 고목(枯木)이 되고, 아무짝에도 못 쓰지만, 卯未는 고목이 아니고 대들보가 된다. 입묘이면서 木국으로 다시 살아나니 환원이다. 아름드리 나무가 되고, 그러면서 未 자체가 여름이니까 木生火 잘한다. 木은 金을 제일 싫어한다. 나무가 가을 만나니 싫어한다. 포태법으로 절지다. 고로 木은 未까지는 활동하다가 곧 가을 申酉가 오게 되므로 모든 것을 빨리 해치우라는 것이다.

●卯木이 申金을 만나면,

金극木 당하고, 추절지목에 낙엽으로 완전 절목된다. 서리 맞고 나무 부러진다. 낙엽 지니 사람으로 비유하면 헐벗고 있는 것이다. 또 申 중 庚金과 乙庚으로 암합하고, 卯申 귀문관살이 된다. 귀문관살은 신경이 약해진다. 신경쇠약이다. 원망스럽다. 미쳐돌아간다로 응용하라.

●卯木이 酉金을 만나면,

절지에 卯酉충으로 충파되기 때문에 가장 싫어한다. 여기서 충파됨은 卯木은 지지의 나무니까 나무가 뿌리째 뽑혀서 없어진다로 보라. 근거지가 말살된다. 木은 긴 것·장(長)으로 연결되니 "큰일 났네요. 노인이 지팡이를 잃어버렸네요."한다. 또 추상살초(秋霜殺草)다. 金극木이요, 卯酉충이니 가을 서리에 풀이 죽는다.

●卯木이 戌土를 만나면,

卯戌합으로 묶이어 활동이 정지되니, 만권정지(萬權停止)됨은 이를 두고 한 말이다. 꽁꽁 묶인다. 모든 권세가 하루 아침에 열중쉬어다.

●卯木이 亥水를 만나면,

水생木에 亥卯로 木국되어 木왕은 틀림없으나 습목이다. 젖어있는 나무니 꼼짝달싹 못한다. 木생火 못 하니 인색할까 두렵다. 즉 木은 木생火 잘 해야 인정 있고 후중하고, 火는 火생土 잘 해야 인정 있고 후중하고 하는데, 火가 많아도 火생土 못 하거나, 木이 많아도 木생火 못 하면 인색하다는 것이다. 여자가 ○○⊕○○／亥卯○○의 경우라면, 亥卯木국으로 재국을 이루니 돈 복은 잘 타고 났는데 木생火 못 하니 남편 뒷바라지 못하고 내조 못 하고 서방덕이 없다. 돈 많은 과부다. 남자라면 돈은 많은데 명예가 없고 자식이 없다. 여자는 돈 복은 주었는데 서방 복은 안 주었다. 남자는 돈 복, 마누라 복은 주었는데 자식 복은 안 주었다. 그러므로 이 운명은 亥卯木국까지만 욕심부리라는 것이다.

○○癸○丁
○亥亥卯 의 남자다. 亥卯木국이다. 丁은 관으로 감투인데 木生火 못 받으니 죽어 있다. 木인 재국이니 돈 복은 많다. 돈이 많으니 국회의원 출마하려고 한다. 되겠는가? 이럴 때는 丁火에 초점을 맞추는데, 亥 중 壬이 내가 생하니 아랫사람으로 선거한다면, 선거 참모들인데 辛이 亥에게 말한다. "내가 돈 좀 투자해서 국회의원에 출마하려고 하니까 너희들이 협조해 달라."그러자 자기 상관이니까 대답해놓고서 亥水 참모들끼리 모여서 말한다. 水는 많고 金은 적으니까 하는 말이 "참, 세상 좋네. 꼴뚜기가 뛰니까 망둥이도 뛴다고. 저런 게 출마한다고? 골탕 좀 먹이자."하고서, 金生水로 선거 자금 받아다가 水극火로 辛金의 낙선운동을 했다더라. 선거 참모 잘못 두었다. 돈 많아도 丁감투는 못 한다는 것이다. 나의 욕심의 한계를 알라는 것이다.

5. 辰土

가. 辰土총론

辰土는 암장이 乙癸戊다. 戊土가 본기이고, 乙木은 흙 속의 나무요, 癸水는 흙 속의 물이다. 辰을 꽉 짰더니 물이 나오더라. 水분이 많다. 辰土는 양력 4월지기로 춘절에서 하절로 바뀌는 데 있어서 과도기요, 중간으로 매개 역할을 하고 있으며 5양지기(五陽之氣)다. 청명(淸明)절이고 한식이고 식목일이다.

봄에서 여름으로 바뀌는 과도기인데, 과도기의 공통분모는 土가 지배하는 해로 土가 지배하는 해는 언제든지 과도기가 된다. 戊·己·辰·戌·丑·未다. 여기서 과도기의 하는 역할은 조절이다. 상승·하강과 상·하·좌·우, 동서남북을 조절해 들어가는 것이 土의 작용이다. 그러므로 오장육부에서는 위가 조절해준다. 고로 모든 병은 급성이 있고 만성이 있는데 이것이 잠복되어 있다. 이 잠복되는 것이 노출되는 경우 즉 만성이 급성으로 변하는 경우는 밥먹고 체하면 그런 현상이 생긴다. 그러므로 만성병이 있는 사람은 음식을 항상 조심해야 한다.

土는 중매쟁이다. 중간으로 중개 역할을 하니까 그렇다. 시간은 오전 7시 30분에서 9시 30분까지이다. 단 겨울의 辰시는 캄캄하고 어둡다. 여름의 辰시는 해가 중천에 와 있다. 또 辰土는 양토(陽土)이고 습토·진흙이다. 4월의 흙이니까 온난지토다. 그리고 사토(死土)라고 한다. 사토라 함은 큰 흙이라는 뜻이다. 진짜 죽은 흙은 햇빛 못 보고 시궁창에 있는 흙이다. 진짜 죽어있는 흙은 반죽이 안 된다. 제일 좋은 흙은 황토(黃土)로 살아있는 흙이다. 황토를 그냥 발라 놓으면 수분이 증발되어 벌어져서 갈라진다. 황토를 체로 쳐서 물 대신 좋은 풀을 이겨서 발라놓으면 절대로 안 벌어지고 아주 좋다.

방위로는 辰巳 손방(巽方)이고, 동남간방이다. 주역괘상은 손하절(巽下絶) ☴, 손위풍(巽爲風)이다. 그러므로 이 풍(風)에서 연결되니 바람과 끼가 있다. 고로 辰巳가 있으면 병으로 습진 있고, 당뇨 있고, 바람 있으니 주의하라. 풍질도 연결되고 결석도 된다.

辰은 土이니 신용(信用)을 의미하고, 색으로는 황색이며, 수로는 5수에 해당한다. 또 辰土는 가색지토(稼穡之土)로 만물을 배양할 수 있고, 습토니까 농사를 지을 수 있다. 진토(眞土)이다. 흙 중에서도 진짜 흙이다.

辰 속에는 乙癸戊가 있는데 戊土인 본기 기준해서 乙은 정관이고 癸는 정재이다. 정재·정관을 2덕(德)이라 하는데 재는 부(富)요, 관은 귀(貴)

이니 부귀를 갖추고 있다. 고로 土 중에서 진토라 한다. 이렇게 좋은 장점은 있지만, 辰 중 癸가 戊와 먼저 戊癸합하는 단점은 어쩔 수 없다.

가령 戊辰일주의 경우 辰土가 일지로 연결되니까 자기 코 앞에서 자기 마누라가 놀아난다. 참으로 황당한 일이다. 辰은 水의 고이니 여자집합이다. 또 장간이 양과 음을 모두 갖추고 있기에 때로는 잡기(雜氣)라고도 한다. 戊도 마찬가지다. 만약 잡기가 잘못 연결되면 잡놈·잡년이 된다. 辰戌의 공통분모는 괴강살이다. 자기가 대장이고 일등이고 괴수다.

辰은 동물로는 용(龍)이다. 또한 뱀도 된다. 고로 잘못되면 용이 못된 이무기다. 용은 상상의 동물이다. 고로 용날에 나서 잘못되면 꿈만 먹고 사는 사람이 된다. 좋으면 조화부리는 선망의 대상이 된다. 용은 목부분의 비늘이 거꾸로 나있어서 그 부분을 만지면 죽는다. 고로 임금님 용상 넘보면 죽는다. 덩치는 큰데 키가 무척 작다. 용 용(龍)자 밑에 귀 이(耳)자가 귀머거리 농(聾)자이다. 또 천라지망살로 응용되고 있다, 감금이고 소송작용도 한다는 것이다.

辰土의 특징은 土극水는 못하나 土생金은 습土니까 아주 잘 한다. 금지양궁(金之養宮)으로 장생과 같은 역할을 하고 있다. 이를 자양지금(滋養之金)이라 한다.

주 중에 辰土가 있으면 풍·습을 주의하여야 하고 당뇨 주의하라. 당뇨병 등으로 고생하는 이유는 土는 달 감(甘)이요 수지고(水之庫)로 水기가 모이는 곳이기 때문이다. 辰이 한 가지 나쁜 것은 항상 당뇨를 끌고 다닌다는 것인데, 辰은 土로 달다는 것이고 辰 중 癸水가 오줌인데 土를 통해서 걸러서 나가니 단 것과 오줌이 같이 있는 것이 辰土이고, 고로 당뇨이다. 항상 辰이 있으면 당뇨 주의하라. 이것을 응용하면, 년에 辰이 있으면 10세 전후, 월에 辰이 있으면 10~30대, 일에 辰이 있으면 40대~60대, 시에 辰이 있으면 70대 이후 말년에 당뇨가 올 테니 사전에 주의하세요 하라. 요즘은 10대 전후에도 당뇨 있는 애들이 많다. 辰은 용이라 조화를 근본으로 하고 있어, 그 꿈과 이상은 대단하나 중화를 실도하면 매사가 몽중득금(夢中得金)에 불과하고, 용변위사(龍變爲蛇)다.

辰土는 대목지토(帶木之土)로 木과 친함은 4월로 춘절이기 때문이다. 여기서 대목지토라 함은 辰 중에는 乙木이 있어서 木을 끼고 있어서이다. 고로 木이 있으면 木으로 간다. 또 水가 있으면 水로도 간다.

酉金과는 辰酉로 육합되면서 金국으로 변화하고, 申子와는 申子辰 삼합으로 水국 되며, 寅卯와는 방합으로 木국이 된다. 戌과는 충하면서 개고라 재관 2덕을 얻는다고 볼 수 있으나, 戌을 많이 만나면 파문(破門)이 되기 때문에 나쁘다. 亥와는 원진살·귀문관살이요, 辰午酉 亥는 합해서 자형살(自刑殺)로 모두 놓고 있으면 수족에 이상이 있다.

이상의 변화 관계를 예로 들면 여자가 ○癸○○／○○酉辰라면, 辰이 정관으로 서방인데 辰酉합金으로 변화하였으니, 서방님이 없어졌다. 관이 변해서 인수가 되었으니 서방님이 공부하러 간다더니 안 오더라.

癸에게는 辰중 戊土가 서방인데 자체적으로 입묘가 되어서 무덤 속으로 들어간다. 고로 항상 하는 말이 "나는 당신 눈만 보면 빨려들어가는 것 같아요." "내가 이 세상에서 무서운 게 없는데 당신한테는 지게 돼요." 왜냐하면, 癸는 辰에게 지게 되어 있다. 역시 세상은 임자가 따로 있다더라. ○○壬○○／○子辰○의 경우 여자라면 辰이 서방인데 子辰水국으로 변했다. 남편이 변해서 비겁이 되었으니 오행으로는 물 때문에 남편이 없어졌고, 성격으로 보면 서방이 아니라 도둑놈이고 돈 쓰는 데는 1등이고, 내 것 뺏어가는 데는 1등이다. 어떻게 연결하느냐에 따라서 다르다. 심하게 연결하면 본래 辰土서방이 있었는데 子辰水는 壬과 같으니 "네 서방은 어디 가고 너 혼자 있느냐?"한다.

○○癸○○／辰卯○○의 경우도 여자라면, 辰이 서방이고 水生木으로 卯가 자식인

데 자식 낳아 놓으면 木이 눈에 보이지 않게 많아진다. 그래서 卯辰木 국이 더 잘 되고 木은 상식이므로 자식 낳고 서방님이 없어졌다. 辰土 서방님이 卯辰木국으로 서방이 자식 때문에 없어졌으니 첫 자식 낳고 이혼수 들어온다. 이별수 들어온다. 남편이 없어졌다고 하게 되어 있 는 것이다. 합국의 변화과정을 추리하는 방법이니 잘 음미하라.

戊辰일주는 앉은 자리에 재고니 돈창고 깔고 있고, 금고 하나는 간직 하고 산다. 비겁이 재고이니 형제 것도 내 것이고, 내 것도 내 것이라는 성격이다. 두꺼비 닮았다. 여기서 재고는 원칙적으로 열어야 쓰는데 형 ·충이 고를 여는 작용을 한다. 그런데 여기서 戌이 와서 辰戌충하면 戌 이 비겁이니 돈창고 잘못 열었다. 비겁들이 오더니 가져가 버린다.

辰土에 甲·乙木은 착근하여 비대하여진다고 보나 충을 하면 근을 할 수 없고, 火는 회기되고 가물가물 꺼져간다. 그러나 여기서 주의할 것은 4월의 丙火이니 辰월 丙火라면 배운 대로 하면 丙이 辰을 만나니 꺼져간다. 그러나 4월이면서 내일 모레가 입하가 들어온다면 완전히 꺼진다고는 볼 수 없다. 즉 절기상의 관계를 잘 살펴라.

또 土는 가색의 공을 이룰 수 있으니 농사 지을 수 있다. 그러나 辰土가 子辰水국 등으로 변질되지 말아야 하고, 金은 土생金 잘 받으니 자양지 금이고, 水는 극받고 또한 입묘로 땅속으로 들어가 생명을 다하게 된다.

木이 辰에 뿌리하지만 충되면 착근 못 한다 하였다. 예를 들면 ○甲○○ ／ ○辰戌○ 의 경우, 甲木은 辰에 뿌리하지만 충을 만나면 근이 안 된다. 뿌 리 못 한다는 것이다. 또 辰土 자체는 농사 지을 수 있지만 水국으로 변 하지 않아야 하는데, 예를 들면 ○戊○○ ／ ○辰子○ 의 경우, 戊辰 자체는 농사 지 을 수 있지만, 겨울의 흙으로 얼어있고 子辰水국으로 변해서 음지요, 토류(土流)가 되니 농사 지을 수 없다는 것이다.

辰월은 암장이 乙癸戊로 산천초목이 윤택하고, 죽은 가지를 꽂아도

초목이 살아난다. 청명후 대지가 푸르르다. 최고의 달이다. 辰월생은
巳시에 나면 좋다. 庚金이 장생지에 있어서다.

辰일에 해서는 안 되는 것은 죽은 사람 곡하지 마라. 다시 살아날까
걱정된다. 시간도 卯시에 곡하고 辰시엔 안 한다. 모든 생명이 잉태하
는 날이고 달이다. 사람은 未월에 잉태하면 辰월에 태어난다.

나. 辰土각론

● 辰土가 子水를 만나면,

子辰으로 水국이라 土가 아니라 水가 된다. 土는 어디로 가버리고 水
만 남아있다. 고로 辰이 마누라면 물로 인해서 마누라가 없어진다. 辰
이 자식이면 물로 인해서 자식이 없어진다. 또 辰 중 戊土와 子중 癸水
가 戊癸로 암합한다.

● 辰土가 丑土를 만나면,

土기는 왕하여지나 별 볼 일이 없다. 냉습이 심한 중 동토가 되고, 음
지의 땅이 되므로 냉해를 면할 길 없다. 丑은 土의 기능이 약하다. 따
라서 만물을 자생(滋生)할 수 없음이 서운하다.

● 辰土가 寅木을 만나면,

寅辰木국으로 변신하니 土가 아니라 木이 되었다. ○㊦○○의 여자다.
○辰寅○
水생木으로 자식 낳았다. 寅은 양이니 아들이다. 상담하러 오면 역학
자가 말하기를 "당신은 시집가거든 어떻게든지 아들 낳지 마세요. 딸
은 괜찮아요, 아들 낳으면 서방님이 없어진답니다."한다. 시집오니 시
어머니가 돌아가시고, 아들 낳으니 시아버지가 죽고, 딸 낳으니 서방
이 죽는 팔자가 있는데 대체로 여자가 상식이 용신인 경우가 그런 경

우가 많다. 차례대로 꺾어진다.

●辰土가 卯木을 만나면,

卯辰木국으로 변신하니 土가 아니라 木이 되었다. 辰土가 寅木을 만났을 때와 같이 土로서의 임무는 상실했다.

●辰土가 辰土를 만나면,

土土로 土기는 왕하다 할 수 있으나, 火기가 부족된 음지가 될까 염려된다. 辰辰은 쌍용(雙龍)으로 조화가 비상하고, 겨울생이면 급각살이 가중되며 辰辰자형살은 관계없다.

●辰土가 巳火를 만나면,

火생土 받아 일조량이 풍부하므로 양지의 땅이 되어 꽃 피고 결실할 수 있어 앞날이 기대되며, 辰巳손방(巽方)으로 함께 있고 巳 중 戊土, 庚金과 辰 중 癸水, 乙木이 戊癸, 乙庚으로 암합이 된다.

●辰土가 午火를 만나면,

火생土 받아 좋다.

●辰土가 未土를 만나면,

土기가 왕하면서 조습(燥濕)이 균형과 중화를 잘 이루어 만물을 자생할 수 있어 아름답다.

●辰土가 申金을 만나면,

土생金으로 설기되고 申辰水국으로 완전히 변질된다. 또 申 중 庚金

과 辰 중 乙木이 乙庚으로 암합된다.

●辰土가 酉金을 만나면,
辰酉로 합 金국이라 土로 보아서는 안된다.

●辰土가 戌土를 만나면,
辰戌충으로 완전히 파괴가 된다. 관재·송사다. 또한 언제든지 충이면 비밀 노출이고 싸우는 것으로도 연결된다. 병으로 보자면 土가 충이므로 위경련·위수술 같은 것을 주의하라.

壬辰일주가 여자라면 辰이 서방이다. 申년이면 申辰합, 酉년이면 辰酉합, 戌년이면 辰戌충으로 3년 연속 서방이 없어진다. 연속 상영이다. 언제든지 土끼리 충이면 서방을 바꾼다. 辰은 원서방이고, 戌은 운에서 오는 것이니 새서방이다. 그런데 새서방이 이긴다. 언제든지 운이 이긴다. 항상 새것을 좋아한다. 운에서 들어오는 것은 새것이고, 원명에 있는 것은 헌것이다.

또 辰戌충으로 개고(開庫)가 되므로 축적된 재·관 2덕을 충기(沖起)시켜 소용지물(所用之物)로 대단히 기쁘나 戌土를 많이 만나면 파문이라 반위흉(反爲凶)이라. ○○○○의 경우, 辰이 금고라면 금고문을 때 려 부셨다. 도둑 들었다. 반대로 ○○○○의 경우라면, 子辰水국으로 물이 많다. 戌년이 오면 조토로 辰戌충이지만 본인에게 이익이 온다. 많은 물을 막아버린다. 辰을 빼버리고 戌이 들어가면 이 물은 모두 내 것이 된다. 조화를 이루니 좋다.

●辰土가 亥水를 만나면,
동토요, 음지의 땅이고 토류되어 土로서의 임무를 상실한다. 辰亥 원

진살·귀문관살이다. 세상을 원망하랴, 마누라를 원망하랴 미치기 일
보직전이고 신경쇠약이다.

6. 巳火

가. 巳火총론

巳火는 암장이 戊庚丙 3개다. 써먹기는 두개로 써먹는다. 火土가 공
존이니까 그렇다. 巳火는 양력 5월지기로 6양이면서 양지극(陽之極)
이다. 巳 다음이 午월 하지인데 밤이 서서히 길어지기 시작한다. 초하
·입하·맹하(孟夏)이고, 맥추지절(麥秋之節) 즉 보리 가을이다. 보리
(음)는 여수에서 익기 시작하여 남원 - 전주 - 대전 - 서울로 올라가고,
쌀(양)은 강원도에서 익기 시작하여 충청도 - 전라도 - 경상도로 내려
간다.

오전 9시 30분에서 11시 30분까지를 지배하고 양火다. 巳 중에는 丙
이 있어서 큰 불로 연결된다. 용광로 불이다. 큰 불이니 사화(死火)이
고 강렬지화이며 노야지화(爐冶之火)다. 또 4생지국이고, 방위로는 손
(巽)방이다. 동남간방이라는 것이다. 주역괘상으로는 辰巳 손위풍(巽
爲風), ☴(손하절, 巽下絶)이다. 巳火는 역마지살이다. 巳는 비행기, 寅
은 전철, 申은 철도, 亥는 배를 각각 나타낸다. 또 천라지망살이다. 辰
戌巳亥가 천라지망살이다. 관재고 법망에 걸려든다. 천라는 공항 출입
금지 즉 출국금지를, 지망은 전국 지명수배를 나타낸다.

巳火는 바꾸기 좋아한다. 교체심리다. 火가 싫증을 빨리 느낀다. 적
외선·자외선·방사선을 의미하며, 숫자로는 7수, 색으로는 적색, 인
체로는 심장, 소장, 시력, 체온과 연결되며 성격적으로는 예의, 명랑,

달변이며 동물로는 뱀이다. 뱀이 잘되면 용이 된다. 사불원행(巳不遠行)이라 했다. 뱀날에는 먼 길을 안 간다. 뱀은 발이 없다. 고로 발이 없이 가려니 얼마나 힘들겠나? 뱀은 외골수 성질이다. 일직선이다. 뱀이 사람을 물려고 올 때는 고개를 쳐들고 꼬리 땅에 붙이고 일직선으로 온다. 뱀은 변화동물이다. 허물 벗는다. 양기 보충하는 데는 최고다. 암수컷의 교미시간이 24시간이고, 또한 뱀은 절대로 혼자서는 교미 안 한다. 암수컷이 여러 마리가 덩어리를 엉켜서 혼음하면서 돌아간다. 뱀은 일어나는 것이다. 일어날 기(起)와 연결된다. 따라서 달리기의 명수다. 巳 자체가 역마지살이고 火는 급하게 일어나므로 순간동작이 빠르다. 또 火는 위로 올라가므로 앉은 자리 높이 뛰기 잘한다.

또 巳는 외음내양이다. 겉으로 음이나 속은 양이다. 巳는 체(體)로서는 丑亥酉未巳卯로 음인데 용(用)은 戊庚丙으로 양으로 쓴다. 따라서능히 극金하고 생土할 수 있으며 타오행을 만나면 변화되기 쉬운것이 巳火의 특징이기도 하다.

酉나 丑을 만나면 巳酉, 巳丑으로 삼합金국이요, 午·未와는 방합火국이며, 亥와는 충이 된다. 巳는 뱀으로 연결되므로 만약 사주에서 亥水가 용신이면 뱀가죽으로 만든 악세사리 핸드백·신발·허리띠 등을 착용하면 재수가 없다. 또는 악어로 만든 가죽제품도 같이 취급하라. 사해유(四亥油)는 뱀 물린 데는 최고다.

寅申과는 형살이 되는데 그 중에서도 申과는 巳申으로 육합이요 형도 되기에 선합후형이라 합이 먼저고 형이 뒤이다. 고로 먼저는 좋고 나중은 나쁘다. 형도 하고 합도 하고 극도 하고 합도 하는 것 즉 종견괴래(終見乖來)로 마침내 괴팍스러운 일이 올 것이다. 또 형합극합(刑合尅合)이라 결과가 부실하고 또 일설(一說)에서는 金왕할 때 巳申은 巳 중 庚金으로 친합하기 때문에 巳 중 庚과 申 중 庚이 형제니까 형살의 작용은 발생하지 않는다고 하였으나 형은 형이다. 巳申은 형인 것이다.

戌과는 원진에 귀문관살이 병림(併臨)하고, 6양지극(六陽之極)이라 변화 즉 바꾸어보자는 심리가 농후하며, 한번 성질이 났다 하면 좌우를 살피지 않음이 흠이고, 뱀이면서 갑골동물·변화동물에 잘만 되면 용(龍)으로 변하여 승천하나 부실하면 용 못 된 이무기와 같아 불평불만이 많다. 辰巳 손위풍과 같이 풍습으로 작용되고 있어 혈압·풍질에 주의하고, 형이나 충을 만나면 시력에 이상이 있을 수 있다.

巳는 천문성(天文星)으로 학문과 인연을 가지고 있다. 영리하고 영민하고 암기력 하나는 아주 좋다. 巳는 시각이니 보는 것은 다 할 줄 안다. 고로 巳火가 있는 사람은 무엇을 보고 가면 똑같이 만들어버린다. 火에서 투시력이 나오고, 초능력에 해당한다.

巳火가 잘못 연결되면 불평불만이 많은 사람이 된다. 육친으로는 식상관이다. 그 중에서도 상관이다. ○乙辛○의 경우, 乙木에 巳火상관이
○巳巳午
다. 辛이 사장인데 火가 많아서 火극金으로 사장 알기를 개떡같이 안다. 상식이 많은 사람은 취직이 안 된다. 데모 앞잡이다. 巳가 火로 눈인데 巳申·寅巳로 형살에 걸리면 눈에 형살이니 눈에 살기·독기·사팔뜨기·색맹 등 눈에 이상이 오게 된다.

巳火에 木은 병사지로 병들고 죽는다. 목분(木焚)이다. 그러나 주의할 것은 습목은 火를 좋아한다. 습목은 巳火를 만나야 나무에 꽃이 핀다. 乙巳의 경우는 乙木이 불이 붙었다. 火는 관왕으로 힘이 된다. 기름불이다. 丁巳가 기름불이다. 土는 火생土로 생조받지만 조토가 되어서 바싹 말라있는 흙이 된다. 己巳는 바싹 말라있는 흙이다. 金은 장생이라 하나 제련으로 하나의 기명(器皿)이 됨을 말하고 있으니 힘이 될 수는 없다. 완전히 제련되어 녹는다. 辛巳의 경우, 辛이 녹아서 없어졌

다. 水는 절지보다는 증발된다고 보라. 癸巳의 경우, 癸가 巳火에 증발된다.

巳월은 여름으로 가는 첫 번째 달이다. 고로 입하(立夏)다. 巳월생은 辰시가 제일 좋다. 사변비룡(巳變飛龍)이다. 대단히 좋다. 명진사해(名振四海)격이다. 예를 들면, $^{壬丙○○}_{辰寅巳○}$와 같은 사주다. 戌이 있으면 안 좋다. 개가 꿩꿩 짖어대면 승천하다가 떨어진다.

火일주는 단결해야지 혼자로는 횃불밖에 안 된다. 구석구석 비출 수 있어야 인생살이가 좋다. 火의 집단 즉 불이 모여야 불이지 火는 하나로는 일 못 한다. 겉으로는 강렬한 것 같아도 모여야 큰 불이 된다. $^{○丙○○}_{○午巳未}$의 경우는 큰 불이다. 그러나 木이 없어서 기름 불이다. 그리고 방합이라 큰 그릇은 아니다. 눈치 빠르고, 거짓말 모르고, 너무 솔직하고, 넘겨짚는 데 1등이고, 욱하는데 뒤끝은 없다. 자존심 강하고 누구 말도 잘 안 듣는다. 巳火가 있으면 원행하지 말라고 했다. 뱀은 다리가 없어서 멀리 못 가기 때문이다. 또 물을 싫어한다. 따뜻한 돌 위에서 몸을 말린다. 고로 원행을 피해라.

나. 巳火각론

● 巳火가 子水를 만나면,

절궁이다. 子는 한밤중의 물이요, 巳는 한낮의 불인데 水극火 받고 몰광(沒光)으로 불이 꺼진다. 또 태양이 子시를 만나는 것과 같아 화식되면서도 巳 중 戊土와 子 중 癸水가 戊癸로 암합한다. 이 암합을 자요사(子遙巳)라고 하는데, 子 중 癸水가 멀리서 동경할 요로 巳 중 戊土와 암합하는데, 요사자(遙巳子)라고 巳火 기준해서 바꾸어 생각해도 된다. 뒤에 격국편에서 자요사격으로 공부하게 된다.

●巳火가 丑土를 만나면,

火生土로 회기(晦氣)된 중 巳丑으로 합金국이라 火기는 몰하는데, 丑
중에 辛金·癸水와 巳 중 丙火·戊土가 丙辛·戊癸로 암합이 되어 그
어느 합보다 철저한 것이 특징이다. 이 암합을 축요사(丑遙巳)라고 하
는데 이것도 역시 뒤 격국편에서 축요사격으로 공부하게 된다.

●巳火가 寅木을 만나면,

木生火는 틀림없는데 寅巳로 형살이 되니 인마를 살상하는 불이다.
장생을 하면서도 형이 되기에 인명을 살상할까 염려요, 巳 중 庚金과
寅中 甲木이 암충으로 구몰(俱沒)됨은 면할 길이 없고, 화기는 폭발된
다. 또한 역마지살이 형을 하니 교통사고·차액이 두렵다.

관재·송사·실종·납치 주의하고, 이처럼 형살이 연결될 때 수술받
아본다. 寅巳·巳申형이 있으면 운전 중에 사람 상하게 할까봐 각별히
주의하라. ○○丙○의 경우, 직업이 형사다. 역마지살, 천라지망살이 있
        亥寅巳○
다. 寅巳형이 있으니 운전하다 몇 사람 사고 냈다. 시골에서 어머니가
위급하다고 연락이 왔는데 급한 일이 있단다. 모두 제쳐두고 내려가야
하나, 아니면 급한 일을 보고서 내려가도 괜찮겠나? "아무리 위급해도
당신 사주에 寅亥합木으로 인수가 국을 이루어서 일지로 합을 해서 들
어오니까, 어머니는 당신 얼굴을 보고서야 돌아가시게 되니 걱정말고
볼 일 보고서 내려가시오."하였다. 과연 어머니가 얼굴 보자마자 임종
하더라.

●巳火가 卯木을 만나면,

습목이 되어 木生火에는 시원치 않으나 巳火가 강렬지화라 생은 생
이다. 또 장간끼리는 卯 중 乙木과 巳 중 庚金이 乙庚으로 암합한다.

●巳火가 辰土를 만나면,

습土가 되어 회기라, 火는 죽는 줄 모르게 죽어가는데 장간끼리는 戊癸·乙庚으로 암합하고 또 손방(巽方)으로서는 공존하고 있으며 천라지망살이 된다.

●巳火가 巳火를 만나면,

같은 火로서 巳巳로 방합火국을 이루니 화기가 승천한다. 뱀이 둘이다. 乙巳는 파란 뱀, 丁巳는 빨간 뱀, 己巳는 노란 뱀·능구렁이, 辛巳는 백사. 癸巳는 흑사·검정 뱀이다.

●巳火가 午火를 만나면,

巳午로 방합火국이다.

●巳火가 未土를 만나면,

巳未로 火국하나 방합이라 대격이 될 수 없음이 서운하나 未 중 乙木과 巳 중 庚金이 乙庚으로 암합한다. 火가 국을 이루면 큰 그릇·대격이라고 볼 수 있는데 방합은 큰 그릇이 될 수가 없고 삼합이라야만 큰 그릇이 될 수 있다.

●巳火가 申金을 만나면,

巳申으로 형이 되면서 화식(火熄)되니 악기(惡氣)가 발생된다. 교통사고와 관재발생하고, 수술·납치·실종이 일어난다.

●巳火가 酉金을 만나면,

巳酉가 金국으로 변화되면서 丙辛으로 암합이라 이름하여 순종이요,

또 巳중 丙火태양이 酉시를 만나 석양으로 일몰되는 것과 같다. ○丁○○의 경우, 巳酉金국으로 형제가 나에게 돈 벌어다 준다. 巳酉하巳酉○○면 巳가 없어진다. 교통사고 나서 형제가 가고 보상금 받는다.

● 巳火가 戌土를 만나면,

火생土로 설기되고, 입묘로 회기된다. 원진살, 귀문관살인데 巳火가 정신이고, 이것이 잘못 연결되면 巳戌이 정신이상이 된다.

● 巳火가 亥水를 만나면,

巳亥로 충파라 12지지 중 가장 싫어하며 또 절지로 火의 생명은 다하게 된다. 火기는 절멸되고 몰광으로 巳火는 흔적조차 없어진다. 巳亥충을 해소시키려면 未가 들어가야 한다. 巳未火국, 亥未木국으로 충이 해소된다. 작명에 있어서 가장 중요한 원리다. 사주에 巳亥충이 있으면 이를 해소시켜 주는 것이 제일 중요하다. 획수는 차후 문제다. 만약 이름에 상서로울 상(祥)이나 양(羊)자가 들어가면 충이 해소된다는 것이다.

가령 ○辛○○의 경우, 辛金이 亥子丑으로 水국이 되니 꽁꽁 얼었다.巳亥丑子 "아이구, 이렇게 추워서 어떻게 살아요?" "죽겠어요, 여름에도 몸이 오돌오돌 떨려요." 이때에 未가 들어가면 亥未木국이고 巳未가 火국이 되니 따뜻해진다. 고로 未 즉 "흑염소 한 마리 고아서 먹으면 좋습니다."하라. 몸이 따뜻해진다. 역학자는 건강도 상담해 줘야 한다.

※여기서 오행의 차이점을 비교 분석해 보는 것은 매우 중요하다. 예를 들어보자.

辰戌丑未는 고장이고 묘지인데, 水의 고(庫)·묘(墓)는 辰이고, 木의 고·묘는 未이고, 火의 고·묘는 戌이고, 金의 고·묘는 丑이다. 그러나 같은 水라고 해도 子와 亥는 다르고, 巳와 午가 다르고, 寅과 卯가 다르고, 申과 酉는 다르다는 것이다.

子水는 辰에 입묘되면서 子辰水국으로 삼합되고 亥는 辰에 입묘되면서 土극水받는다.

午火는 戌에 입묘되면서 午戌火국으로 삼합되고 巳는 戌에 입묘되면서 해넘어 간다.

卯木은 未에 입묘되면서 卯未木국으로 삼합되고 寅은 未에 입묘되면서 고목이 된다.

酉金은 丑에 입묘되면서 酉丑金국으로 삼합되고 申은 丑에 입묘되면서 합은 아니나 土생金받는다.

이러한 차이점을 늘 파악하면서 간명에 응용하라는 것이다.

7. 午火

가. 午火총론

午火는 양력 6월지기로 가운데 여름·중하(仲夏)다. 하루 중 시간으로는 정오(正午)다. 丁은 음火이다. 午 중 丁은 음이니까 午火도 음火이다. 고로 촛불, 등잔불이요, 생화(生火)·유화(柔火)·활화(活火)·등(燈)·촉(燭)·열성(列星) 즉 별과 달이다. 6월에는 하지(夏至)가 있으니 밤이 길어지기 시작한다. 고로 1음이 시생(始生)이다. 옛날로 비유하면 하지 전후 5일이 모내기에 가장 적기라고 했다. 요즘은 기계 모내기가 시작됐으니 조금 빨라졌다. 하지는 양력으로 6월 21 · 22일이다. 12월 21 · 22일은 동지다. 하지를 지나면서 음이 당권하니 땀이 나면 음이 작용해서 끈적거린다. 고로 씻어야 한다. 또 午도 역마지살로 보라. 역마(驛馬)는 파발마이다.

방향으로는 정남이다. 팔괘로는 이궁(離宮), 이위화(離爲火), ☲ · 이허중(離虛中)이다. 겉은 양이지만 속은 음이 지배하고 있다. 고로 이허중이다. 즉 여름은 겉은 양이지만 속은 음이 지배하고 있다. 이것이 불쾌지수이다. 외양내음이다.

수리로는 2수이고 색으로는 홍색에 가깝다. 인체로는 심장이고, 성격으로는 예의, 명랑, 아집, 의심과 연결된다. 동물로는 말이다. 말은 짐승들 중에서 가장 바람둥이고 멋쟁이다. 또한 의심이 가장 많다. 또 4왕지국이다. 홍염살(紅艶殺)이다. 붉을 홍에 요염할 염이다. 얼굴에 붉은 색은 끼가 많고 요염하다. 현침살이다. 현침살이 있으면 침 잘놓고 직언 잘 한다. 탕화살과도 연결된다. 불조심해야 한다. 옛날부터 불 나는 날을 말날 · 午일로 연결해서, 말날에는 지붕을 이지 않는다. 요즘은 가급적이면 午일에는 집수리하지 마라 한다.

火는 분산(分散)이다. 고로 화가 많으면 산만하다. 火는 꽃이다. 火가 많으면 꽃이 많고, 火가 없으면 꽃이 없다. 火는 문명이므로 요즘도 火가 있어야 매스컴 잘 타고 방송 나온다. 火는 정신이다, 水는 정(精), 火는 신(神), 木은 혼(魂), 金은 백(魄)이다.

火는 우족류(羽族類)다. 날아다니는 새종류다. 날아다니는 짐승은 교미시간이 0.1초다. 고로 火일주가 火가 약하면 남자는 모두 조루이다. 참고로 木은 채식 · 분식 · 나물 종류, 火는 우족류 · 꿩 · 새종류이고 팔팔 끓여야 한다. 土는 네 발로 기어다니는 것, 金은 갑골류 · 단단한 것, 水는 어족류 · 수산물 · 회다. 또 쓴맛 고(苦), 혀 설(舌), 역상(逆

上), ▽역삼각형, 뾰족뾰족한 것도 火다. 적외선·자외선·전기·화약류·인화물질·위험물 취급 등으로 응용되고 있다.

一음이 시생하는 곳이 되어 하지가 지나면 밤이 길어지고 또 내적으로는 습이 당권하기 때문에 땀을 흘리면 끈끈하게 되는 것이다. 그리고 외양내음이 되어 겉으로는 강하나 속은 약하여 외실내허(外實內虛)요, 이중성격이 될까 염려된다. 겉다르고 속다르다는 것이다.

따라서 체(體)는 양이나 용(用)은 음으로 작용하기 때문에 장간은 丁火가 본기로 되어 있고 火생土는 잘 하나 조토요, 火극金은 패지라 불용(不用)한다. 불의 열기가 약하여 완전하게 제련할 수 없어 강강(强剛)한 쇠를 만들 수 없다는 것이다. 木은 사지에 목분(木焚)되고, 水는 절지라 증발에 유색되며, 정방(正方)에 위치하고 있어 타 오행을 만나도 변질은 안 되나 寅午火국이나 午戌火국이 될 때에 비로소 火로서의 임무를 다하게 된다.

未와는 육합이면서도 火국으로 행세하는데 혹자는 午는 태양·해, 未는 태음이라 합국이 안 된다 하고 있으나, 양력 6월·7월은 여름에 소속되므로 火국이 분명하고, 巳·未와는 방합火국이나 득국을 하기 전에는 완금장철은 고사하고, 연약한 금·은·주옥도 녹일 수 없으니 주의하기 바란다. 제일 좋은 火국은 寅午戌火국이다.

午火는 총칭 도화이다. 午는 어디에 있든지 하나만 있어도 바람핀다. 고로 홍염살이다.

당사주로는 천복성(天福星)이다. 子水와는 子午로 상충하고, 丑午로 육해살·원진살·탕화살·귀문관살이 성립된다. 4개의 살이 한꺼번에 끼고 돈다. 남자가 丑午가 있으면 처첩음독이다. 또는 마누라가 천하의 악질이다. 자기가 제 목숨 끊는 게 쉬운 것은 아니다.

卯와는 午卯로 육파가 되고 화재·비관·음독 등을 주의하고, 辰午

酉亥는 자형살(自刑殺)로 수족에 이상이 있다. 직업으로는 의약·독극물 취급·위험물 취급·소방관·폭약·인화물질·화공·전자 등에서 많이 보고 있으나 주색에 흐를까 염려된다.

午월에는 먹을 게 없다. 녹음이 무성하기만 하다. 녹음 푸르르고 잔디 새파랗고 남 보기는 좋은데 실속이 없다. 午월에 나는 것은 보리밖에 없다. 보리는 멋있다. 바람에 흔들릴 때가 멋있다. 화가가 그림 대상으로 한다. 도화다. 벼는 도화에 안 들어간다. 청보리·익은 보리 등이 도화대상이다. 그러므로 멋을 알고 낭만적이다. 남의 심리 꿰뚫어보는 것도 장점이다. 寅午戌 깔고 있으면 심리파악의 대가다. 센스 9단이다.

丙火가 午월에 나면 군마병화라고 했다. 활쏘기 명중 사수다. 午火가 있으면 알곤 용접 기술자 등 특수기술자다. 午월생은 몇시생이 최고인가? 巳월생과 같이 辰시생이 최고 좋다. 진짜 좋다. 군마병화다. 명예가 천리 간다. 午일날에는 지붕 고치지 말고, 굴뚝 고치지 마라. 고치고 불 날까 두렵다.

나. 午火각론

● 午火가 子水를 만나면,

子午충으로 충패되며, 절궁이요 절멸되고 몰광이다. 水극火당하고, 하지가 동지를 만났고, 정오가 자정을 만나는 것처럼 완전 몰화(沒火)가 된다. 화재·수재·송사·사고·구설 주의하라. 충으로의 변화는 타의에 의한 변화이고, 잘못하면 쫓겨나고 1급 비밀이 노출된다. 육친으로는 비겁년에 비밀 노출된다. 만약 午火 용신이면 子년 子월 子일 子시에 누심장이 멎게 된다.

●午火가 丑土를 만나면,

火生濕土에 도기요, 완전 회기(晦氣)로 화식되는데 혹자는 3양이 회태(懷胎)된다 하여 火기가 눈에 보이지 않게 살아난다고 하고 있으나 동절이 분명하므로 몰화(沒火)라 주의하기 바란다. 또 丑午는 육해·원진·귀문·탕화로 정신이상, 신경쇠약, 처첩음독, 신경쓰임, 원망 등과 연결된다. 모든 게 원망스럽고 모든 게 원수다.

●午火가 寅木을 만나면,

木生火에 장생이요, 寅午로 火국하여 火기가 충천함과 동시 또 하나 가장 좋아하는 이유는 甲己로 암합하고 있어서다.

●午火가 卯木을 만나면,

습목이라 종내는 화식되는데, 火가 득국하여 강렬하면 염려할 것 없으나 연기는 나게 마련이다. 午卯파다. 午가 卯 만날 때 습목이니 마르면서 태우니까 연기가 난다. 고로 눈물이 난다. 그래서 일지 午火가 卯년 만나면, "금년에 눈물 흘릴 일이 있겠네요." "석탄 백탄 타는 덴 연기도 펄석 나구요. 이내 가슴 타는 덴 연기도 김도 안 나네." 사발가의 한대목이다.

●午火가 辰土를 만나면,
火生土에 습土로서 회기된다. 火의 기운이 빠져버린다.

●午火가 巳火를 만나면,
巳午로 火국이다.

● 午火가 午火를 만나면,

午午로 火국이나 종(從)이 없어, 종내는 선장이 둘이 될까 두렵다.

● 午火가 未土를 만나면,

午未로 火국하니 역시 계절 즉 때의 감각은 어쩔 수 없는가 보다. 위의 巳午, 午午, 午未의 火국은 모두 숯불이 아니라 기름불이다. 모두 방합이니까 그렇다.

● 午火가 申金을 만나면,

병들고 화식된다. 일몰로 해가 석양으로 넘어간다. 불이 꺼지고 서리 맞는다. 午 중 丁火가 申 중 壬水와 丁壬으로 암합한다.

● 午火가 酉金을 만나면,

일몰 되고 화식되니 이를 두고 금다화식이라 한다. 석양이고 서리 맞는다. 午火가 酉 만나면 申보다 더욱 나쁘다. 申시는 해가 남아있고, 酉시는 금방 넘어간다.

● 午火가 戌土를 만나면,

午戌로 火국이 되나 입묘요, 火생土로 설기된다. 그러나 다시 살아난다. 불씨가 화덕을 만나는 것으로 생각하라. 午火 불씨를 화덕에 넣고서 자면 아침까지도 불씨가 살아 있다. 그러나 戌시에 또 9월절로 얼마가지 않아 회기될 터이니 자만은 금물이다.

午火가 申酉시에 죽었다가 戌시에서 살아난다. 그러나 亥子水 때문에 다시 흙 속으로 들어간다. 戌속에 들어가 있으면 水가 근접 못 한다. 土극水하므로 그렇다.

● 午火가 亥水를 만나면,

水극火에 절지로 몰火가 되는 것은 사실이나 子水와는 다르다. 丁
壬・甲己합이 있다. 이것이 음과 양이 다르다는 것이다. 즉 子와는 子
午충인데 亥와는 甲己・丁壬으로 암합하고 있다. 水극火이지만 午火
를 완전히 깨지는 않는다는 것이다.

※火를 사람으로 비유해보자.

巳午未에서 전성기, 申에 병들어서, 酉에 죽게 되는데, 戌에 무덤으로
들어갈 줄 알았는데 잠시 살아났다가 亥子丑에 끌까닥한다.
午火는 장성・장군・대장이다. 子・午・卯・酉에 태어난 사람은 어
디를 가나 본인이 대장노릇을 해야 한다. 그렇지 못하면 거기에 대한 컴
플렉스가 오게 되어서 아이구 나 죽겠네로 큰일이다.

---

8. 未土

가. 未土총론

未土의 암장은 丁乙己다. 丁은 흙 속의 불이고, 乙은 흙 속의 나무다.
흙을 벗겨내면 丁과 乙이 나타난다. 未월은 양력 7월지기로 2음이요,
하루로는 오후 1시 30분에서 3시 30분까지를 지배하고 있으며 절기로
는 소서(小暑)절이다. 이때는 삼복(三伏)지기다. 초복(初伏)・중복(中
伏)・말복(末伏)을 이른다. 초복은 하지 입절후 셋째 庚일이다. 중복
은 하지 입절후 네 번째 庚일이다. 말복은 입추 입절후 첫 庚일이다.
여기서 중복이 지난 후 10일만에 庚이 오는데 아직 입추가 안 들어왔
으면 그때는 월복이라고 한다. 중복과 말복 사이가 20일간이 된다. 이

때는 "아이구, 더워라."한다. 복(伏)자는 사람 인(人)변에 개 견(犬)자다. 고로 사람이 개 잡아 먹는 날이라는 것이다.

未土는 음土이나 火여기의 힘을 얻어 오히려 왕土에 가깝고 조토이다. 아직도 여름이고 불 먹은 흙이다. 잘못 만지면 손을 델 수 있도록 火기를 머금고 있다.

동물로는 양(羊)이다. 염소·기린 등 사슴과이다. 기린은 뿔이 하나다. 고로 옛날부터 귀한 자손을 기린에 비유했다. 사주에서 未가 필요할 때는 이름 지을 때 상서로울 상(祥)이나 자세할 상(詳), 아름다울 미(美) 등을 선별해서 응용한다. 단 상서로울 상자(字)를 쓴다면 큰 부자되는 기대는 버려야 한다. 세상을 욕심부리지 않고 착하게 사는 게 상(祥)자의 뜻이니까 그렇다.

未 속에는 丁과 乙 즉 편인과 편관이 암장되어 있어서, 편(偏)이므로 불용(不用)인데 즉 길(吉)로 작용되지 않는다. 편이란 뭇것이고 대중의 것이다. 먼저 차지하는 게 임자이다. 가령 辰에는 乙정관과 癸정재가 있는데 정(正)이므로 내 것이니 좋게 작용한다. 정(正)의 개념은 천천히 온다. 예견된 것, 바르게, 약속된 것, 내 것이다. 정도(正道)이다. 편(偏)은 육친으로는 편인·편관·편재·상관·비겁으로 급속히 온다. 빠르게, 의외의 것이다. 큰 것·많은 것이다. 약속 안 된 것, 뭇 것·대중의 것이다. 편법·편도로 작용한다는 것이다. 가령 편인(偏印)은 뜻밖의 소식이다. 의외의 소식이고, 생각지도 않았던 이사수이고, 생각지도 않게 집을 팔게 되고, 집 짓게 되는 데도 생각지도 않았다가 집을 짓는다. 정인(正印)은 그 동안 계획했던 것을 짓는다. 정재는 내 마누라, 내가 노력해서 번 돈이고, 편재는 남의 마누라, 일확천금으로 횡재하는 것이고, 정관은 내 서방이요, 편관은 남의 서방이다.

未는 화개로 종교·철학이고, 천역성이다. 역마라는 것이다. 未 하나만 있어도 역마살 하나 있다고 본다. 未는 염소이니 염소와 같은 특성이 있다. 고집 세고 심술 있다. 샘이 많고 물을 싫어한다. 물을 싫어하니까 목욕 자주 안 하고 세수 자주 안 하고, 땀 싫어하고 수영장 가기 싫어하고 등이다.

土이니 신(信)과 연결되고, 숫자로는 10수, 족복류와 관련 있고, 색으로는 황색, 인체로는 비위·요(腰)·장 등에 해당하고 있으며, 未土는 본래 土극水는 잘 하나 土생金은 못 하며 또 삼복지기와 7월지기가 되어 丙·丁火가 착근할 수 있으니 火생土라하여 회기로 보아서는 안 된다. 未월이나 未시에 丙·丁火일주는 살아있는 불이다. 꺼져있는 불로 보면 착오가 생기니 주의하라. 속된 말로 흙이라고 하여 마음놓고 만진다면 반드시 화상을 당하고 마는 것이 未土이니 어찌 만물을 자생하고 가색의 공을 이룰 수가 있겠는가. 따라서 未월 戊己土는 불용가색이라고까지 하고 있으며 亥나 卯를 만나기 전에는 그대로 土인 것이다. 즉 未土는 조토라 농사 지을 수가 없다는 것이다. 바싹 말라있는 땅이 되어서 발아가 안 된다. 조토가 재·돈이라면 모래성 쌓기다. 바람과 함께 사라진다.

암장의 공통분모를 보자.

子·午·卯·酉는 불변이다. 암장이 하나니까 어떤 오행 만나도 자기 자리 지킨다.

寅·申·巳·亥는 2개로 오행 작용한다. 寅은 木이면서 火로 작용한다. 申은 金이면서 水로 작용하고, 巳는 火이면서 金으로 작용하고, 亥는 水이면서 木으로 작용한다.

辰·戌·丑·未는 3개로 작용한다. 辰은 木·水·土, 戌은 金·火·土, 丑은 水·金·土, 未는 火·木·土로 각각 작용한다.

그리고 午火와는 午未로 육합이나 火국이 되고, 亥卯와는 亥卯未삼합木국이요, 巳午와는 巳午未방합火국하며, 丑과는 丑未로 상충한다. 충은 이탈이요, 타의에 의한 변화이다. 戌과는 未戌로 형이나 왕자형발(旺者刑發)로 未土가 더욱 왕하여지는데 未 중 乙木과 戌 중 辛金이 피상됨은 면하지 못하며, 丑戌未는 서로 삼형살이니 수술·사고·관재와 연결된다. 또 子水와는 육해에 원진이고 처산망(妻産亡)이 특징이고, 寅과는 寅未귀문관살이니 신경쇠약에 까다롭고 정신이상이고 엉뚱하다. 신경이 예민하다.

삼합관계로 연결해보면, $\frac{○乙○○}{未亥○○}$의 경우, 乙木이 통근하려면 寅·卯가 있어야 하는데 이 사주에는 寅卯가 없다. 그런데 亥未木국으로 나의 뿌리를 하게 된다. 고로 乙木이 제대로 뿌리하고 성장할 수 있게 만들어준다. 亥는 어머니요, 未는 마누라다. 고로 어머니와 마누라가 합심해서 내가 설 땅과 내가 살길을 마련해주고 있는 팔자이다. 고로 "당신은 어머니와 마누라를 잘 섬기시오. 당신을 잘살게 하는 것은 어머니와 마누라입니다."라고 한 마디 해줘라.

未에 木은 입묘로 고목(枯木)이라, 백발이 염려요, 木이 未 만나면 나 죽는다고 한다. 자기가 죽는 고장이기 때문이다. 가령 $\frac{○乙辛甲}{○酉未戌}$의 경우, 乙木이 未에 입묘로 죽는다. 고목이 된다. 未는 편재니 아버지다. "당신은 아버지 때문에 나 죽겠소 한다.", "아버지 때문에 죽게 되는 사주다." 했더니 말하더라. 木이 신약하여 의지할 데가 없으니 반푼수다. "집에 식모를 건드렸는데 지금은 아버지와 결혼해서 살고 있어요. 동네사람에게 말했더니 아버지가 알고서 나 죽인다고 깡패까지 동원했어요."하더라.

火는 약하나마 득근하고, 土는 강왕하여지는데 조토가 되어 흠이며, 金은 인수이면서도 생을 받지 못하니 있으나마나 하나 金왕에는 재고로 주중에 재 없어도 부(富)할 수 있고, 水는 土극水당하여 완전 유색된다.

여기서 왕자형발(旺者刑發)·왕자충발(旺者冲發)을 보자. 너무 강한 것을 건드려 놓으면 더욱 많아진다. 숙호충비(宿虎冲鼻)와도 연결된다. 잠자는 호랑이 코를 건드렸다는 것이다. 未도 戌도 바싹 마른 흙이다. 未戌형하면 부피가 더욱 많아진다. 반대로 쇠자충발(衰者冲拔)·쇠자형발(衰者刑拔)은 약자를 건드려놓으면 뿌리째 뽑힌다는 것이다. ○乙辛○의 경우, 金木상전으로 근통·두통·치통까지 걸렸다. 酉월이
寅酉酉酉
많아서 나무가 시들었다. 여자라면, 金이 서방이다. 그런데 乙辛충이 걸렸다. 남자에게 매 맞고 산다. 金이 많으니 이 사주에서는 金이 대장이다. 卯년이 왔다. 卯酉충으로 왕자충발 현상이 생긴다. 지지로 오는 卯이므로 乙木의 동생이다. 乙木의 동생이 시집간 언니가 형부에게 맞고서 살고 있다는 소식을 들었다. 고로 "왜, 언니는 이유 없이 형부한테 매 맞고 살아? 오늘 내가 卯酉충으로 형부 받아버릴 거야." 그러자 乙木은 아무소리 하지 말라고 벌벌 떨지만 卯동생은 기어코 辛형부에게 싫은 소리한다. 그러자 辛 못된 형부는 "우리 부부의 문제다. 왜 네가 나서냐?"하자 卯는 속상해서 집으로 가버린다. 卯가 卯酉충하고서 가자 辛서방은 문 걸어 잠그고서 乙木을 乙辛충으로 두들겨 팬다. 위와 같이 강왕한 자는 건들면 큰일난다. 또한 乙木을 머리로 비유하면 "이 년, 머리카락을 모두 잘라버린다. 또는 손발을 꽁꽁 묶어버린다." 고 한다. 신약자는 항상 고달프다. 억울하면 신강해지라는 것이다.

未土 하나만 가지고도 간염이고, 간기능이 약하다. 木의 고장이니 간이 늙었다. 未 중 乙木이 간, 丁火가 염(炎)이니 합쳐서 간염(肝炎)이다. 未가 많으면 백발이 많고 또한 金이 많아도 서리 맞으니 백발이 많다.

庚金이 未 만나면 재고·돈창고다. 未가 흙이니 땅이다. 곧 땅만 사놓으면 돈창고가 된다. 남이 버려놓은 未土 황무지 같은 땅을 싼 값에 사놓으면 금싸라기 땅이 된다. 재고니까 금싸라기 땅이다. 또 천을귀

인으로 길하다. ○㊉○○의 경우, 未는 土생金으로 인수다. 인수는 사는
卯未○○
것·매입(買入)이다. 卯未가 합하니 재국이 된다. 재국은 돈이고 현금
이다. 고로 이 사람은 항상 土생金으로 사가지고 돈으로 초점이 연결
되니까 "얼마나 남겠는가?"하는 생각만 한다. 만약 애라면 "엄마 이것
사서 팔면 얼마나 남을까요?"하는 소리만 한다.

　未월은 한여름의 끝자락도 되면서 덥다. 땅도 갈라지고 소서도 입절
되고 먹을 것도 없다. 고로 木이 들어가 죽는다. 나뭇잎이 다 죽고 썩
어야 거름이 되어 다음의 木이 싹이 튼다. 未는 卯를 만나야 좋다. 卯
未木국이 되어 담쟁이덩굴이 된다. 사람이 보약은 卯辰월에 먹어야 좋
다. 未월에 먹으면 효과가 없다. 未월에 먹으면 木이 안 살아나니까,
卯辰월에 먹어야 木이 살아난다. 나무를 꺾어다 꽂아도 살아난다. 水
생木해서 木을 살린다. 木기는 생명력과 연결된다. 未월에는 모든 게
썩고 미완성이다. 고로 계약 등 모든 것을 피해라.

　未자에 입 구(口)가 붙으면 맛 미(味)자다. 고로 미각 뛰어나다. 맛
있는 거 좋아한다. 남에게 사먹이기도 잘한다. 未는 국수도 된다. 그러
므로 국수장사 많다. 未는 맛이 달다. 소독된 땅이다. 황토다. 구성 잘
되면 황토오리구이 장사도 좋다. 조토이므로 도자기업도 좋다. 찜질방
사업도 좋다.

나. 未土각론

● 未土가 子水를 만나면,
절지로 토류되고 음지 된다.

● 未土가 丑土를 만나면,
丑土로 상충이라 未土가 완전히 붕괴되고 파괴된다. 고로 충이라 하

여 모두가 개고라 할 수 없다. 병으로 연결하면 위경련·위수술까지 연결되고 대장에 병이 오는 것도 주의하라.

丁丑일주가 앉은 자리에 재고로 돈창고 놓았는데 ○丁○○／○丑午午 라면 未가 와서 丑未충 되자, 금고문을 열었다. 未가 午未火국으로 비겁이 많아지니 丑未충 자체가 잘못됐다.

●未土가 寅木을 만나면,

木극土당하여 붕괴되는데, 혹 寅 중 丙火가 火생土하여 未土가 살아날 것 같으나 토열(土裂)되므로 만나지 않은 것만 못하다. 여기서 토열이란, 土가 火를 많이 만나면 가무니 土가 찢어지고 갈라지는 것을 말한다.

●未土가 卯木을 만나면,

卯未木국으로 삼합되어 土기는 찾아볼 길 없고 木기로 변했다.

辛未일주가 子년에 상담하러 왔다. "선생님 제가 땅 좀 가지고 있는데요, 그 땅이 언제나 팔려서 제값을 받겠어요?" 辛未일주가 卯년이 되어야 卯未합으로 木국이 되니 재가 되어서 금고 즉 큰 돈이 만들어진다. 고로 "3년이 지나서 卯년이 되어야 제값 받고 개발 되겠어요."한다.

乙未일주가 卯년이 되면 어떤 일이 예상되나? 卯未로 木국이 되었으니 재가 변해서 비겁이 됐다. 비겁은 내 것을 빼앗아가는 것이다. 고로 未土마누라가 어디로 가버리고 없다. 이것이 이혼수이다.

●未土가 辰土를 만나면,

조습이 균형을 이루어 가색의 공을 이룰 수 있어 좋다.

●未土가 巳火를 만나면,

巳未로 火국하니 土가 아니라 火요, 巳 중 庚金과 未 중 乙木이 乙庚
으로 암합한다.

●未土가 午火를 만나면,

午未로 火국하니 土가 아니다.

●未土가 未土를 만나면,

土가 왕하다고는 하나 未월이 둘이다. 삼복이 둘이다. 얼마나 덥고
여름이 길까? 겉으로는 土이나 실은 火에 가깝고 또 土기는 왕하나 조
토임은 면할 길 없다.

●未土가 申金을 만나면,

土생金에 상관으로 설기되고 도기된다. 또 未申 곤(坤)방으로 같이
있다. 고로 未 중 丁·乙과 申 중 壬·庚과 각각 丁壬·乙庚으로 암합
한다. 곤방은 팔괘로 곤위지(坤爲地)·곤삼절(坤三絶)·☷이다.

●未土가 酉金을 만나면,

土생金으로 설기되고 음지가 된다.

●未土가 戌土를 만나면,

未戌로 형이나 왕자형발로 土기는 왕하면서 개고가 된다. 사주에서
土가 필요하면 길하게 작용하고, 土가 나쁘게 작용하면 흉하다. 未戌
형이니 관재·송사·사고로 연결되고, 위수술 받고, 위경련으로 연결
되고, 물물교환이다. 굴러온 돌이 박힌 돌을 빼낸다. 빼내고 그 자리에

들어앉는다. 또 교체한다. 부동산을 바꾸고, 집 바꾸고, 육친에 해당하는 것을 바꾼다.

참고로, 土로 연결되는 것이 꼭 가서 보면 절터라고 한다. 丙·丁일주가 丑土 놓고 있으면 절터·절집 사 놓으면 돈 번다. 金일주가 未土 놓고 있으면 역시 절터·절집 사 놓으면 돈 번다. 土이니까 절터·절집이고 무당집이다.

● **未土가 亥水를 만나면,**

未亥로 木국이라, 水도 土도 아니요, 木으로 변신하였고, 또 木생火도 할 수 있다. 이질과 이질이 만나서 동질이 된다. 가장 크고 강하게 제 구실을 할 수 있다는 것이다. 亥 중 壬水와 甲木이 未 중 丁·己와 丁壬·甲己 암합하니 철저한 합이 된다.

9. 申金

가. 申金총론

申金의 암장은 壬庚이다. 申 속의 壬은 庚 속에 숨어있다. 오후에는 잎새에 물방울이 생긴다. 이것이 申 중의 壬이다. 날씨가 너무 더웠다가 시원해지니 자체적으로 물방울이 생긴다. 주전자에 얼음 넣으면 주위에 물방울이 생기는 것을 연상하라.

양력 8월지기로 초추·맹추다. 입추가 입절하면 申월이다. 여기서 申월 초순은 계절로는 가을이나 여름과 같다. 입추가 지나서 첫 庚일이 말복인데 말복까지도 무지하게 덥고 불볕더위다. 늦더위고 말복 전후해서 지열이 발생하니 더욱 덥다. 이 점을 사주 감정시에 주의하라.

申월은 3음이 시생하고, 하루로는 오후 3시 30분에서 5시 30분 사이를 지배하고 있다.

오후 3시 30분과 5시 30분은 햇빛이 하늘과 땅이다. 차이가 크다는 것이다. 申월생이면 초순에 태어났는지, 하순에 태어났는지, 申시에 태어났다면 초에 태어났는지, 말에 태어났는지 반드시 참조하라. 말에 태어났다면 햇볕이 꺾어진다는 것이다. 寅월생도 마찬가지다. 초순에 태어났나, 하순에 태어났나. 寅시에 났다면 초에 태어났는지, 말에 태어났는지, 초면 한밤중이고 말이면 일어날 시간이다. 반드시 참조하라. 寅申충이니까, 정반대인데 극과 극은 같다는 것이다.

申金은 양금(陽金)·사금(死金)·강금(剛金)·완금장철(頑金丈鐵)로 무쇠 덩어리지만 장간에 壬水가 있어 능강능유(能强能柔)에 자체 조화를 할 수 있어 좋다. 자체 조절을 한다. 극기(克己)가 자기 조절이다. 강한 쇠라도 水라고 하는 겨울 즉 냉각작용에 의해서 마음대로 휠 수가 있다. 상식이 없으면 자기 조절이 잘 안 된다.

계절로는 입추이고, 방위로는 곤방(坤方) 즉 서남간방이고, 색은 백색, 숫자는 9수, 동물로는 원숭이다. 현침살과 연결되고 인체로는 대장·골격·치질·맹장이고 성격으로는 의리·냉정이다. 金에 해당하는 것은 모두 피와 연결시켜라. 혈질(血疾)은 치질·맹장·백혈병까지 연결하라. 申은 사생지국(四生之局)이고 역마와 지살이다. 이것이 철마(鐵馬)다. 철도·기관차로 연결하면 된다.

또 곤충, 갑골동물이다. 모든 변화하는 동물은 金에 소속된다. 곤충도 변화한다. 매미도 굼벵이가 변화해서 된다. 번데기·자라 등도 金에 해당한다.

서리(상·霜)도 연결된다. 풍상(風霜)이다. 고로 金일주가 金이 많아도 만고풍상이다. 그러므로 金도 바람이니까 끼가 있다는 것이다.

申金의 특징은 金극木도 잘 하고 金생水도 잘 한다. 金생水 잘 함은 水의 장생궁이기 때문이나 子水를 만나면 水국으로 변하고, 辰土를 만나면 申辰으로 水국인데 辰土가 자양지금(滋養之金) 즉 土생金하기 때문에 子水가 개입하기 전에는 완전한 水로 변질되지 않으니 주의하라.

또 申에 木은 절지에 추절지목으로 절목되고, 서리 맞고, 낙엽 지고, 소멸되어 뿌리 못 하고 깎인다. 火기는 병들고 죽는다. 화식된다. 土기는 도기되고 변색된다. 땅에 철분이 너무 많다. 金기는 관왕이다. 자기 때를 만났다. 水기는 장생이라 12지지 중 제일 좋아한다. 金생水 받아 샘이 솟는 물이다. 수원(水源)이다. 예를 들어보자. 甲申은 살지로 甲木이 깎인다. 丙申은 재살지로 丙이 죽는다. 戊申은 철분이 많아서 농사가 안된다. 고란살이다. 庚申은 도로신이다. 간여지동으로 고독하다. 壬申은 金생水로 물이 마르지 않는다.

酉戌과는 방합으로 金국의 일원(一圓)이 되며, 巳火와는 巳申육합이 되나 합화水는 응용을 못하고 또 형살이 되므로 종견괴래(終見乖來)라 선합후형(先合後刑)으로 처음은 좋고 결과는 나쁘다. 마침내 나쁜 일이 온다. 한편으로는 申 중 庚金과 巳 중 庚金이 친합한다 하나 형은 형이요, 金왕에는 자연발생하는 원칙에 의하여 보이지 않는 水기는 논할 수 있다 하겠다.

다음 寅과는 寅申상충이요, 寅巳申은 삼형살로 무은지형(無恩之刑)이다. 납치·실종·감금·송사·차 사고가 다반사로 일어난다. 그것도 저것도 할 말 없으면 무조건 객사하는 팔자라고 보라. 역마지살이 형살이면 집에서 좋게 못 죽는다. 寅申巳亥는 도로요 길인데, 형살이 연결되어 있으니 갈 때는 보이는데 뒤돌아서니 지그재그로 형살작용으로 안 보인다. 길이 없어져 버리니, 자기 집 못 찾고 방황하고 실종된다. 卯와는 卯申원진·귀문관살이 된다. 卯申을 놓고 있는 사람은 본처가 불감증이다. 만약 애인이면 변태다.

주중에 金이 많으면 水는 자연발생한다. 金이 많으면 보이지 않는 水가 있다. 가을·金이 깊으면 겨울·水가 온다. 사주에 木이 많으면 보이지 않는 火가 있다는 것이다. 사주에 火가 많아도 申이 있으면 겁나지 않는다. 申 중의 壬水가 극火할 수 있으며 또 입추가 입절하면 여름도 물러서야 하기 때문이다. 사주의 년·월·일에 火가 많아도 申시면 해가 지는 시간이니 겁 안 난다. 申 중에 壬이 있어서 火가 火극金하려고 해도 壬이 있으니 水극火당할까 보아서 못 치러 온다. 壬申일주는 壬이 申으로부터 金생水받으니 탁수(濁水)가 아니다. 그러나 申월 癸水의 경우는 申金양에서 癸水음을 생하니 탁수가 된다. 申중 壬水에 눌려서 癸水가 활동 못한다. 이를 서불수류(西不水流)라고 한다. 어떤 사주든지 음양이 즉 정편(正偏)이 혼잡하여 있으면 혼탁(混濁)사주이다. 혼잡사주가 되면 잡년이고 잡놈이다.

나. 申金각론

● 申金이 子水를 만나면,

申子합水국이 되니 金이 아니라 水로 보아야 한다. 그러나 申金이 어느 위치에 있으면서 子水를 만났느냐에 따라서 가감이 달라진다. ○○子申의 경우는 子월 동짓달이므로 100% 水국이다. ○子申○의 경우는 申월이므로 水국이지만 50%다. 申자체가 가을이므로 가을장마다.

● 申金이 丑土를 만나면,

입묘가 되나 종내는 土생金 받아 힘이 되는데, 한랭은 면하지 못한다. 섣달 만났으니 꽁꽁 언다. 사주 중에서 申이 용신이라면 金水가 좋은 작용을 한다. 고로 丑土는 길작용한다. 어떤 사주든지 金용신이면

金도 水도 필요하니까, 丑은 겨울이니까 좋다는 것이다. 丑이 꽁꽁 얼어있는 金이라고 나쁘다고 하면 안 된다.

●申金이 寅木을 만나면,

寅申으로 충파라 金기는 완전하게 절멸되며 申金이 없어진다. 충이 되니 타의가 되고, 급속이 되고, 뜻밖에 의외의 일이 생긴다. 여기서 주의할 것은 차 사고·납치·실종·송사·수술이 나온다.

丙申일주가 寅년이 왔다. 남자는 申이 마누라인데, 寅申충으로 어머니가 충해서 쫓아버렸다. 어머니 寅이 木생火로 고자질해서 나중에 火극金으로 모처불합이 생긴다. 丙申일주 남자는 寅년이면 모처불합이 걸린다. 寅申충으로 어머니 편든다.

●申金이 卯木을 만나면,

절지이다. 金은 살아날 수가 없다. 卯 중 乙木과 申 중 庚金과 乙庚으로 암합하고, 卯申원진이고, 귀문관살이다. 신경쓰이고 미쳐돌아간다. 실수한다. 申이 寅 만나면 충이지만 卯申으로는 원진·귀문만 걸린다.

●申金이 辰土를 만나면,

土생金 받는다. 깨끗하게 닦아준다. 새옷으로 갈아 입는다. 申이 寅년 만나서 寅申충으로 패대기쳐지다가 卯년 만나서 꼼짝 못하다가 辰년 만나서 土생金으로 되살아난다. 이래서 세상은 속아 살기 마련인가 보다. 또 申辰합으로 水국이 되고 乙庚암합이 된다.

●申金이 巳火를 만나면,

巳申으로 합하면서도 형이 되고 있으니 뻔하게 알면서도 당하게 되

어 있다. 극합형합이다. 납치·송사·실종·관재·차 사고 각별히 주
의하라. 역마지살이 형하고 있으니 이런 현상이 일어난다. 합은 내가
하고 싶어서 하는 것으로 알고 있다. 즉 자의(自意)이다. 고로 巳火 만
나면, 저것 만나면 골탕 먹는다는 것을 알면서도 합한다. 그래서 결국
은 형살이 나오는 것이다.

● 申金이 午火를 만나면,

火극金으로 수제(受制)되어 金이 피상되는데도 午 중 丁火와 申 중
壬水는 丁壬으로 암합한다. 火극金 받으나 午 중 丁火이니 농기구밖에
안 된다.

● 申金이 未土를 만나면,

인수이면서도 土생金을 받지 못하는데 암장으로는 丁壬·乙庚으로
합하고, 또 곤방(坤方)으로는 함께 한다.

동남간방(東南間方)은 辰巳손방(巽方)으로 戊癸·乙庚합이 있고,

서북간방(西北間方)은 戌亥건방(乾方)
으로 丁壬합이 있고,

동북간방(東北間方)은 丑寅간방(艮方)
으로 丙辛·甲己합이 있고,

서남간방(西南間方)은 未申곤방(坤方)
으로 丁壬·乙庚합이 있다. 모두 암합하
고 있다.

● 申金이 申金을 만나면,

金기가 강왕하여지는 것은 사실이나 편중되기 쉽다. 가을 만났으

니까 金기가 살아난다. 申을 철길로 본다면 申이 둘이니 복선이라고
본다.

● 申金이 酉金을 만나면,
申酉로 합국이다. 열매 맺고 결실이다.

● 申金이 戌土를 만나면,
土生金이라고는 하나 조토가 되어 믿기 어려운 중 丁壬으로 암합한
다. 土生金이나 주중에 午나 寅이 없어야 된다. 午나 寅이 있으면 火국
으로 간다. ○申午○의 경우, 戌년이 오면 土生金 할까? 안한다. 午戌
합을 먼저 한다. 申戌방합과 午戌삼합 중에 어느 것이 먼저인가? 午戌
삼합으로 먼저 간다. 이럴 때에 나타나는 현상으로는 申金은 申戌합으
로 도와줄 줄 알았더니 자고 일어나보니 午戌火국으로 호랑이로 변해
서 申金잡아 먹으려고 달라 붙는다.

● 申金이 亥水를 만나면,
金生水로 설기되고 금침(金沈)되어 행세를 못 한다. 흰색이 검정색
만났으니 변화가 되어 버렸다.

10. 酉金

가. 酉金총론

酉金은 중추(仲秋), 양력 9월지기로 4음이다. 일년 중 酉월이 제일
맑고 깨끗하므로 중추가절(仲秋佳節), 천고마비(天高馬肥)라고 한다.

절기로는 백로(白露)다. 酉월이면 이슬이 희어지기 시작한다. 이슬을 먹어보면 아주 독하다. 옛날에는 학질·말라리아 걸리면 아침이슬 받아서 먹인다. 증상은 주기적으로 춥고 덥고 하는데 사람 미친다. 하루 중 시간은 오후 5시 30분에서 7시 30분 사이를 지배하고, 음金, 생金, 유(柔)金, 연(軟)金, 금·은·주옥이다.

酉金은 金불상(佛像)으로 본다. 고로 酉金을 절로도 본다. 그리고 침(針)으로도 푼다. 침 중에서도 金침이다. 이 금침은 X-Ray에 나온다. 또 비철금속이고 경금속이며 제련된 金이다. 알미늄, 스테인레스다. 酉월은 청백(淸白)하다. 맑고 깨끗하다. 고로 酉월생이 제일 예쁘다. 또 酉金이니 의리 있다. 완벽주의이고 마무리 잘 한다. 끝장 본다. 酉월은 결실이니까 그렇다.

酉金의 특징은 타오행으로 변화하지 않는다. 4왕지국(四旺之局)이다. 또 총칭도화다. 金극木은 잘 하나 金생水는 하더라도 청백지수(淸白之水)가 되니 너무나 맑고 깨끗한 것이 흠이다. 방향은 정서쪽이다. 팔괘는 태궁(兌宮), 태위택(兌爲澤), ☰ 태상절(兌上絶)이다. 酉는 건조하다. 고로 酉월에 난 사람은 건성피부고, 가을은 金이니 백색이다. 고로 백인들에게서는 노린내 냄새가 난다. 그래서 향수가 발달했다. 숫자로는 4수이고, 성격으로는 의리가 있다. 酉金은 철쇄개금살이다. 해결사이고 남의 고민을 풀어 주는 것으로 의사·법관·역학자에 해당한다. 동물로는 닭이다. 사주가 좋으면 봉황(鳳凰)이다. 봉은 수컷이고 황은 암컷이다. 이름에 봉자를 넣을 수 있는 사주는 장관급 사주 정도는 되어야 한다. 아무나 봉자 넣고 지으면 봉자에 눌려서 되는 일이 없다.

가을은 건조의 계절이다. 여름은 무덥지만 빨래를 널어두면 습이 들어가므로 오후에 걸어서 처박아 두면 곰팡이가 생기는데, 가을은 건조의 계절이므로 그런 일이 없다. 따가운 햇볕에 벼를 3일만 말리면 아주 단단해진다는 것이다.

酉金에 木은 절지요, 절목(折木)되고, 서리 맞고, 뿌리 못 한다. 火는 병사궁이다. 일몰(日沒)되고 꽃이 진다. 서리 맞고 낙화(洛花)된다. 土는 변색된다. 설기되고 음지고 철분과다로 농사 안 된다. 金은 관왕으로 제계절이므로 강하다. 水는 金생水 받으나 지나치게 깨끗하여 청백지수(淸白之水)로 맑은 물이 된다.

辰土와는 辰酉로 생합金국 육합이 된다. 辰이 있는 곳에 酉가 따라들고 酉가 있는 곳에 辰이 따라든다. 왜냐하면 부부합이니 그렇다. 巳丑과는 삼합金국이 되고, 申戌과는 방합金국이다. 酉金은 어떠한 합이라도 타오행으로 변질되지 않는다.

위에서 辰酉합은 土생金으로 생합한다고 했다. 즉 생을 하면서 합한다. 육합을 보면, 子丑, 卯戌, 巳申합은 극합이고, 辰酉, 寅亥, 午未합은 생합이다. 3:3으로 균형을 이루고 있다. 합 중에서도 흉이 있다. 가령 원수가 있다면, 그 원수도 나를 만나야 죽이든지 살리든지 할 수 있다. 고로 무조건 합이라고 좋다고는 못 한다는 것이다.

卯와 卯酉로 상충한다. 酉가 제일 무서워하는 것이 卯木이다. 닭장 위에 토끼를 키우면 닭이 전염병이 안 걸린다. 닭에는 토끼 오줌·똥이 약이다. 子와는 子酉귀문관살이다. 신경질 나도록 깨끗하다. 결벽증이다. 寅木과는 寅酉로 원진살이다.

辰午酉亥는 자형살로 수족에 이상이 있다. 酉金은 비록 연금(軟金)이라 하나 득국하면 완금장철과 같아 火를 만나야 성기(成器)가 됨은 申金과 같기 때문이다.

여기서 申金과 酉金의 차이를 살펴보자. 申은 양이고 양은 크다. 酉는 음이고 음은 작다로 알고 있는데 양은 크고, 음은 작다라는 개념으로만 알고 있으면 나중에 잘못 이해하는 수가 있다. 가령 申과 酉를 가을의 기로 연결한다면 申월이 가을의 기가 강한가? 아니면 酉월이 가을의 기가 더욱 강한가? 酉월달이 더욱 강하다는 것이다. 하루로 치면 申시는 아직 훤하고, 酉시는 석양으로 넘어간다. 申보다 酉가 적으니까 조그만하다고 생각하다가는 착오 일으키니 주의하라.

酉월은 가을이고 정서쪽이며 서방정토(西方淨土)다. 불교에서 최고로 친다. 깔끔하고 다른 게 섞이지 않았다. 서쪽 하늘이 제일 높다. 지역적으로는 티베트다. 직장에서도 서쪽을 등지고 있어야 오래간다. 깨끗한 보석의 金이라 힘든 일은 못한다. 자신을 빛내는 일을 하면 좋다. 酉戌이 있으면 정신세계에 깊이 심취하여 도(道)에 이른다. 酉金은 종(鐘)이고 술잔으로도 응용한다. 고로 종교계에 귀의하면 심취한다.

己酉일주는 지구력이 약하다. 몸으로 때우는 것은 안 된다. 힘든 일은 절대 못 한다. 종소리도 청아하다. 딸랑딸랑한다. 고로 쇠 부러지는 소리는 못 한다. 酉월 寅시생이면 도의 경지에 이르고 명진사해 팔자이다. 절에서 인경 울리는 격이다. 말 한 마디에 모든 사람이 읊조린다. 부귀가 장구하다. 범종의 울림, 즉 맹호 울음소리가 깊은 산 속에 울린다. 酉金은 巳火를 제일 좋아한다. 나는 사랑받기 위해서 태어났다고 한다. 고로 항상 巳를 그리워한다. 여자는 특히 그렇다. 酉날은 집 고치지 마라. 인테리어도 하지 말라. 계속 추가가 된다. 후회할 일 생기고 돈도 추가된다. 닭발은 모든 걸 헤쳐놓기 때문이다.

나. 酉金각론

● 酉金이 子水를 만나면,

金생水로 설기요, 사궁에 金침되어 金기는 소진되고 찾아볼 수 없다. 子酉귀문관살이다. 신경과민, 신경예민, 신경 쓸 일이 많이 생기고, 상당히 날카로워진다. 그러나 甲癸丁丙의 경우, 酉월의 가뭄이 심하다. 酉
午未酉午

월의 기온이 너무 높다. 木火인 양이 많고, 金水인 음이 부족하다. 오로지 월의 酉金에 의지하고 있다. 이때 子운이 오면, 酉金용신이 숲침되고 설기되어서 나쁜 게 아니라 부족된 음을 子水가 와서 보충시켜주고 더운데 물이 와서 좋게 해주니 酉金이 子水에 金침되는 게 아니고 좋게 되니 주의하라.

●酉金이 丑土를 만나면,

비록 입묘라고는 하나 土生金에 酉丑삼합金국이 되면서 자양지금(滋養之金)이라 酉金의 생명선에 완전한 부활이요 환원이다. 여기서 삼합의 원리를 보자. 巳酉丑삼합의 경우, 酉金 쇳덩어리를 丙火 용광로에 녹이자, 거기서 丑의 이물질이 생기니, 丑 중의 辛이 광석이다. 이 중 이물질을 거두면 베어링 스테인레스만 남게 된다. 巳는 火, 酉는 金, 丑은 土로 이질과 이질이 만나서 동질이 되는 것으로 더욱 강한 것으로 변질되는 것이 삼합이다.

申酉戌도 金국이지만, 아무리 찾아봐도 火는 없이 쇳덩이만 있다. 즉 동질과 동질이 만난다. 고로 申酉戌은 고철·잡금이고 巳酉丑은 강철이다.

●酉金이 寅木을 만나면,

절지로 金기는 절멸되고 힘이 없다. 그러나 寅 중 丙火와는 丙辛으로 암합된다. 그리고 寅酉로 원진이다. ○⊕○○의 경우, 辛金 누이동생 寅酉○○이 예쁜데 시지의 앞집에 丙火 총각하고 연애하고 있더라. 寅이 월에 있으면, 뒷집 총각이고, 寅이 년에 있으면 늙은이다. 이걸 응용하면 辛酉일주가 여자면 寅년이면 丙辛합이니 "아유, 누이동생이 금년에 바람나겠어요. 연애하겠네요."한다. 그러나 寅酉원진이니 두 경우 모두 원수와 인연 됐다. 결과는 안 좋겠다고 본다.

●酉金이 卯木을 만나면,

卯酉로 충파되어 金기는 완전 파괴된다. 수술·관재·사고다. 자연으로 비유하자면, 금맥이 안 보인다. 금맥이 안 보이면 광산은 폐광이 된다. 酉가 금맥이면, 卯酉충으로 옆에 두고도 못 찾는다. 여기서 주의할 것은 木이니까 3~8개월만 버티면 辰이 들어오니까, 辰酉합, 생합金국으로 없던 광맥이 되살아난다. 이것이 운의 작용이다. 마지막 고비이다. 두 손 들어야 되느냐, 버티어야 되느냐? 卯酉충으로 조금만 버텨라. 辰년이면 살아난다. 버티는 방법을 찾아보라.

●酉金이 辰土를 만나면,

土생金에 辰酉로 육합, 생합 金국으로 金이 살아난다. 12지지 중 辰土를 제일 좋아한다.

●酉金이 巳火를 만나면,

火극金이 아니라, 巳酉로 삼합金국이 되니, 강도가 높다. 베어링이다. 진실로 金지장생이면서 巳 중 丙火와 丙辛으로 암합한다. 철저한 합이다. 辛酉일주가 巳년에 왔더라. "선생님 巳 중 丙이 저 죽인데요." "걱정마라, 네 편이니까." 火극金 안 하고 巳酉합으로 오히려 내 편 된다.

●酉金이 午火를 만나면,

비록 약한 불이라 하나 酉金 또한 연(軟)金이 되므로 火극金으로 피상될 수밖에 없다. 녹아서 없어진다. 열매가 떨어진다. 酉金은 가을로 열매인데, 여름 만나서 연평균기온이 높아서 다 익은 열매가 곪아서 빠진다. 십년 공부가 하루아침에 무너진다. 죽 쒀서 개 좋은 일 시킨다. 金은 운기에 따라서 빛이 죽고 살아나고 한다. 금반지는 운기가 죽으면 금반지 색이 죽는다. 운기가 좋으면 색이 살아난다. 은은 금에 비해서 가격이 약하지만 독극물 있는 곳에 들어가면 색이 죽어버린다.

●酉金이 未土를 만나면,

인수이면서도 土生金 받지 못하니 힘이 되기는커녕 오히려 방해가 된다. 불능생금(不能生金)이니 기대하지 말라. 기다리지도 말라. ○酉午○의 경우, 未년이 왔다. 土生金 안 하고 午未火국으로 오히려 나를 치더라.

●酉金이 申金을 만나면,

申酉로 방합金국이나 좋은 보석에 무쇠가 들어와 빛을 잃게 하였다. 金국은 확실한데 잡금(雜金)이 된다는 것이다. 申월 辛金은 도금해 놓은 것이다. 지지 申은 잡금인데 천간의 辛은 도금해 놓은 것이다. 酉가 申 만나면 잡금이 된다는 것이다.

●酉金이 酉金을 만나면,

酉酉로 합金국이나 종내는 각기 주장으로 분열된다. 두 집 살림하는 것으로 보라. 가령 ○○○○의 경우처럼 합해도 두 집 살림한다. 년월이
　　　　　　丑子戌午
합이고, 일시가 합이다. 합이 양쪽으로 갈라지면 두 집 살림이다. 천간은 아무 것이나 상관없다.

또한 ○○○○의 경우는 가정적으로 부패다. 할아버지는 할아버지대
　　　亥巳申寅
로, 아버지는 아버지대로, 나는 나대로, 자식은 자식대로 각기 자기행동으로 분산되어 산다. 콩가루 집안이다.

●酉金이 戌土를 만나면,

인수에 土生金이나 조토가 되어 믿기 어렵다. 단, 주중에 午나 寅이

없어야 한다. 만약 있으면 午戌, 寅戌火국으로 되어 酉를 잡아 먹는 원수가 된다. ○○⊕○○의 경우, 戌년이면 酉戌, 午戌합 중 어느 것인가? 午戌합을 더 잘하니 酉가 무너진다. 누가 이렇게 되도록 했나요? 戌土니까 인수로 어머니다. 어머니 때문에 내가 당한다. 가령 어머니가 계하다가 빵꾸나거나 하는 것으로 일이 터지기 시작한다. 戌土를 종교로 비유한다면 부처님한테, 스님한테, 목사님한테 당한다. 土生金으로 천당 보내준다더니 午戌합火로 나를 잡아먹으려 하더라.

● 酉金이 亥水를 만나면,
金생水도기에 金침되어 용(用)을 못한다.

11. 戌土

가. 戌土총론

戌土는 양력 10월로 만추지기(晩秋之氣)요, 계추(季秋)·늦가을이고, 수의지절(受衣之節), 즉 옷을 하나 더 입는 계절이다. 10월 초순에는 하복 입고도 견딘다. 하순에는 동복으로 바꿔입어야 한다. 戌월이면 초순에 낳는가, 하순에 낳는가를 반드시 살펴라. 내일 모레가 입동이 입절한다면 동절과 같다. 즉 10월 하순에는 난로를 때기 시작한다. 하루 중 시간으로는 오후 7시 30분부터 9시 30분까지를 지배하고, 양토(陽土)·왕토(旺土)·조토(燥土)·강토(剛土)·언덕·제방이다. 戌土는 얼마든지 土극水로 물을 막을 수 있으니까 그렇다. 戌은 화산(火山)이자 토산(土山)이다. 未는 木산, 辰은 水산, 丑은 金산이다.
계절로는 한로(寒露)절이다. 한로에는 이슬이 차가워진다. 한로 다음이 상강(霜降)이다. 서리가 내린다는 것이다. 상강 전후해서 첫서리가 내리는 날은 庚辛일이다. 농사 중에 서리 맞으면 버리는 것이 많다. 고구마는 서리 맞히고 캐면 모두 썩어 버리고 보관이 안 된다. 모두 말려서 전분가루로 술 원료가 된다.

戌·亥는 천문성(天門星)이다. 약방의 감초다. 하늘문이 열렸다. 고삿날에 최고다. 예지력이 발달해 있다. 꿈이 잘 맞는다. 일지가 戌과 亥끼리는 서로 사이클이 너무 잘 맞는다. 방위로는 건방(乾方)으로 서북간방이다. 팔괘로는 건위천(乾爲天), ☰ 건삼련(乾三連)이다. 卯酉戌 철쇄개금이다. 해결사이고, 심부름 잘해주는 것이고 심부름 센터다. 辰戌巳亥로 천라지망살이다. 하늘에 그물쳤고, 출국 금지다. 땅에 그물쳤고, 지명 수배다. 또 戌은 괴강살이다.

동물로는 개(견·犬)다. 냄새 잘 맡는다. 개는 코·입이 따뜻해야 잔다. 소는 등허리가 따뜻해야 자고, 사람은 발이 따뜻해야 잔다. 戌土는 조토니까 土극水도 해당하지만 水를 흡수시키는 작용이 최고다. 고로 늑막염 복수 찬 데, 관절염 물 차는 것에 특효약이다. 개는 하얀색을 못 본다고 한다. 닭도 하얀색을 못 본다고 한다. 土생金에 인색하기 때문이다. 戌은 火의 고장이다. 즉 더위가 고장에 들어간다. 복(伏) 중에 개고기 먹으면 10일간은 더위를 이길 수가 있다.

직업으로는 발전소·충전소·변전소·전지·배터리·전자·가전제품 등으로 볼 수 있으며, 크게는 동자부·상공부요, 전기기술자에 많다. 원칙적으로는 火가 가전제품이다. 그러나 의사·법관·역학자도 해당한다.

만약 火가 기신(忌神)이면, 가전제품 잘못 사들여오면 재수없고 사람이 아프다. 냉장고, TV 등등. 그러면 집에 들어와서 흉작용하는 사례들을 보자. 木이 흉작용하면 가구·이삿짐·보따리 등이 해당한다.

하다못해 형제간의 이삿짐이 들어와도 일이 안 된다. 갑자기 손님이 물어오더라. "선생님, 갑자기 손님이 끊어졌는데, 어디가 탈나서 그래요?" "이삿짐 같은 거 하나 안 들어왔소?" "이삿짐은 안 들어왔는데 엊그제 우리 동생이 서방하고 싸우고 조그만 보따리 하나 놔두고 갔어요." "빨리 치워." 이삿짐 뿐만 아니고 보따리도 걸려든다. 여지없이 걸려든다. 木이 이삿짐 참 잘 맡는다. 이삿짐 또는 보따리다. 슬픔의 보따리가 와서 그 집안의 흐름을 꺾어 놨다는 것이다.

土가 흉작용할 때는 골동품이 해당되고, 火가 흉작용할 때는 가전제품ㆍTVㆍ냉장고 등이며, 金이 흉작용할 때는 금불상ㆍ보석ㆍ쇠붙이 등이다. 녹슨 쇠붙이는 집에 두면 안 좋다. 녹슨다는 것은 악기(惡氣)를 발생시킨다는 것이다. 水가 흉작용할 때는 수족관이다. 이상과 같이 집에 들어와서 나쁜 작용하는 것이니 갑자기 물어오면 당황하지 말고 대답해주라는 것이다. 戌을 키ㆍ신장으로 연결하면, 천간이 아니고 지지니까 뚱뚱하다. 고로 水일주 여자는 서방이 土이니까 보통 신장 넘기는 어려우니 키큰 남자는 찾지 말라.

戌土의 특징을 보자. 土극水는 잘하나 土생金은 못 한다. 사고지국이다. 어디 있든지 화개로 본다. 그리고 천문성이다. 甲戌일주 남자는 戌이 재다. 이것을 화개로 연결하면 부처님이 돈 벌어준다. 종교가 돈 벌어준다. 역학이 돈 벌어준다.

卯木과는 卯戌로 육합이 되나 극합이요 합화火는 안 된다. 오행의 변화는 없다는 것이다. 만약 卯戌합화火하면 子午卯酉가 무너진다. 寅ㆍ午와는 寅午戌 삼합火국이 된다. 寅午火국은 펄펄 살아있는 불이다. 한참 피어나고 있는 불이다. 午戌火국은 불씨를 가두는 것이다. 亥子丑을 넘기기 위해서 戌을 화덕으로 보라. 불씨를 감추고 있는 것이다. 申酉와는 申酉戌 방합金국이 되나 주중에 午火가 없어야 된다. 金국은

金국인데 戌土 때문에 申戌·酉戌은 방합으로 잘 쓰지 않는 게 마음에 걸린다. 그러나 戌土가 월지에 있으면 그 자체가 가을이라서 金기의 작용을 많이 한다.

　辰과는 辰戌로 상충한다. 土끼리 충하니 붕충(朋沖)이라고 한다. 丑未와는 丑戌未 삼형살이 되는데, 주의할 것은 未戌형으로 같은 조토로서 왕자형발이라 土기는 더욱 왕성하여지면서 개고가 되는데, 이때 戌이 재나 관이면서 용신·희신이어야 한다. 가령 $\overset{\bigcirc\textcircled{壬}\bigcirc\bigcirc}{\text{子申戌}\bigcirc}$의 경우, 申子水국으로 겨울이 많다. 戌월의 가을 날씨가 초겨울이다. 未년이면 삼복더위로 추운 사람이 따뜻한 것 만났으니 좋은 것을 만났다. 未戌형이 걸리니 좋은 형이다. 戌이 화의 금고·돈창고이니 未戌형 걸리면 돈창고 열어놓고 산다. 쉽게 말해서 未·戌은 土니까 형이 걸리면 그놈의 땅을 샀다가 팔았다 하더니 금방 부자 되더라. 이것이 재고다. 형을 하면서 좋게 작용할 때 나타나는 작용이다.

　또 巳火와는 巳戌원진·귀문관살이요, 木은 戌土가 조토이니 나무가 뿌리를 내릴 수 없고, 火기는 입묘되어 꺼져간다. 단, 丙戌은 꺼진 불로 안 본다. 土기는 왕하여지나 조토로 말라있는 흙이다. 金기는 조토라서 土생金받기 힘들지만 戌월에는 자체가 가을이니까 土생金한다. 水기는 유색되고 물이 흘러가지 못한다.

　그리고 숫자로는 5수에 해당하고 신용·황색·원(圓) 등에도 해당하고 있다. 戌土의 암장은 辛丁戌다. 辛金 때문에 초목이 없어지고 빈 껍데기만 남는다. 알곡은 농부가 거두어가고 껍데기만 남는다. 들판에서 모든 게 말라 없어진다. 이삭 떨어진 것은 새가 먹고 짐승이 먹는다. 농작물을 잘 말리기는 한다. 뱀 등은 한로 지나면 땅 속으로 들어간다. 겨울잠을 잔다. 戌土는 화롯불과 같다. 온기는 제공할 수 있지만, 농작물 생성은 못한다. 卯를 만나면 새 봄을 만난 격이고, 발전하고, 진취적이고 속전속결로 영달한다.

戌날에는 무엇이든지 받아오면 안 된다. 특히 개는 안 된다. 개는 영리해서 조상과 같다. 고로 조상 모셔온 것과 같다. 객기가 들어온다. 객사 귀신이다. 귀신이 따라 든다는 것이다. 이럴 때 상갓집 갔다오거나 몸이 찌뿌둥하면 동쪽으로 뻗은 복숭아나무 또는 엄나무 가지 꺾어서 걸어 놓던지 좌우로 휘둘러라. 귀신은 주방·화장실·현관 순으로 잘 붙는다. 절에 가면 영가천도하라고 한다.

나. 戌土각론

●戌土가 子水를 만나면,

음지 되고 토류 된다. 장간끼리는 戌癸암합한다. 戌 중 戊에 癸가 戊癸합으로 따라왔다. 조토에는 십리 밖의 수분도 흡수되어 들어온다. 고로 戊午·戊戌·戊辰일주 남자는 항상 연애 박사이다. 저절로 여자가 따라온다.

●戌土가 丑土를 만나면,

丑戌로 형파되면서도 丑 중 癸水와 戌 중 戊土가 戊癸로 암합인데, 한편으로는 丑 중 癸水와 戌 중 丁火가 丁癸로 상충하니 종내는 형이 될 수 밖에 없어 악연이요, 암합의 비밀은 오래가지 못한다. 丑戌로 형파되면서 무너진다. 土가 형충받으면 수술·위경련·개종이다. 여기서 개종은 종교를 바꾸는 것이다. 그렇지 않으면 다니던 절을 바꾼다.

丑 중 癸水와 戌 중 戊土가 戊癸합으로 연애하지만 형살이 걸려 있으니 잘못 만났다. 오래가지 못한다는 것이다. 악연이다. 나중에 헤어질 때는 죽일 놈 살릴 놈 한다. 형 걸렸으니 꼭 물고 늘어진다. 관재수에 법정까지 가야 한다. 굴러온 돌이 박힌 돌 빼고 들어앉는다. 가령 癸水

여자가 사주에 戌土가 있다면 辰년, 丑년에는 辰戌충, 丑戌형하여 본 남편하고 헤어지고, 丑土・辰土를 붙잡는데 헛다리 짚었다. 고로 항상 하는 말이 "그래도 구관이 명관인데…" "그래도 본남편이 좋았는데…" 나중에 살아보니 아니더라. 丑土 따라서 살려니 춥고 배고프고, 辰土 따라서 살려니 지가 묘궁으로 들어가서 몸 아프고 한다.

또 영원한 비밀은 없다. 따라서 암합은 형・충 걸리면 그것은 바로 싸우니까 비밀이 노출된다.

● 戌土가 寅木을 만나면,

겉으로는 木극土이나 寅戌로 합火국이라 극중생이다. 이질과 이질 이 합하여 엉뚱한 火가 된다. 木극土로 처음엔 두려운데, 걱정 마라 寅 戌로 나를 도와준다.

● 戌土가 卯木을 만나면,

卯戌합으로 묶이어 활동이 정지되므로 합이라고 하여 모두가 좋은 것은 아니다. 戌이 꼼짝 못한다. 戌이 마누라면 마누라의 두 손발을 묶어놨다. 戌이 자식이면 자식의 두 손발을 묶고 있고, 서방이면 서방의 두 손발을 묶고 있는 형태이다. 묶인다는 것은 심하면 압류들어오는 것에도 해당한다. 꼼짝 달싹 못한다.

● 戌土가 辰土를 만나면,

辰戌로 상충되어 분산이고 붕괴된다. 관재・사고・개종이다. 이를 두고 굴러온 돌이 박힌 돌을 빼내고 들어앉는다 하는 것이다. 丑戌형 ・辰戌충 이 둘 중에서 辰戌충이 더욱 무섭다. 丑戌형은 음과 양이 지만, 辰戌충은 양과 양끼리에다 괴강이 들어가므로 완전히 깨진다.

●戌土가 巳火를 만나면,

火생土 받으며 조토가 되고, 巳戌 귀문관살이 된다.

●戌土가 午火를 만나면,

午戌火국에 火생土 받는데 戌土는 火의 입묘라 종내는 戌土로 火기가 모인다. 즉 午戌火국으로 戌土가 없어졌지만 걱정 마라. 火생土로 다시 가지고 온다는 것이다.

●戌土가 未土를 만나면,

未戌형이고 왕자형발로 된다. 사주에서 土가 필요하면 길작용이고, 사주에서 土가 기신이면 흉작용한다. ○甲○○(卯戌戌戌)의 경우, 火土가 戌 중에 같이 있으니까 戌은 재고다. 戌은 마누라요, 마누라가 왕자요 대장이다. 土가 3이고 木은 2이니 木보다 土가 더 잘났다. 실권은 土가 쥐어야 살림이 된다. 마누라인 土가 더욱 잘났다. 이때 만약 辰이나 未나 丑 만나면 辰戌충, 戌未형, 丑戌형으로 戌대장을 건드린다. 왕자충발, 왕자형발로 戌이 화나면 다치는 것은 甲木·卯木이다.

고로 丑·未·辰년에 신수보러 오면 "큰일 났네요, 고래·土 싸움에 새우·木 등 터지네요."한다.

●戌土가 申金을 만나면,

土생金으로 설기되고, 戌 중 丁火와 申 중 壬水가 丁壬암합한다.

●戌土가 酉金을 만나면,

土생金으로 설기되고 도기다.

●戌土가 戌土를 만나면,

戌戌로 왕토다. 그러나 조토이다. 개가 두 마리이다. 甲戌은 푸른 개·丙戌은 빨간 개·壬戌은 검둥이·庚戌은 흰둥이·戊戌은 누렁이다.

●戌土가 亥水를 만나면,

건방(乾方)·서북간방으로 함께 있는 것까지는 좋으나 음지 되고 토류된다. 戌 중 丁火와 亥 중 壬水가 丁壬으로 암합하고 있다.

12. 亥水

가. 亥水총론

亥水는 맹동(孟冬)·양력 11월지기로 6음지극이며, 하루 중 시간은 저녁 9시 30분부터 11시 30분까지를 지배한다. 6음지극(六陰之極)은 밤이 길어질대로 길어졌다는 것이다. 더 이상 올라갈 수 없으면 내려가야 하고, 더 이상 내려갈 수 없으면 올라가야 한다. 즉 모든 게 극에 이르면 변화를 가져온다. 극즉변(極則變)이다. 고로 亥水를 변화라고 하고 바꾸기를 좋아한다고 하며 교체 심리다. 오행으로는 金이 바꾸기를 좋아한다.

장간은 壬水가 본기요, 甲木을 동반하고 있어 외음내양에 외유내강이요, 따라서 체는 음이나 용은 양이다. 즉 亥는 겉은 음이지만 속은 양이다. 시작은 별 볼 일 없지만 끝은 대단히 좋다. 겉만 보고 상대하지 마라. 큰코 다친다. 水극火도 잘 하고 水생木도 잘 하니 水로서의 임무를 충실하게 이행할 수 있음이 좋다. 즉 제구실을 다한다는 것이고, 제 노릇을 다한다. 가장 쉽고도 어렵다.

亥水는 해수(海水)로 바닷물은 청색(靑色)·하늘색인데 亥중 甲木 때문이다. 木은 청색이다. 水生木으로 甲木은 이끼다. 이끼는 이뇨작용한다. 亥월은 육림의 달이다. 육림의 날이 있다. 나무심기는 亥월에 하는 게 더욱 좋다. 亥水는 양수(陽水)·사수(死水)·강수(剛水)·호수·포수·정지된 수·횡류(橫流)다. 여기서 사수는 큰 물을 말한다. 물 중에서 죽어있는 물은 썩어있는 물이다. 포(浦)·호(湖)·진(津)은 물에 해당하는 지명으로 모두 물로 연결되어 있다. 김해(金海)·김포(金浦) 등등이다. 물이 필요한 사주는 한강 끼고 살고, 집에 수족관 놔두고 물 가까이 살라. 물은 입수(入水)는 보여야 하는데, 나가는 것은 안 보여야 한다. 그것을 복으로 보면 복은 들어오는 것은 보이고 나가는 것은 안 보여야 한다. 풍수지리의 원리다.

戌亥는 천문성(天門星)이다. 고사 지내는 날 중에서 제일 좋다. 제사 중에서도 용왕제는 亥일에 지낸다. 戌일에는 땅 파기·터 파기에 좋은 날이다. 토신(土神)이 작용해주는 날이다. 亥는 돼지인데 고사 지낼 때 돼지머리를 놓는다. 북어를 놓아도 좋다. 亥水에서 잡은 물고기이다. 그렇지 않으면 정화수 한 그릇 놓기도 한다. 귀신은 통째를 좋아하니 11근이나 21근이나 통째로 삶아서 놓아라, 단, 홀수로 사야 한다. 귀신은 혼자니까. 또한 제사나 고사 음식은 값을 절대로 안 깎는다. 부르는 대로 모두 주고 사라.

숫자로는 1수, 색으로는 흑색, 맛으로는 짠맛이다. 성격으로는 지혜다. 돼지는 똑같은 장소에 똥 싼다. 영리하다. 인내심이 있다. 물은 가다가 막히면 돌아가고, 가두어 놓으면 가만있고, 터 놓으면 흘러간다. 물은 수평을 이룬다. 고로 水일주는 만인의 평등을 주장한다. 亥水는 木으로 변할 가능성이 아주 많다. 亥중 甲木이 있으니 따뜻한 물이고 난류이다. 寅亥木, 亥卯木, 亥未木이다.

亥水의 특징은 水극火도 잘 하고, 水생木도 잘 한다. 고로 본인의 구실을 충분히 하고도 남는다는 것이다. 亥는 무조건 역마지살이다. 亥는 물이니까 배다. 주(舟)는 작은 배이고, 선(船)은 큰 배이다. 亥는 寅·巳·申과 같이 사생지국(四生之局)이다. 천문성이니 좋고, 신앙과 연관되고 천수성(天壽星)이니 오래 산다. 수명이 길다는 것이다. 귀는 水다. 귀가 힘이 있고 크면 오래 산다. 인중이 길면 수명이 길고, 짧으면 수명이 짧다. 짐승 중에서 인중이 가장 긴 것은 학(鶴)이다. 당상학발(堂上鶴髮) 천년수(千年壽), 슬하인기(膝下麟麒) 만세영(萬世榮)이라 했다. "부모님이시여 학처럼 오래오래 사시옵고, 귀한 자손은 기린처럼 오래오래 영광을 누리소서." 여기서 당상은 부모님이고 슬하는 자식이다. 기린은 뿔이 하나다. 귀한 자손을 기린에 비유했다.

亥는 동물로는 돼지다. 돼지에게는 식복을 주었다. 돼지는 놀아도 밥만 잘 준다. 돈(豚)은 집돼지고, 저(猪)는 산돼지다. 방향으로는 戌亥 건(乾)방·서북건방이고 팔괘로는 건위천(乾爲天), ☰ 건삼련(乾三連)이다.

辰戌巳亥 천라지망살이고 천라지망을 모두 구비하고 있으면서 사주가 나쁘면 전과자이다. 본인이 법관이면 상관없다. 수족류(水族類)·어족류(魚族類)로도 응용되고 있고, 亥는 음지극이라 12지지의 끝이기도 하지만 역시 시작이기도 하다. 고로 교체 심리다. 바꾸자다. 싫증을 빨리 느낀다. 성격적으로는 인정에는 약하며, 신앙에 독실함과 동시에 예지력이 발달하였고, 꿈이 잘 맞는다.

寅과는 더불어 육합이 되나 木국으로 변화하고 卯未와는 삼합木국이요, 子丑과는 방합水국이 되고, 巳火와는 巳亥충이고, 辰과는 辰亥원진에 귀문관살이 되며, 辰 중 癸水와 亥 중 壬水가 같은 水인데 합이 될 것 같았는데 안되니 신경질난다. 고로 귀문관살이다. 辰午酉亥는 자형살로 모두 있을 때 수족에 이상이 있다. 또 木은 水生木으로 장생이다. 고로 木이 가장 좋아하고, 火는 절궁으로 水극火받아 몰광되고, 土는 토류되고 음지되며 金은 병사로 설기되고, 도기되고, 金침되며 水는 관왕으로 힘이 되어 펄펄 산다. 일명 소춘(小春)이라고도 한다.

亥水는 따뜻한 물이다. 난류(暖流)다. 입동은 소춘지절이다. 寅木을 가장 좋아한다. 작은 봄이다. 맑은 물이고 청수(淸水)다. 戌이 있으면, 戌亥천문으로 하늘하고 제일 잘 통한다. 어른과 높은 사람 늘상 접하고, 격이 한 등급 높다. 겨울이지만 봄이 빨리 온다. 봄비가 올 땐 천둥번개가 친다. 亥월에는 절대로 천둥·번개 안 친다. 亥월에 水로 태어나면 삶이 순조롭다. 평생 윤택하다. 亥월에 寅시에 태어나면 평생 우순풍조다. 평생 웃음이 그치질 않는다. 寅시는 봄이 온 것과 같다.

나. 亥水각론

● 亥水가 子水를 만나면,

亥子로 방합水국되어 水기가 왕함은 물론 한류가 난류를 따라 좋은 물이 된다. 못된 친구 子 데려다가 사람 만든다. 단 亥가 子에게 끌려 들어갈 때는 나쁜 친구 만나서 제 몸을 버린다. 亥子水국이 그 사주에서 좋은 작용하면 나쁜 친구 데려다 좋게 만들고, 亥子水국이 나쁜 작용하면 亥도 子 따라가서 나쁜 놈 된다. 운에서 결정한다.

○㉥○○의 경우, 午월로 寅午火국 되니 불은 많고 水는 부족하다. 고
○亥午寅
로 물이 부족하니 子水가 亥水보다는 못해도 나에게 좋으니 좋은 사람이 된다. ○㉥○○의 경우는 水가 많고 火가 적은데 亥가 子 만나면, 나
午亥亥○
에게 중요한 午를 子午충으로 깬다. 천하의 나쁜 놈이다. 水극火로 재가 떨어지면 돈 떨어져, 애인 떨어져, 신발마저 떨어진다.

●亥水가 丑土를 만나면,

亥丑방합으로 水국하니 土극水로 보아서는 안 되며 또 장간끼리는 甲己로 암합한다. 여기서 亥丑水가 사주에서 길작용하면 한없이 좋은 데, 水국이 사주에서 나쁜 작용하면 별 볼 일 없다.

●亥水가 寅木을 만나면,

寅亥로 육합木국이 되고, 木생火도 잘하고, 木극土도 잘한다. 훈풍 (薰風)이다.

亥亥亥亥의 사주와 寅寅寅寅의 사주는 삼합과 같다. 亥가 있는 곳에 서는 寅이 따라든다. 인합(引合)이다. 부부합이니까 그렇다.

●亥水가 卯木을 만나면,

亥卯로 삼합木국이 되고, 木극土는 잘 하는데 木생火는 못 한다. 습 목이다. 강풍이다. 亥水는 없어지는데 木은 많아지니, 하나 잃으니 하 나가 좋아진다.

●亥水가 辰土를 만나면,

土극水 받고 입묘되니 유색(流塞)된다. 물이 흘러가지 못하고 막힌 다. 亥가 辰 만나면 土극水 받는데, 子가 辰 만나면 水국이 된다.

●亥水가 巳火를 만나면,

巳亥로 충파되어 水기는 절멸된다. 관재·송사·사고·수술·실종 이 일어난다. 巳火가 戌 만나면 입묘된다. 그러나 午火가 戌 만나면 午 戌火국이 된다. 子午卯酉가 묘궁 만나는 것과 寅申巳亥가 묘궁 만나는 것은 천지차이다. 乙亥일주가 巳년 만나면 巳亥충이다. 巳亥충파되어서 亥가 날아간다. 乙에게는 亥는 어머니요, 집도 된다. 고로 巳亥충으로 집 들어가기 싫단다. 애들은 가출한다. 인수를 공부로 보면 인수를 충하니 학생들은 과를 바꾸게 된다. 즉 이과에서 문과로 바꾼다는 것이다.

●亥水가 午火를 만나면,
절지로 水기가 증발된다. 午가 불이니 亥는 증발된다. 그러나 丁壬·甲己가 암합한다.

●亥水가 未土를 만나면,
土극水를 받는 중 亥未로 木국되니 水기는 없어지나 장간끼리는 丁壬·甲己로 암합한다. 亥未木국인데, 이질과 이질이 만나서 동질이 된다. 亥未합으로 木이 된다. 亥水+未土가 합심하니 만약 金일주라면 未는 어머니, 亥는 장모다. 엄마와 장모가 나한테 재가 생기게 해준다. 사업자금 마련해주고 돈 마련해주니 얼마나 좋은가? 만약 金일주 여자라면, 未는 어머니요, 亥는 외할아버지다.

●亥水가 申金을 만나면,
金생水받고 장생이니, 원류가 풍부하여 좋고, 물의 원류가 되어서 물은 계속 나온다. 水가 金을 만나면, 생水가 솟는 물이다. 받아놓은 물이 아니니 아무리 퍼써도 줄어들지 않는다.

●亥水가 酉金을 만나면,
金생水는 틀림없는데 깨끗한 물이다 청백지수(淸白之水)다. 고로 더이상 발전은 없다.

●亥水가 戌土를 만나면,

土극水 받고 유색된다. 탁수가 된다. 건방(乾方)으로는 같이 있다.
丁壬암합이 있다. 己亥일주가 戌년 만나면 유색된다. 亥가 정재로 돈
인데 유색된다는 것은 돈줄이 막힌다. 마누라로 연결하면, 마누라에게
금족령(禁足令)이다. 내 승낙 없이는 한 발자국도 밖으로 못 나간다.

●亥水가 亥水를 만나면,

水기가 왕하면서도 순한 물이 되어 조화가 비상하다. 亥亥亥亥는 水
국으로 많은 물이고 큰 물이다. 삼합과 같다. 寅寅寅寅의 경우도 삼합
과 같다.

이와 같이 간지체성론은 복잡하면서도 이치는 하나이니 잘 터득하
여 착오 없도록 할 것이며, 또 간지의 체성을 완전하게 알기 전에는 함
부로 결론을 내려서도 안 된다는 것을 명심하기 바란다..

편저자

이탁감(李卓鑑)
- 연세대학교 행정학 석사
- 전 공기업 사장
- 전 N토건 부회장
- 현 TG미래예측연구원장
- H · P : 010–3710–0272

이민지(李玟知)
- 연세대학교 이학석사
- 연세대학교 이학박사

판 권
소 유

四柱命理學正解 Ⅱ

간지의 생사체성 및 응용

2023年 11月 9日 초판 발행

편 저 이탁감 · 이민지

발행처 ✿ ㈜이화문화출판사

발행인 이 홍 연 · 이 선 화
등록번호 제300-2001-230
주소 서울시 종로구 인사동길 12, 310호(대일빌딩)
전화 02-732-7091~3 (도서 주문처)
　　　02-738-9880 (본사)
FAX 02-725-5153
홈페이지 www.makebook.net

값 28,000원

※ 잘못 만들어진 책은 바꾸어 드립니다.
※ 본 책의 내용을 무단으로 복사 또는 복제할 경우, 저작권법의
　 제재를 받습니다.